OpenOffice.org 3.0

LE GUIDE COMPLET

Micro Application

Copyright © 2008 Micro Application
20-22, rue des Petits-Hôtels
75010 Paris

1ère Édition - Novembre 2008

Auteur José RODA

ISBN : 978-2-300-017162

MICRO APPLICATION
20-22, rue des Petits-Hôtels
75010 PARIS
Tél. : 01 53 34 20 20
Fax : 01 53 34 20 00
http://www.microapp.com

Support technique :
Également disponible sur
www.microapp.com

Retrouvez des informations sur cet ouvrage !

Rendez-vous sur le site Internet de Micro Application **www.microapp.com**. Dans le module de recherche, sur la page d'accueil du site, entrez la référence à 4 chiffres indiquée sur le présent livre.
Vous accédez directement à sa fiche produit.

Avant-propos

Destinée aussi bien aux débutants qu'aux utilisateurs initiés, la collection *Guide Complet* repose sur une méthode essentiellement pratique. Les explications, données dans un langage clair et précis, s'appuient sur de courts exemples. En fin de chaque chapitre, découvrez, en fonction du sujet, des exercices, une check-list ou une série de FAQ pour répondre à vos questions.

Vous trouverez dans cette collection les principaux thèmes de l'univers informatique : matériel, bureautique, programmation, nouvelles technologies...

Conventions typographiques

Afin de faciliter la compréhension des techniques décrites, nous avons adopté les conventions typographiques suivantes :

- **gras** : menu, commande, boîte de dialogue, bouton, onglet.
- *italique* : zone de texte, liste déroulante, case à cocher, bouton radio.
- `Police bâton` : Instruction, listing, adresse internet, texte à saisir.
- ✂ : indique un retour à la ligne volontaire dû aux contraintes de la mise en page.

REMARQUE

Il s'agit d'informations supplémentaires relatives au sujet traité.

ATTENTION

Met l'accent sur un point important, souvent d'ordre technique qu'il ne faut négliger à aucun prix.

ASTUCE

Propose conseils et trucs pratiques.

DEFINITION

Donne en quelques lignes la définition d'un terme technique ou d'une abréviation.

Chapitre 3 Créer des tableaux avec OpenOffice Calc 119

Chapitre 4 Dessiner avec OpenOffice Draw 157

Découvrir les nouveautés d'OpenOffice.org 3

Après s'être longtemps fait attendre, la version 3 d'OpenOffice.org est enfin disponible. Si elle ne représente guère une révolution par rapport à la précédente, elle est néanmoins plus aboutie. On nous l'avait promise plus rapide, plus performantes, plus complète, c'est en partie un pari gagné. Mais les grands bénéficiaires de cette nouvelle mouture, ce sont les utilisateurs de MacOs X qui n'ont plus besoin de recourir à l'émulateur X11 pour lancer la suite. Désormais, elle est considérée comme une application à part entière pour le système d'exploitation d'Apple, et cela change tout.

Pour le reste des nouveautés, en voici une description…

L'arrivée de la console centrale

Avec la version 3.0, la nouveauté la plus visible, c'est bien sûr la console centrale qui apparaît lorsque vous lancez la suite. Vous y trouvez tout ce qu'il faut pour ouvrir chaque module de la suite OpenOffice.org.

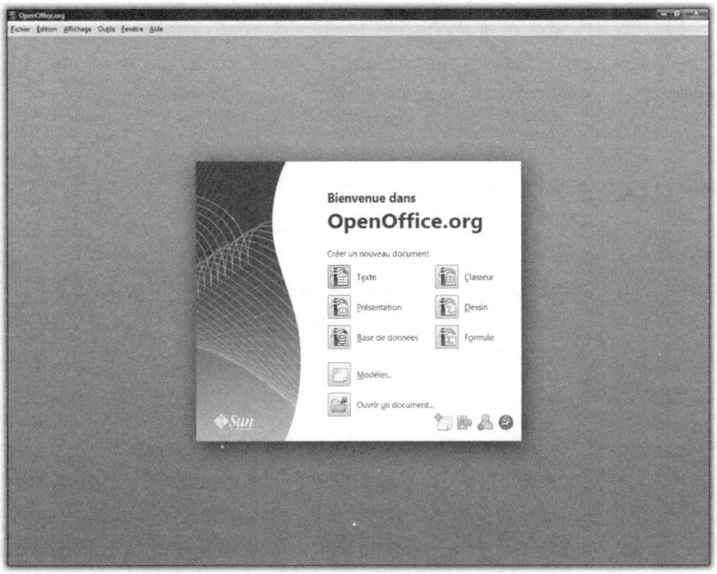

Figure 1 : *La console centrale d'OpenOffice.org 3.0*

Avec ses 12 boutons, vous pouvez commander l'ouverture de Writer, Calc, Impression (Impress), Dessin (Draw), Base de données ou Math (Formule). En outre, vous pouvez ouvrir un document existant et ouvrir un modèle de document.

Si vous cliquez sur le bouton **Ajouter de nouvelles fonctionnalités** à OpenOffice.org, vous êtes immédiatement dirigé vers le site de la communauté OpenOffice.org, en vue de télécharger des plugins, des modules complémentaires pour enrichir la suite de nouveaux outils (comme vous le feriez par exemple avec les extensions du navigateur Firefox).

Figure 2 :
Enrichissez la suite à votre guise.

Notez également qu'en cliquant sur le bouton **Obtenir des modèles supplémentaires pour OpenOffice.org**, vous trouverez sur Internet un certain nombre de modèles de documents à télé charger. À l'heure où nous imprimons ce livre, les contenus en ligne sont encore limités car la version 3.0 d'OpenOffice.org est encore toute récente, mais il y a fort à parier que dans les semaines et les mois à venir l'offre va s'enrichir considérablement.

Les nouveautés sous Writer

Au rang des innovations sous OpenOffice.org, il faut signaler, que nous ne sommes pas au stade de la révolution mais plutôt de l'affinage. Comme du bon vin, à mesure qu'OpenOffice.org vieillit, il s'améliore, se bonifie. Ainsi, la plupart des programmes gagnent en confort d'utilisation, en ergonomie.

Sous OpenOfffice.org Writer, vous pouviez jusqu'à la dernière version profiter d'une fonction de zoom sur les pages. Mais cette dernière était limitée et il était par exemple impossible, en réduisant le zoom, d'afficher plusieurs pages et, plus particulièrement, deux pages côte à côte.

L'évolution qui apparaît avec la version 3 change la donne. Vous pouvez ainsi désormais modifier l'affichage sous le logiciel de traitement de texte en utilisant le curseur figure dans l'angle inférieur droit de l'interface. Vous basculez ainsi aisément entre les différents modes d'affichage (contrôlés par les icônes placées devant le curseur de zoom). Il en existe trois :

- le mode Une page à la fois ;
- le mode Normal (deux pages côte à côte) ;
- le mode Publication (qui respecte la première page à droite).

Figure 3 :
Utilisez le curseur pour modifier l'affichage

Si votre souris dispose d'une molette, utilisez-la pour modifier le zoom très simplement dans un sens ou d'un l'autre en maintenant la touche Ctrl du clavier enfoncée et en faisant rouler la molette vers l'avant (zoom avant) ou vers l'arrière (zoom arrière). C'est une fonction qui existait déjà depuis longtemps chez Microsoft, elle débarque sous OOo, et c'est une excellente nouvelle.

L'annotation des textes a également été entièrement repensée et s'inspire désormais directement du mode Révision d'Office 2003/2007. C'est une avancée considérable vers le professionnalisme car il devient aujourd'hui beaucoup plus simple de travailler à plusieurs sur un document et de partager des commentaires et annotations. Les notes que vous insérez dans les documents texte figurent dans la marge de droite et peuvent être mises en forme (application de styles) à l'aide du bouton droit de la souris.

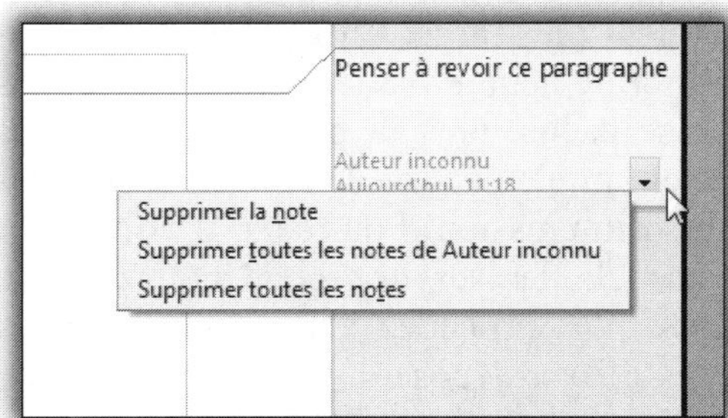

Figure 4 :
Travailler à plusieurs sur un document, cela devient facile !

1 Pour insérer un commentaire, la procédure est simple. Sélectionnez une portion de texte (mot, phrase, paragraphe), puis déroulez le menu **Insertion** et sélectionnez **Note**. Si vous le désirez, vous pouvez aussi utiliser le raccourci clavier Ctrl+Alt+N.

2 Dans la zone de saisie de commentaire, tapez votre texte. Pour le modifier, il vous suffit de cliquer sur le bouton droit de la souris pour ouvrir le menu contextuel. Changez sa mise en forme (gras, italique, souligné).

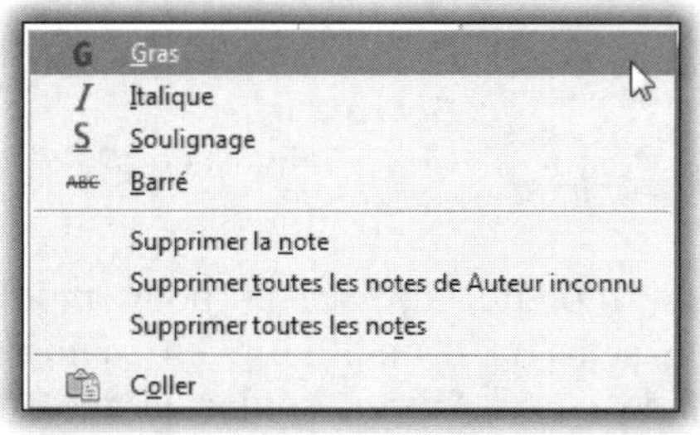

Figure 5 :
Mettez la note en forme

REMARQUE

Ergonomie

Notez la présence d'une petite flèche qui déploie un menu permettant de supprimer la note ou toutes les notes d'un relecteur.

Du neuf sous Calc

Calc, le logiciel de création et de gestion de tableaux, est lui aussi passé à la moulinette de l'inventivité des développeurs d'OpenOffice.org. Il profite donc d'une cure de jouvence et de différentes améliorations parmi lesquelles une feuille de calcul plus large. En gagnant un peu en espace de travail, Calc gagne énormément en ergonomie. L'une des améliorations les plus pratiques se cache dans la prévisualisation des tableaux. On peut désormais régler simplement et de façon entièrement visuelle et interactive, les marges d'impression. Pour cela, il vous suffit de dérouler le menu **Fichier** et de cliquer sur **Aperçu**. Cliquez sur le bouton **Marges** qui apparaît alors, puis procédez à l'ajustement de la taille des marges en effectuant des glisser-déposer avec votre souris (en maintenant la pression sur le bouton gauche). Le pointeur change d'allure, et il devient très simple d'ajuster les marges pour l'impression.

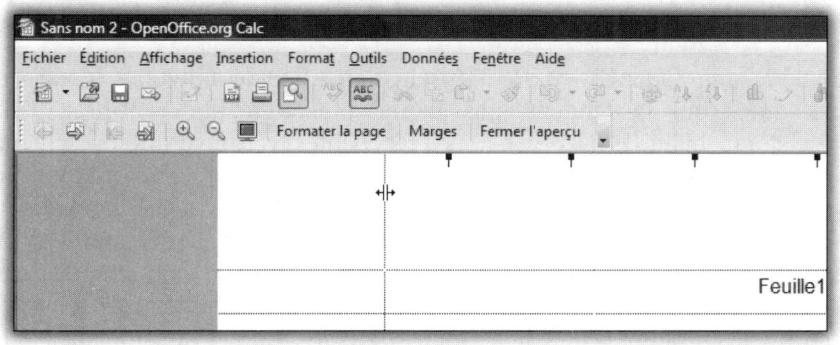

Figure 6 : *La gestion des marges est facile*

Comme c'est le cas sous OpenOffice.org Writer, un système de travail collaboratif passant par le biais de l'insertion de note dans les feuilles de calcul a fait son apparition dans Calc. On peut donc désormais travailler à plusieurs sur un même tableau.

Il vous suffit de dérouler le menu **Outils**, puis de cliquer sur **Partager le document**. Vous pouvez alors cocher la case *Partager cette feuille avec d'autres utilisateurs*. Lorsqu'un autre utilisateur du fichier effectue des modifications, vous pouvez visualiser son travail. Pour cela, il aura fallu, au préalable que cet utilisateur ait sauvegardé les modifications.

Les fonctions graphiques de Calc sont également revues à la hausse et ce, de manière assez sensible. Ainsi, il est désormais possible d'ajuster l'angle de démarrage et le sens de rotation sur les camemberts. Quant aux histogrammes, ils peuvent maintenant afficher une ligne de moyenne. Ces deux possibilités sont accessibles de la façon suivante :

1. Pour les camemberts, procédez comme par le passé en déroulant le menu **Insertion**, puis cliquez sur l'intitulé **Diagramme**. Une fois le graphique affiché dans la feuille de calcul, double-cliquez dessus pour passer en mode d'édition. Cliquez du bouton droit de la souris sur le camembert pour ouvrir le menu contextuel et sélectionnez **Propriétés de l'objet**. Activez ensuite l'onglet **Options** et ajustez les paramètres.
2. Pour les histogrammes, procédez en cliquant sur le menu **Insertion**, puis sur **Diagramme**. Passez ensuite en mode d'édition. Cliquez sur l'une des barres de l'histogramme et choisissez sur la liste déroulante *Insérer la courbe de valeur moyenne*.

Le plaisir de la découverte

Toute la suite OpenOffice.org 3 est ainsi émaillée de nouvelles fonctions très utiles qui la rendent plus facile, plus agréable à utiliser. Les utilisateurs habitués aux versions précédentes y trouveront facilement leurs marques car les développeurs n'ont pas commis la terrible erreur de Microsoft sur Office 2007. En voulant tout miser sur l'innovation, Microsoft a dérouté ses utilisateurs habituels qui ont perdu marques et repères. Malgré les qualités de la suite bureautique commerciale de Microsoft, on ne retient que le Ruban de fonctionnalités qui n'est ni intuitif ni ergonomique. Chez OpenOffice.org, on a avant tout pensé à l'usage. Toutes les fonctions se justifient, sont rapidement et facilement appropriables, et cette version 3 ne trahit pas ses origines sans pour autant renoncer à ses ambitions…

Chapitre 1

Installer et bien démarrer OpenOffice

Voilà, vous avez franchi le cap et vous allez bientôt faire vos premiers pas dans le monde du logiciel libre. Vous avez fait le bon choix : celui de la gratuité, de la liberté et de la performance. Pour commencer dans de bonnes conditions, vous trouverez dans ce chapitre toutes les informations indispensables pour installer et configurer OpenOffice.org 3.

1.1. Choisir OpenOffice

Depuis des années, vous utilisiez la suite bureautique de Microsoft : Office. Docile, vous vous acquittiez du prix de la licence, toujours exorbitant, que vous soyez un particulier ou le responsable informatique d'une entreprise. Pourtant, cette fois, vous n'adhérez plus. La dernière version de Microsoft Office, baptisée 2007, vous a déçu.

D'abord, elle est toujours aussi onéreuse et puis, surtout, tout a changé. Les bons vieux menus que vous aviez mis du temps à dompter, à maîtriser ont aujourd'hui disparu au profit d'un "Ruban" dont la logique est très contestable. Et vous ne parvenez plus à trouver vos marques. La baisse de votre productivité est notable et le temps perdu à trouver les bonnes fonctions dans le Ruban, vous ne pouvez plus le retrouver.

Bref, vous venez de vivre votre dernière désillusion vis-à-vis de Microsoft. Il est donc temps de tourner la page et d'explorer d'autres pistes. Cette piste porte un nom : OpenOffice.org 3. OOo est issu d'un logiciel commercial, StarOffice®, produit à l'origine par une société allemande, StarDivision. Cette firme a été rachetée par une autre, plus importante, connue sous le nom de Sun Microsystems. Elle a revu la suite, l'a remodelée, puis mise sur le marché sous le nom de StarOffice.

Lors de son lancement, StarOffice a fait couler beaucoup d'encre car c'était la première suite bureautique "professionnelle" disponible gratuitement. L'annonce de sa sortie a même fait vaciller le cours de l'action Microsoft sur ses bases. Mais très vite, StarOffice a déçu. Affublée d'une interface qui manquait de rigueur, peut-être trop novatrice, Sun n'a pas obtenu le succès escompté et a mis à la disposition de la communauté informatique le code source de StarOffice. Comment expliquer ce geste de Sun ? On peut imaginer plusieurs motivations, comme la volonté de favoriser la communauté du logiciel libre en faisant d'une pierre deux coups, en nuisant sensiblement à son concurrent Microsoft par exemple. Il peut s'agir également de trouver un moyen gratuit de mettre à profit les compétences des développeurs du monde entier pour améliorer le code source. Mais le pourquoi a finalement peu d'importance car, aujourd'hui, il faut se contenter d'observer le bénéfice que nous pouvons tirer de cette initiative. Ce bénéfice est le suivant : quoi qu'il advienne de Sun ou de StarOffice, OpenOffice.org restera une suite bureautique libre. OOo est donc et restera un logiciel gratuit. Si vous n'avez pas confiance, vous pouvez toujours vous orienter vers la suite StarOffice 8 qui est la copie conforme d'OpenOffice.org à tous points de vue. Il vous en coûtera environ 70 dollars. Mais puisque vous tenez ce manuel entre vos mains, c'est que vous avez sans doute déjà fait votre choix et qu'OpenOffice.org vous a déjà convaincu ou est sur le point de vous convaincre. Quelles que soient les décisions ultérieures prises par Sun, OOo restera un logiciel libre.

Figure 1.1 :
StarOffice 8 est le clone payant d'OpenOffice.org

OOo contient un logiciel de traitement de texte (type Word®), un tableur (type Excel®), un logiciel de présentation (type Powerpoint®) et un logiciel de dessin.

Gratuité, stabilité, efficacité

Pour mesurer l'intérêt réel de migrer vers OpenOffice.org, il faut d'abord appréhender le concept de logiciel libre. Vous comprendrez mieux ce qui oppose un tel logiciel aux applications commerciales.

Toute la différence se situe au niveau du code source du programme. Au départ, il ne s'agit finalement que d'un ensemble de lignes de code qui ne sont intelligibles qu'aux programmeurs maîtrisant le langage de développement utilisé. Ce langage est commun à tous ceux qui savent l'exploiter, mais l'association des lignes de code et le résultat qui en découle (le code source) n'appartiennent qu'à celui qui les a assemblés. Ce code source est ensuite traduit dans le langage de l'ordinateur, une langue incompréhensible pour les humains, mais pas pour la machine. C'est la phase de compilation. Lorsqu'un programme est compilé, il n'est plus possible de revenir en arrière et de connaître les lignes de code qui ont été assemblées entre elles. Dès lors, le développeur ferme son programme et il est le seul à en détenir le secret.

Si vous ne possédez pas le code originel, vous ne pourrez jamais reproduire exactement cet assemblage et obtenir le même résultat. Personne ne pourra modifier le programme tel qu'il a été conçu et seul son propriétaire sera susceptible de l'améliorer. Un logiciel libre au contraire, propose la mise en commun du code source. Il n'y a plus de secret : chacun peut l'exploiter, le faire évoluer, l'améliorer. Contrairement à un logiciel propriétaire, il est modifiable sans limitation réelle.

Même si le logiciel libre est protégé par une licence spécifique, qui autorise notamment tout utilisateur à recopier le programme à volonté, à le redistribuer sans avoir de compte à rendre, cela ne signifie pas qu'il est possible de faire n'importe quoi !

Ces licences – la plus célèbre étant la GPL 7 (*General Public Licence 7*) pour GNU – ont pour ambition la plus large diffusion possible des connaissances liées au logiciel. La licence sous laquelle est éditée OOo n'est pas la GPL, mais une forme dérivée : la LGPL (*Lesser General Public Licence*).

De cette ouverture du code source, l'utilisateur d'OpenOffice.org tire le plus grand profit sans en avoir conscience. En effet, la version 3 de la suite ne tient pas compte des modifications des seules aspirations d'une petite équipe de développeurs au sein d'une entreprise ; elle découle des préoccupations d'une communauté mondiale d'utilisateurs développeurs. Le code est beaucoup plus riche, plus pur. En conséquence, l'application est plus aboutie, dotée d'une ergonomie, d'une stabilité et d'une fiabilité que l'on connaît rarement au bout de deux versions chez les éditeurs classiques. Pour que la suite Microsoft Office atteigne le niveau de fonctionnalités et l'ergonomie actuels, il aura fallu 13 versions.

Les avantages du libre

Les logiciels libres présentent de nombreuses qualités. Le fait qu'ils soient gratuits n'est pas leur seul atout. Leur gratuité vous permet d'être dans la légalité car nombre de particuliers utilisant Office de Microsoft possèdent des versions piratées. Le libre met un terme à ces errements qui nuisent à tous les utilisateurs ; en effet, les éditeurs calculent la proportion de versions piratées pour établir leur tarif en tenant compte de ce risque. Pour les professionnels, les licences GPL représentent une réelle économie en termes de gestion des licences. C'est d'ailleurs souvent la motivation première de toutes les administrations (la gendarmerie nationale, notamment) qui sont passées à OpenOffice.org. Enfin, le libre confère plus de souplesse. Inutile de vous déplacer en magasin ou de passer commande auprès d'un revendeur, inutile de chercher des crédits et des financements pour renouveler un pack de licences. Téléchargez le fichier exécutable, acceptez les termes de la licence et vous êtes en règle. En contrepartie, vous devrez bien sûr donner un peu de vous-même. Le tribut à payer est modeste, mais il doit découler d'une démarche réelle. Il y a bien sûr la perte des repères, de ces habitudes qui font que vous êtes efficace avec votre suite bureautique. Bien que le fonctionnement d'OOo soit voisin de celui de Microsoft Office, tout ne se trouve pas exactement à la même place. Il faudra faire un effort d'adaptation. D'autre part, contrairement aux solutions payantes, dans les entreprises, vous devrez, vous-même, former le personnel à ces nouveaux outils. Il n'y a évidemment aucune formation accompagnant l'achat de la licence puisqu'on vous l'a offerte.

Il existe un autre atout majeur à recourir à OOo. En effet, Microsoft étant beaucoup plus répandu, la plupart des virus et autres malwares sont conçus pour être opérationnels exclusivement sous Microsoft Word®, Internet Explorer® ou Outlook Express®. En renonçant à ces applications au profit de logiciels libres (qu'il s'agisse d'OpenOffice.org ou non), vous vous mettrez indirectement à l'abri des menaces les plus courantes. S'il apparaît comme partisan de dire qu'OpenOffice.org est la meilleure suite bureautique que l'on n'ait jamais conçue, s'il est même stérile de tenter de la comparer à la suite de Microsoft, une chose est sûre : passer au logiciel libre est une expérience qui vaut d'être vécu et, avec OOo, vous le ferez dans d'excellentes conditions.

1.2. Migrer vers OpenOffice

Télécharger OpenOffice

Vous devez vous procurer le programme qui permet d'installer la suite bureautique OpenOffice.org 2. Il est disponible gratuitement au téléchargement sur Internet. De nombreux sites web proposent des liens, mais le plus simple est de vous rendre directement sur les pages officielles d'OOo.

1 Ouvrez votre navigateur Internet et rendez-vous sur le site en langue française à l'adresse **http://fr.openoffice.org/**.

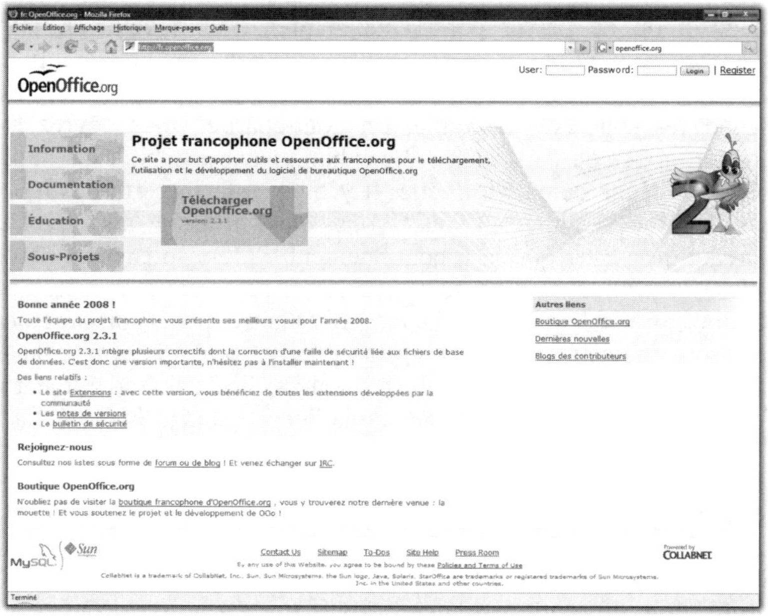

Figure 1.2 : Le site officiel de la suite OpenOffice.org

Vous pourrez trouver sur ces pages de nombreuses informations sur les dernières évolutions de la suite. Des bulletins d'informations sont également publiés pour vous tenir au courant des dernières failles de sécurité récemment identifiées.

2 Pour télécharger la suite, cliquez sur le bouton **Télécharger Openoffice.org**.
3 La page qui s'affiche vous donne accès à toutes les versions disponibles. Selon le système d'exploitation utilisé sur votre ordinateur, cliquez sur le lien adapté.

Une nouvelle page s'affiche. Elle vous propose de contribuer au projet *Openoffice.org*. Cette contribution s'étend du simple signalement de bogue au développement de code, et jusqu'à l'envoi de dons.

4 Cliquez sur **Continuer le téléchargement**.
5 Définissez un chemin d'enregistrement pour le fichier qui sera rapatrié sur votre disque dur.
6 Cliquez sur le bouton **Enregistrer le fichier** pour lancer le téléchargement.

Figure 1.3 :
Cliquez sur le bouton Enregistrer le fichier

Avec ou sans Java

Comme vous avez pu le constater sur la page de téléchargement d'OpenOffice.org, il existe pour l'univers Windows deux versions de la suite. La première, avec Java, pèse 130 Mo, la seconde (sans Java) ne fait que 98 Mo.

L'installation de Java n'est pas obligatoire ; elle est cependant fortement conseillée pour bénéficier de toutes les fonctionnalités d'OOo. Vous pouvez télécharger la version sans Java, puis récupérer la toute dernière version de cet environnement.

La dernière version de Java est disponible sur **www.java.com/fr/download/manual.jsp**.

1 Choisissez la version Windows (Installation hors ligne).

Vous devez ensuite installer manuellement l'environnement Java.

2 Entrez la ligne de commande suivante :

Listing 1-1 : La ligne de commande pour installer Java manuellement.

```
start /wait jre-1_5_0_04-windows-i586-p.exe /S /v"/qn
ADDLOCAL=ALL IEXPLORER=1 NETSCAPE=1 MOZILLA=1
REBOOT=Suppress JAVAUPDATE=0 WEBSTARTICON=0"
```

REMARQUE

Lancer l'installation

Pour exécuter cette commande, il faut se placer dans le répertoire où l'application Java a été téléchargée. Il est possible de placer cette commande dans un fichier *.bat* placé dans le même dossier que le fichier *.exe* de Java.

3 Java doit ensuite être activé pour pouvoir fonctionner sous OpenOffice.org. Après l'installation de la suite, lancez OpenOffice.org. Dans le menu **Outils/Options/OpenOffice.org**, sélectionnez *Java*.

4 Dans la fenêtre de paramétrage, cochez *Utiliser un environnement d'exécution Java* et sélectionnez celui qui doit être utilisé.

Si l'installation sans Java ne présente guère de difficultés, les débutants et ceux qui veulent se contenter de l'installation par défaut de OpenOffice.org opteront pour la version intégrant Java.

1.3. L'installation simple utilisateur

Exécuter le programme d'installation

Lorsque le programme d'installation est téléchargé (cela prend entre 15 minutes et 1 heure 30 en fonction de la qualité de votre connexion Internet), vous allez pouvoir procéder à l'installation proprement dite.

1 Ouvrez le dossier contenant le fichier téléchargé (voir Figure 1.4).

2 Si vous êtes sous Windows Vista, vous devez autoriser l'accès à Internet du module d'installation. Cliquez sur **Autoriser** pour que l'Assistant qui vous guidera durant toute la procédure s'affiche (voir Figure 1.5).

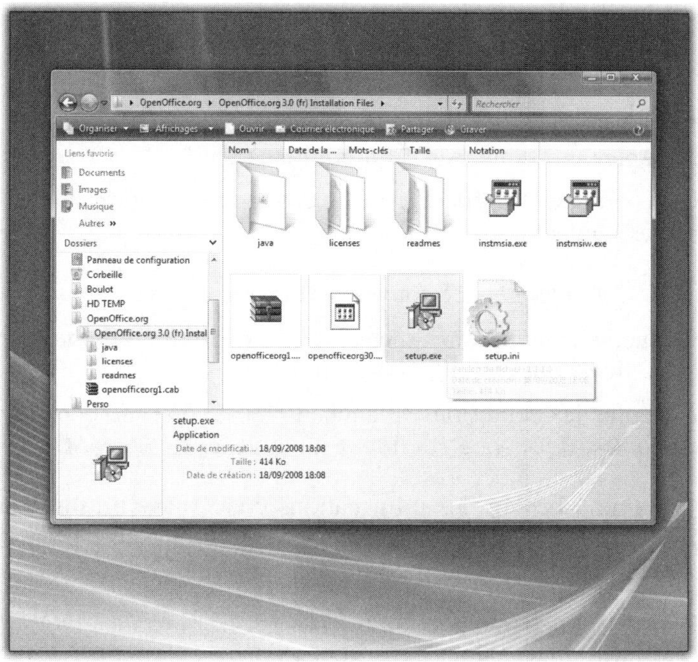

Figure 1.4 : *Cliquez sur le fichier téléchargé pour lancer l'installation*

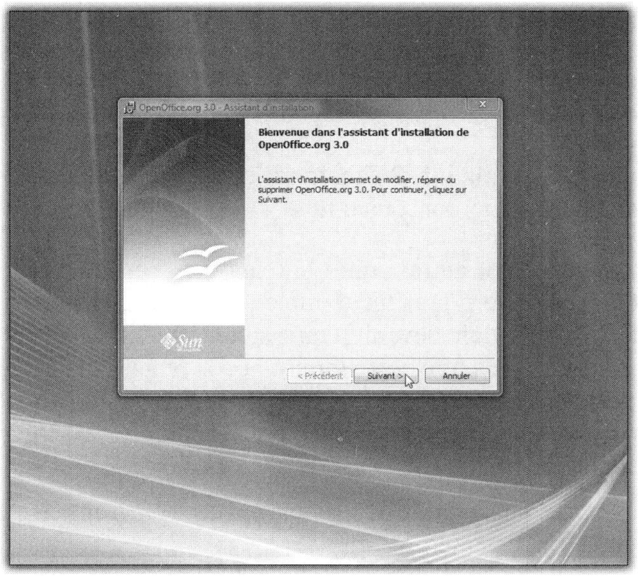

Figure 1.5 : *Lorsque l'Assistant s'affiche, cliquez sur Suivant*

Avant d'installer la suite bureautique, l'ensemble des fichiers contenus dans l'archive téléchargée doit être décompressé. Pour cela, vous devez définir un répertoire d'installation. Par défaut, OpenOffice.org se propose de le créer pour vous.

3 Acceptez et cliquez sur **Décompresser**.

4 Pour changer le répertoire de destination, cliquez sur le bouton correspondant.

L'installation va maintenant pouvoir commencer.

5 Cliquez sur le bouton **Suivant**. Cette opération affiche les termes de la licence d'exploitation de la suite.

6 Acceptez les conditions en cochant la case *J'accepte les termes de ce contrat de licence* et cliquez à nouveau sur **Suivant**.

Le programme a besoin des informations concernant l'utilisateur de la suite. Elles sont utiles car elles sont intégrées dans les propriétés de chaque document généré ou modifié dans la suite.

7 Renseignez les champs, puis choisissez d'installer OOo pour ce seul utilisateur. Cliquez sur **Suivant**.

REMARQUE

Modification des informations

Il est toujours possible de modifier ces informations par la suite en accédant aux options de personnalisation d'OpenOffice.org.

8 Choisissez l'installation *Standard* en cliquant sur le bouton radio et cliquez sur le bouton **Suivant**.

Si vous possédez une autre suite bureautique installée sur votre ordinateur, OpenOffice.org la détecte immédiatement. Dans ce cas, vous devez décider si OOo doit devenir votre suite par défaut et pour quel type de documents. Ce choix est important ; si vous décidez que les documents portant l'extension *.doc* (format natif de Microsoft Office) seront ouverts par défaut par OpenOffice.org Writer, c'est ce logiciel qui sera ouvert à chaque double-clic sur l'un de ces fichiers.

9 Cochez les extensions (*.doc*, *.xls* et *.ppt*) qui devront être traitées par défaut par OpenOffice.org.

10 Cliquez à nouveau sur **Suivant**, puis sur le bouton **Installer**. La procédure est engagée pour de bon. Une jauge indique l'état d'avancement du processus d'installation sur Windows.

Installer l'environnement Java

Si vous avez installé OOo avant l'environnement Java, il faudra effectuer une manipulation au sein de la suite bureautique. Si Java n'est pas présent sur votre machine, un certain nombre de fonctionnalités sera indisponible.

Ainsi, sous Base, le logiciel de base de données de la suite, il sera impossible de créer une nouvelle base à partir de l'Assistant. Sous Writer (le traitement de texte) les Assistants Lettre, Fax, Agenda et HTML ne seront pas opérationnels, pas plus que l'enregistrement sous les formats Aportisdoc (à destination des Palm), DocBook (pour eBook) ou le format PocketWord. Calc, le tableur sera également affecté si Java n'est pas installé et le format Pocket Excel vous sera interdit.

À noter enfin, pour l'ensemble de la suite, l'impossibilité d'utiliser des macros JavaScript. Si ces fonctionnalités vous paraissent inutile aujourd'hui, il est possible qu'un jour elles vous fassent défaut. Dans ce cas, l'installation de l'environnement Java sera indispensable.

Vous pouvez installer cet environnement simplement :

1. Téléchargez-le depuis le site **www.java.com**.
2. Cliquez sur le lien *Windows XP/Vista/2000/2003 En ligne*.
3. Une fois Java rapatrié sur votre disque dur, cliquez sur le fichier exécutable pour télécharger automatiquement tous les compléments dont Java a besoin. Il faut, au préalable, autoriser votre pare-feu à laisser filtrer les données.
4. Une fois Java installé sur votre système, lancez OpenOffice.org.
5. Cliquez sur le menu **Outils** pour le dérouler. Sélectionnez **Options** et cliquez sur **OpenOffice.org**. Sur la liste qui ressemble à une arborescence, sélectionnez *Java*.
6. Dans la fenêtre de paramétrage, cochez *Utiliser un environnement d'exécution Java*. Sélectionnez celui qui devra être utilisé dans la fenêtre. Validez en cliquant sur le bouton OK.

1.4. L'environnement multiutilisateur sous Windows NT/2000/XP/Vista

Ouvrir une session Administrateur

Vous pouvez installer OpenOffice.org de telle sorte que tous les utilisateurs de votre ordinateur n'aient pas accès à la suite, ou à certains pans de la suite. Un bon moyen d'économiser par exemple de l'espace disque en installant uniquement sur chaque compte utilisateur les applications essentielles.

Procédez ainsi :

1. Ouvrez une session *Administrateur*, puis lancez la procédure d'installation d'OpenOffice.org. Lorsque l'Assistant vous demande d'entrer votre nom d'utilisateur, mettez le nom de votre choix, puis cochez *Tous les utilisateurs du système*.
2. Suivez le reste des étapes.
3. Pour modifier l'installation pour chaque compte utilisateur sur la machine, ouvrez une session utilisateur et cliquez sur le fichier exécutable *OOo_3.0_Win32Intel_install_wJRE_fr.exe*, téléchargé préalablement. Utilisez l'installation personnalisée.

Utiliser l'installation personnalisée d'OpenOffice.org

Vous n'êtes pas obligé d'installer l'intégralité de la suite. Il est possible d'activer uniquement les applications qui vous sont réellement utiles. Pour cela, ne sélectionnez pas l'installation *Standard* mais l'installation *Personnalisée*.

Si vous avez déjà installé OOo dans son intégralité, vous pouvez revenir sur cette configuration à tout moment en double-cliquant sur le fichier d'installation. Vous rouvrez ainsi l'Assistant qui vous propose de modifier, supprimer ou réparer OpenOffice.org.

Procédez ainsi :

1. Cliquez sur **Modifier** pour lancer l'installation personnalisée.

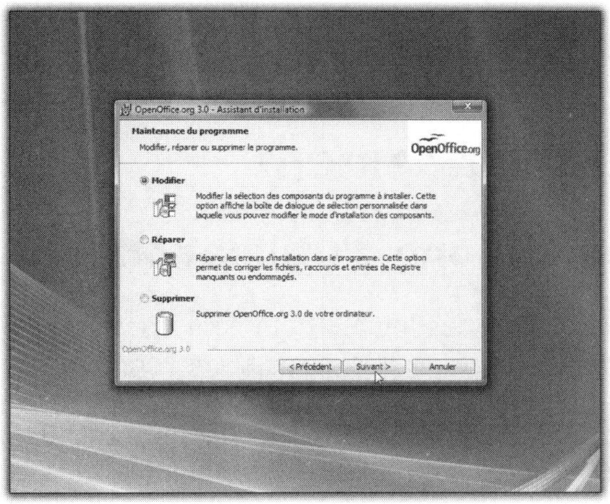

Figure 1.6 : *Modifiez l'installation par défaut*

Le module d'installation personnalisée vous permet, en toute simplicité, de composer votre OpenOffice.org à la carte. Vous trouvez la liste de toutes les applications qui composent la suite.

2 Cliquez sur l'un des intitulés, par exemple le symbole **+** qui précède *OpenOffice.org Writer*. Si vous estimez pouvoir vous dispenser des fichiers d'aide, cliquez sur le symbole qui précède l'item puis sélectionnez *Ce composant ne sera pas installé sur le disque dur local*.

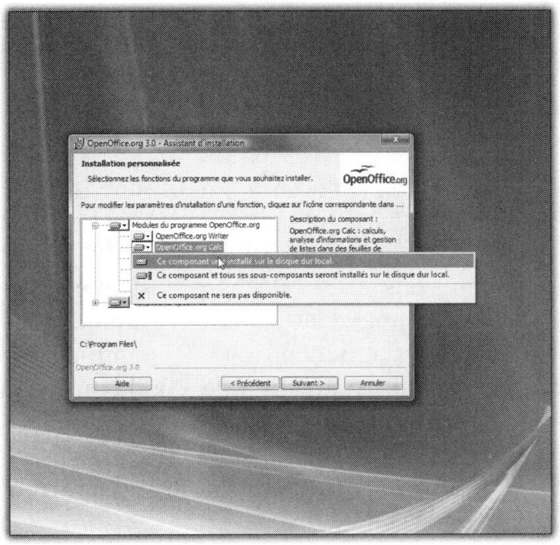

Figure 1.7 : *Composez votre OOo à la carte*

Rien n'est figé. Si vous le désirez, vous pouvez revenir à tout moment sur cette organisation et réinstaller les fichiers que vous aviez supprimés.

1.5. Le premier lancement

Accepter les conditions d'utilisation

Au premier lancement de l'un des logiciels qui composent la suite, vous devez suivre le protocole dirigé par l'Assistant. Un écran de bienvenue apparaît à l'écran et indique que vous devez accepter les termes de la licence (nous l'avons déjà fait lors de l'installation mais il faut s'y soumettre à nouveau) et enregistrer votre version d'OOo.

1 Cliquez sur **Suivant** pour entamer la procédure.

La licence d'OpenOffice.org est en anglais.

2 Cliquez sur le bouton **Faire défiler** pour lire tout le texte si cela vous intéresse. Autrement, utilisez l'ascenseur vertical pour afficher la fin du texte.

3 Tant que tous les termes du contrat de licence n'ont pas défilé, le bouton **Accepter** est inactif. Quand il n'est plus grisé, cliquez dessus.

Pour fonctionner et notamment renseigner les propriétés de tous les documents que vous créerez par la suite, OOo a besoin de renseignements vous concernant. Ces derniers sont limités à vos seuls nom, prénom et initiales.

4 Renseignez les champs ad hoc et cliquez sur **Suivant** (voir Figure 1.8).

Le fichier d'installation que vous avez téléchargé est une archive qui n'est pas recompilée à chaque nouveauté. Certains compléments sont mis à jour par les développeurs qui contribuent au projet. Certaines évolutions sont intervenues depuis la création de l'archive. Il faut donc autoriser OOo à vérifier la présence de mises à jour éventuelles.

5 Cochez la case *Vérifier automatiquement les mises à jour disponibles* et cliquez sur **Suivant** (voir Figure 1.9).

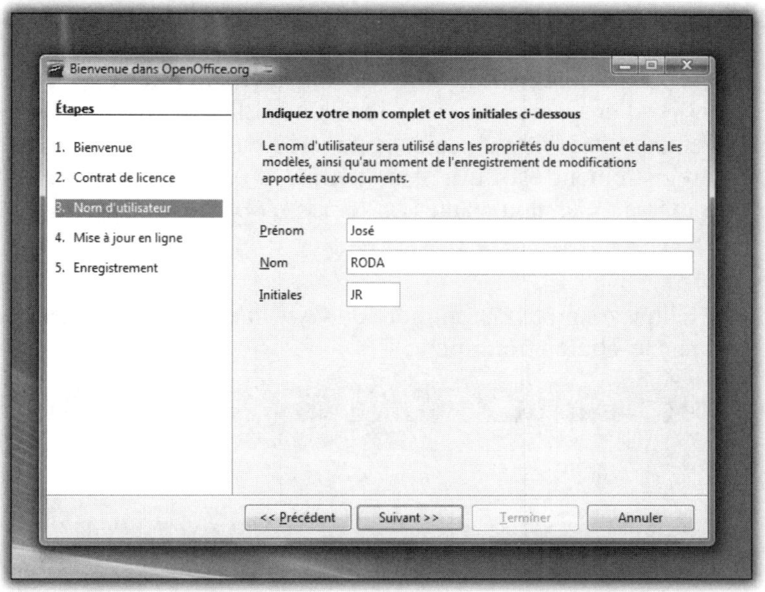

Figure 1.8 : *Identifiez-vous auprès d'OOo*

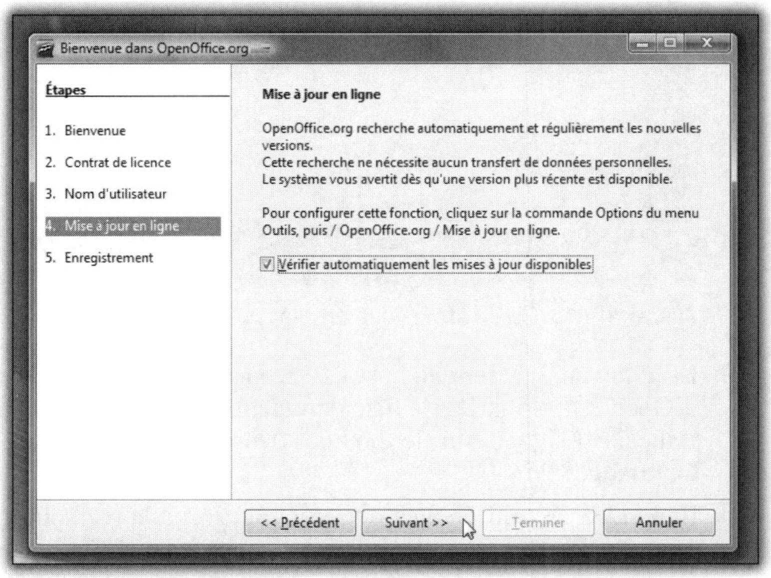

Figure 1.9 : *Vérifiez les mises à jour*

Enregistrer la version d'OpenOffice.org

Il est temps d'enregistrer votre version d'OpenOffice.org. Vous n'êtes pas obligé d'en passer par cette formalité. Elle marque cependant votre engagement vis-à-vis du projet et ne vous engage à rien. L'avantage de cet enregistrement est qu'il vous permet d'obtenir des mises à jour et d'être informé des nouveautés en temps réel.

Procédez ainsi :

1 Cliquez sur le bouton radio *Je veux m'enregistrer maintenant*, puis sur le bouton **Terminer**.

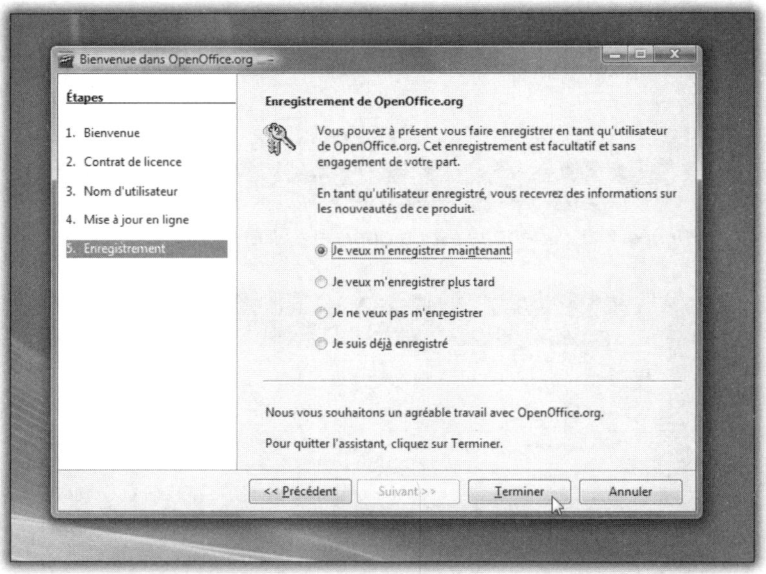

Figure 1.10 : *Enregistrez-vous en tant qu'utilisateur*

2 En cliquant sur **Terminer**, vous accédez à une page du site web d'OpenOffice.org. Sur la liste déroulante, choisissez l'affichage en français. Cliquez sur le bouton **Switch to a different survey language**.

3 Répondez aux différentes questions du formulaire. Vous en avez pour quelques minutes. Vous ne risquez rien. Comme on vous l'explique sur le site : "*Aucun champ de ce questionnaire n'est obligatoire et vous pouvez omettre de compléter les informations personnelles vous concernant si vous les considérez comme sensibles pour votre vie privée. Nous, la communauté OpenOffice.org incluant*

les principales sociétés contributrices, les créateurs et les mainteneurs de ce questionnaire, vous assurons que nous ne redistribuerons pas ni ne disséminerons vos données sans votre accord express préalable."

Désormais, la suite OpenOffice.org est opérationnelle. Vous n'avez plus qu'à la configurer pour qu'elle réponde vraiment à vos besoins.

Les premières personnalisations

Installer des dictionnaires

OpenOffice.org est une suite complète conçue pour vous simplifier la vie. Ainsi, vous pourrez utiliser Dicoo. Cet Assistant vous permet d'installer les dictionnaires orthographiques, de césure et de synonymes de manière transparente, dans OpenOffice.org Writer.

L'installeur de dictionnaires est développé sous la forme d'une simple macro qui est accessible simplement par le menu **Fichier**.

Procédez ainsi :

1 Sélectionnez **Assistant**, puis **Installer de nouveaux dictionnaires**.

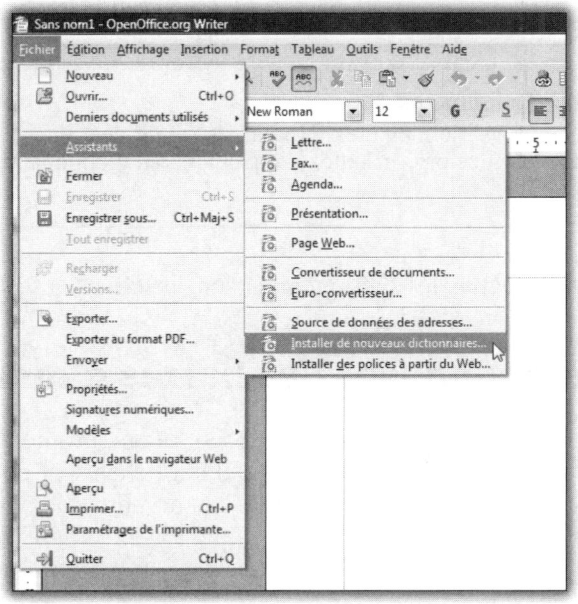

Figure 1.11 : *Utilisez l'assistant Dicoo*

Lorsque Dicoo s'affiche, il dresse la liste de toutes les langues disponibles.

2 Pour accéder à la portion qui concerne le français, appuyez sur la touche Ctrl de votre clavier et cliquez sur *Français*.

3 Cliquez sur le bouton **Lancer Dicoo** en n'oubliant pas d'appuyer simultanément sur la touche Ctrl du clavier.

Vous venez de lancer l'Assistant. Il va se connecter au site OpenOffice.org pour télécharger les dictionnaires donc vous pourriez avoir besoin.

4 Cochez la case *Installer en mode d'administration*. Cliquez sur **Suivant**.

L'étape suivante permet de télécharger les dictionnaires.

5 Cliquez sur le bouton **Récupérer la liste**. Lorsque celle-ci est complète, cliquez sur ce dont vous avez besoin. Pour procéder à des sélections multiples, appuyez simultanément sur Ctrl. Cliquez sur **Suivant**.

6 Répétez cette opération pour les dictionnaires de césure, puis pour les dictionnaires de synonymes.

7 Après avoir cliqué sur **Suivant**, les éléments sélectionnés sont téléchargés.

ATTENTION

Choisissez les dictionnaires

Il ne faut pas que les dictionnaires téléchargés soient déjà présents sur votre version d'OpenOffice.org. Installez uniquement les dictionnaires manquants.

8 Cliquez sur **Suivant** ; les dictionnaires sont installés.

Insérer et personnaliser des barres d'outils

L'ensemble des logiciels de la suite possèdent leurs propres barres d'outils. En fonction de vos activités, celles qui s'affichent par défaut ne sont peut-être pas suffisantes. Il en existe de nombreuses. Pour en afficher la liste :

1 Cliquez sur le menu déroulant **Affichage** et sélectionnez **Barre d'outils**.

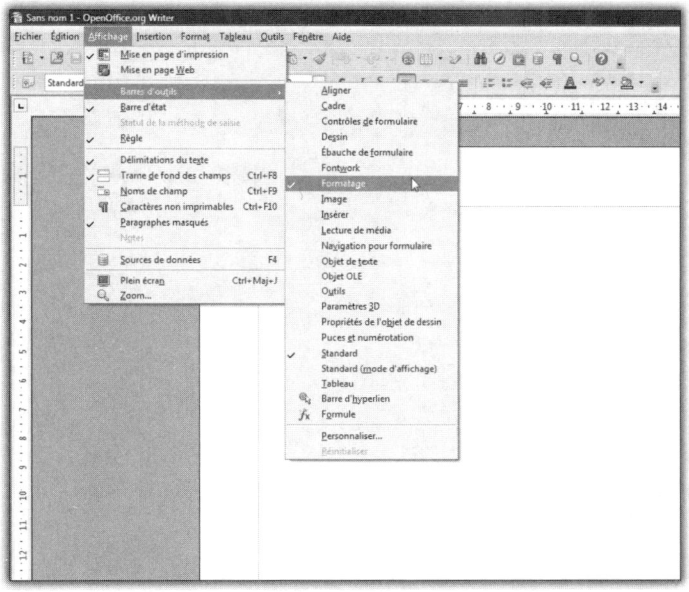

Figure 1.12 : *Consultez la liste des barres d'outils*

Vous pouvez également modeler une barre d'outils spécifique :

2 Cliquez dans le volet additionnel sur *Personnaliser*.

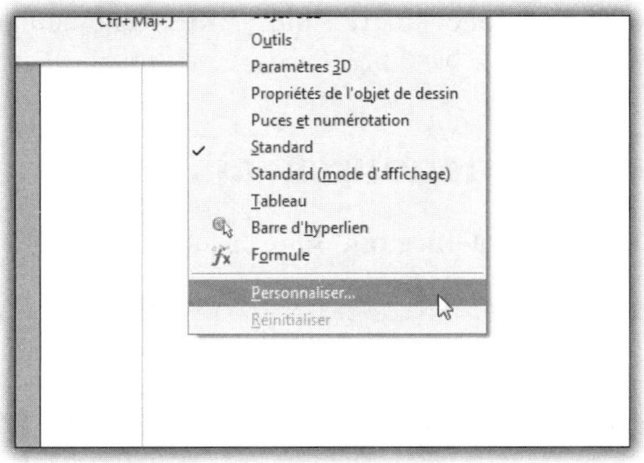

Figure 1.13 : *Personnaliser...*

Vous ouvrez une boîte de dialogue qui liste toutes les commandes disponibles.

3 Cliquez sur l'une d'elles, puis sur le bouton **Ajouter**.

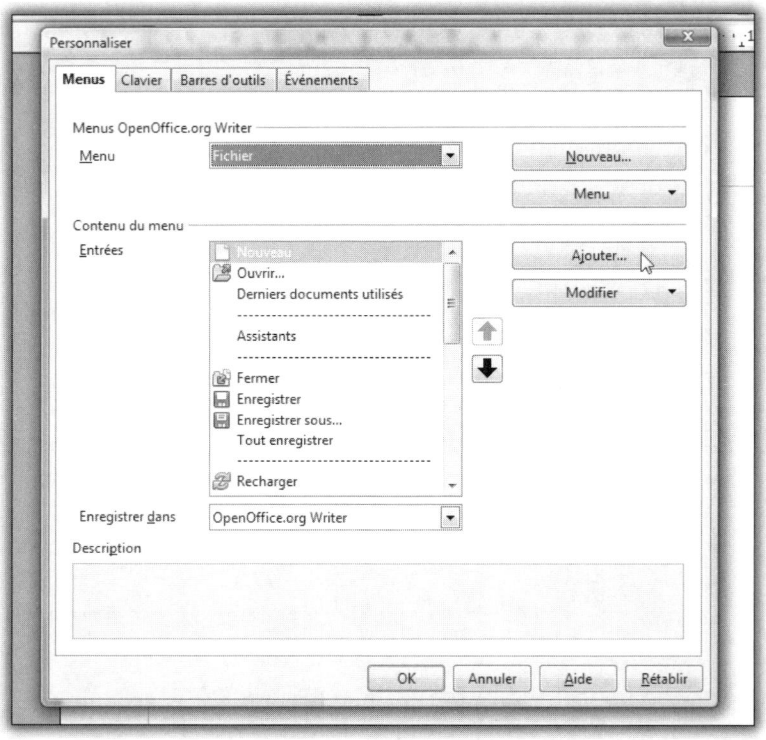

Figure 1.14 : *Créez votre propre barre d'outils*

Vous pouvez constituer une barre qui offre uniquement les fonctionnalités dont vous avez besoin.

Personnaliser des raccourcis clavier

Vous pouvez contrôler OpenOffice.org sans la souris, uniquement à l'aide du clavier.

Vous trouverez dans chaque page principale de l'aide d'un module (par exemple, les pages principales de l'Aide de OpenOffice.org Writer ou d'OpenOffice.org Calc) un lien vers l'aide relative aux raccourcis clavier de ce module.

RENVOI *Retrouvez, en annexe de cet ouvrage, tous les raccourcis clavier indispensables sous OpenOffice.org.*

Tous les raccourcis clavier d'OpenOffice.org ne vous conviennent peut-être pas. Vous pouvez, dans chaque application de la suite, effectuer quelques personnalisations. La manipulation est simple :

1 Cliquez sur **Outils/Personnaliser**.

2 Une boîte de dialogue apparaît. Activez l'onglet **Clavier**.

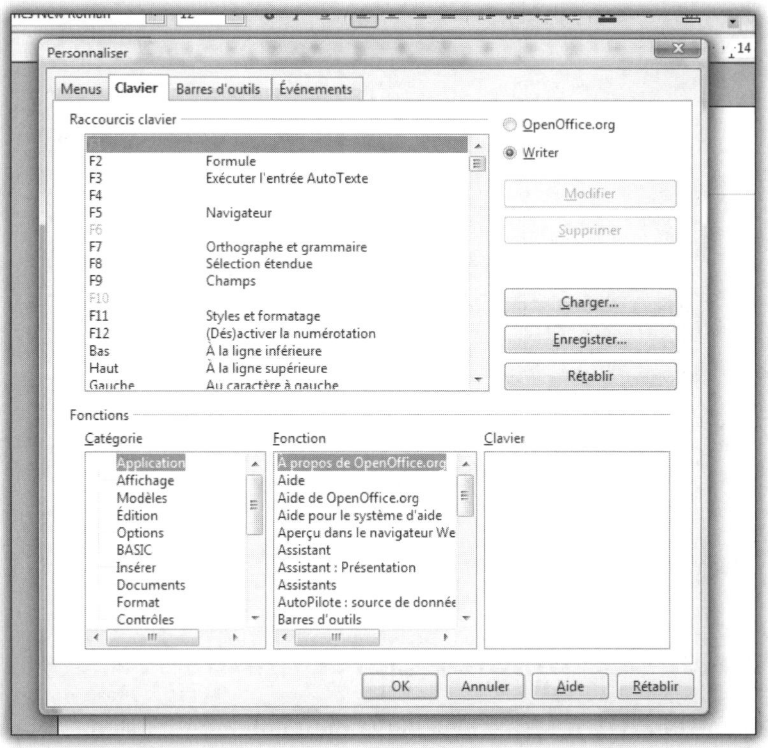

Figure 1.15 : *L'onglet Clavier permet de personnaliser les raccourcis*

3 Lorsque vous souhaitez modifier un raccourci, sélectionnez-le sur la liste.

4 Cochez la case correspondante pour définir si la modification est applicable pour la suite entière ou pour l'application active.

Figure 1.16 :
Modifiez le raccourci pour toute la suite

5 En cliquant sur le bouton **Modifier**, la combinaison de touches s'affiche dans le volet **Clavier**. Sélectionnez un autre raccourci affecté à une autre commande et cliquez à nouveau sur **Modifier**. Les raccourcis clavier sont intervertis.

Figure 1.17 : *Procédez aux modifications*

6 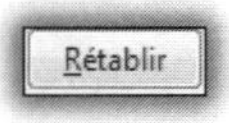

Validez en cliquant sur OK. En cas d'erreur, cliquez sur le bouton ci-contre.

Vous retrouverez ainsi les raccourcis clavier par défaut.

Ajouter des macros personnalisées

OpenOffice.org est livré avec un certain nombre de macros préinscrites. Elles sont toutes rassemblées dans un dossier. Ce dossier contient également toutes les macros personnalisées qui sont créées via la commande **Outils/Macro** et enregistrées dans l'arborescence de *soffice/Standard*.

Microsoft Office et OpenOffice.org n'exécutent pas le même code de macros. Tandis que Microsoft Office exploite le code VBA (*Visual Basic for Applications*), OpenOffice.org utilise le code Basic fondé sur l'environnement d'API (*Application Program Interface*) d'OpenOffice.org.

Le langage de programmation est le même, mais les objets et les méthodes diffèrent considérablement.

Si vous utilisez des macros dans une des applications et que vous souhaitiez disposer des mêmes fonctionnalités dans l'autre, vous devez éditer les macros.

OpenOffice.org peut charger les macros contenues dans des fichiers Microsoft Office pour vous permettre de les afficher et d'en éditer le code dans l'éditeur OpenOffice.org Basic-IDE.

1 Ouvrez un document Microsoft Office contenant une macro VBA. Pour la récupérer, modifiez uniquement le contenu normal (texte, cellules, images), mais ne touchez pas à la macro elle-même. Enregistrez le document en tant que fichier de type Microsoft Office. Ouvrez le fichier dans Microsoft Office. Les macros VBA fonctionnent normalement.

Vous pouvez supprimer les macros VBA du fichier Microsoft Office lors du chargement ou de l'enregistrement de ce fichier.

2 Choisissez **Outils/Options/Chargement/Enregistrement/Propriétés VBA** pour définir le mode de traitement des macros VBA par OpenOffice.org.

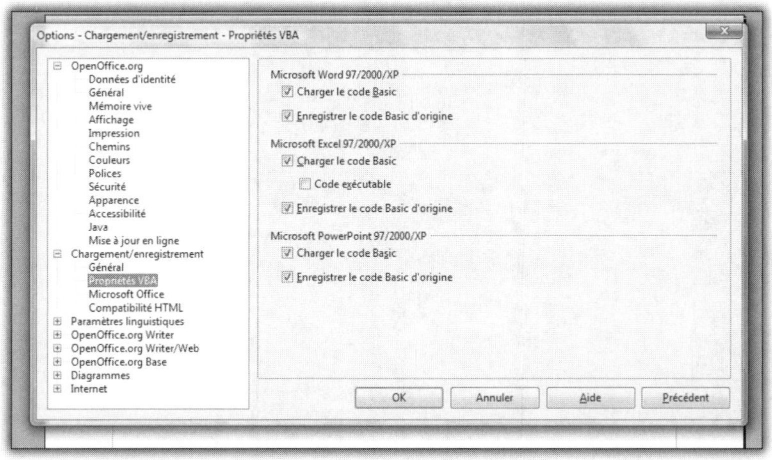

Figure 1.18 : *Choisissez la façon dont OOo doit se comporter vis-à-vis des macros VBA*

L'adaptation de vos principaux documents de travail ne devrait pas poser de problème, OOo étant particulièrement souple d'utilisation.

1.6. Personnaliser des dossiers par défaut

OpenOffice.org intègre nombre de modèles, de thèmes pour vous permettre d'agrémenter tous vos documents. Les arrière-plans, les éléments graphiques divers et variés sont tous stockés dans un dossier par défaut. Pour trouver ce répertoire, suivez le chemin *C:\Program Files\OpenOffice.org 2.3\share\Gallery*.

Selon le type d'élément à insérer dans le document, vous trouvez des sous-dossiers qui les accueillent :

- *www-Back* : des arrière-plans ;
- *www-Graph* : des modèles de sites web ;
- *bullets* : des styles de puces ;
- *rulers* : des règles ;
- *Sounds* : des sons.

Vous pouvez ajouter des documents personnels dans ces galeries. Commencez par afficher les galeries en cliquant sur **Outils/Gallery**. L'ensemble des thèmes et modèles disponibles s'affichent alors au sommet du document.

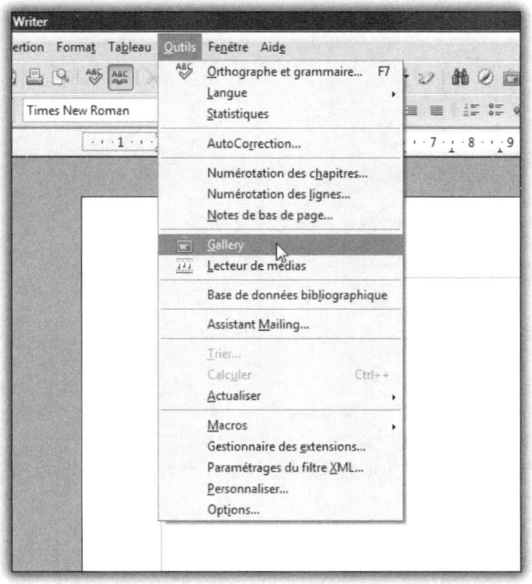

Figure 1.19 : *Activez l'affichage de Gallery*

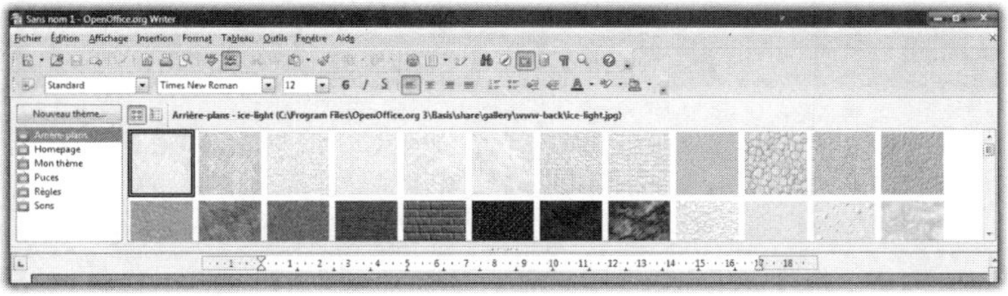

Figure 1.20 : *Découvrez les thèmes disponibles*

Pour ajouter des documents personnels dans ces galeries :

1 Cliquez du bouton droit de la souris sur la rubrique à enrichir, par exemple *Arrière-plan*, et cliquez sur **Propriétés**.

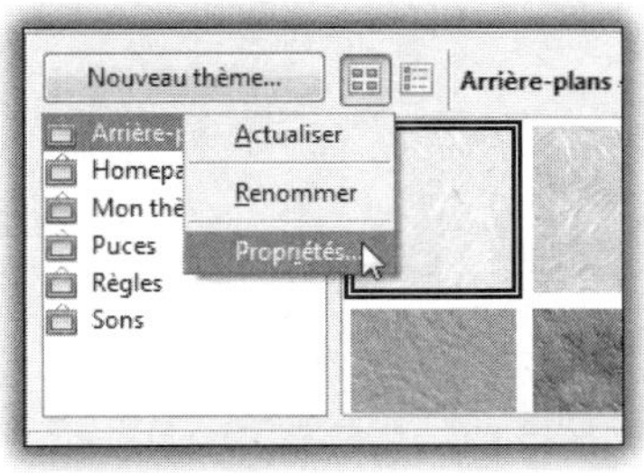

Figure 1.21 : *Enrichissez les galeries*

2 Dans la boîte de dialogue qui apparaît, activez l'onglet **Fichier**. Cliquez sur le bouton **Ajouter** et parcourez votre disque dur en quête des fichiers à intégrer. Validez en cliquant sur OK. Désormais, vos modèles personnels s'affichent sur la liste des arrière-plans.

Figure 1.22 : *Personnalisez les modèles*

Chapitre 2

Créer ses premiers documents texte avec OpenOffice.org Writer

Writer est le logiciel de traitement de texte intégré à la suite OpenOffice.org. Si son aspect paraît plus austère que Word, qui est plus coloré et dont les icônes sont plus sophistiquées, Writer est par ses fonctionnalités au moins aussi complet que son concurrent. Le plus difficile consistera surtout à trouver vos marques. Les pages qui suivent vous faciliteront cette phase de migration qui peut parfois être déroutante.

2.1. Créer un nouveau document

La création d'un nouveau document peut être effectuée par plusieurs biais.

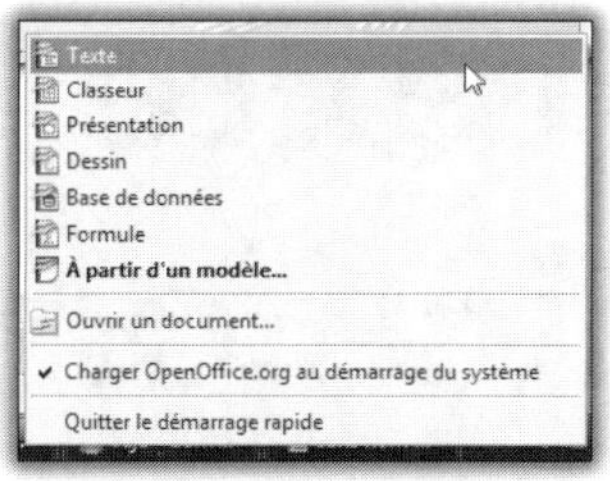

Figure 2.1 :
Utilisez la barre de démarrage rapide

1 Vous pouvez d'abord utiliser l'icône de démarrage rapide d'OpenOffice.org qui a pris place dans la zone de notification. Cliquez du bouton droit de la souris sur cette icône et sélectionnez le type de document à créer. Ici, cliquez sur **Texte**.

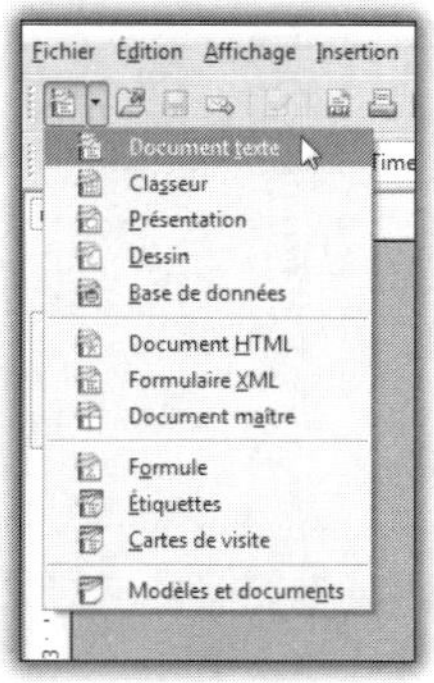

Figure 2.2 :
Sélectionnez le type de document à créer

2 Si vous avez déjà ouvert OpenOffice.org Writer, vous pouvez procéder différemment. Cliquez sur le menu **Fichier/Nouveau**. Dans le volet additionnel, cliquez sur **Document Texte**.

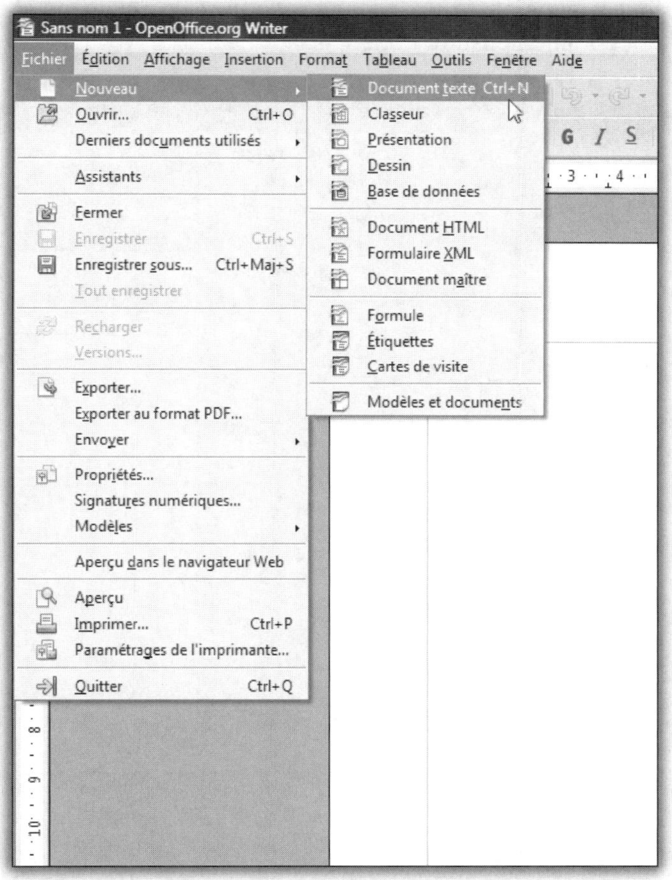

Figure 2.3 : *Utilisez le menu déroulant*

3  Vous pouvez également utiliser la barre d'outils. Cliquez sur le bouton représenté dans la figure suivante ; un nouveau document vierge est généré automatiquement.

Vous êtes prêt à travailler sur votre document.

Mettre en page un document

Pour définir le style de mise en forme d'un document, OOo Writer a eu l'intelligence de tout réunir au sein d'une même boîte de dialogue. Il est donc très rapide et très simple de définir des en-têtes, des styles de renvoi, un format de page, un arrière-plan, des colonnes, etc.

Pour accéder à cette boîte de dialogue, cliquez sur le menu déroulant **Format**. Sélectionnez ensuite *Page*.

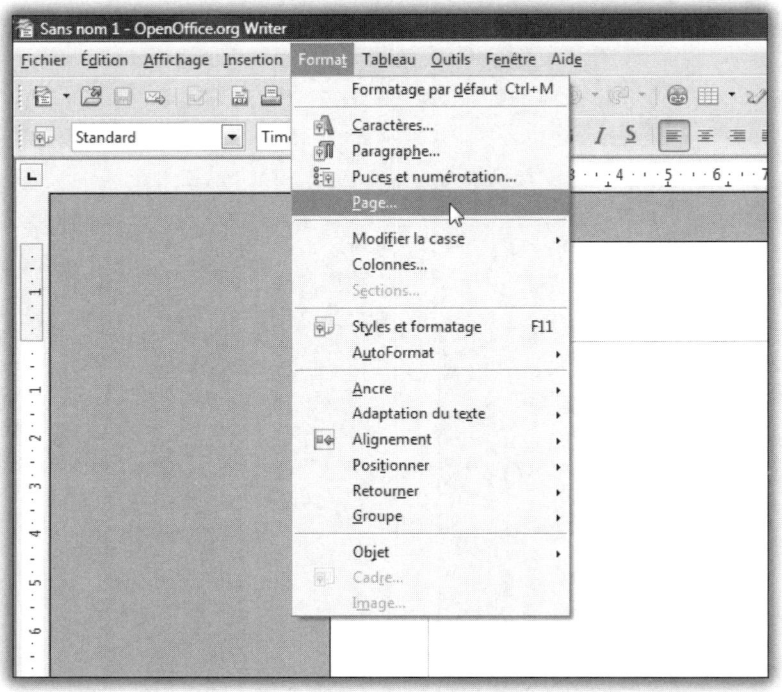

Figure 2.4 : *Personnalisez la page*

Par défaut, cette fenêtre s'affiche sous l'onglet **Gérer** qui vous permet de nommer le style personnalisé que vous vous apprêtez à créer, de choisir un style prédéfini sur la liste, mais surtout, il dresse la liste des propriétés de votre page. Vous retrouvez ainsi les proportions de la page, la police utilisée, le type d'alignement, etc.

1 Cliquez sur l'onglet **Page**. Vous pouvez maintenant définir le format de la page. Optez pour un format standard sur la liste déroulante (*A4*, *A5*, etc.) ou pour une taille personnalisée en entrant des valeurs dans les champs *Largeur* et *Hauteur*. Définissez également l'orientation de la page en mode Portrait (dans le sens vertical) ou Paysage (dans le sens horizontal). Un aperçu affiche en temps réel les modifications effectuées (voir Figure 2.5).

2 Sous les onglets **En-tête** ou **Pied de page**, vous pouvez personnaliser les documents en ajoutant des couleurs, préciser

l'espace réservé à l'en-tête, etc. Procédez à ces ajustements et cliquez sur OK. Le style est appliqué instantanément au nouveau document.

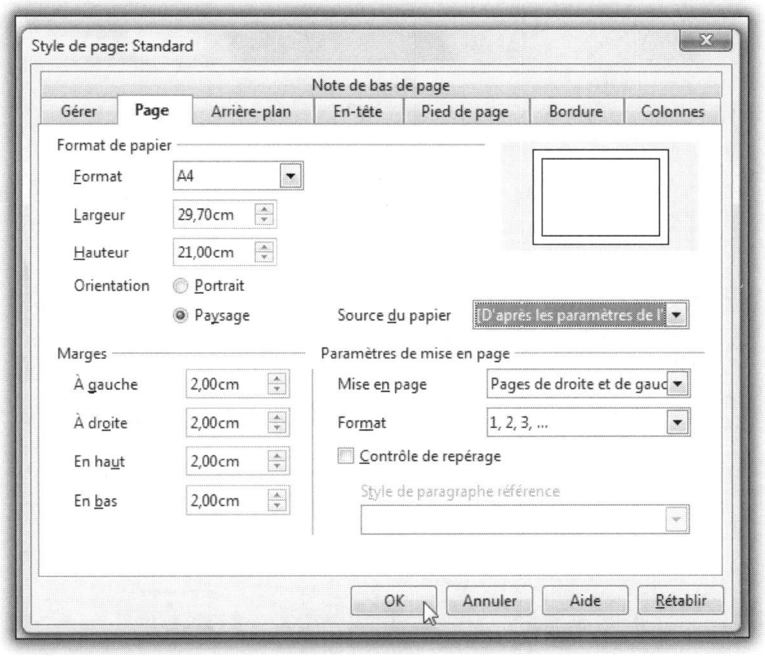

Figure 2.5 : *Définissez la taille de la feuille*

Modifier les marges

À l'aide de la boîte de dialogue **Style de page**, vous pouvez également personnaliser les marges. Une fonctionnalité utile, notamment pour relier vos documents avec des spirales et ne pas voir le texte perdu sur l'un des côtés.

1 Cliquez sur l'onglet. Par défaut, toutes les marges (gauches, droites, hautes et basses) sont fixées à 2 cm. Ce réglage par défaut est personnalisable. Pensez à modifier les valeurs, à l'aide des petites flèches ascendantes ou descendantes à droite du champ ou en saisissant une valeur de votre choix.

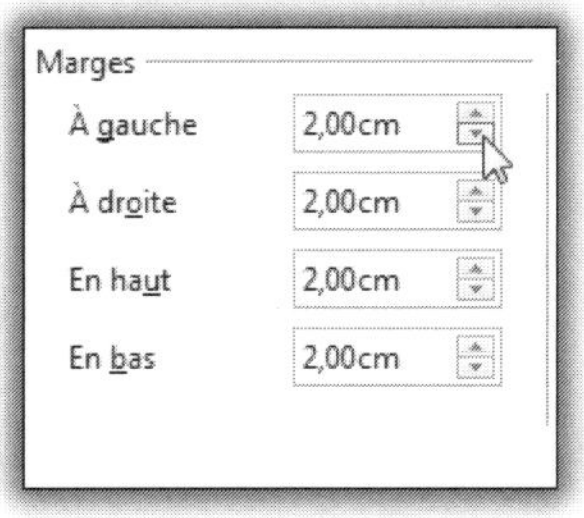

Figure 2.6 :
Personnalisez la taille des marges

Vous n'êtes pas tenu de rouvrir cette boîte de dialogue lorsque vous voulez modifier une marge. En effet, vous pouvez procéder à un ajustement pendant que vous travaillez sur votre fichier :

2 Observez les règles qui encadrent la zone de travail. Si elles ne sont pas présentes, cliquez sur le menu **Affichage** et sélectionnez **Règles**. Elles apparaissent instantanément.

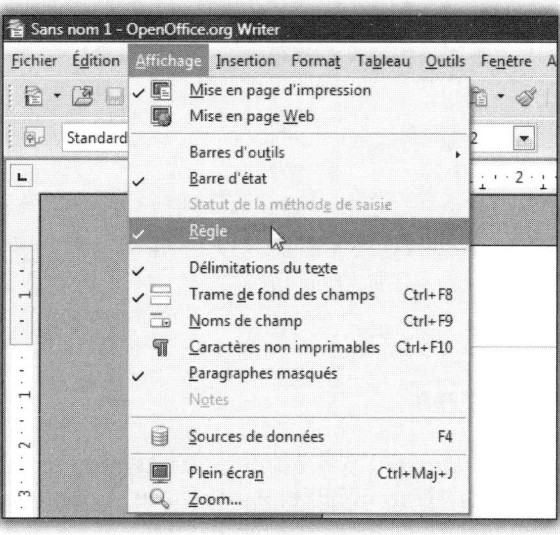

Figure 2.7 :
Affichez les règles

3 À l'aide du pointeur de la souris, glissez l'extrémité des règles pour élargir ou réduire les marges.

ATTENTION

Placer la souris correctement

Méfiez-vous. Lorsque la souris est placée correctement, le pointeur prend la forme d'une flèche bidirectionnelle (voir l'illustration). Si ce n'est pas le cas, vous allez modifier la taille des tabulations. Si cela vous arrive, appuyez sur les touches Ctrl+Z de votre clavier pour annuler la modification.

Choisir le mode Paysage ou Portrait

Comme pour la taille des marges, ce n'est pas parce que vous avez défini un style à l'ouverture du nouveau document que vous êtes tenu d'en rester là. Vous pouvez à tout moment revenir sur vos choix. L'orientation de la page n'échappe pas à cette règle. Pour gagner du temps, évitez de dérouler le menu **Format** pour y sélectionner **Page**.

L'interface d'OOo Writer est très bien conçue, et il existe toujours plusieurs moyens d'accéder à une même fonctionnalité. Si vous observez l'espace de travail, vous constatez que dans la partie inférieure se trouve une barre grisée contenant certaines informations. Elle est appelée "barre d'état". Double-cliquez sur **Standard**. Vous ouvrez ainsi immédiatement la boîte de dialogue **Style de Page**. Modifiez l'orientation de votre document.

Figure 2.8 : *Modifiez l'orientation de la page*

Insérer des en-têtes et des pieds de page

Si vous avez prévu dans la définition du style de page un emplacement pour un en-tête et un pied de page, pensez à les garnir de texte et d'informations. Vous trouverez, à la fin de ce chapitre, un cas pratique vous guidant pas à pas dans la création d'un papier à lettres professionnel.

Pour le moment, si vous désirez renseigner l'en-tête pour lequel vous avez laissé un espace lors de la phase de création du document, cliquez dans le cadre généré par OOo Writer. Vous placez ainsi le curseur au bon endroit.

À partir de maintenant, tout le texte que vous entrerez et les images que vous insérerez feront partie de l'en-tête.

Sélectionner du texte

Lorsque vous souhaitez modifier, déplacer, supprimer, éditer du texte, il faut au préalable le sélectionner. Cette opération consiste à mettre le texte en surbrillance en vue de lui appliquer de nouveaux attributs ou d'effectuer des manipulations particulières qui ne doivent pas être appliquées à l'ensemble du document. Quand une portion de texte est sélectionnée, elle apparaît en blanc sur fond noir. Il existe plusieurs façons de sélectionner du texte. Vous pouvez :

- sélectionner un simple mot en double-cliquant sur ce mot ;
- sélectionner une ligne entière en cliquant trois fois sur n'importe quel mot figurant sur cette ligne ;
- sélectionner plusieurs lignes simultanément en cliquant une fois au début du texte et en glissant à l'aide du pointeur jusqu'à la fin du texte à mettre en surbrillance, sans relâcher le bouton de la souris ;
- sélectionner plusieurs portions d'un document texte, sans qu'elles soient nécessairement contiguës en sélectionnant la première portion, puis en cliquant sur les autres tout en appuyant sur la touche Ctrl de votre clavier ;
- sélectionner tout le texte en utilisant le raccourci clavier Ctrl+A.

ASTUCE

Un outil de sélection efficace

Vous pouvez utiliser la fonction Rechercher (activable à partir du raccourci clavier Ctrl+F ou en cliquant sur *(Dés)Activer la recherche* dans la barre d'outils). Dans la boîte de dialogue qui apparaît, saisissez un mot à rechercher dans le document. Cliquez sur le bouton **Rechercher Tout**, chaque occurrence du mot est mise en surbrillance. Vous pouvez alors la modifier facilement.

Mettre en forme et saisir du texte

Qu'il s'agisse de l'en-tête, du pied de page ou du corps du document, OpenOffice.org Writer fonctionne comme n'importe quel autre logiciel de traitement de texte concurrent.

1 Saisissez votre texte au kilomètre, c'est-à-dire sans vous soucier de sa mise en forme.

Par défaut, la police de caractères utilisée par Writer est Times New Roman. Sous Microsoft Office 2007, la police par défaut s'appelle Calibri. Si cette dernière est installée sur votre ordinateur, vous pouvez la définir également comme police par défaut.

2 Cliquez sur le menu **Outils/Options**. Dans le volet latéral, déroulez *OpenOffice.org Writer*. Vous trouverez l'item *Police Standard*. Cliquez sur ce titre.

3 Dans le volet droit de la fenêtre se trouve un champ *Standard*. Cliquez sur la liste déroulante pour définir Calibri comme police par défaut.

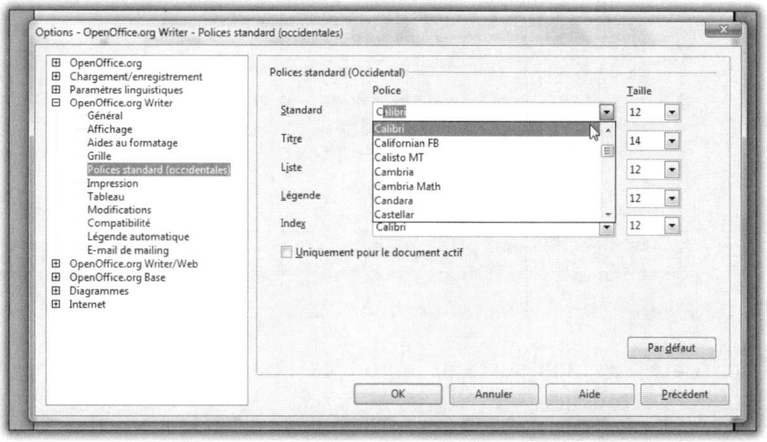

Figure 2.9 : *Choisissez une nouvelle police par défaut*

Vous pouvez également modifier le corps (fixé à 12 par défaut) si vous le désirez.

4 Validez en cliquant sur OK. Dorénavant, la police par défaut est Calibri.

5 Entrez votre texte. Il prend place dans la zone d'en-tête. Si vous ne souhaitez pas utiliser la police par défaut, placez les caractères que vous venez de taper en surbrillance.

6 Dans la barre d'outils *Formatage*, cliquez sur la liste déroulante des polices pour choisir une autre mise en forme (voir Figure 2.10).

Toujours dans cette barre d'outils, il est possible de modifier la taille des caractères (le corps), mais aussi l'alignement du texte. Quatre options s'offrent à vous : *Aligné à gauche*, *Aligné à droite*, *Centré* ou *Justifié*. Cette dernière option vous permet d'obtenir des blocs de texte réguliers qui n'apparaissent pas comme dentelés.

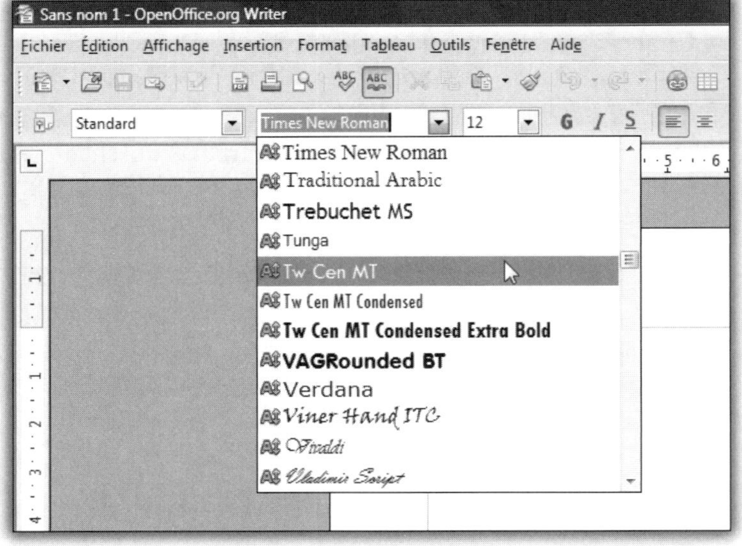

Figure 2.10 : *Affectez une nouvelle police au texte*

Pour toutes les modifications apportées à du texte, pensez à sélectionner le texte à retoucher.

La barre d'outils *Formatage* n'est pas le seul moyen de modifier l'apparence du texte. En effet, le menu contextuel accessible du bouton droit de la souris, vous donne accès à toutes ces fonctionnalités. Sous Microsoft Office 2007, lorsque vous ouvrez ce menu et que vous cliquez sur *Police*, une nouvelle fenêtre s'affiche. Sous OpenOffice.org Writer, tout cela est beaucoup plus simple et ergonomique.

Ainsi, il suffit d'ouvrir le menu contextuel après avoir sélectionné un mot, une phrase ou un paragraphe. Cliquez sur **Police**. Un volet additionnel s'affiche et dresse la liste de toutes les polices de caractères disponibles. Il en va de même pour la taille des caractères, le style (gras, italique souligné) ou encore l'alignement. À l'usage, cet accès plus rapide aux attributs du texte constitue un atout maître pour la suite OOo.

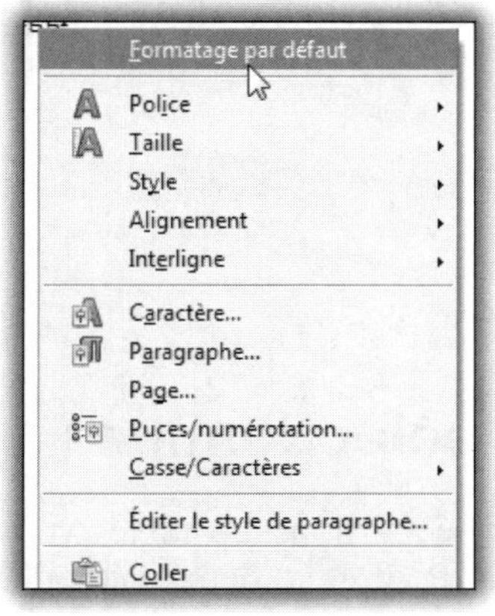

Figure 2.11 :
Utilisez le menu contextuel pour mettre le texte en forme

À tout moment, vous pouvez modifier les ajustements portés au texte. En utilisant le menu contextuel, vous gagnez beaucoup de temps. Votre attention reste en permanence sur la zone de texte.

Choisir les modes Insérer/Écraser

La prise en main de Writer pour quiconque a déjà utilisé un logiciel de traitement de texte n'a rien de complexe. Pour saisir du texte, ne perdez pas de vue que le clignotement du curseur indique où le texte que vous vous apprêtez à entrer va prendre place.

Lorsque vous saisissez une nouvelle phrase, avant une portion de texte existante, elle apparaît avec la police et le style par défaut. Le fonctionnement classique d'OOo Writer consiste à déplacer le texte que vous aviez entré précédemment vers la droite de la nouvelle insertion.

1 Dans la barre d'état située au bas de la zone de travail, cliquez sur la case *INS*. Les trois lettres sont remplacées par l'abréviation RFP. C'est la commande qui permet d'activer le mode Écraser. Lorsque vous entrez maintenant un nouveau texte, le texte précédent est effacé au fur et à mesure de votre saisie. Ce mode peut également être activé avec la touche [Inser] de votre clavier (en général au-dessus du pavé directionnel). Le gain de temps offert par le mode Écraser est considérable ; il vous évite d'utiliser la touche [Effacer] de votre clavier. Cependant, il peut présenter un risque, lorsque le curseur n'est pas placé au bon endroit et que vous éradiquez, par erreur, un texte qui n'aurait pas dû disparaître.

2 Pour revenir au mode Insertion, cliquez au même endroit dans la barre d'état.

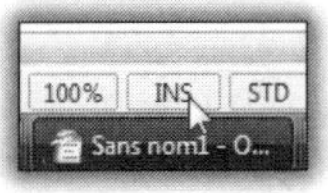

Figure 2.12 :
Écrasez le texte pour l'effacer

Mettre en forme de sections sélectionnées

Lorsque vous sélectionnez certaines zones ou portions de texte, vous pouvez les mettre en forme assez facilement. Pour cela, deux méthodes sont utilisables. La première consiste à exploiter les outils que la barre d'outils *Formatage* met à votre disposition, la seconde à utiliser le menu déroulant **Format**.

1 Pour modifier le style d'un paragraphe, utilisez la liste déroulante des styles. C'est la première de la barre d'outils *Formatage* (si cette barre ne s'affiche pas, cliquez sur le menu déroulant **Affichage/Barre d'outils**, puis sur **Formatage**).

Vous pouvez appliquer au paragraphe mis en surbrillance le style prédéfini dans OOo Writer. Nous avons déjà évoqué précédemment la manière de modifier la police ou le corps du texte avec cette barre d'outils ou le menu contextuel.

L'application des styles ne présente pas pour unique intérêt la mise en forme rapide du texte. C'est surtout un outil primordial d'organisation d'un document. En hiérarchisant les styles de titre ou de texte, vous pourrez par la suite exploiter les fonctions de renvoi ou de génération de tables des matières que nous traiterons plus loin dans ce guide.

2 

Pour modifier les attributs du texte, c'est-à-dire procéder à des enrichissements tels que la mise en gras, en italique ou le soulignement, utilisez les trois boutons illustrés ici.

REMARQUE

Utiliser les raccourcis clavier

Pourquoi ne pas oublier la barre d'outils et utiliser des raccourcis clavier pour mettre en forme le texte ? Ctrl+G assure la mise en gras, Ctrl+I l'italique et Ctrl+U le soulignement (U pour *Underlined*).

3 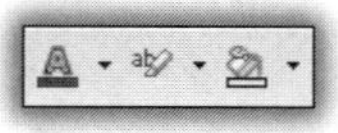 Vous pouvez également ajouter de la couleur au texte. Pour cela, la barre d'outils *Formatage* propose les trois boutons ci-contre. Le premier change la couleur de la police, le deuxième procède à un surlignage du texte sélectionné, le troisième change la couleur de l'arrière-plan. Dans les trois cas, cliquez sur la petite flèche à droite de chacun des boutons pour faire apparaître la palette de couleurs disponibles.

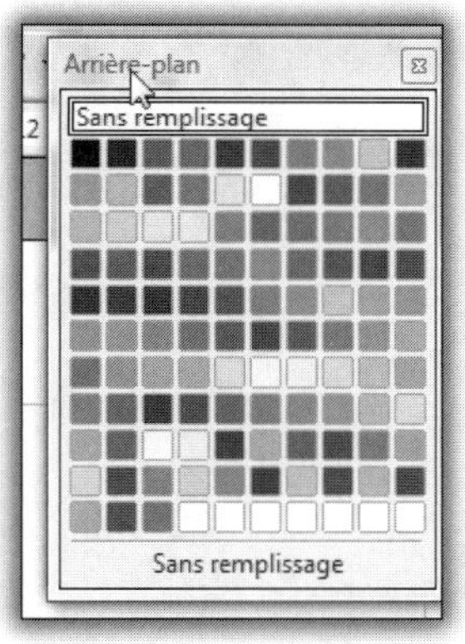

Figure 2.13 :
En cliquant sur la flèche, vous affichez la palette de couleurs

4 Vous pouvez obtenir des ajustements encore plus fins sur votre document en utilisant les menus déroulants **Format/Caractères** pour modifier le style et les attributs des caractères et **Format/Paragraphe** afin de modifier la position du texte par rapport aux marges, la gestion de l'interlignage ou de l'espacement des caractères.

Si vous êtes plus exigeant en termes de choix dans les styles et de l'accessibilité aux fonctions, vous pouvez également activer le module **Styles et formatage**. Nous évoquerons plus en détail le fonctionnement des styles de leur création pure et simple en passant par leur personnalisation jusqu'à leur application un peu plus loin dans ce chapitre. Néanmoins, il convient dès maintenant d'exposer le fonctionnement de la fenêtre **Styles et formatage**.

Il offre en effet le meilleur compromis pour modifier rapidement et facilement des dizaines de titres et de paragraphes.

5 Pour afficher la fenêtre **Styles et formatage**, utilisez la touche F11 de votre clavier. La fenêtre **Styles et formatage** peut être soit ancrée, soit flottante. Si elle est flottante, vous pouvez la déplacer

à votre guise n'importe où sur la zone de travail à l'aide de votre souris en réalisant un glisser-déposer.

L'affichage de la fenêtre **Styles et formatage** peut également être commandé par le menu **Format/Styles et formatage**.

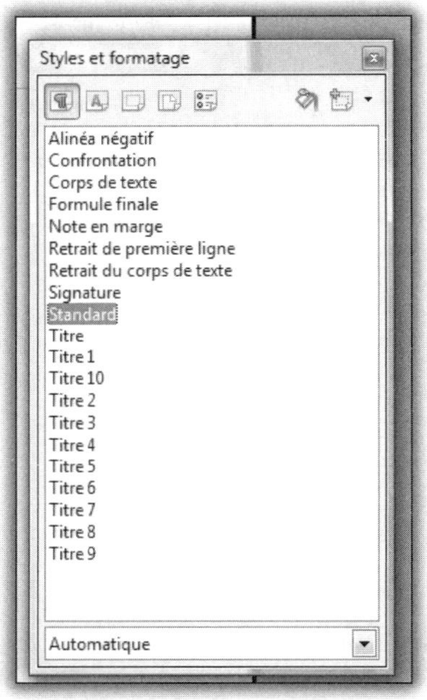

Figure 2.14 :
Utilisez le menu Format pour afficher les styles

La barre d'outils de la fenêtre **Styles et formatage** propose cinq icônes réparties du côté gauche et deux sur la partie droite.

- Les cinq premiers boutons vous permettent de naviguer entre les différents styles : **Paragraphe**, **Caractère**, **Cadre**, **Page** et **Liste**.
- Les deux icônes restantes donnent accès à des fonctions spécifiques : modes Remplir tout, Nouveau Style à partir de la sélection, Actualiser le Style et Charger les styles.

Le reste de la fenêtre dresse la liste de tous les styles connus sous OpenOffice.org Writer. Cette liste s'étend à mesure que vous créez de nouveaux styles, bien sûr.

Au bas de cette liste se trouve également un menu déroulant qui affiche un certain nombre de filtres afin de repérer plus facilement les styles qui peuvent vous intéresser. Ainsi, selon le filtre choisi, vous pouvez afficher uniquement certains styles.

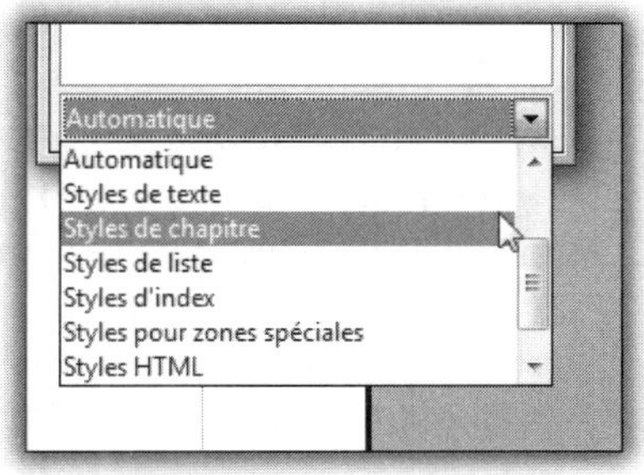

Figure 2.15 :
Utiliser les filtres pour afficher le bon style

Au sommet de la liste des filtres, vous trouvez *Hiérarchie* qui gère l'affichage des styles sous la forme d'une arborescence thématique. Ainsi tous les styles de liste sont réunis sous l'item *Liste*, etc.

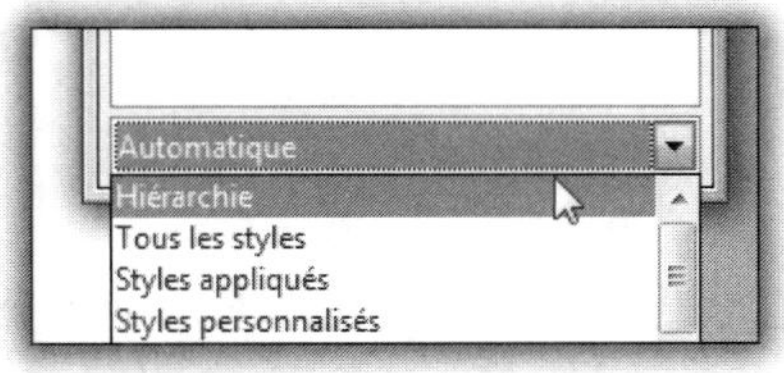

Figure 2.16 :
Cliquez sur Hiérarchie pour organiser les styles

Le tableau suivant indique les différents types de styles accessibles dans la fenêtre **Styles et formatage** :

Tableau 2.1 : *Les catégories de styles applicables au document*

Styles	Fonction
Styles de caractères	Permettent de formater des caractères, des mots ou des phrases. Plusieurs styles peuvent cohabiter
Styles de paragraphes	Permettent de formater des paragraphes, le type et la taille de la police utilisée, et la sélection du style à appliquer au paragraphe suivant
Styles de cadres	Permettent de formater textes et images insérés dans des cadres
Styles de pages	Permettent d'organiser la structure du document et d'insérer des numéros de page
Styles de listes	Permettent de formater des listes à puces ou des listes numérotées

2.2. Utiliser les styles

L'application de styles à vos documents est, sans conteste, la solution la plus sûre, la plus rapide et la mieux adaptée pour modifier des dizaines de titres et de paragraphes dans un document de grande envergure. Sur un courrier simple, les styles sont moins utiles car la mise en forme réalisée manuellement prend seulement quelques secondes. En revanche, quand vous travaillez sur un mémoire de plusieurs dizaines ou centaines de pages, le recours à ce formatage automatisé est indispensable non seulement pour uniformiser le document, mais aussi pour s'acquitter de cette tâche rébarbative et répétitive le plus vite possible.

Nous avons évoqué précédemment la fenêtre **Styles et formatage** pour créer une nouvelle mise en pages. Cette fenêtre permet également de composer un style de toutes pièces ou d'appeler tous les styles répertoriés.

Les différents styles

Pour connaître la liste de tous les styles présents sur votre ordinateur, appuyez sur la touche [F11] de votre clavier. La fenêtre **Styles et formatage** s'affiche instantanément. La liste peut sembler succincte, mais par défaut seuls les styles de paragraphe sont affichés. Utilisez les icônes pour afficher les styles de caractères, de cadre, de page ou de liste. N'hésitez pas à vous reporter à la liste affichée dans OOo reprenant les différentes catégories de styles.

Figure 2.17 :
Utilisez les icônes pour afficher les cinq types de styles

Appliquer un style

Si la barre d'outils *Formatage* est idéale pour de menus ajustements sur la taille d'une police de caractères ou sur l'alignement d'un paragraphe, il est illusoire d'imaginer qu'elle permette de modifier un texte long en quelques minutes. En fait, vous devez la réserver aux seuls textes courts ou ajustements réellement ponctuels sur vos documents texte.

Pourtant, OpenOffice.org Writer permet malgré tout de modifier plusieurs sections de texte et même un gros document en quelques clics de souris avec les styles. Après avoir ouvert la fenêtre **Styles et formatage**, tous les styles sont à votre disposition et sont prêts à être exploités.

1 Utilisez les icônes pour faire défiler les différents types de styles. Lorsque vous trouvez celui qui vous convient, placez le pointeur sur le paragraphe auquel le style sera appliqué.

2 Une fois le paragraphe mis en surbrillance, double-cliquez sur le style désiré. L'apparence de votre texte change instantanément.

Il existe une deuxième méthode : cliquez une fois sur le style, puis sur l'icône ci-contre, appelée *mode Remplir tout*.

Figure 2.18 :
Le mode Remplir tout est symbolisé par un pot de peinture

Cet outil reste actif jusqu'à ce que vous le désélectionniez. Le curseur change d'apparence pour devenir une ligne gris clair. Quant au pointeur de votre souris, il se transforme d'une simple flèche en un pot de peinture.

Cliquez au cœur du paragraphe ou du titre. L'ensemble du texte qui compose cet élément est modifié selon les propriétés du style sélectionné. Une composition utilisant les styles est très facile à modifier en employant les styles préenregistrés. Ces styles prédéfinis ne vous conviennent peut-être pas. Il faut alors les modifier.

Modifier un style

Pour modifier un style, vous devez suivre plusieurs étapes :

1 Vérifiez que l'icône *Style de paragraphes* est active. Si c'est le cas, cliquez sur le nom du style de votre choix. Le style est alors mis en surbrillance.

2 Ouvrez le menu contextuel, accessible en cliquant du bouton droit de la souris, et sélectionnez **Modifier**.

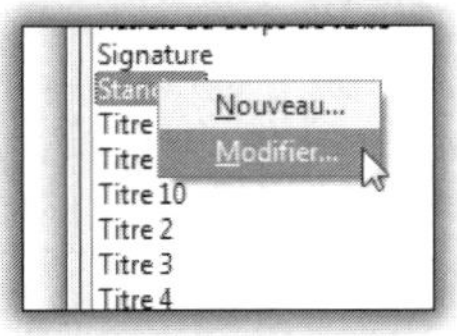

Figure 2.19 : *Cliquez sur Modifier*

Vous venez de commander l'affichage d'une boîte de dialogue qui vous permet de modifier tous les attributs liés au style.

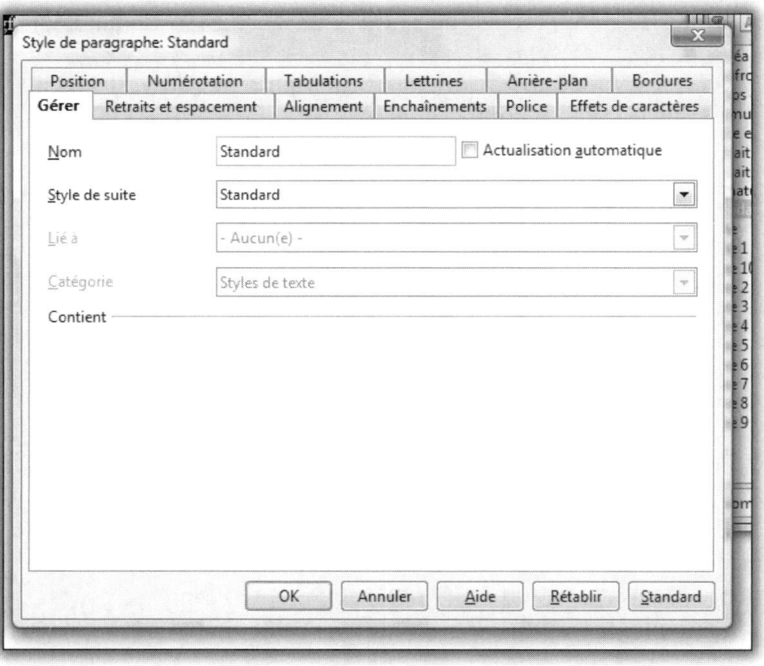

Figure 2.20 : *La boîte de dialogue permet de modifier le style*

N'hésitez pas à parcourir tous les onglets (12 au total) afin de vous assurer que le style vous conviendra. Vous pourrez notamment personnaliser le retrait par rapport aux autres paragraphes, les attributs de police (taille, enrichissements, etc.) ou des effets de texte.

3 Lorsque vous avez terminé toutes les modifications, cliquez sur le bouton OK pour confirmer votre choix et refermer la fenêtre de dialogue. Dorénavant, lorsque vous appliquerez ce style, il répondra exactement aux critères que vous avez vous-même définis.

Il existe une alternative pour modifier un style :

1 Modifiez directement un style dans votre document en appliquant par exemple de nouvelles polices, en changeant les couleurs, etc.

2 Mettez l'ensemble du texte ainsi modifié en surbrillance (il peut s'agit d'un paragraphe entier). Pour que les modifications apportées soient appliquées au style, cliquez sur le style qui devra posséder ces attributs dans la fenêtre **Styles et formatage**. Cliquez sur l'icône *Actualiser le Style*. Toutes les sections formatées avec ce style seront mises à jour automatiquement.

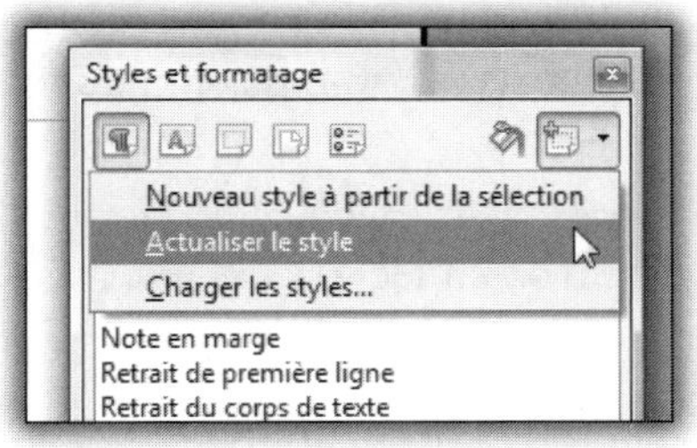

Figure 2.21 :
Cliquez sur Actualiser le style

Créer un nouveau style

OpenOffice.org Writer vous autorise à créer un style de toutes pièces si vous le désirez. Il met pour cela tous les outils à votre disposition.

Vous pouvez agir à partir de la fenêtre **Styles et formatage**.

1 Dans ce cas, procédez comme nous l'avons vu précédemment en sélectionnant un style sur la liste. Dans le menu contextuel, cliquez sur **Nouveau**.

2 Nommez votre style sous l'onglet **Gérer**. Préférez une appellation claire pour mieux identifier votre style par la suite. Sélectionnez les nouveaux attributs qui devront caractériser votre style en utilisant les différents onglets de la fenêtre **Style de paragraphe**.

3 Pour parfaire votre création, sélectionnez le nom du style de suite. Vous définissez ainsi quel sera le style qui suivra systématiquement dans votre document celui que vous venez de composer. En d'autres termes, quand vous appliquez votre style, le style de suite est appliqué par défaut au paragraphe suivant. Si vous n'en choisissez pas, sachez qu'un style de paragraphe est suivi automatiquement par le même style.

Figure 2.22 :
Nommez le style

4 Dans la création du style, ne vous limitez pas. Modifiez tout les éléments désirés des polices de caractères en passant par les couleurs d'arrière-plan ou les effets de texte.

Vous pouvez également créer un style à partir d'un texte déjà saisi dans le document :

1 Appliquez toutes les modifications qui composeront les caractéristiques de votre nouveau style à une portion de texte déjà saisie.

2 Placez ces phrases en surbrillance, puis cliquez sur l'icône *Nouveau Style à partir de la Sélection* située dans la fenêtre **Styles et Formatage**.

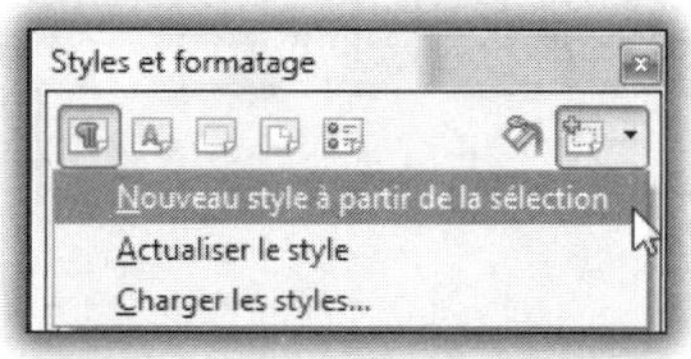

Figure 2.23 :
Cliquez sur Nouveau Style à partir de la sélection

3 Nommez votre création en utilisant le champ *Nom* figurant dans la boîte de dialogue affichée.

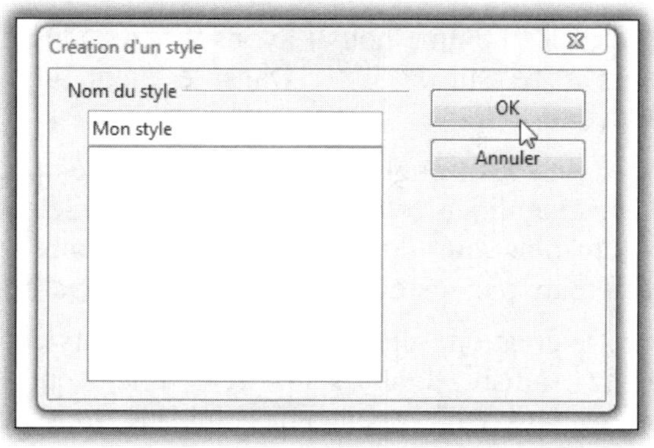

Figure 2.24 :
Nommez le style ainsi créé

2.3. Insérer des puces et gérer une numérotation

La création de listes, qu'elles soient numérotées ou non, constitue une activité fréquente avec un logiciel de traitement de texte. Apprenez à exploiter toutes les ressources d'OpenOffice.org Writer. Les fonctionnalités, les styles et les options sont aussi nombreux que chez la plupart des solutions payantes… L'inventivité en plus.

Créer des listes à la volée

La procédure pour créer une liste à la volée, c'est-à-dire au cours de la saisie du texte, est très simple car elle est automatisée. Pour une liste numérotée de 1 à X :

1 Saisissez `1` suivi d'un point ([Maj]+[;] sur votre clavier).

2 Entrez le texte qui correspond au point numéro 1 et appuyez sur la touche [↵]. La ligne suivante commence par `2`.

Une barre d'outils flottante apparaît à l'écran. Vous pourrez l'utiliser pour personnaliser votre liste et, notamment, assurer une hiérarchisation. Elle permet également de basculer d'une liste à puces à une liste numérotée, et inversement, ou encore d'augmenter ou de diminuer le retrait par rapport à la marge.

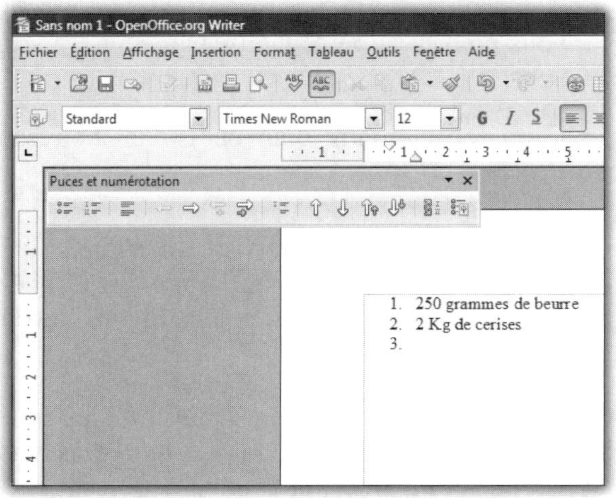

Figure 2.25 : *Créez la liste en cours de saisie du texte*

3 Entrez une nouvelle portion de texte et appuyez sur [↵].

4 Pour insérer un élément sans numéro supplémentaire, mais en conservant le retrait conféré par la numérotation, pressez la touche [Maj] et saisissez le texte. Insérez un saut de ligne avec la touche [↵]. Le point numéro 3 de votre liste apparaît. Pour mettre un terme à votre liste, appuyez une deuxième fois sur [↵].

Les numéros ne s'imposent peut-être pas sur votre liste. Dans ce cas, vous pouvez obtenir une liste précédée de puces ou de symboles :

1 Appuyez sur la touche [*] de votre clavier, puis sur la barre d'espace. Le système fonctionne également avec le tiret situé sous la touche [6] de votre clavier.

2 Entrez votre texte et passez à la ligne avec la touche [↵]. La liste est créée instantanément et la ligne suivante présente une puce.

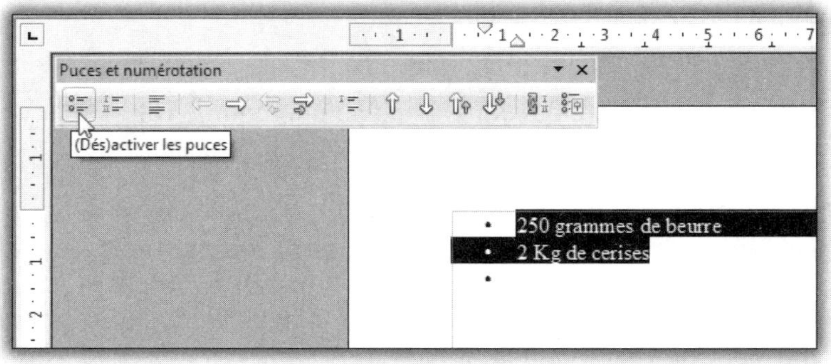

Figure 2.26 : *Liste à puces*

Lorsque la liste est créée, vous pouvez la personnaliser grâce à la barre d'outils flottante *Puces et Numérotation*.

3  Cliquez sur le bouton ci-contre pour choisir un nouveau type de puce.

4 Dans la boîte de dialogue qui apparaît, choisissez parmi les huit styles de puces disponibles. En cliquant sur **Image**, vous avez accès à des puces en couleur plus sympathiques (voir Figure 2.27).

Visitez les différents onglets de cette fenêtre ; vous pourrez ajuster le retrait de chaque élément de la liste, et même constituer plusieurs niveaux de hiérarchie sur cette liste. Une fonctionnalité essentielle, notamment lorsque vous rédigez des documents longs comme un mémoire ou un rapport.

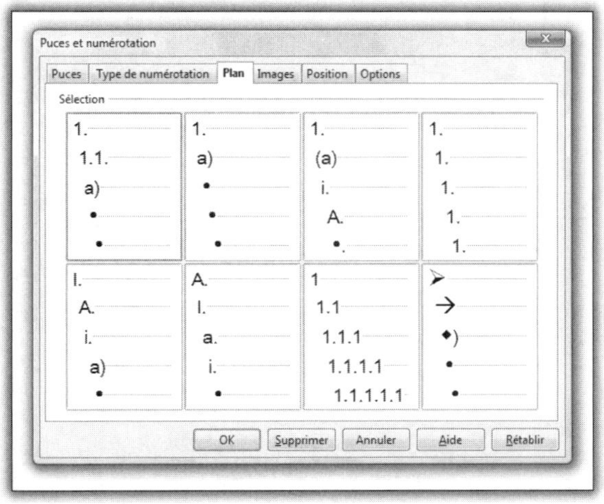

Figure 2.28 : *Hiérarchisez vos listes pour plus d'efficacité*

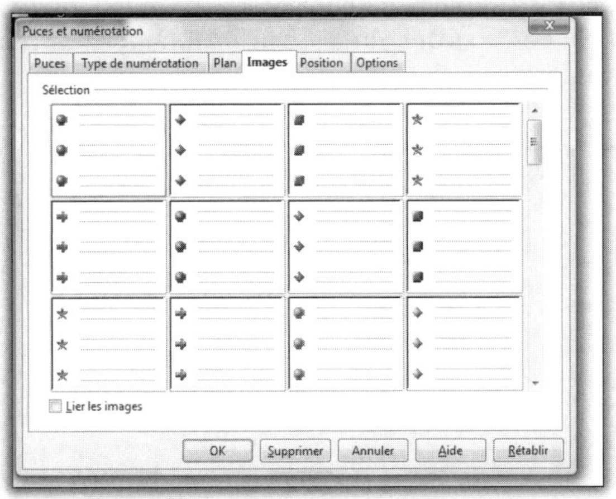

Figure 2.27 : *Des puces plus variées*

Créer une énumération après la saisie du texte

La création de la liste peut intervenir une fois que le texte est intégralement saisi. Lorsque vous relisez un document, vous pouvez considérer que les informations seraient davantage mises en valeur sous la forme d'une énumération. Pour cela, commencez par sélectionner le texte qui doit figurer sur une liste.

Pour amorcer la numérotation et créer une liste à un niveau :

1 Cliquez sur le bouton (**Dés)activer la numérotation** de la barre d'outils *Formatage*.

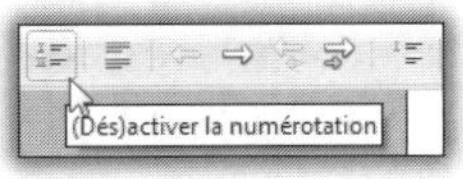

Figure 2.29 : *Activer la numérotation*

2 Si vous désirez obtenir une liste à puces, cliquez sur le bouton suivant.

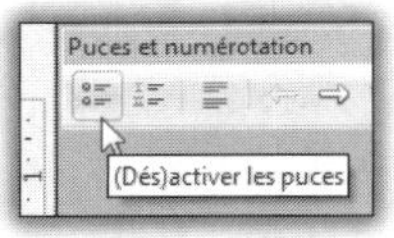

Figure 2.30 : *Activer les puces*

Toutes ces commandes sont rassemblées dans la barre d'outils flottante que vous pouvez afficher à partir du menu **Affichage/Barres d'outils/Puces et numérotation**.

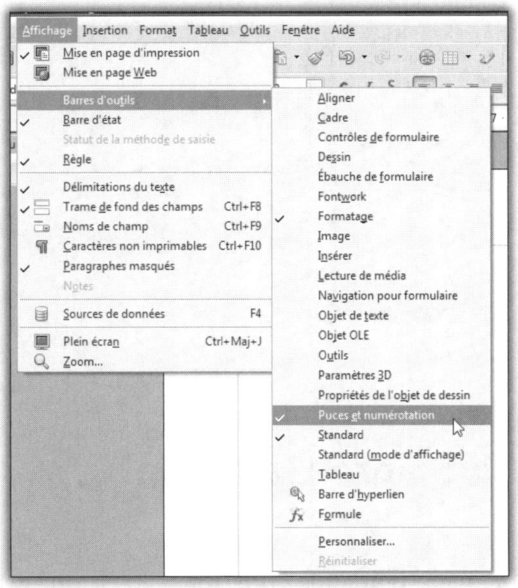

Figure 2.31 : *Ajustez la liste avec la barre d'outils spécialisée*

2.4. Enregistrer et imprimer

Le pendant de toute activité de traitement de texte est bien évidemment l'enregistrement (afin de sauvegarder votre travail et de pouvoir l'archiver dans de bonnes conditions), mais aussi l'impression. Le fonctionnement d'OpenOffice.org Writer à cet égard est très simple car il est conventionnel.

Ouvrir, sauvegarder et exporter un document

Nous avons déjà abordé la création d'un document. Cependant, vous pouvez évidemment ouvrir un document existant. Pour ouvrir un document, vous disposez de plusieurs solutions.

- Les plus pressés et les plus à l'aise avec les raccourcis clavier utiliseront la combinaison Ctrl+O. Vous commandez ainsi l'affichage d'une boîte de dialogue **Ouvrir**, qui vous permet de naviguer dans l'arborescence de votre disque dur afin de trouver le fichier que vous souhaitez ouvrir.

Figure 2.32 : Sélectionnez dans la fenêtre le répertoire qui contient le document

C'est la solution la plus rapide pour ouvrir un document lorsqu'OpenOffice.org Writer est déjà actif. Si vous préférez travailler avec la souris, deux possibilités vous sont offertes :

- Vous pouvez cliquer sur le menu **Fichier** et sélectionner **Ouvrir**. La fenêtre **Ouvrir** apparaît à nouveau. Sélectionnez le fichier convoité.

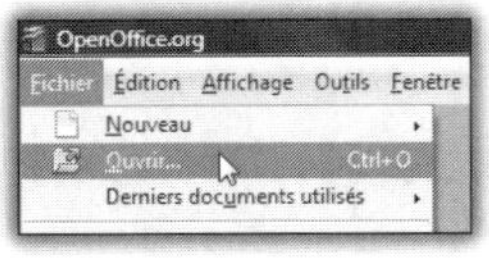

Figure 2.33 : *Utilisez le menu Fichier/Ouvrir*

-  Vous pouvez utiliser le bouton suivant pour activer l'affichage de la fenêtre **Ouvrir**.

Dans tous les cas, l'ensemble des manipulations que nous venons de décrire ne peuvent être effectuées qu'à la condition qu'OpenOffice.org Writer soit ouvert. Vous pouvez cependant gagner du temps et vous épargner l'ouverture d'un document vierge dans le traitement de texte pour ouvrir un autre fichier. Cependant, ce serait une perte de temps d'ouvrir un document vierge pour en ouvrir un autre. Pour vous épargner cette manipulation inutile :

1 Utilisez l'icône *Démarrage rapide* qui prend place dans la zone de notification (près de l'horloge) à chaque nouveau démarrage de Windows.

2 Double-cliquez sur cette icône. Une fenêtre **Modèles et Documents** s'ouvre. Utilisez l'icône *Mes Documents* pour accéder à l'arborescence du disque dur.

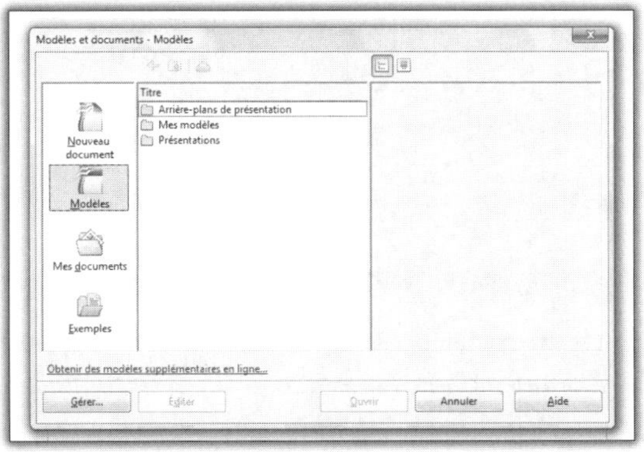

Figure 2.34 : *Utilisez Modèles et documents pour ouvrir un fichier*

À travers cette arborescence, vous pouvez créer un nouveau document ou naviguer sur votre disque dur pour sélectionner et ouvrir un document, et y accéder directement. Lorsque vous mettez un fichier en surbrillance, un aperçu s'affiche dans le volet droit de la fenêtre.

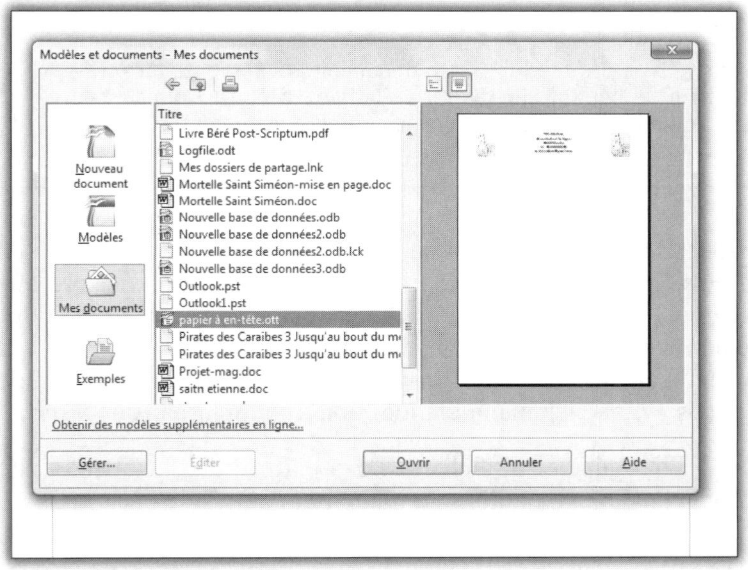

Figure 2.35 : *L'aperçu confirme que vous avez sélectionné le bon document*

Dernière possibilité pour ouvrir un document :

1 Cliquez du bouton droit de la souris sur l'icône *Démarrage Rapide*.
2 Dans le menu contextuel, sélectionnez **Ouverture du document**. Vous retrouvez la fenêtre **Ouvrir** activable par le menu **Fichier/Nouveau**.

ASTUCE

Retrouver un fichier rapidement

OpenOffice.org Writer vous permet de retrouver rapidement les derniers fichiers que vous avez ouverts. En effet, il dresse une liste des derniers documents utilisés. Pour y accéder, déroulez le menu **Fichier** et sélectionnez *Derniers documents utilisés*. Un nouveau volet s'affiche. Sélectionnez sur la liste le fichier à ouvrir.

Quand vous travaillez sur un fichier, pensez à l'enregistrer avant de le fermer. Sinon, l'ensemble des modifications que vous y avez apportées sont définitivement perdues.

L'enregistrement du document peut lui aussi se faire selon trois méthodes. La première consiste à utiliser le raccourci clavier Ctrl+S, la deuxième à cliquer sur le menu **Fichier/Enregistrer** ou à employer l'icône ci-contre.

REMARQUE

Bouton inactif

Si vous n'avez pas modifié votre document depuis le dernier enregistrement, le bouton **Enregistrer** de la barre d'outils *Normal* reste grisé. Il est alors impossible de procéder à l'enregistrement, sauf si vous utilisez la commande **Enregistrer sous** à partir du menu **Fichier**.

Dernier aspect de l'enregistrement de fichier à évoquer : l'exportation au format PDF. C'est l'une des originalités de la suite OpenOffice.org que de posséder un générateur de fichiers PDF, à partir de vos créations sous Writer notamment. C'est un véritable atout par rapport à Word 2007 qui se révèle handicapé par le format propriétaire XPS. Tandis qu'un simple clic suffit sous Writer, les manipulations sont nombreuses sous Word.

1. Pour générer un fichier PDF à partir d'un document texte, vous pouvez utiliser le bouton ci-contre.
2. Dans ce cas, vous ne disposez d'aucune option de configuration. Pour aller plus loin, utilisez le menu **Fichier**. Une fois le menu déroulé, cliquez sur **Exporter au Format PDF**. Vous trouverez dans cette boîte de dialogue l'ensemble des propriétés qui caractériseront votre PDF (voir Figure 2.36).

Les options d'exportation permettent notamment de définir la résolution du PDF, ainsi que le taux de compression pour les images qui, potentiellement, figurent dans le document initial. Passez en revue les différents onglets afin d'obtenir le meilleur rapport qualité/poids en tenant compte de la vocation du fichier. S'il est destiné à l'imprimerie, évitez toute compression.

Si votre fichier PDF doit être envoyé par courriel, ne cherchez pas à modifier vous-même les propriétés de génération du fichier. OpenOffice.org Writer dispose d'une fonction qui se charge à la fois de la génération d'un PDF à expédier par courrier électronique et de l'envoi du fichier.

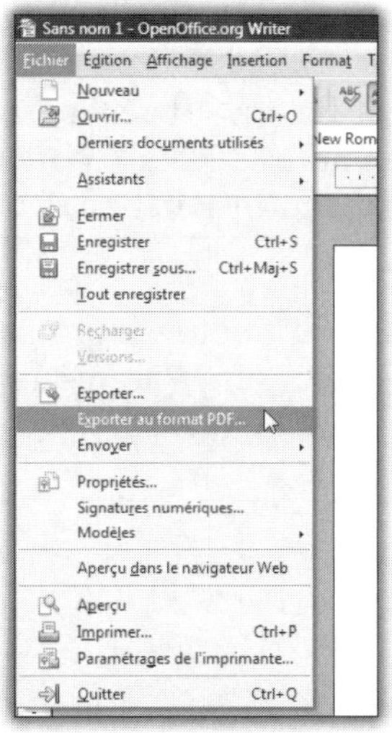

Figure 2.36 : *Générez des PDF*

1 Déroulez le menu **Ficher** et sélectionnez **Envoyer**. Dans le volet qui s'affiche, cliquez cette fois sur **Envoyer par email en PDF**. La fenêtre **Options PDF** apparaît.

2 Cliquez sur **Envoyer**, et le tour est joué. Une fenêtre émanant de votre client de messagerie par défaut s'affiche. Il ne reste plus qu'à entrer l'adresse du destinataire.

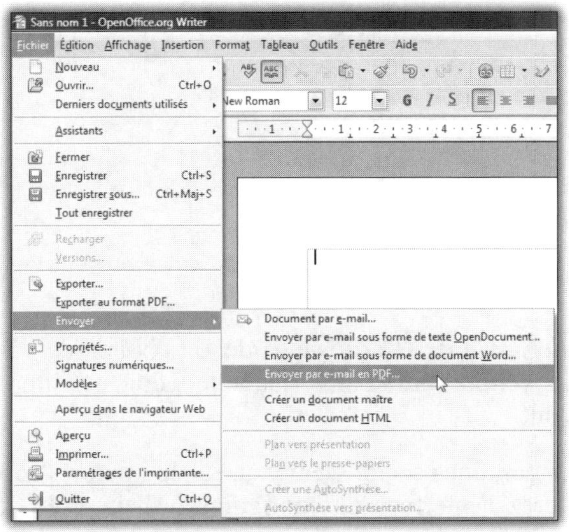

Figure 2.37 : *Envoyez votre fichier texte en PDF par courriel*

Imprimer un document

L'impression sur papier est l'aboutissement du travail réalisé avec un logiciel de traitement de texte. Avant d'utiliser OOo Writer pour imprimer un document, vous devez vérifier qu'à l'installation, il a repéré votre imprimante par défaut.

1 Pour cela – et le cas échéant déclarer votre imprimante –, déroulez le menu **Fichier** et cliquez sur **Paramétrage de l'imprimante**.

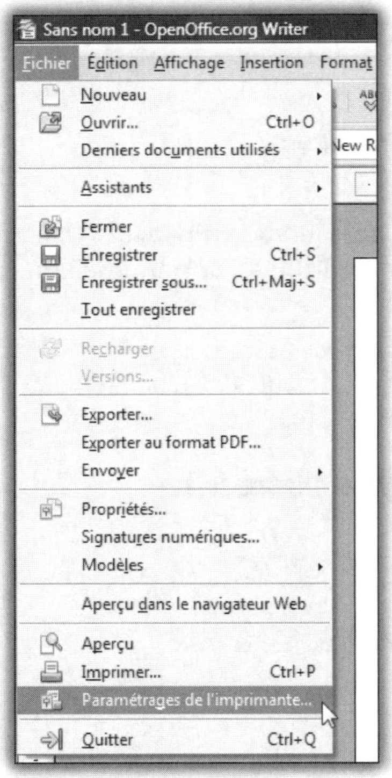

Figure 2.38 :
Ouvrez le paramétrage de l'imprimante

Vous venez de commander l'affichage de la boîte de dialogue **Configuration de l'imprimante** dans laquelle doit figurer votre imprimante par défaut.

2 Pour modifier certaines options, cliquez sur le bouton **Propriétés**. Vous retrouverez l'interface de configuration habituelle de votre imprimante.

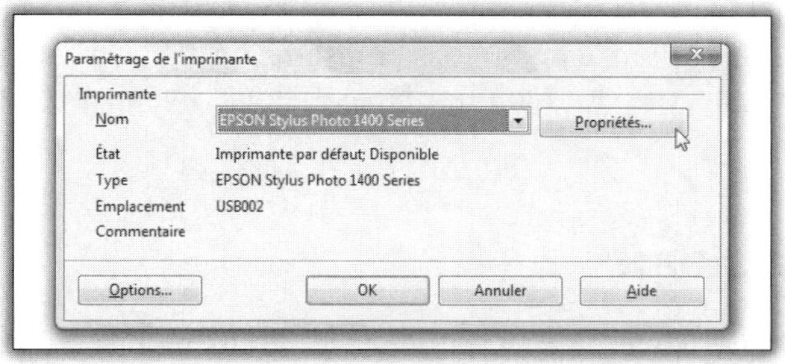

Figure 2.39 : *Cliquez sur Propriétés*

Lorsque vous avez réalisé votre mise en pages, vous ne vous êtes pas nécessairement soucié des contraintes liées à l'impression (marges, format du papier, disposition…). Mieux vaut avant d'imprimer et de gaspiller encre et papier, s'assurer que tout va bien. Pour cela, Writer met à votre disposition l'Aperçu auquel vous pouvez accéder de deux manières. La première consiste à cliquer sur **Fichier/Aperçu**. Vous affichez l'Aperçu avant impression.

Pour aller plus vite, cliquez sur l'icône *Aperçu* illustrée ici.

Grâce à ce mode d'affichage, votre document vous est présenté tel qu'il sera imprimé, page par page. Vous pouvez réaliser différentes opérations à l'aide de la barre d'outils *Aperçu avant impression*.

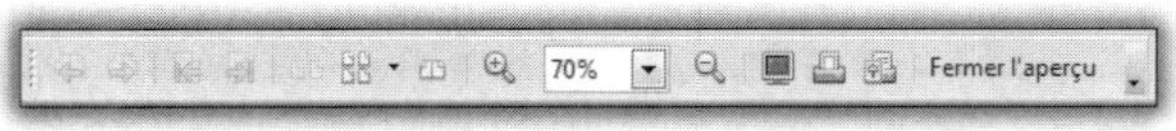

Figure 2.40 : *La barre d'outils Aperçu avant impression*

Lorsque le résultat vous convient, cliquez sur **Fichier/Imprimer** ou sur le bouton ci-contre.

Dernière possibilité, utilisez le raccourci clavier Ctrl+P pour afficher la fenêtre d'impression.

2.5. Utiliser les fonctions tableur de Writer

Comme son homologue Microsoft, OpenOffice.org Writer permet de créer des tableaux de toutes pièces afin de les intégrer à un document texte. Les principales fonctionnalités basiques du tableur Calc sont alors disponibles. Il existe plusieurs façons d'insérer un tableau vierge dans un document, puis de le remplir. Nous allons évoquer toutes les possibilités.

Créer un tableau

Si vous avez déjà rédigé un rapport de stage, un mémoire, ou que vous ayez l'habitude de réaliser des audits, il est incontournable de créer un tableau afin de synthétiser certaines informations, qui seraient très rébarbatives s'il fallait se contenter de les formuler comme du simple texte. C'est la raison pour laquelle les créateurs de la suite OpenOffice.org ont doté Writer d'un puissant utilitaire de création de tableaux. Ce dernier peut être lancé à partir de la barre d'outils *Normal* ou par le menu déroulant **Tableau**, qui donne alors accès à la plupart des fonctionnalités.

Utiliser la barre d'outils Normal

1 

Cliquez sur la flèche qui suit le bouton **Tableau** de la barre d'outils *Normal*.

2 À l'aide de votre souris, avec laquelle vous survolez les cases qui s'affichent dans le petit volet, définissez le nombre de lignes et de colonnes qui composeront votre nouveau tableau.

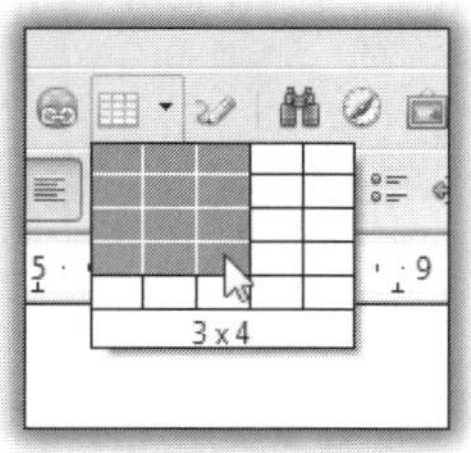

Figure 2.41 :
Insérez un tableau de quatre lignes et trois colonnes

Le tableau est automatiquement généré et prend place dans votre document au point d'insertion, c'est-à-dire où le curseur clignotait.

3 Vous pouvez personnaliser le tableau. Pour l'instant, les cellules, les lignes et les colonnes ont leurs dimensions par défaut. Utilisez

la barre d'outils *Tableau* qui s'est affichée dès que le tableau a été inséré dans le document.

Figure 2.42 :
La barre d'outils Tableau permet de personnaliser le tableau

Pour insérer un tableau, vous pouvez également cliquer directement sur le bouton ci-contre.

Vous affichez ainsi une boîte de dialogue, dans laquelle vous précisez les propriétés du tableau à créer.

Dans cette fenêtre, vous nommerez également le tableau. Si ce choix d'un nom peut sembler optionnel, il s'avère indispensable lorsque vous travaillez sur un document long et que vous souhaitez utiliser le navigateur du document et retrouver facilement ce tableau. Introduisez un nom clair pour identifier le tableau. Il sera utile pour retrouver ce tableau via le navigateur notamment. Entrez également le nombre de colonnes et de lignes.

Activez ou désactivez les options disponibles comme la répétition du titre du tableau sur toutes les pages sur lesquelles il s'étend (cela vaut uniquement pour les grands tableaux), choisissez ou non de scinder le tableau. Si vous cochez cette option, la taille du tableau sera automatiquement adaptée pour tenir sur une page, ce qui peut nuire à sa lisibilité.

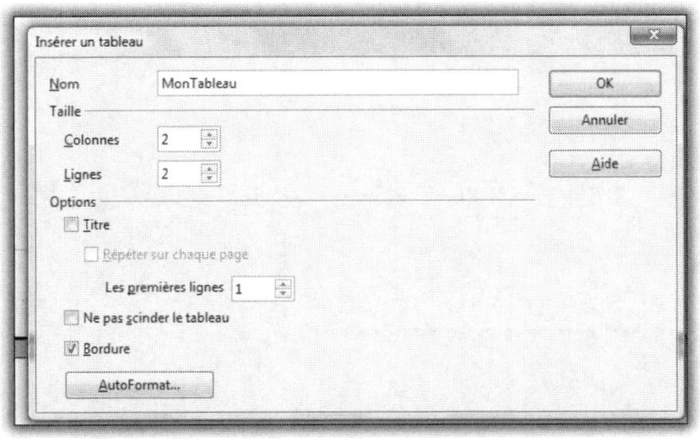

Figure 2.43 :
Nommez le tableau

Si vous acceptez les options par défaut, votre tableau est inséré et formaté automatiquement à l'aide de styles. Ainsi, la première ligne est définie comme titre (ligne de titres à répéter) et formaté en *Titre de tableau*. Les autres lignes du tableau sont formatées dans le style *Contenu de tableau*.

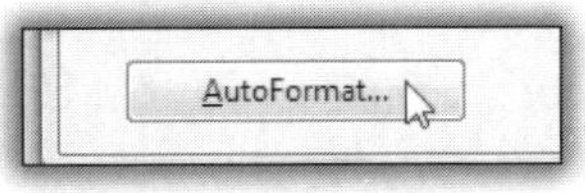

Vous pouvez aller plus loin en cliquant sur le bouton **AutoFormat** situé dans la boîte de dialogue **Insertion de Tableau**.

Vous choisirez entre différents styles de mise en forme pour votre tableau.

Utiliser le menu Tableau

L'insertion d'un tableau via OpenOffice.org Writer peut également être effectuée à partir du menu déroulant **Tableau**. Cette fois, pour insérer des lignes et des colonnes, cliquez sur le menu déroulant **Tableau**, puis sur **Insérer** et **Tableau**.

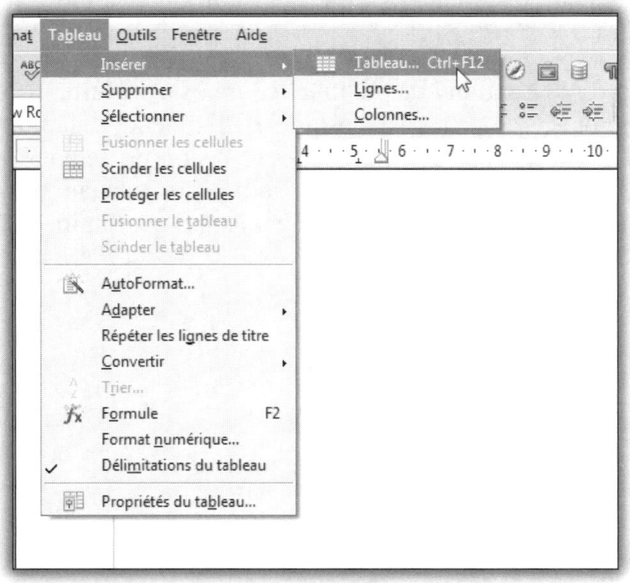

Figure 2.44 : *Utilisez le menu Tableau*

Cette action vous permet d'afficher la boîte de dialogue **Insertion de Tableau**, déjà évoquée au point précédent. Vous n'aurez qu'à répéter les différentes manipulations que nous avons déjà décrites pour composer votre tableau. Dans ce menu, vous trouvez également nombre d'options pour ajuster les cellules, les styles, l'alignement du texte ou des données. Toutes les opérations ou presque pour modifier votre tableau par la suite sont accessibles à partir de ce menu qui centralise toutes les commandes.

RENVOI

Nous y reviendrons dans la section ***Formater les tableaux*** *de ce chapitre.*

Convertir du texte en tableau et inversement

Writer vous permet de convertir un texte déjà saisi dans un document sous forme de tableau. La manipulation est très simple, mais elle nécessite cependant un préalable. En effet, il faut que cette portion de texte saisi à la volée soit disposée en colonnes séparées par une tabulation (ou un autre séparateur).

Figure 2.45 :
Entrez le texte sous forme de colonnes

1 Lorsque l'ensemble du texte est saisi, sélectionnez le bloc de texte en le mettant surbrillance à l'aide de votre souris.

2 Déroulez le menu **Tableau**, puis sélectionnez **Convertir le Texte en tableau** (voir Figure 2.46).

3 Dans la fenêtre **Conversion de texte en tableau**, sélectionnez le séparateur que vous avez utilisé (par défaut il s'agit d'une tabulation) et vérifiez les différentes options disponibles pour la mise en forme du tableau ainsi que la mise en place de la ligne de titre. Lorsque vous êtes satisfait, validez par OK (voir Figure 2.47).

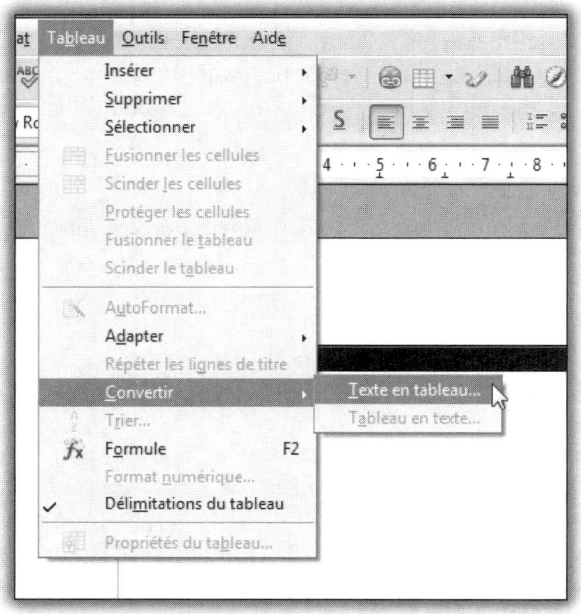

Figure 2.46 : *Lancez la conversion*

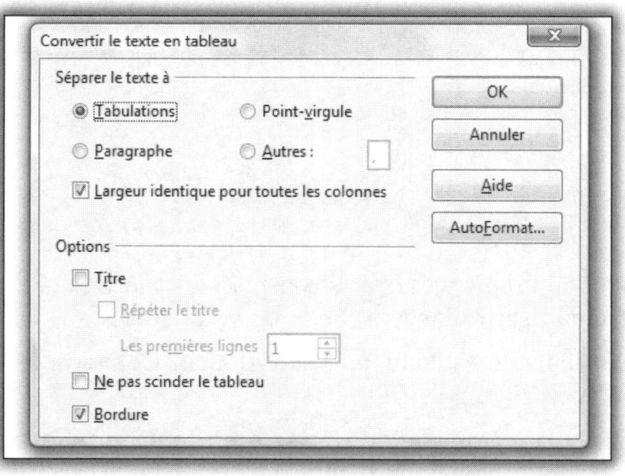

Figure 2.47 : *Vérifiez les critères de conversion*

Le tableau est généré en quelques secondes. Il est possible de le modifier, de l'ajuster, de l'enrichir en utilisant le menu déroulant **Tableau**.

Utiliser la barre d'outils automatique Tableau

Lorsque vous insérez un tableau ou que vous cliquez dans un tableau déjà créé, la barre d'outils *Tableau*, qui est flottante, apparaît dans la zone de travail.

1 Si vous sélectionnez un autre élément que le tableau, comme une portion de texte ou une image, cette barre d'outils disparaît.

2 Si vous cliquez sur la croix dans l'angle supérieur droit de la barre d'outils, vous la faites disparaître. La prochaine fois que vous cliquerez dans un tableau, elle n'apparaîtra plus.

3 Pour récupérer cette barre d'outils très utile, déroulez le menu **Affichage**, puis sélectionnez **Barre d'outils**. Dans le volet additionnel qui apparaît sur votre écran, sélectionnez *Tableau*.

REMARQUE

Affichage automatique réactivé

La manipulation décrite précédemment n'a pas pour seul effet de faire réapparaître la barre d'outils *Tableau*. Elle réactive également l'affichage automatique de la barre d'outils à chaque fois que vous cliquez dans un tableau.

Cette barre d'outils est riche en fonctionnalités. En voici le détail :

Tableau 2.2 : *La barre d'outils Tableau*

Icône	Signification
	Définit les styles de ligne dans le tableau
	Modifie la couleur des lignes de contour des cellules
	Définit les différents types de bordure
	Modifie la couleur d'arrière-plan
	Fusionne les cellules

Tableau 2.2 : *La barre d'outils Tableau*	
Icône	**Signification**
	Scinde les cellules
	Optimise le tableau
	Aligne le texte en haut de la cellule
	Centre le texte dans la cellule
	Aligne le texte en bas de la cellule
	Insère une ligne
	Insère une colonne
	Supprime une ligne
	Supprime une colonne
	Permet de choisir les modèles de tableau
	Affiche les propriétés du tableau
	Trie les données
	Insère une somme

Insérer des colonnes et des lignes

Le tableau, tel que vous l'avez configuré lors de son insertion dans votre document, n'est pas gravé dans le marbre. Il est susceptible d'évoluer selon vos besoins. Ainsi vous pouvez insérer ou supprimer des colonnes et des lignes très facilement. Pour cela, vous pouvez soit exploiter les boutons dévolus à cette tâche dans la barre d'outils *Tableau* (voir tableau précédent), soit utiliser le menu déroulant **Tableau**.

Pour insérer une ligne à un endroit précis :

1 Sélectionnez la ligne qui précède l'endroit où l'insertion doit avoir lieu.

2  Cliquez sur ce bouton pour activer l'insertion.

Pour supprimer une ligne ou une colonne, il suffit de la placer en surbrillance dans son intégralité.

1 Placez le curseur de la souris en dehors du tableau, puis approchez-le de la ligne à supprimer, jusqu'à ce que le pointeur prenne la forme d'une flèche grasse.

2 Lorsque la ligne ou la colonne sont en surbrillance, cliquez sur l'icône *Supprimer une ligne* (ou *une colonne*) dans la barre d'outils *Tableau* ou déroulez le menu **Tableau** et cliquez sur **Supprimer une ligne** (ou **une colonne**).

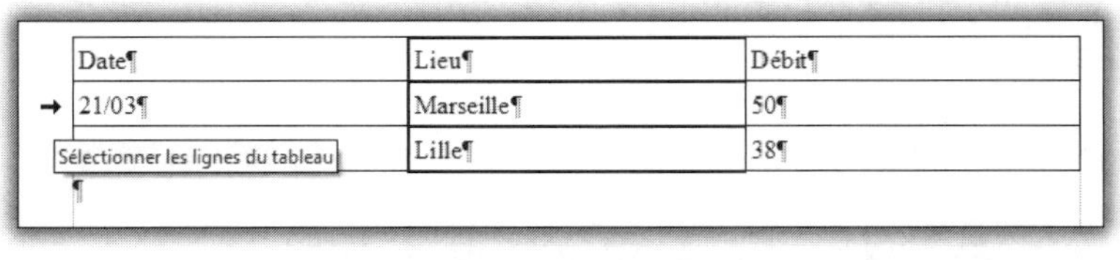

Date¶	Lieu¶	Débit¶
21/03¶	Marseille¶	50¶
	Lille¶	38¶

Figure 2.48 : *Sélectionnez la ligne ou la colonne*

2.6. Formater les tableaux

Pour qu'un tableau soit véritablement efficace, il est indispensable que sa mise en forme, la façon dont vous allez le formater soit au service de l'information que vous souhaitez véhiculer. Aussi, OpenOffice.org Writer met à votre disposition un large éventail de styles de tableaux préconçus, ainsi que de nombreuses options de personnalisation tant sur le plan des tailles, des polices que des couleurs ou encore des styles de bordure et d'encadrement. Les manipulations, toujours simplifiées à l'extrême, rendent possible tous vos désirs, mais attention à ne pas tomber dans le piège de l'excès. Trop de couleurs, trop de lignes, trop de cellules peuvent produire l'effet inverse de celui que vous escomptiez. Sachez, dans cette profusion inespérée, trouver le juste équilibre.

Utiliser les styles

Par défaut, OpenOffice.org Writer vous propose deux mises en forme standard. La première, *Titre de Tableau*, prend en charge la ligne de titre de votre tableau (c'est-à-dire ce que l'on peut désigner comme les étiquettes de données : *Date*, *Ville* et *Débit* dans l'exemple précédent) et une seconde appelée *Contenu de tableau* qui rassemble l'ensemble des données placées dans les cellules.

Ces styles par défaut peuvent suffire, surtout s'il s'agit de tableaux qui ne présentent pas une grande complexité. Mais ils se révèlent très insuffisants si votre document doit être présenté à un lectorat ou à un jury, par exemple. Il faudra alors procéder à certains enrichissements. Dans ce cas, le recours aux styles plus avancés (accessibles depuis la commande **Autoformat**) devient indispensable.

De la même façon, si vous savez à l'avance que de nombreux tableaux viendront émailler votre texte, il est primordial de pouvoir les distinguer en appliquant des mises en valeur différentes, et, une fois encore, les styles par défaut se révèlent insuffisants.

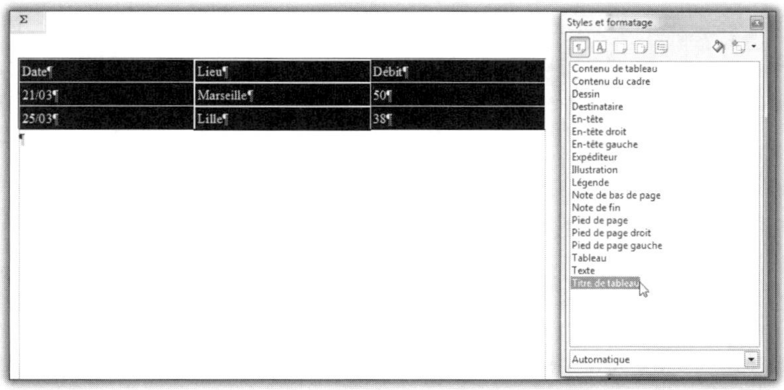

Figure 2.49 : *Utilisez les styles*

Modifier l'alignement vertical et horizontal du texte dans une cellule

Quand vous saisissez les données qui doivent prendre place dans les cellules de votre tableau, il est indispensable de procéder à des ajustements, notamment sur la position des données au sein de la cellule. Ainsi, il est préférable d'homogénéiser les alignements verticaux et horizontaux des données saisies. Selon la taille des cellules, il peut s'avérer plus harmonieux de demander un ferrage à gauche, à droite, ou un alignement au centre. Il en va de même pour l'alignement vertical. Si les cellules de votre tableau sont très hautes, pensez à aligner les données entre elles au centre de la cellule, par exemple.

Pour cela, vous trouvez dans la barre d'outils *Tableau* les outils nécessaires à la gestion de l'alignement vertical.

1 Cliquez sur l'un des trois premiers boutons de la ligne inférieure de la barre d'outils.

Figure 2.50 :
Ajustez l'alignement

2 Pour l'alignement horizontal des données dans les cellules, utilisez la barre d'outils *Formatage*. Choisissez l'alignement qui vous convient.

Modifier l'orientation du texte dans une cellule

Dans certains cas, il est préférable que les données d'une cellule soient présentées à la verticale ou avec une orientation de quelques degrés. Si vous vous trouvez dans ce cas, OOo Writer propose dans l'éventail de ses fonctionnalités héritées d'un tableur une option affectant l'orientation du texte.

Procédez ainsi :

1 Sélectionnez le texte qui doit être orienté différemment en effectuant un glisser-déposer avec votre souris. Assurez-vous de sélectionner uniquement le texte concerné.

2 Déroulez le menu **Format/Caractères**. Vous affichez une boîte de dialogue dont vous devez activer l'onglet **Position**.

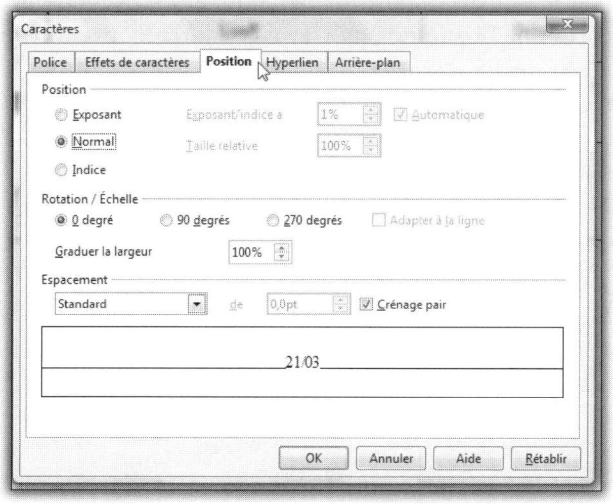

Figure 2.51 : *Activez l'onglet Position*

3 Dans la boîte de dialogue, intéressez-vous à la section *Rotation/Echelle*. Cochez le bouton radio *90°* et validez en cliquant sur le bouton OK. Le texte est réorienté.

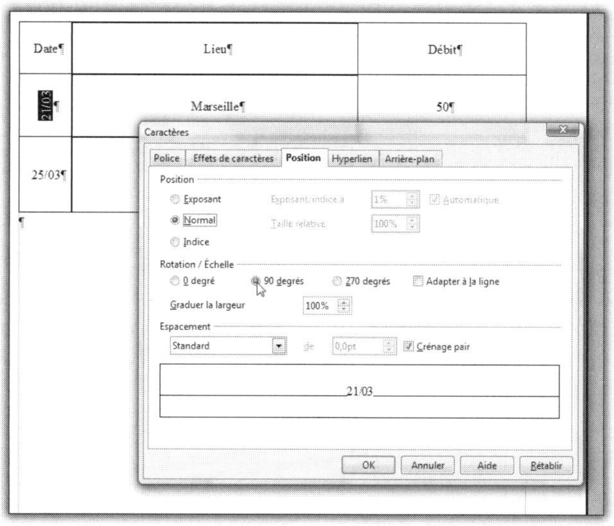

Figure 2.52 : *Placez le texte à l'horizontale*

Appliquer des bordures

L'application de bordures dans votre tableau répond à une logique particulière ; il ne suffit pas de sélectionner une cellule pour que le type de bordure choisi s'applique.

1 Sélectionnez les cellules à formater. En cliquant du bouton droit de la souris sur *Propriétés du tableau* dans le menu déroulant **Tableau**, vous affichez la fenêtre **Propriétés du tableau**.

2 Activez l'onglet **Bordure** et choisissez les différentes options désirées.

Dans cette boîte de dialogue, vous avez l'embarras du choix. Vous pouvez appliquer une bordure double, de la couleur de votre choix, pour encadrer la globalité du tableau, tout en commandant l'affichage d'une bordure simple de couleur grise pour le quadrillage intérieur.

Pour vous livrer à cet exercice :

1 Modifiez les bordures extérieures en cliquant sur le deuxième bouton **Bordure extérieure** situé dans la section *Disposition des lignes*.

2 Sans fermer cette fenêtre, sélectionnez le type de bordure à appliquer. Faites défiler les styles de la section *Lignes* jusqu'à ce que vous puissiez cliquer sur la double ligne.

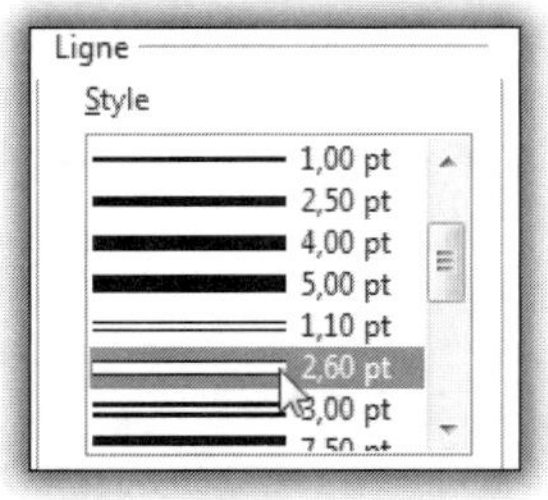

Figure 2.53 :
Choisissez le style de bordure

3 Sélectionnez, sur la liste située juste en dessous des styles de ligne, la couleur rouge. Un simple clic dans la couleur choisie suffit à l'activer.

Ne pensez pas que le travail est achevé. Il faut appliquer ces réglages fraîchement effectués pour chacune des bordures qui seront affectées par les modifications :

1 Observez la section *Défini par l'utilisateur*. Cliquez sur les bordures concernées. Elles revêtent l'apparence précédemment définie.

2 Répétez l'opération pour le quadrillage intérieur. Le tour est joué.

ASTUCE

Attendez la fin

Modifiez les bordures quand le tableau est parfaitement finalisé. Si vous insérez des lignes et/ou des colonnes par la suite, vous devrez redéfinir les bordures.

Insérer des retraits

Pour alléger l'apparence de vos tableaux, il est possible de paramétrer un retrait entre les bordures d'une cellule et les données qu'elle contient. Une option de mise en forme intéressante surtout pour les tableaux qui contiennent beaucoup de texte.

1 Pour définir un retrait, vous devez mettre en surbrillance les cellules concernées par la modification, puis dérouler le menu **Tableau**. Sélectionnez **Propriétés du Tableau** et activez l'onglet **Bordure**.

2 Dans la boîte de dialogue qui apparaît à l'écran, observez la section *Espacement avec le contenu*. Vous pouvez grâce aux différents champs (à gauche, à droite, en haut, en bas) augmenter ou diminuer les retraits en fonction de vos besoins. Attention cependant, la case *Synchroniser* qui ajuste pour tous les champs un retrait identique est cochée. Pensez à la décocher au besoin.

Répéter des titres

Par défaut, OpenOffice.org Writer est paramétré pour répéter la ligne de titre des tableaux. Si l'un d'eux s'étend sur plus d'une page, la ligne de titre du tableau est reprise sur la page suivante afin d'assurer la continuité de l'information.

Lorsque vous mettez en place un tableau en utilisant la boîte de dialogue **Insertion de tableau** évoquée précédemment, il est possible de désactiver cette option par défaut.

1 Décochez la case *Répéter le titre*. Enfantin !

Il est également possible de répéter plusieurs lignes en tant que lignes de titre :

2 Cliquez dans une cellule du tableau, puis sur le bouton **Propriétés du tableau** de la barre d'outils *Tableau*. Activez l'onglet **Enchaînement**. Sous l'option *Répéter le titre*, entrez le nombre de ligne à répéter. Validez en cliquant sur le bouton OK.

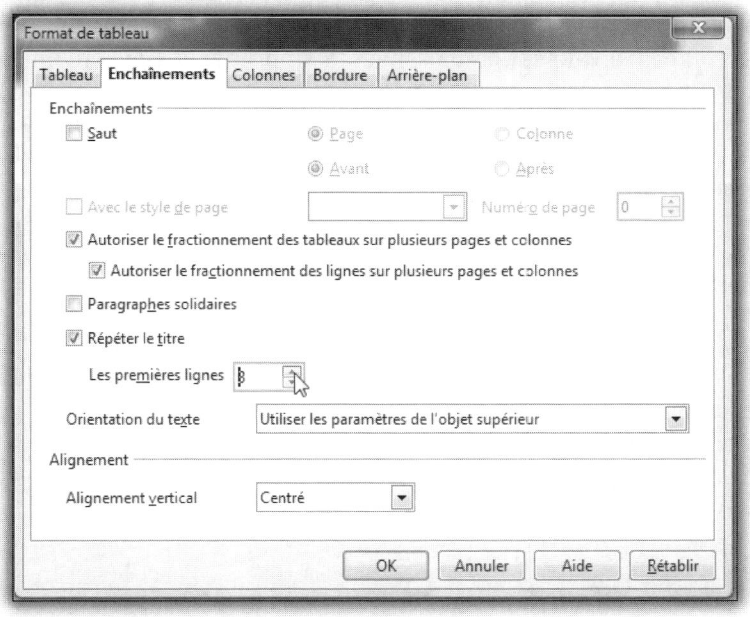

Figure 2.54 : *Répétez la ligne de titre*

2.7. Utiliser les sections pour des documents longs

L'application et le découpage de différentes sections sont indispensables pour assurer une gestion sereine de vos documents longs. Cela permet notamment de mieux organiser le document lui-même et d'exploiter par la suite, en en tirant le meilleur profit possible, les fonctions de création des sommaires, tables des matières ou index. Prenez le temps de découper ainsi vos documents ; le temps consacré sera vite rentabilisé. En outre, OpenOffice.org Writer est conçu intelligemment et simplifie au maximum l'usage de ces fonctionnalités pour que les débutants puissent y trouver leur compte.

Utiliser des sections de document

Une section, si l'on voulait en résumer le principe, n'est ni plus ni moins qu'un espace contenant du texte que vous allez traiter de manière spécifique. Ces portions de texte pourront être dissimulées à certains lecteurs du document, impossibles à imprimer ou encore interdites à toute modification par un tiers qui ne possède pas un mot de passe approprié. Une section représente au moins un paragraphe ; elle peut contenir une autre section. Elles peuvent être liées entre elles et sont en mesure d'interagir.

Choisir un type de section

OOo Writer propose quatre types de sections qui sont autant d'outils indispensables, surtout si vous avez l'habitude de produire des documents longs. Sans les sections, il serait plus difficile de gérer les mises en forme, les impressions, etc. Nous traiterons successivement les quatre familles de sections disponibles : section protégée, liée, masquée et avec colonnes.

La section protégée

L'un des types de section qui peut être le plus intéressant à utiliser, c'est la section protégée. Cette dernière permet de mettre certaines portions de votre texte à l'abri. Personne ne pourra plus, dès lors, modifier la moindre virgule figurant dans la section sans entrer le mot de passe que vous aurez pris soin de communiquer uniquement à des lecteurs autorisés. Pour créer ce type de section, sélectionnez le texte que vous venez de saisir.

1. Lorsqu'il est en surbrillance, déroulez le menu **Insertion**, puis cliquez sur **Section**. Vous ouvrez la boîte de dialogue **Insertion d'une section**.
2. Dans le champ *Nouvelle Section*, entrez un nom pour cette section, par exemple `Confidentiel`. Dans la zone *Protection contre les modifications*, cochez la case *Protégé*.

3 Cochez la case *Avec un mot de passe* pour associer un mot de passe à la section que vous créez. Le fait de cocher cette case commande l'affichage d'une boîte de dialogue dans laquelle vous saisissez le mot de passe de votre choix. Pensez à la confirmer avant de cliquer sur OK pour entériner la manipulation.

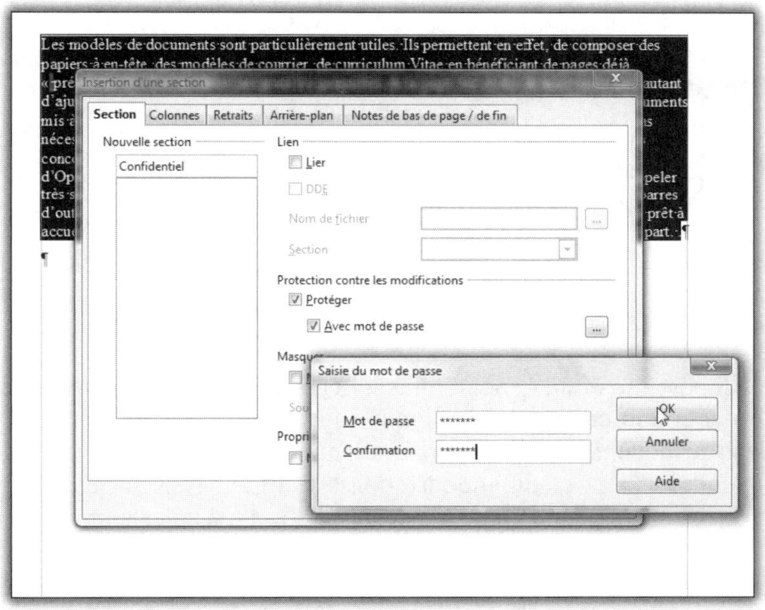

Figure 2.55 : *Protégez la section par mot de passe*

4 Il est toujours possible de modifier les propriétés d'une section. Pour cela, déroulez le menu **Format**, puis cliquez sur **Sections**. Vous ouvrez une fenêtre qui autorise toutes sortes d'ajustements.

La section liée

Deux sections (ou davantage) peuvent être liées. Lorsque vous configurez cette liaison, le contenu de la seconde reprend automatiquement celui de la première. Une fonctionnalité véritablement utile lorsque dans un même document long, vous devez insérer un texte identique à plusieurs reprises.

1 Pour atteindre ce résultat, cochez l'option *Lier* dans la fenêtre **Insertion d'une section**. À cet instant, une alerte s'affiche indiquant que le texte sélectionné va disparaître au profit du contenu de la section source.

2 Acceptez, puis définissez sur la liste déroulante à quelle section vous souhaitez lier la nouvelle. Vous pouvez lier votre section à un autre fichier. Quand ce dernier sera modifié, le contenu de la section sera mis à jour automatiquement. Pour lier une section à un fichier, désignez ce dernier à partir de la fenêtre **Insérer** en parcourant l'arborescence de votre disque dur.

La section masquée

En recourant à l'insertion de sections, vous avez la possibilité de dissimuler certaines portions de texte. Grâce à une section masquée, un paragraphe peut disparaître de votre document.

Pour cela, ouvrez les propriétés de la section (**Format/Sections**) et cliquez sur la case *Masquer*. Dans ce cas, la portion de texte sélectionnée disparaît.

Il est possible d'aller encore plus loin en masquant une section selon une forme conditionnelle. Cela signifie que pour reprendre sa place initiale dans le document, la section sur laquelle s'applique la condition doit répondre `Vrai` ; sinon elle reste masquée. Pour parvenir à configurer ce type de section, il faut recourir à des formules animées par des opérateurs dont vous trouverez la liste dans le tableau ci-après.

Tableau 2.3 : *Liste des formules pour masquer un paragraphe sous condition*

Opérateur	Notation	Signification
Séparateur de liste	|	Sépare les éléments d'une liste
Égal à	`EQ` ou ==	Vérifie si les valeurs contrôlées sont égales
Non égal à	`NEQ` ou !=	Prouve l'inégalité entre deux valeurs
Inférieur ou égal à	`LEQ`	Prouve qu'une valeur est inférieure ou égale à une autre
Supérieur ou égal à	`GEQ`	Prouve qu'une valeur est supérieure ou égale à une autre
Inférieur à	`L`	Prouve qu'une valeur est inférieure à une autre
Supérieur à	`G`	Prouve qu'une valeur est supérieure à une autre

Ainsi vous pouvez faire en sorte, par exemple, qu'une section réapparaisse seulement si des questions posées dans une section reçoivent des réponses appropriées. Votre document peut alors devenir interactif.

La section avec des colonnes

Si vous optez pour une mise en forme de votre document en colonnes, le plus simple consiste sans doute à utiliser la section avec colonnes.

1 Mettez le texte concerné en surbrillance, puis déroulez le menu **Insertion** et cliquez sur **Section**. Dans la boîte de dialogue qui apparaît, activez l'onglet **Colonnes**.

2 Dans la zone *Définition*, choisissez le nombre de colonne qui sera utilisé pour la mise en forme de la section. Un aperçu est affiché en temps réel dans la partie droite de la fenêtre.

Vous pouvez ensuite procéder à un certain nombre d'ajustements concernant la largeur des colonnes ou l'intervalle qui doit les séparer. Choisissez également, si vous le souhaitez, de mettre en place un filet de séparation entre chaque colonne. Vous pouvez même choisir l'épaisseur du trait de séparation.

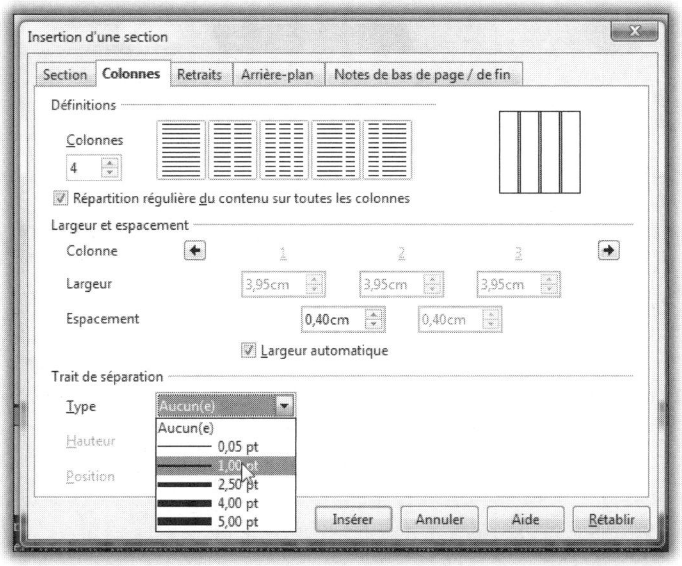

Figure 2.56 : *Choisissez une section avec colonnes*

2.8. Appliquer des modèles de documents

Les modèles de documents sont particulièrement utiles. Ils permettent en effet de composer des papiers à en-tête, des modèles de courrier, de curriculum vitae en bénéficiant de pages déjà préparées. Les modèles intègrent les propriétés de la page, les styles de mise en forme, autant d'ajustages et de paramétrages qui vous sont économisés grâce aux nombreux modèles de documents mis à votre disposition par la suite OpenOffice.org. Mais ces modèles ne vous conviennent pas nécessairement à 100 %. Il est alors préférable de les modifier, de les personnaliser, afin qu'ils concordent véritablement avec vos exigences. Les plus avancés dans la manipulation d'OpenOffice.org Writer créeront eux-mêmes des modèles de toutes pièces que vous pouvez activer très simplement lorsque vous ouvrez un document. Mieux, le modèle peut aussi intégrer des barres d'outils personnalisées qui s'affichent uniquement pour ce modèle précis. Bien plus qu'un simple document prêt à accueillir des portions de texte, votre modèle devient un véritable environnement à part.

Créer un nouveau document à partir d'un modèle

Les modèles personnalisés

Utiliser des fonctions de référence

Pour organiser un document, il est indispensable d'insérer des fonctions de référence. Ce terme générique désigne les options d'insertion de numéros de page, la mise sur pied de sommaires, de tables des matières ou encore d'index ou de glossaires. Mais les fonctions de références peuvent prendre une forme plus officielle, à l'instar des notes de bas de page bien connues dans tous les rapports, thèses et mémoires, et qui doivent arborer une forme spécifique. OOo Writer est en mesure de gérer toutes ces difficultés et vous donne l'opportunité d'en tirer le meilleur profit.

La numérotation

Le terme "numérotation", sous OpenOffice.org Writer, répond à deux acceptions. La première est sans doute la plus simple à mettre en œuvre car il s'agit de l'insertion de numéros de page. Le foliotage d'un document long est indispensable. Pour le mettre en œuvre, affichez la page qui doit être numérotée, cliquez sur le menu déroulant **Insertion** et sélectionnez **Champ**. Dans le volet additionnel qui s'affiche, pointez *Numéro de page*.

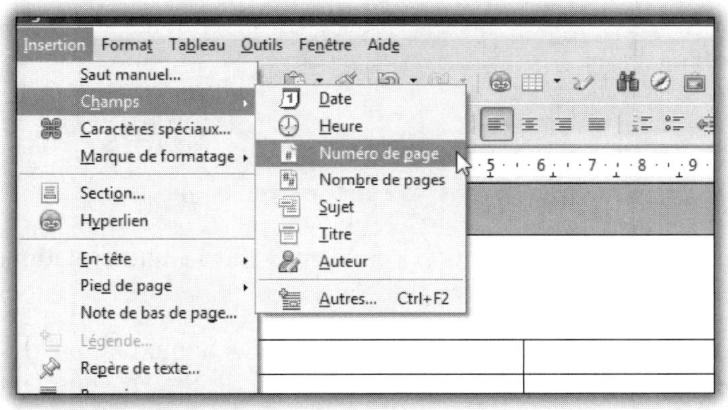

Figure 2.57 : *Insérez un champ*

Insérer le nombre de page

ASTUCE

Pour afficher la pagination globale du document, cliquez sur *Nombre de pages*. Toutes les pages porteront le même chiffre.

La deuxième acception de la notion de numérotation sous Writer concerne les titres et sous-titres des différentes parties de votre document. Pourtant, pour que la numérotation des chapitres puisse être automatisée dans de bonnes conditions, et en respectant la hiérarchie qu'ils occupent dans le document, il est capital d'avoir utilisé les styles qui correspondent à leur niveau de plan. Ainsi pour un titre principal (d'un chapitre ou d'une section), il faut avoir sélectionné *Titre 1*, pour le sous-titre, *Titre 2*, etc. Si vous vous êtes sérieusement acquitté de cette tâche au fil de la rédaction du document, la numérotation des parties ne posera aucun problème. Dans le cas contraire, reprenez l'ensemble de votre texte et vérifiez l'intégration des styles comme nous l'avons indiqué précédemment.

Considérons que vos styles ont été correctement insérés.

1 Déroulez le menu **Outils** et cliquez sur **Numérotation des chapitres**.

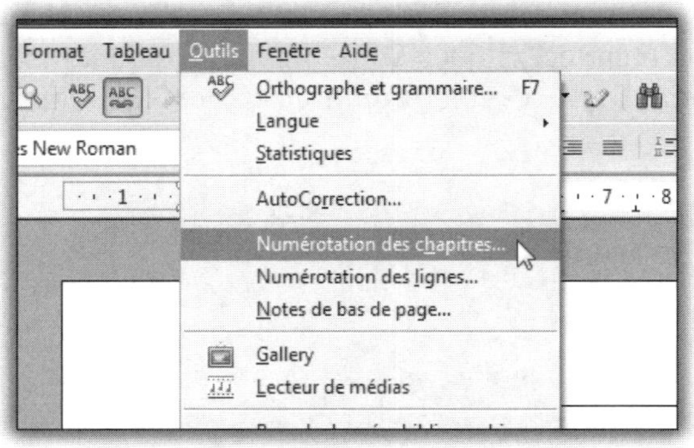

Figure 2.58 : *Activez la numérotation des chapitres*

La fenêtre qui apparaît vous propose de configurer la numérotation. Vous trouvez à votre disposition deux onglets.

- L'onglet **Numérotation** définit la méthode de numérotation des chapitres, tandis que l'onglet **Position** permet de choisir comment les numéros de chapitres seront disposés sur la page. Choisissez notamment le type d'alignement, un éventuel retrait, etc.
- L'onglet **Numérotation** est sans doute le plus important. Grâce lui, vous définissez pour chaque niveau de titre, sa position dans la hiérarchie du plan, les paramètres de numérotation, le style de paragraphe, le type de numérotation, le nombre de caractères de numérotation, ainsi que la valeur par laquelle la numérotation commencera. Pour chaque modification effectuée, un aperçu est affiché dans la partie droite de la fenêtre.

2 Validez ; la numérotation est mise en place instantanément. Grâce à elle, vous pouvez envisager la génération automatique d'un sommaire.

Créer des sommaires et des tables des matières

L'insertion d'un sommaire, dans un document long, qu'il figure au début du texte sous forme de sommaire ou en fin (sous l'appellation "table des matières") peut être mise en œuvre très simplement, si vous avez été très rigoureux concernant la mise en place des styles pour les titres de chapitres, parties, sections et sous-sections.

1 Placez à l'aide du curseur de la souris le point d'insertion du sommaire.

2 Cliquez de préférence sur une page vierge. Une fois le point d'insertion disposé, déroulez le menu **Insertion**, puis sélectionnez **Index**. Dans le volet additionnel, choisissez *Index* à nouveau.

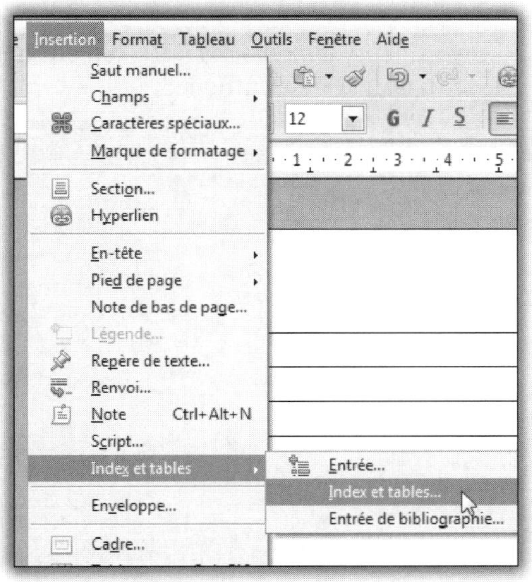

Figure 2.59 : *Appelez la création du sommaire*

REMARQUE

Index, sommaire et table des matières

Lorsque vous souhaitez créer un sommaire, la commande consiste à appeler la création d'un index. Ne vous en préoccupez pas pour Writer, un sommaire ou une table des matières ne sont qu'une variante de l'index.

La boîte de dialogue d'insertion d'index s'affiche. Elle s'articule autour de trois onglets : **Index**, **Entrées** et **Styles**.

Par défaut, l'onglet **Index** est activé. Il permet de configurer l'environnement global du sommaire. Grâce à lui, vous donnerez un titre à votre insertion (table des matières, sommaire, à votre convenance).

3 Définissez également le type d'index à créer à l'aide de la liste déroulante *Type*. Il faut aussi indiquer jusqu'à quel niveau de titre dans la hiérarchie de votre document, le générateur devra créer l'index. En général, au-delà de trois rubriques et sous-rubriques, on ne mentionne plus les titres.

4 Entrez une valeur dans le champ lié à *Évaluation jusqu'au niveau*. Précisez les styles (autres que les styles de titres définis grâce à l'outil de numérotation des chapitres) à prendre en considération pour la génération du sommaire.

5 Cochez la case *Styles supplémentaires* et sélectionnez les styles dans la boîte de dialogue qui s'affiche.

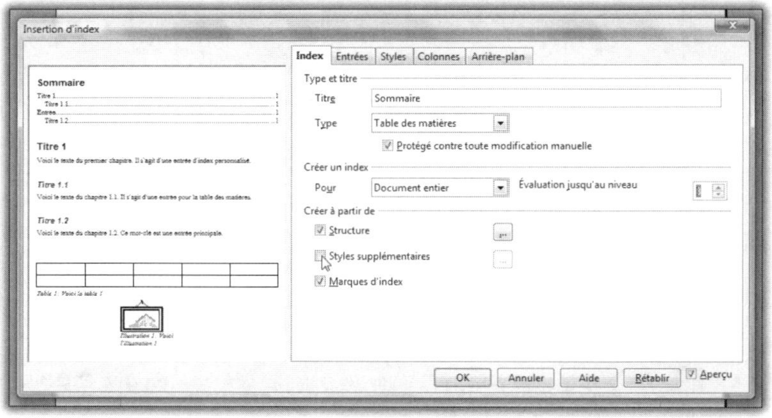

Figure 2.60 : *Dessinez la structure du sommaire*

6 Cliquez sur l'onglet **Entrées** afin de l'activer. Il met à votre disposition tous les moyens d'affiner l'aspect des entrées du sommaire. Portez toute votre attention sur la zone *Structure et formatage*.

7 Vous devez modifier chaque niveau l'un après l'autre. Pour gagner du temps, cliquez sur le bouton **Tous** afin que la mise en forme s'applique à toutes les entrées.

Pour comprendre comment fonctionne ce générateur d'index, admettez que la ligne *Structure*, ci-contre, définit le contenu de chacune des lignes du sommaire, telle qu'elles apparaissent, dans l'aperçu.

Cette ligne fonctionne de cette façon : *E#* représente le numéro de chapitre, *E* est le titre, *T* équivaut à une tabulation et # à un numéro de page.

Les emplacements vierges dans cette ligne *Structure* sont cliquables et peuvent contenir d'autres options, grâce aux boutons situés en dessous (**Tabulation**, **Texte**, etc.).

1 Activez l'onglet **Style** afin d'affecter à un niveau de votre sommaire un style qui diffère de celui qui peut lui être attribué par défaut. Sélectionnez une entrée du sommaire. Dans la fenêtre **Styles de paragraphe**, mettez un style en surbrillance.

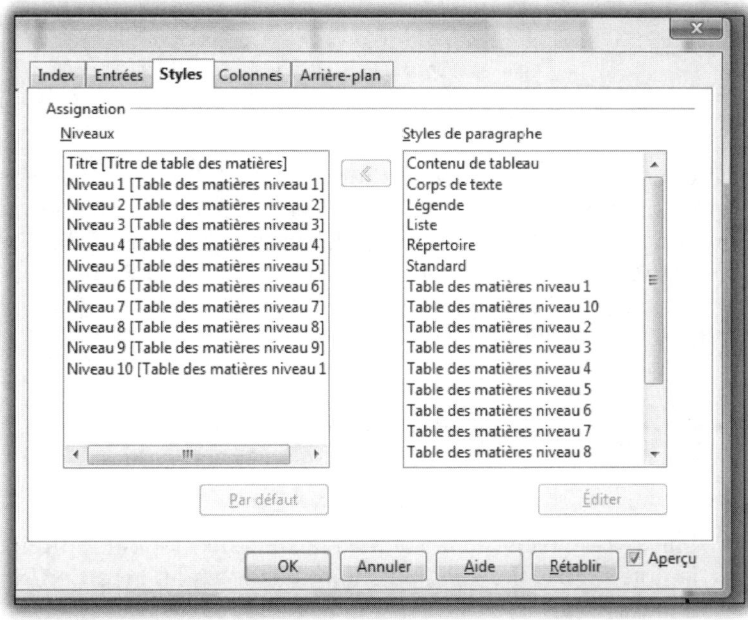

Figure 2.61 : *Modifiez les styles*

2 Cliquez sur le bouton < pour valider votre choix. Le bouton **Standard** redéfinit le niveau d'index sélectionné avec le style de paragraphe par défaut.

3 Si vous le désirez, utilisez le bouton **Éditer** afin de composer un nouveau style de toutes pièces à partir d'un style prédéfini.

À mesure que vous le travaillez ou que vous l'enrichissez, votre document évolue. Il est capital que le sommaire soit mis à jour. La synchronisation du sommaire peut se faire selon plusieurs biais.

La première solution consiste à vous positionner directement, à l'aide du curseur de la souris, dans le sommaire qui doit être actualisé. Cliquez du bouton droit de la souris et, dans le menu contextuel, cliquez sur **Actualiser l'index**. La mise à jour est instantanée.

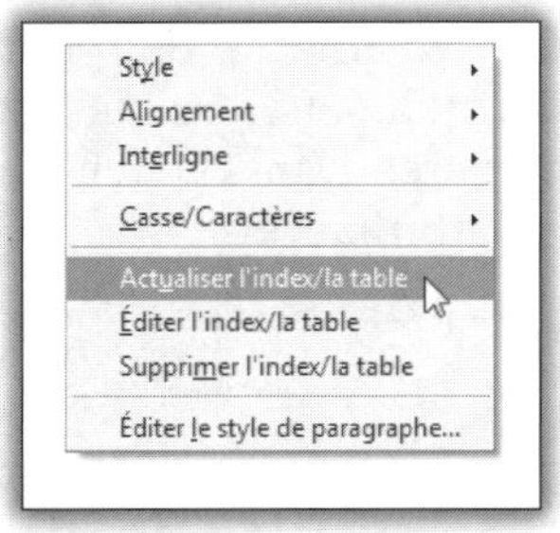

Figure 2.62 :
Actualisez l'index à mesure que vous travaillez le texte

Si vous souhaitez une actualisation sur l'intégralité du document (à réserver surtout si vous considérez votre document comme achevé), déroulez le menu **Outils** et suivez **Actualiser/Tous les index**. Si vous activez **Outils/Actualiser/Tout actualiser**, la synchronisation s'applique alors à tous les éléments dynamiques du texte : index, champs, références des images, tableaux, etc.

Insérer des notes de bas de page

Comme toujours, il faut commencer par placer le point d'insertion.

1 Placez le curseur de la souris à la suite du mot qui fait référence à la note de bas de page, puis déroulez le menu **Insertion/Notes de bas de page**.

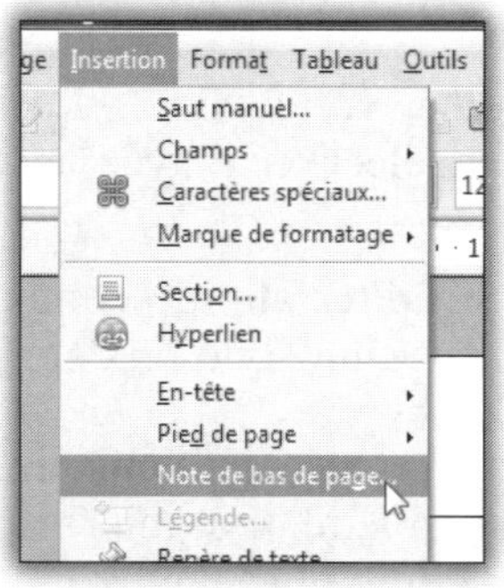

Figure 2.63 :
Insérez une note de bas de page

2 Vous venez d'ouvrir la fenêtre d'insertion d'une note de bas de page. C'est l'intitulé même de cette boîte de dialogue. Par défaut, OpenOffice.org Writer considère que l'insertion d'une note se fait

en bas de page et non en fin de texte. Si c'est cependant ce que vous désirez, pensez à cocher *Note de fin*.

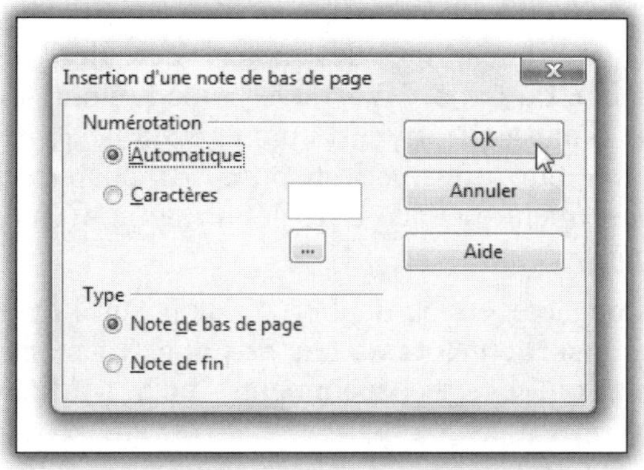

Figure 2.64 : *Définissez le format de la note*

3 De la même façon, Writer estime que, par défaut, une note est numérotée. Si vous désirez que les notes soient renvoyées par un caractère spécifique, un astérisque par exemple, cochez le bouton radio *Caractères* et entrez, dans le champ vierge, le caractère désiré.

4 Lorsque vous êtes satisfait de votre configuration, cliquez sur le bouton OK. Automatiquement, le curseur devient actif en bas de page et clignote, attendant que vous entriez du texte. Pour revenir ensuite à la source de l'appel de note, cliquez sur le numéro de la note. Le pointeur de la souris change d'allure pour arborer celle d'une main gantée. Cette configuration fonctionne dans les deux sens. Lorsque vous cliquez sur le numéro de l'appel de note dans le texte, vous aboutissez immédiatement au corps de la note.

Si l'insertion d'une note de bas de page (ou de fin) est très simple, sa suppression l'est tout autant. Il suffit de supprimer l'appel de note dans le corps du texte. La note, si l'appel est correctement supprimé, est pourtant toujours présente en bas de page. Vous pouvez ainsi conserver des notes vierges pour y revenir, le cas échéant.

Dans tous les cas, l'ajout ou la suppression d'une note n'a pas d'impact sur le reste des appels de notes. En effet, Writer se charge en temps réel de mettre à jour la numérotation de chaque annotation sans que vous ayez à vous en préoccuper.

En mettant à profit la puissance du traitement de texte d'OOo, vous pouvez également aller plus loin dans la configuration des annotations. Vous agirez soit sur la globalité du document, soit au coup par coup.

5 Pour interagir sur l'intégralité des notes, déroulez le menu **Outils/Notes de bas de page**. Vous ouvrez une boîte de dialogue qui vous permet d'ajuster le style de numérotation, de définir si cette dernière doit être effectuée chapitre par chapitre ou sur l'ensemble du document ou encore de définir de nouveaux styles de mise en forme.

6 Pour agir sur une note en particulier (et non sur l'ensemble), revenez au menu **Insertion/Note de bas de page**. Vous ouvrirez la fenêtre déjà évoquée précédemment pour affiner vos paramétrages.

REMARQUE

Notes de fin

Pour configurer des notes de fin (placées comme leur nom l'indique à la fin du document), utilisez le menu **Outils/Notes de bas de page**. Vous pouvez alors utiliser l'onglet **Notes de fin**. En fonction du choix que vous effectuez au moment de l'insertion de chaque note, les paramètres appliqués sont tirés de l'un ou de l'autre ensemble.

Utiliser des renvois

Dans certains cas, vous réaliserez plusieurs appels à une même note de bas de page. Malheureusement, il est impossible de procéder à une telle configuration par le chemin classique **Insertion/Note de bas de page**. Si vous passez par ce biais, vous ne ferez qu'activer l'insertion d'une nouvelle note. Si vous vous trouvez dans cette situation, vous n'avez pour autre solution que le recours aux renvois. Ces derniers répondent à un principe simple selon lequel pour renvoyer à un élément du texte, il est indispensable tout d'abord que cet élément figure dans le document et qu'il ait été déclaré comme référence potentielle. Une fois ce concept acquis, il suffit pour renvoyer deux appels vers une même note d'insérer un champ cible de type *Note de bas de page*.

1 Commencez par insérer une note classiquement. En cas de doute, reportez-vous au paragraphe précédent. Pour les appels suivants vous devez utiliser le menu **Insertion/Renvoi...**. Vous ouvrez ainsi une boîte de dialogue **Champs**.

2 Activez l'onglet **Références**. Dans la colonne *Type de champ*, sélectionnez *Notes de bas de page*. Dans la colonne *Sélection*, pointez la note vers laquelle le renvoi doit pointer. Cette fois, votre deuxième note fait référence à l'annotation d'origine.

3 Observez ensuite la colonne *Format* et cliquez sur *Texte de référence*. Pour valider la mise en place de ce renvoi, cliquez sur le bouton **Insérer**. Votre appel de note est immédiatement intégré au texte de votre document.

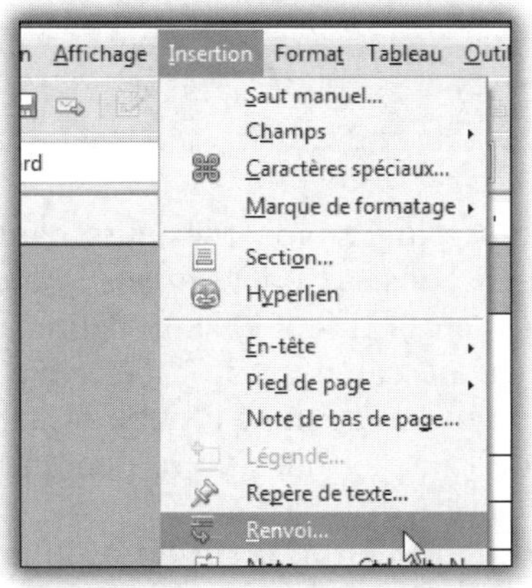

Figure 2.65 :
Mettez en place un renvoi

ATTENTION

Procédez à une mise en forme

L'appel de note qui prend place dans le texte n'a pas l'apparence d'un appel de note classique. Il faut lui conférer la même apparence qu'un appel de note en ouvrant par exemple la fenêtre **Styles et formatage** et en cliquant sur *Appel de note de bas de page*, accessible en cliquant sur le bouton **Styles de caractères**.

Cet usage des renvois est très utile pour les appels multiples à une même note. Ils peuvent également remplir de nombreuses autres missions. Il existe ainsi plusieurs types de renvois. Le tableau ci-après en dresse la liste.

Tableau 2.4 : *Liste des types de champ pour les renvois*

Types de champ	Désignation
Références	Objet cible personnalisé ; ces objets nécessitent d'être d'abord créés

Tableau 2.4 : *Liste des types de champ pour les renvois*	
Types de champ	**Désignation**
Illustrations, dessins	Les images, dessins, graphiques ; n'apparaissent que s'ils sont légendés
Notes	Notes de bas de page
(Autres)	Lorsque l'on crée un nouveau type de légende, il prend place sur la liste des types de champs
Repères de texte	Les repères de texte
Tableau	Les tableaux ; ils apparaissent sur la liste uniquement s'ils sont légendés

Quand vous souhaitez mettre en place un renvoi, plusieurs paramètres sont à prendre en compte. Le premier consiste à déterminer l'objet cible quel qu'il soit (texte, image, tableau, etc.). Il faut ensuite définir la mise en forme du renvoi dans le texte même car il est indispensable que le renvoi soit visible pour remplir sa mission. Enfin, n'oubliez jamais de spécifier la cible du renvoi avant de l'insérer dans votre document.

Ne perdez pas de vue que pour pointer vers un objet tel qu'une image par exemple, il est indispensable que celle-ci soit déjà présente dans votre document. Autrement, vous ne serez pas en mesure de la désigner lors de la création du renvoi.

Pour renvoyer vers un élément, ce dernier doit être référencé. Vous devez mettre en place des repères de texte qui sont automatiquement référencés lors de leur insertion. Dans le cas des tableaux et des images, le référencement passe par la mise en place d'une légende qui fera figurer l'image dans la boîte de dialogue d'insertion de renvois.

Les renvois permettent plus de souplesse dans la navigation dans le document et, le cas échéant, de mieux structurer le texte.

2.9. Explorer les documents

Plus un document prend de l'ampleur, plus il compte de caractères, de références, d'images ou de tableau, plus il devient compliqué de retrouver l'élément dont on a besoin. Pourtant, si vous avez correctement appliqué les différents conseils que nous avons prodigués dans ce chapitre consacré à Writer, vous êtes parvenu à composer un document long parfaitement opérationnel grâce à l'application de styles, à l'insertion, en bonne et due forme de tableaux et à la gestion des sections. Avec cette logique, les fonctions de navigation intégrées à OpenOffice.org Writer vous donnent tout loisir de retrouver ce que vous voulez, même sur un document de plusieurs milliers de pages.

Utiliser différents modes de navigation

Naviguer dans un document peut vite devenir une nécessité. Il existe plusieurs façons de naviguer dans un fichier texte. Mais pour tirer le meilleur profit de cette fonctionnalité, il faut au préalable mettre en place des références de navigation comme des repères de texte ou des pense-bêtes. Plus vous les multiplierez, plus il sera simple et rapide d'arriver à l'endroit désiré dans le document sans perdre de temps.

Utiliser la barre d'outils Navigation

La barre d'outils *Navigation* est présente uniquement dans OpenOffice.org Writer. Vous ne la trouverez dans aucun autre logiciel de la suite.

Pour activer la barre d'outils, cliquez sur le bouton ci-contre qui se trouve dans l'angle inférieur droit de l'interface de Writer, au bas de la barre de défilement verticale.

Vous pouvez aussi utiliser la touche [F5] de votre clavier et cliquer sur le bouton correspondant.

Cet outil est l'un des plus utiles et des mieux pensés de Writer. La barre d'outils rassemble une vingtaine d'outils que vous pouvez employer en vue de parcourir le texte de façon thématique. Quand vous parvenez au terme du document, la navigation est interrompue automatiquement.

Figure 2.66 :
La barre d'outils Navigation

1 Pour commencer votre expérience de navigation, sélectionnez un outil. Son nom s'affiche dans la barre d'information située au bas de la fenêtre. Si vous choisissez l'outil *Note de bas de page*, vous parcourez une à une toutes les notes insérées au fil du document. Il en va de même si vous cliquez sur l'outil **Page**, **Image**, **tableau**, **pense-bête**, etc. Par défaut, l'outil actif est **Page**.

2 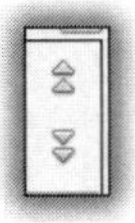 Une fois la catégorie sélectionnée, utilisez les boutons de navigation ci-contre ; ils vous permettent de passer d'une référence à une autre.

Créer des repères de texte

Pour améliorer la navigabilité de votre document, vous pouvez le parcourir vers des emplacements que vous définissez à votre gré en insérant des repères de texte. Ces repères sont à votre document texte ce qu'est un favori sur Internet. De même que les favoris servent à marquer une page web, les repères de texte marquent un emplacement dans votre document que vous pouvez retrouver plus aisément par la suite. Les repères de texte ont également vocation à devenir des renvois.

Lorsque vous décidez de créer des repères, ils subsistent dans votre document jusqu'à ce que vous décidiez de les supprimer. À chaque réouverture du fichier, vous les retrouvez et ils sont parfaitement fonctionnels.

1 Pour mettre en place un de ces repères, cliquez sur le menu déroulant **Insertion** et sélectionnez **Repère de texte** après avoir positionné le curseur au point d'insertion.

Figure 2.67 :
Appelez la boîte de dialogue de création de repère de texte

2 Quand la boîte de dialogue est active, observez le champ vierge dans lequel clignote le curseur. Entrez un nom – le plus explicite possible – pour le repère de texte que vous allez insérer. Il est en effet indispensable de choisir une dénomination claire, sous peine de ne plus vous y retrouver lorsque vous aurez inséré des dizaines de repères. Cliquez sur le bouton OK pour procéder à l'insertion du repère.

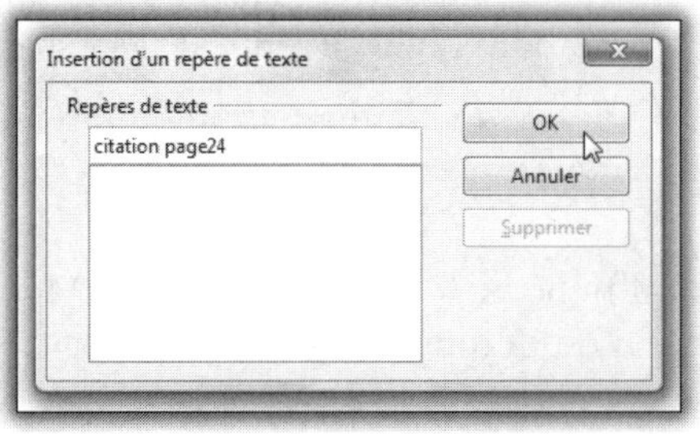

Figure 2.68 :
Nommez le repère de texte

3  Pour naviguer au sein des repères de texte, vous devez utiliser les outils fournis par Writer. Cliquez sur le bouton représentant une punaise dans la barre d'outils *Navigation* pour les afficher les uns après les autres.

ATTENTION

Repères de texte

Rien dans votre document ne matérialise la présence d'un repère de texte. Pour les retrouver, vous devez impérativement passer par la barre d'outils *Navigation*.

4 Pour atteindre un repère en particulier et éviter de tous les passer en revue, lancez le Navigateur en appuyant sur la touche F5 de votre clavier. Cliquez sur le signe + qui précède l'item *Repères de texte*. La liste s'affiche instantanément.

5 Pour supprimer un repère de texte, sélectionnez-le dans le Navigateur et ouvrez le menu contextuel en cliquant du bouton droit dessus. Sélectionnez **Repère de texte**. Dans le volet additionnel, cliquez sur **Supprimer**.

Créer et naviguer entre les pense-bêtes

Les pense-bêtes sont une fonction spécifique du module Writer. Vous ne les trouverez donc sur aucune application de la suite. Proches cousins des repères de texte, leur spécificité réside dans le fait qu'ils ne sont pas persistants. Si vous fermez votre fichier, même en enregistrant, ils disparaîtront systématiquement. Leur espérance de vie est donc limitée à la session de travail en cours. En outre, il est impossible d'insérer plus de cinq pense-bêtes à la fois. Une initiative finalement assez heureuse car, en les multipliant, vous risqueriez d'en oublier.

Le principe du pense-bête est le suivant : vous insérez un marqueur temporaire dans votre texte afin de pouvoir y revenir si nécessaire.

1 Pour créer un pense-bête, ouvrez le Navigateur en appuyant sur la touche F5 de votre clavier ou en déroulant le menu **Edition/Navigateur**.

2 Une fois le Navigateur affiché à l'écran, cliquez sur le bouton **Définir un pense-bête** afin de définir un nouveau pense-bête.

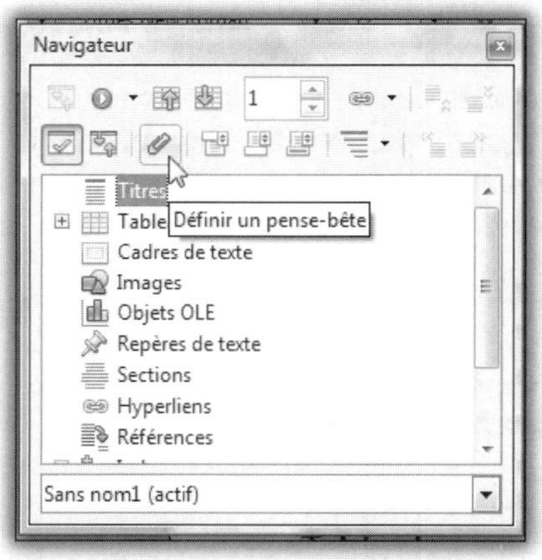

Figure 2.69 :
Définir un pense-bête.

3 À l'instar des repères de texte, l'insertion d'un pense-bête ne laisse aucune trace sur votre document. Pour les retrouver, vous devez en passer par les fonctions de navigation. Ouvrez la barre d'outils *Navigation* et cliquez sur l'icône *Pense-bête*, représentée par un trombone.

REMARQUE

Pas plus de cinq

Le nombre de pense-bêtes étant limité à cinq, l'insertion de pense-bêtes au-delà du cinquième supprime sans avis de la part de Writer le précédent pense-bête inséré qui est supplanté par le plus récent.

2.10. Intégrer des images dans les documents OpenOffice Writer

Lorsque vous créez un document, quelle que soit sa vocation ou sa destination, il y a fort à parier que vous aurez au moins une image à y insérer, ne serait-ce que pour orner la première page (couverture ou page de garde). Writer est un logiciel de traitement de texte très à l'aise avec la gestion des fichiers graphiques.

Insérer des images

Pour pratiquer l'ajout d'une image dans un document texte, passez par le menu d'insertion d'image accessible selon deux biais.

- La première voie consiste à dérouler le menu **Insertion/Image**. Dans le volet additionnel, cliquez sur **A partir d'un fichier**.
- Pour gagner du temps, vous pouvez également cliquer sur l'icône figurant dans la barre d'outils *Dessins*. Cette barre d'outils est accessible par le menu **Affichage/Barres d'outils/Dessins**.

En cliquant sur **A partir d'un Fichier**, vous commandez l'affichage d'une boîte de dialogue qui vous permet de parcourir votre disque dur, en quête du fichier graphique à insérer dans votre texte.

L'image prend place dans le document ; il va falloir en ajuster la mise en page.

REMARQUE

Utiliser un scanneur

Si vous le désirez, il est possible de numériser une image à l'aide de votre scanneur, en passant par OOo Writer. Pour cela, déroulez le menu **Insertion/Image/Scanner/Requérir**.

Modifier et personnaliser les images

L'image, lorsqu'elle apparaît dans votre fichier texte, active également l'affichage de la barre d'outils *Image*. Le pourtour de votre fichier graphique est encadré par des plots de redimensionnement (ou poignées) verts. Lorsque ces plots disparaissent, vous ne pouvez plus agir sur l'image.

1 Pour les faire réapparaître, cliquez sur l'image afin de la sélectionner. Une fois l'image sélectionnée, vous pouvez la déplacer librement dans votre document en effectuant des glisser-déposer avec votre souris. L'image cesse de bouger lorsque vous relâchez le bouton de la souris.

Figure 2.70 : *L'image est insérée dans le document*

2 Vous pouvez aussi réduire la taille d'affichage de l'image ou au contraire l'agrandir. Pour cela, placez le pointeur de la souris sur l'un des plots pour redimensionner l'image. En cliquant sur le plot central en haut ou en bas de l'image vous augmentez sa hauteur. Avec les plots centraux de gauche et de droite, vous agissez sur la largeur. En utilisant les plots des quatre angles, vous agrandissez la diagonale et, par conséquent, augmentez ou réduisez la taille de l'image de façon homothétique.

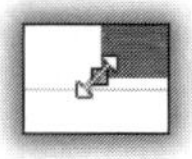

Figure 2.71 : *Quand la souris est sur un plot, elle change d'apparence*

Définir une légende pour l'image que vous venez d'intégrer présente une double utilité. Tout d'abord, cela peut justifier la présence de ce fichier. Cela permet aussi de référencer l'image afin, par la suite, d'exploiter au mieux les fonctions de navigation de Writer.

3 Pour insérer une légende, cliquez du bouton droit de la souris sur l'image. Vous ouvrez ainsi le menu contextuel et pouvez sélectionner **Légende**.

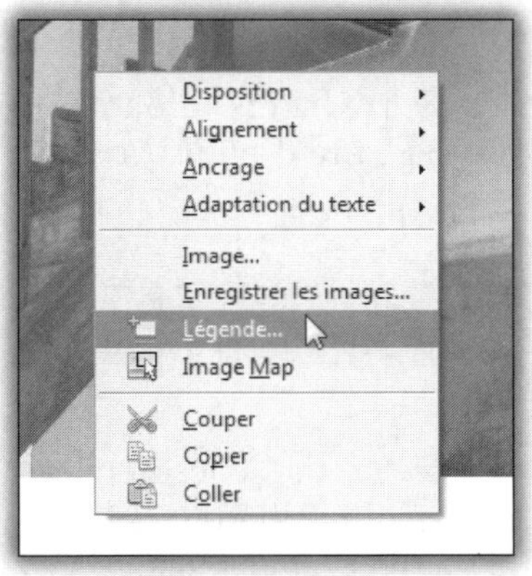

Figure 2.72 : *Le bouton Legende.*

4 La boîte de dialogue **Légende** s'affiche. Dans le champ vierge, entrez une phrase concise et claire. Choisissez également sur la liste déroulante la catégorie dans laquelle l'image doit être classée (catégorie qui prend place en tête de la légende). Choisissez le format de numérotation. En bas de la fenêtre, vous obtenez un aperçu de la légende ainsi paramétrée.

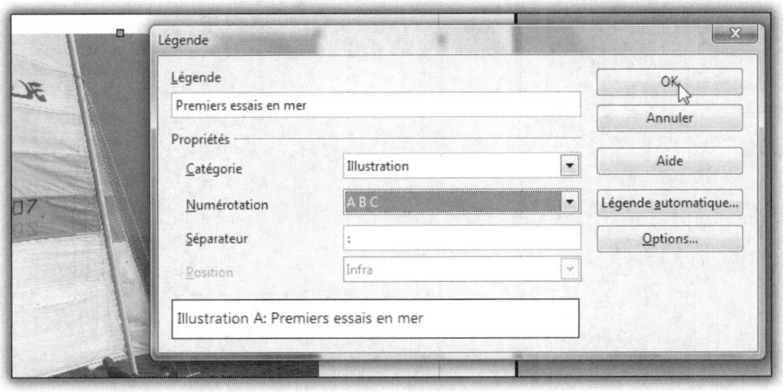

Figure 2.73 : *Légendez l'image*

ASTUCE

Plus de finesse

Pour déplacer avec plus de précision une image, utilisez les flèches du pavé numérique en maintenant la touche Alt enfoncée. De la même façon pour la redimensionner, saisissez un plot avec la souris et déplacez le tout en appuyant sur la touche Maj.

Lorsqu'une image est sélectionnée, deux barres d'outils font leur apparition. La première est ancrée sous la barre d'outils *Normal*. Il s'agit de la barre d'outils *Cadre*.

Figure 2.74 : *La barre d'outils Cadre*

Elle vous permet de personnaliser l'apparence de l'encadrement de votre image, autorisant notamment l'insertion d'une bordure plus ou moins stylisée selon vos exigences. Elle permet également de définir la position de l'image par rapport à la page et au texte. Enfin vous pouvez définir une couleur d'arrière-plan afin de mettre l'image en valeur.

Figure 2.75 : *L'image mise en forme avec la barre d'outils Cadre*

La barre d'outils *Image*, quant à elle, permet d'appliquer des effets sur votre image (vieillissement, adoucissement, augmentation de la netteté, configuration en mosaïque, etc.). Vous avez à votre disposition des commandes sommaires pour améliorer le rendu de votre image.

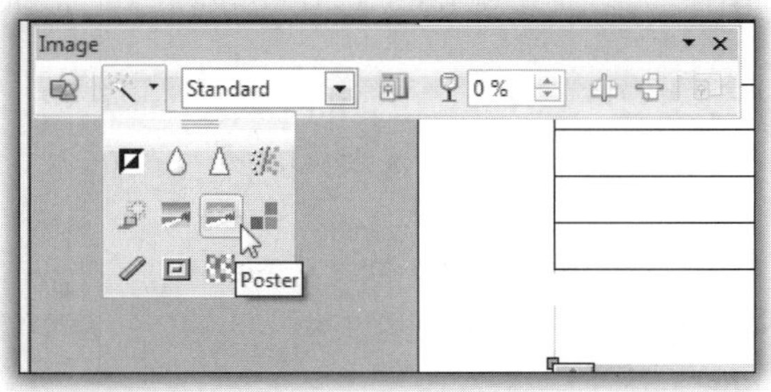

Figure 2.76 : *La barre d'outils Image*

Pour aller plus loin dans les options de mise en page et de mise en forme de l'image, double-cliquez dessus. Vous commanderez ainsi l'affichage d'une boîte de dialogue **Image** qui met à votre disposition huit onglets comprenant de nombreuses options :

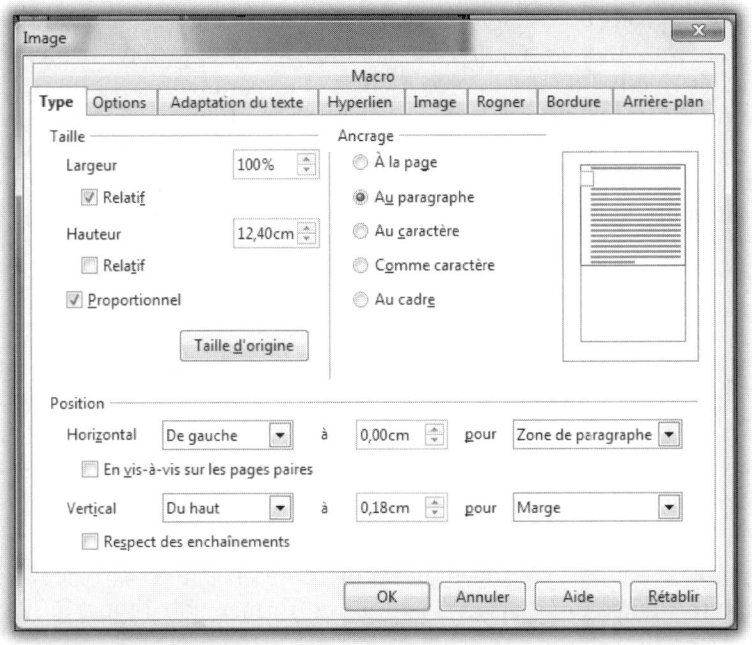

Figure 2.77 : *La boîte de dialogue Image*

- L'onglet **Type** permet de définir l'ancrage (position) de votre image.
- L'onglet **Options** bloque la taille, la position et le contenu de votre image.
- L'onglet **Adaptation** de texte détermine l'articulation du texte autour de l'image.
- L'onglet **Image** permet d'effectuer des rotations de l'image.
- L'onglet **Rogner** permet de supprimer les zones périphériques de l'image.
- L'onglet **Bordures** permet de définir un style d'encadrement.
- L'onglet **Arrière-plan** permet d'appliquer une couleur d'arrière-plan à l'image.

2.11. Exercice pratique : créez votre premier papier à en-tête

Nous avons passé en revue toutes les fonctionnalités majeures de Writer. Pour mettre à profit cet apprentissage, vous allez réaliser un exercice pratique qui va vous permettre de composer votre propre papier à en-tête. Le principe de l'exercice consiste à paramétrer l'espace à réserver en en-tête et en pied de page, avant de mettre en forme le texte qui sera saisi, tout en l'accompagnant d'une image que vous devrez ajuster. Enfin, vous enregistrerez votre création en tant que modèle afin d'être en mesure de l'ouvrir facilement à chaque fois que vous en aurez besoin.

Procédez donc ainsi :

1  Ouvrez OOo Writer et ouvrez un nouveau document texte en cliquant sur le bouton suivant.

2 Une fois la feuille vierge affichée, déroulez le menu **Insertion/En-tête**. Dans le volet additionnel, sélectionnez *Standard* (voir Figure 2.78).

3 Saisissez le texte qui doit prendre place en en-tête, puis placez-le en surbrillance pour assurer sa mise en forme (voir Figure 2.79).

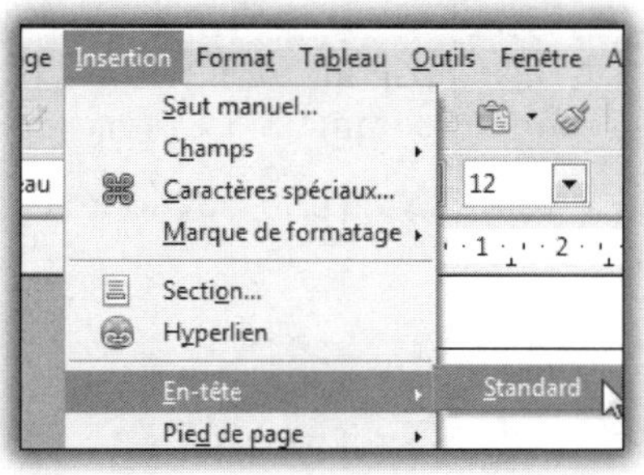

Figure 2.78 : *Insérez la zone d'en-tête*

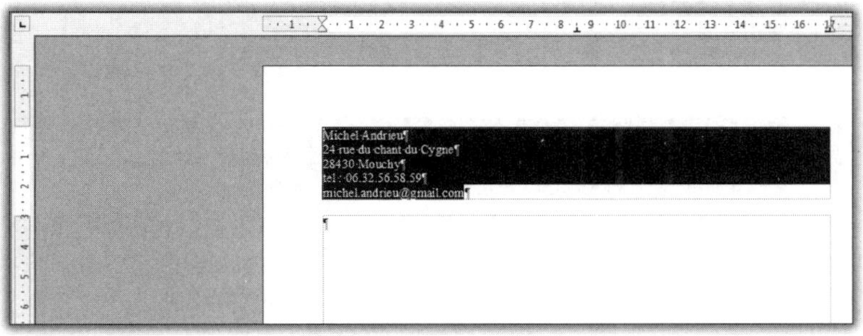

Figure 2.79 : *Mettez le texte en forme*

4 Cliquez du bouton droit de la souris pour ouvrir le menu contextuel et définissez tous les attributs de caractères et de paragraphe de votre choix.

Figure 2.80 : *Choisissez les attributs de caractères*

5 Centrez le texte est centré, définissez la police et la taille des caractères. Ajoutez le style *Ombré* pour donner un peu plus d'allure à la présentation. L'en-tête commence à prendre forme.

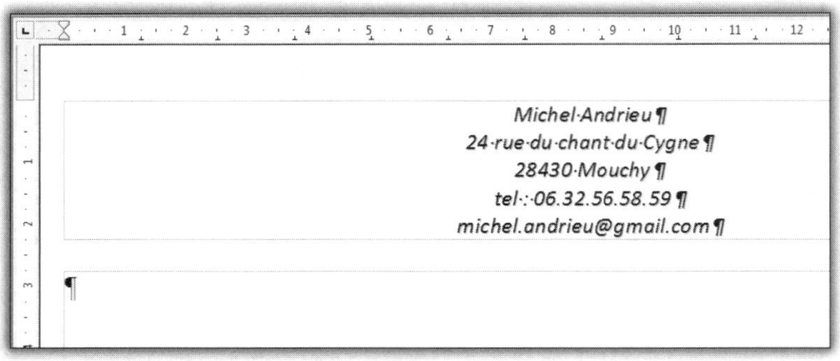

Figure 2.81 : *Le style de l'en-tête est défini.*

Pour agrémenter votre création, vous pouvez également insérer une image qui prendra place dans l'en-tête et qui, pour une entreprise sera un logo, pour un particulier, une image qui vous tient à cœur.

6  Dans la barre d'outils *Dessins*, cliquez sur le bouton correspondant.

7 Sélectionnez, sur votre disque dur, l'image à insérer. Cette dernière prend place au cœur du document selon sa taille originelle. Cliquez dessus du bouton droit de la souris pour ouvrir le menu contextuel et sélectionnez **Image**.

Figure 2.82 :
Affinez les propriétés de l'image

8 Sous l'onglet **Type**, cochez la case *Proportionnel* et entrez la largeur et la hauteur de l'image. Dans la section *Ancrage*, sélectionnez *Au paragraphe*. Dans la section *Position*, sélectionnez *à droite* sur la liste déroulante.

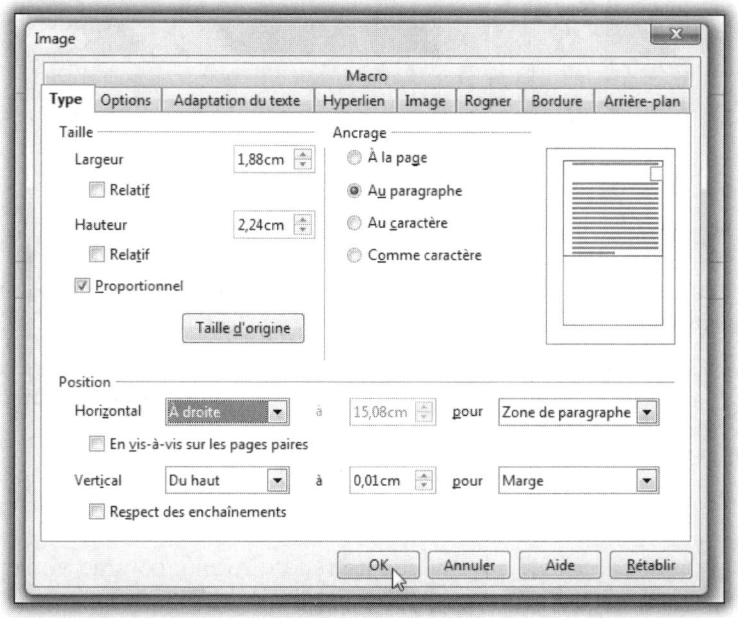

Figure 2.83 : *Ajustez la position de l'image*

9  Il est possible de styliser davantage votre en-tête. Pour cela, utilisez la barre d'outils *Image.* et cliquez sur le bouton ci-contre.

10 Vous accédez ainsi aux différents filtres intégrés à Writer. Cliquez sur le bouton **Dessin au fusain** dans le volet additionnel qui se déploie.

Figure 2.84 : *Utilisez les filtres pour styliser l'image*

L'image insérée revêt l'allure suivante.

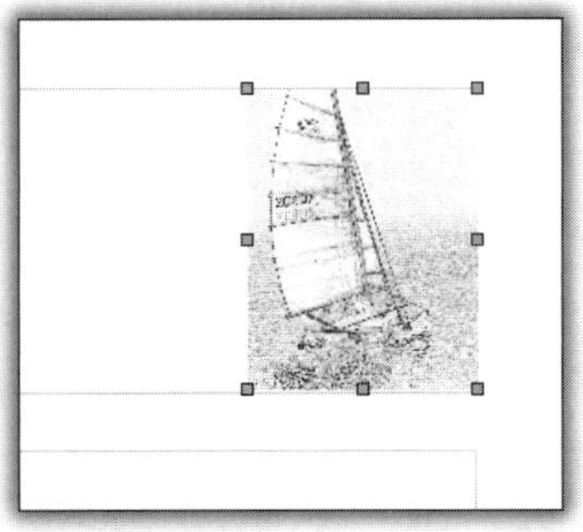

Figure 2.85 :
Aspect de l'image.

Si vous le désirez vous pouvez encore alléger l'image en augmentant sa transparence :

11 Dans la barre d'outils *Image*, cliquez sur le bouton qui représente un verre en cristal et utilisez les curseurs pour augmenter ou réduire la transparence.

12 Répétez la même opération pour insérer la même image sur le côté gauche de la page.

Votre papier à en-tête commence à prendre forme, comme vous pouvez le constater sur l'illustration suivante.

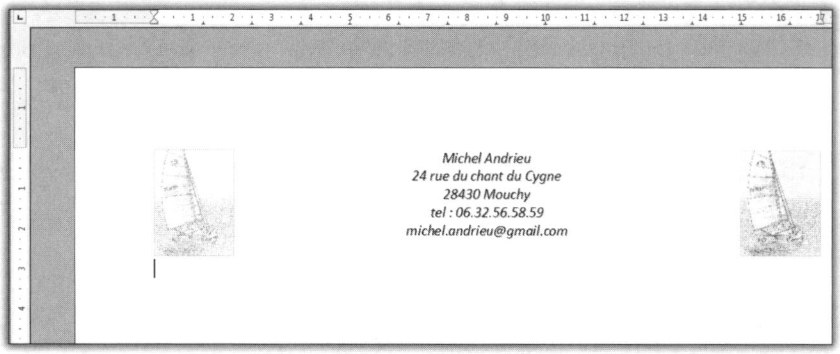

Figure 2.86 : *L'entête prend forme.*

13 Insérez un pied de page en cliquant sur **Insertion/Pied de page/Standard**. Si vous possédez une société, vous ajouterez par exemple un numéro de Siret ou de TVA Intracommunautaire, un code APE.

14 Un particulier préférera peut-être mettre une citation, un aphorisme. Dans tous les cas, saisissez le texte puis mettez-le en forme comme évoqué précédemment.

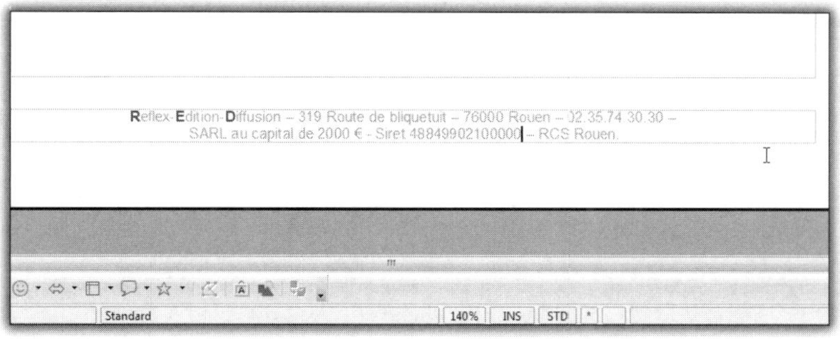

Figure 2.87 : *Procédez de même pour le pied de page*

Quand votre papier à en-tête vous convient, il faut l'enregistrer au format *Modèle de document*. Il sera ainsi plus facile de l'appeler à chaque fois que vous envisagez de taper une correspondance ou, tout simplement d'imprimer une feuille à en-tête pour un courrier manuscrit.

15 Déroulez le menu **Ficher/Enregistrer sous**. Dans la boîte de dialogue **Enregistrer sous**, déroulez la liste *Type* et sélectionnez *Modèle de Texte OpenDocument (Ott)*. Entrez un nom, puis enregistrez le modèle dans le répertoire de votre choix.

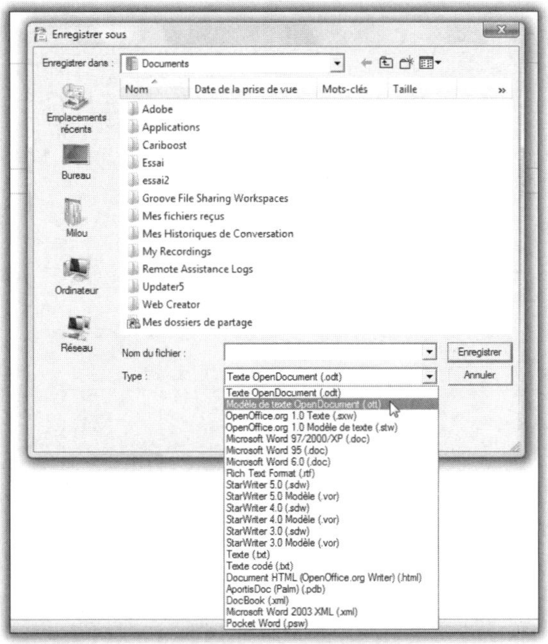

Figure 2.88 : *Déroulez le menu Fichier*

Chapitre 3

Créer des tableaux avec OpenOffice Calc

Lorsque l'on emploie le mot "tableur", le premier réflexe consiste à associer ce terme au nom Excel qui est, sans aucun doute, le tableur le plus célèbre à l'heure actuelle. Pourtant, si vous prenez le temps d'observer et de manipuler OpenOffice.org Calc, vous constaterez très vite qu'Excel fait figure de "balourd malhabile" ; Calc vous permet d'atteindre les mêmes résultats avec bien plus de simplicité.

3.1. Créer un premier tableau

Comme son cousin de Microsoft, OpenOffice.org Calc fonctionne sur la base de classeurs. Lorsque vous ouvrez un document vierge en cliquant du bouton droit de la souris sur l'icône *Démarrage rapide* dans la zone de notification, le classeur contient trois feuilles.

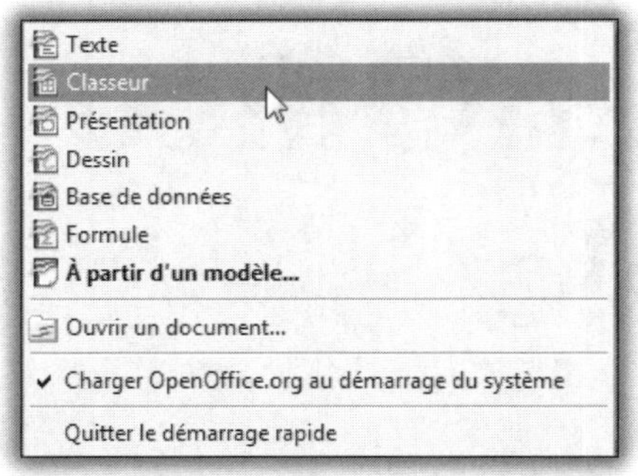

Figure 3.1 : *Commandez l'ouverture d'un classeur vierge*

Au sein d'un même classeur, vous pouvez ajouter autant de feuilles que vous le désirez et ces dernières peuvent interagir entre elles. Ainsi, vous pouvez établir des liaisons en utilisant dans la deuxième feuille du classeur, des données figurant dans une autre feuille. Avant de créer un nouveau tableau, commencez par vous familiariser avec l'espace de travail et les barres d'outils.

Découvrir l'espace de travail

Lorsque vous découvrez pour la première fois l'interface d'OOo Calc, vous n'êtes pas totalement en territoire inconnu. Parfaitement intégrée à l'univers Windows, la suite OpenOffice.org vous propose un environnement familier constitué d'une barre de titre, d'une barre des menus (**Fichier**, **Edition**, **Affichage**, **Insertion**, **Format**, **Outils**, **Données**,

Fenêtre et **Aide**), de différentes barres d'outils dont nous évoquerons la manière de demander l'affichage.

Figure 3.2 : *Barres de menu et barres d'outils de Calc*

La partie centrale de l'écran est constituée des cellules vierges qui attendent la saisie de données. Juste au-dessus se trouve une barre de calcul qui permet d'insérer des formules.

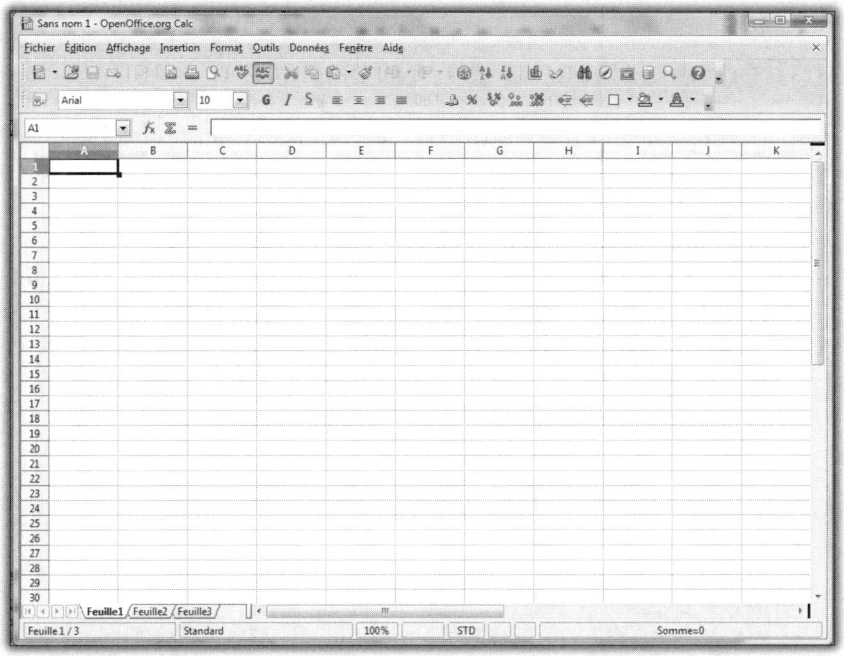

Figure 3.3 : *Retrouvez les outils familiers de toute application Windows*

Très classiquement, vous retrouvez les barres de défilement horizontal et vertical afin de naviguer dans votre document, les trois onglets dévolus aux différentes feuilles qui composent le classeur et la barre d'état.

Saisir du texte

La saisie des données sous OpenOffice.org Calc se fait de manière très classique. Comme vous le feriez dans un logiciel de traitement de texte, tapez au kilomètre en ayant pris soin, au préalable de sélectionner la cellule dans laquelle les données doivent prendre place.

Lorsque vous entrez du texte dans la cellule, deux possibilités s'offrent à vous. Soit vous consultez le contenu de la cellule qui a été sélectionnée, soit vous observez le champ de saisie de texte situé en bas de la zone réservée aux barres d'outils.

Lorsque le texte saisi vous convient, appuyez sur la touche [↵] de votre clavier pour valider la saisie et passer à la ligne suivante.

Modifier le contenu d'une cellule

Lorsque vous saisissez du texte ou des données dans un tableau, ce dernier n'est pas figé à jamais ; vous pouvez à tout instant le modifier. Pour cela, vous pouvez employer différentes méthodes.

1 Dans tous les cas, commencez par sélectionner la cellule sur laquelle les changements seront effectués. Cliquez dessus à l'aide de la souris ou utilisez le pavé directionnel de votre clavier. Quand la cellule est sélectionnée, ses contours apparaissent en gras et son contenu prend place dans le champ de saisie.

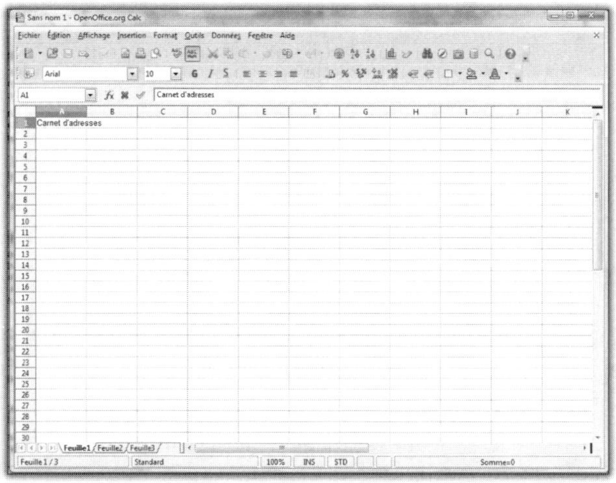

Figure 3.4 : *La cellule sélectionnée arbore des contours gras, son contenu apparaît dans le champ de saisie*

2 Si vous placez le curseur dans ce champ, vous pouvez modifier tout ou partie du contenu de la cellule. Vous pouvez également double-cliquer dans la cellule, puis taper les modifications directement. Enfin, il est également possible d'appuyer sur la touche F2 de votre clavier.

Cette dernière action fait apparaître près du champ de saisie deux symboles ; ils vous informent que vous pouvez maintenant modifier la cellule.

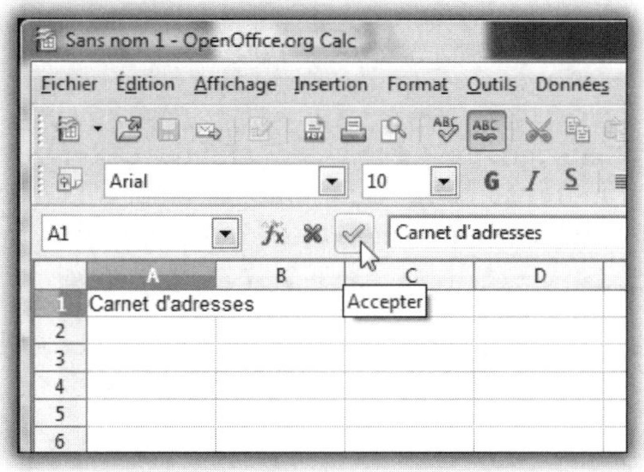

Figure 3.5 :
Le bouton Accepter

3 Lorsque vous êtes satisfait de la modification effectuée, cliquez sur **Accepter** (croix verte) ; cela valide la modification et modifie l'apparence de la cellule.

ASTUCE

Raccourci clavier

Rien n'est gravé dans le marbre. Si vous remarquez que la dernière modification apportée n'est pas judicieuse, annulez-la à l'aide du raccourci clavier Ctrl+Z. Vous pouvez également dérouler le menu **Edition/Annuler la dernière action**.

Personnaliser le format d'une colonne

Le format des colonnes doit impérativement être adapté au contenu qu'elles hébergent. Par défaut, la largeur d'une colonne est de 2,25 cm, ce qui est loin d'être suffisant lorsque les intitulés sont plus détaillés ou que les mentions que vous souhaitez référencer dépassent 35 caractères.

Vous pouvez redimensionner manuellement les colonnes en utilisant votre souris. Pour cela, cliquez sur la barre verticale à droite de l'étiquette de colonne. Glissez-la vers la droite pour les agrandir et vers la gauche pour les rétrécir.

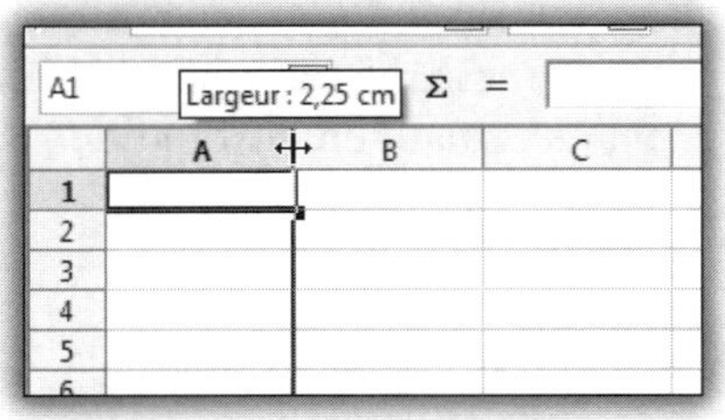

Figure 3.6 : *La largeur des colonnes est par défaut de 2,25 cm*

Pourtant, procéder manuellement sur un tableau de grande envergure devient vite fastidieux. Fort heureusement, Calc intègre une fonction automatisée de mise en forme des colonnes adaptée. Pour l'activer :

1 Déroulez le menu **Format**, puis sélectionnez **Colonnes**.
2 Dans le volet additionnel qui apparaît, cliquez sur *Largeur Optimale*.

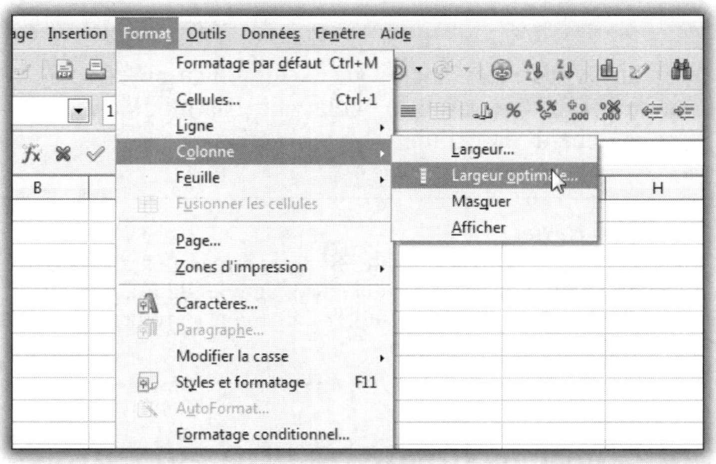

Figure 3.7 : *Automatisez le redimensionnement des colonnes*

Lorsque vous saisissez le contenu de la cellule, la largeur de la colonne s'adapte automatiquement. Vous n'avez plus à vous soucier du redimensionnement de chaque colonne.

Saisir une formule

Composer un tableau ne se limite pas à la saisie de texte ou de données les unes en dessous des autres. C'est aussi l'édification d'un outil capable de générer des calculs et des associations entre les cellules d'une même feuille ou entre les cellules de différentes feuilles d'un même classeur.

Pour parvenir à édifier un tel tableau, vous passerez obligatoirement par les formules (interprétations mathématiques de toutes les tâches pouvant être menées sous OpenOffice.org Calc).

RENVOI

La liste des formules est très longue. Nous y reviendrons en détail dans ce chapitre à la section ***Utiliser les formules de calcul de Calc****.*

Cependant, nous pouvons d'ores et déjà établir un principe immuable applicable à chaque fois que vous souhaiterez insérer une formule dans un tableau ou une cellule :

1 Quelle que soit la formule que vous envisagez d'utiliser, sélectionnez la cellule, puis saisissez par exemple la formule `=B2-B1`.

2 Validez en appuyant sur la touche [↵].

Dans cet exemple, la cellule *B1* affiche le total des sommes débitées sur votre compte en banque, et *B2* la somme disponible sur ce même compte. La formule basique `=B2-B1` calcule instantanément votre situation financière.

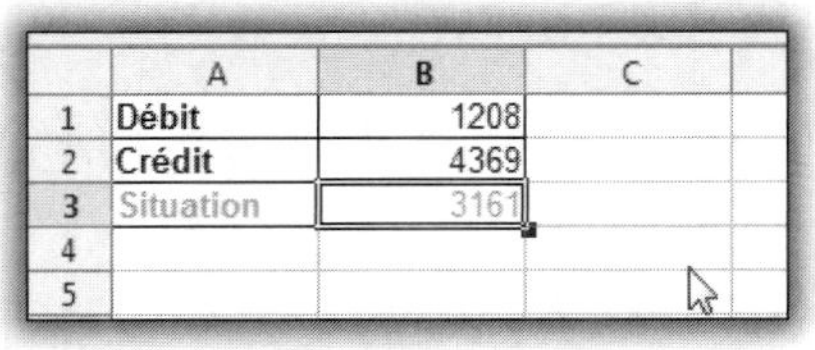

	A	B	C
1	Débit	1208	
2	Crédit	4369	
3	Situation	3161	
4			
5			

Figure 3.8 :
La cellule B3 affiche le résultat de la formule, mais le champ de saisie affiche la formule elle-même

Cet exemple simplifié est choisi pour illustrer le fait que dans tous les cas, une formule doit être précédée du symbole = et qu'au terme de la saisie de la formule, il faut impérativement appuyer sur la touche [↵] de votre clavier.

Enregistrer les modifications

Comme pour n'importe quel document, sous n'importe quelle application, vous devez impérativement sauvegarder les modifications effectuées.

Très classiquement, pour lancer l'enregistrement d'un fichier, plusieurs possibilités sont disponibles.

Le plus simple consiste à utiliser le bouton ci-contre qui enregistre le document à la demande.

Si vous enregistrez le tableau pour la première fois, vous devrez choisir l'emplacement du document sur le disque dur (c'est-à-dire définir un répertoire qui accueille le fichier) et un nom.

Vous pouvez également utiliser le menu déroulant **Fichier/Enregistrer** ou **Enregistrer sous**.

Figure 3.9 :
Utilisez le menu déroulant Fichier pour enregistrer votre travail

Dans la fenêtre qui apparaît, sélectionnez le chemin d'enregistrement ainsi que le nom pour votre fichier.

ASTUCE

Gagnez du temps

Lorsque vous enregistrez à intervalles réguliers les modifications effectuées sur votre tableau, préférez le raccourci clavier Ctrl+S qui vous fera perdre moins de temps que le recours au menu **Fichier/Enregistrer**.

Gérer la compatibilité avec Excel

La suite OpenOffice.org possède ses formats natifs. Cependant, par souci de compatibilité avec votre environnement personnel ou professionnel, vous pouvez éprouver le besoin de posséder votre tableau au format Excel (*.xls*). Dans ce cas, le format par défaut sous lequel Calc enregistre les fichiers (*.ods*) n'est pas adapté. Cependant, grâce à l'ouverture d'esprit dont ont fait preuve les créateurs de la suite libre, vous pourrez créer et lire ou encore exporter vos fichiers au format Excel sous Calc, alors que la réciproque est impossible, Excel n'offrant aucune ouverture vers le format ODS.

1 Pour modifier l'extension d'un tableau existant ou enregistrer un nouveau tableau au format XLS, cliquez sur le menu **Fichier/Enregistrer sous** déjà évoqué au point précédent.

Automatiquement, Calc affiche une boîte de dialogue **Enregistrer sous**.

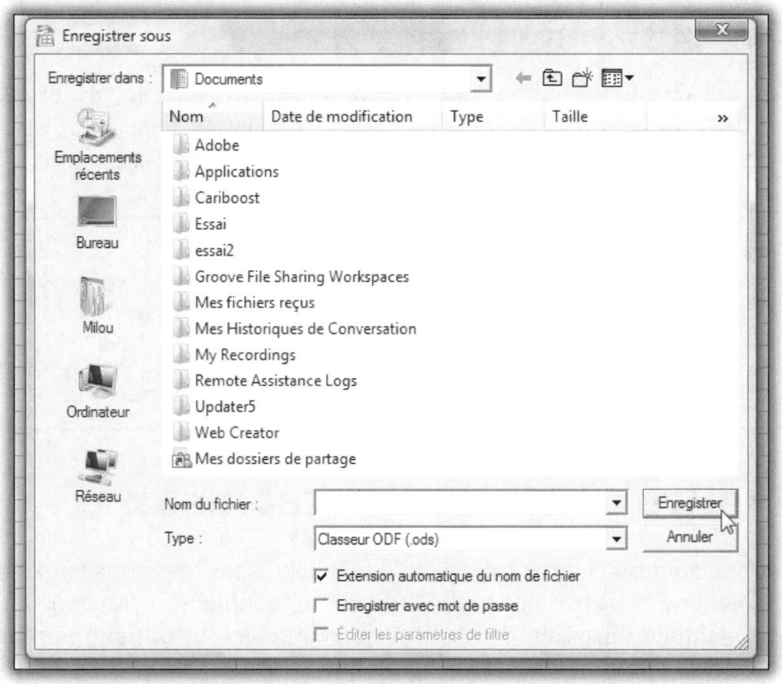

Figure 3.10 : *La boîte de dialogue Enregistrer sous*

2 Pour sélectionner le format Excel, utilisez la liste déroulante *Type* et sélectionnez *Microsoft Excel 97/2000/XP (.xls)*.

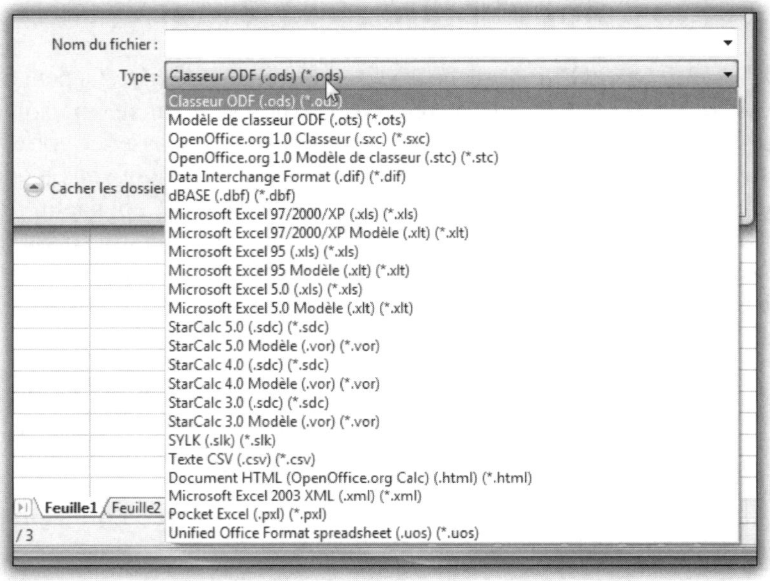

Figure 3.11 : *Sélectionnez le type de fichier*

3 Avant de cliquer sur le bouton **Enregistrer**, placez le document dans le répertoire de votre choix en utilisant la liste *Enregistrer dans* et nommez votre fichier. Cliquez sur **Enregistrer**.

ATTENTION

Perte de mise en forme

Les formats XLS et ODS ne sont pas compatibles à 100 %, surtout du côté de Microsoft. Ainsi certaines mises en forme qui fonctionnent à merveille sous Calc disparaîtront ou généreront des conflits si le fichier *.xls* est ouvert sous Excel et non sous Calc. Pour plus de sécurité, essayez de conserver des mises en forme sobres.

3.2. Mettre en forme des tableaux

Lorsque les données sont entrées dans le tableau, sans que vous ayez eu à vous soucier de l'apparence globale de votre document, il est temps de réaliser quelques mises en forme afin de rendre les informations plus lisibles et de mettre en évidence, les lignes, colonnes et/ou cellules les plus importantes. La modification des attributs du texte, des données et la mise en forme des cellules sont un passage obligé, même si votre tableau est avant tout destiné à réaliser des calculs. Lorsqu'un tel document prend de l'envergure, il perd très rapidement en lisibilité et peut, de ce fait, devenir inexploitable. OpenOffice.org Calc propose de nombreuses options pour mettre en valeur les informations clés d'un tableau. Ne manquez pas de les exploiter. Le temps que vous consacrerez à cette étape pourra sembler inutile, mais à plus ou moins long terme, vous apprécierez réellement ce travail d'enrichissement graphique.

Le format de cellules

Vous n'êtes pas tenu d'uniformiser l'apparence de votre tableau. Certaines données méritent d'être mises en exergue. En poussant le raisonnement, chaque cellule peut revêtir une apparence différente. Pour cela, un menu centralise toutes les commandes.

Pour accéder à toutes les options, déroulez le menu **Format** et sélectionnez **Cellules**.

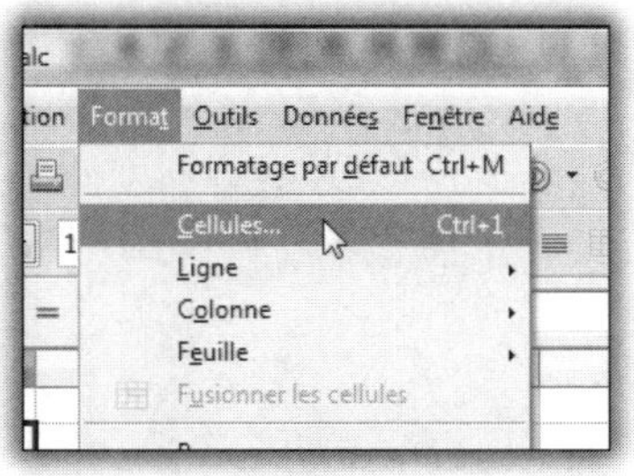

Figure 3.12 :
Déroulez le menu Format

Si vous le désirez, et pour gagner du temps, vous pouvez également utiliser le raccourci clavier Ctrl+F1 ou, mieux encore, exploiter le menu contextuel de la cellule à modifier en cliquant du bouton droit de la souris, puis en sélectionnant **Formater les cellules**.

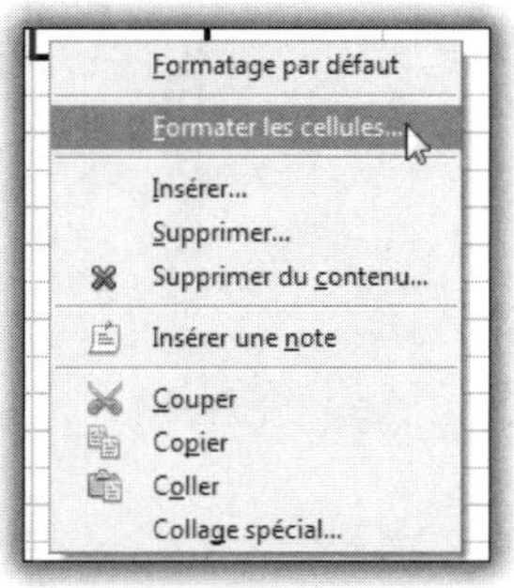

Figure 3.13 :
Cliquez sur Formater les cellules

L'arsenal de fonctions de personnalisation des cellules est large. Vous pourrez notamment :

- définir le format d'affichage des nombres grâce à différents styles : fixe, scientifique, monétaire, nombre de chiffres après la virgule, etc. ;
- procéder à l'ajustement de l'alignement de texte : vertical, horizontal, orientation du texte, renvoi à la ligne automatique (si le texte est long pour éviter d'élargir la colonne) ;
- protéger des cellules en masquant les formules ou en empêchant toute modification par un tiers ;
- modifier les attributs du texte : police, corps, style des caractères, mais aussi types de bordures et d'arrière-plan des cellules.

Pour accéder à l'ensemble de ces fonctions, il suffit de parcourir un à un les onglets de la fenêtre **Formatage des cellules**. Attention, les modifications effectuées ne s'appliquent qu'aux cellules sélectionnées. Pour entériner toute modification, vous devez cliquer sur le bouton OK. En cas d'erreur, cliquez sur le bouton **Rétablir**.

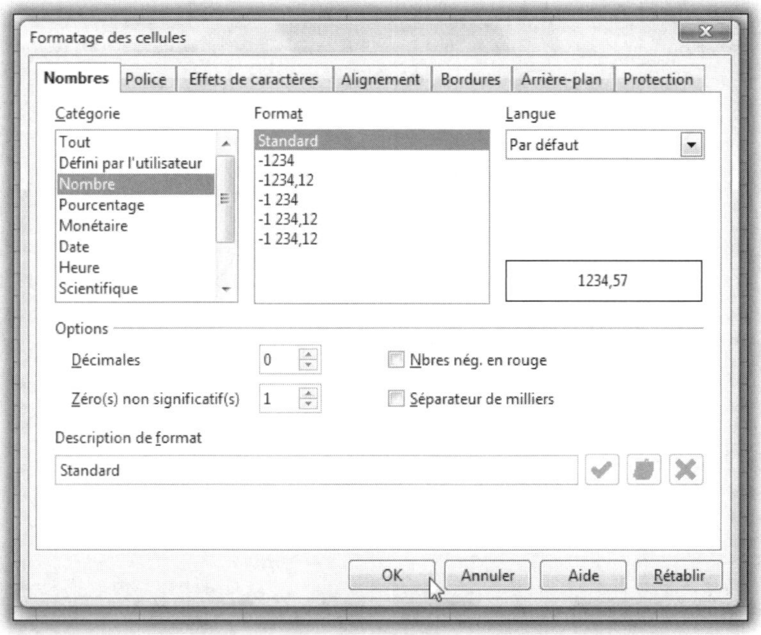

Figure 3.14 : *La fenêtre Formatage des cellules*

> ATTENTION
>
> **Méfiez-vous des arrondis**
>
> La fenêtre **Formatage des cellules** permet de fixer le nombre de décimales. Cependant, cette valeur n'est pas arrondie, seul l'affichage est affecté. Pour obtenir un arrondi vraiment fiable, utilisez la fonction `ARRONDI` afin d'arrondir effectivement le résultat d'un calcul dans une formule. Déroulez le menu **Insertion** et sélectionnez *Fonctions*. Dans la fenêtre **Assistant Fonctions**, sélectionnez *Arrondi* et validez.

Définir les options de mise en page

Afin de mettre votre tableau en page, en vue d'une impression prochaine, utilisez le menu déroulant **Format**, puis sélectionnez **Page**. En effet, lorsque vous composez le tableau, vous vous chargez avant tout d'entrer des données, de mettre de l'ordre dans des informations, mais il apparaît clairement que la feuille de calcul et le tableau imprimé n'ont pas le même aspect alors qu'avec un logiciel de traitement de texte, la feuille à l'écran ressemble beaucoup à la feuille imprimée.

Avec **Format/Page**, vous faites apparaître la boîte de dialogue **Style de page :Standard** que vous avons déjà abordée au chapitre précédent concernant OpenOffice.org Writer. Les mêmes options et fonctionnalités y sont rassemblées. Ainsi, vous pourrez administrer l'orientation de la page (mode Portrait ou Paysage) ainsi que la position du tableau dans la page.

1 Pour cela, cliquez sur l'onglet **Page**. Dans la partie inférieure droite de la boîte de dialogue, cochez les cases *Horizontal* et *Vertical* dans la section *Alignement de la table*.

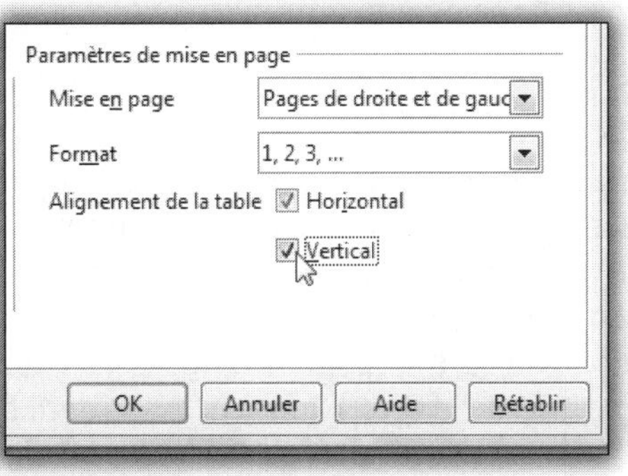

Figure 3.15 : *Centrez le tableau sur la page*

2 Dans cette boîte de dialogue, cliquez également sur l'onglet **Classeur**. Ce dernier joue un rôle majeur dans la préparation

d'une impression ; il permet de définir le sens dans lequel les différentes tables doivent être imprimées, mais aussi de réduire ou d'agrandir l'impression pour que la zone d'impression tienne en entier dans la largeur ou même dans la totalité de la page. Une adaptation automatisée à la taille de la page bienvenue si vous n'avez pas pris soin, lors de la création du tableau, d'imaginer quelle apparence réelle il aurait en cas d'impression.

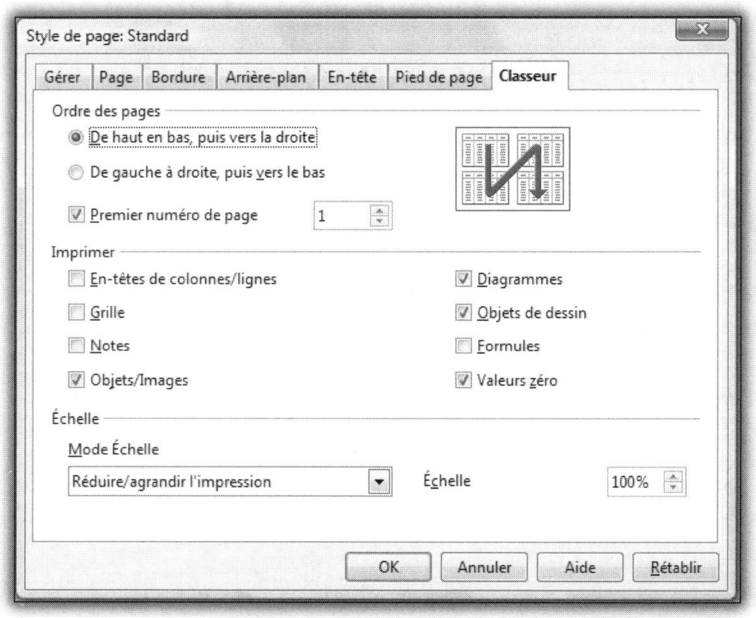

Figure 3.16 : *Agrandissez ou réduisez la taille du tableau imprimé*

Régler les marges

Lorsque vous travaillez à la configuration de l'impression de votre tableau, vous devez penser à gérer les marges. En effet, certaines informations peuvent y être imprimées (notamment, comme nous le verrons au point suivant, des en-têtes et pieds de page) ; mais aussi, dans le cas de tableaux de grande envergure, il peut être nécessaire que toutes les cellules tiennent sur une même page. Dans ce cas, rogner sur les marges est indispensable.

1 Pour ajuster la taille des marges, fixée par défaut à 2 cm, ouvrez la boîte de dialogue **Style de page :Standard** que vous pouvez également obtenir à partir de la fenêtre **Style et formatage** que vous affichez avec la touche F11 de votre clavier.

2 Dans cette fenêtre qui peut rester ouverte en permanence, cliquez sur le bouton **Styles de page**.

3 Ouvrez le menu contextuel du style *Standard* et cliquez sur **Modifier** pour que la boîte de dialogue apparaisse.

4 Sous l'onglet **Page**, observez la section *Marges*. Il en existe quatre (gauche, droite, en haut, en bas). Toutes les tailles peuvent être différentes si vous le désirez.

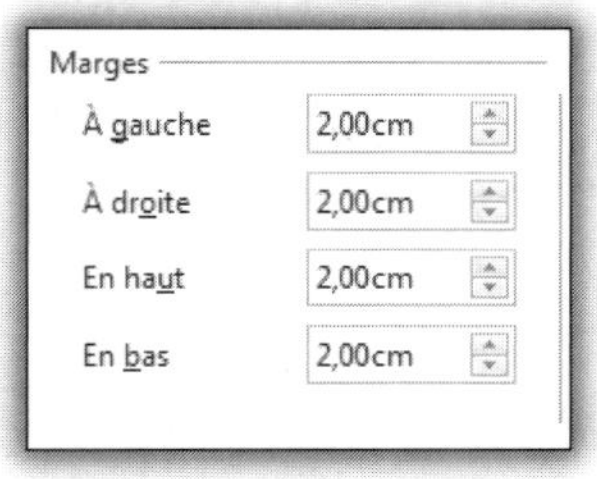

Figure 3.17 :
Ajustez la taille des marges

5  Utilisez les boutons ci-contre pour agrandir ou réduire les marges.

6 Autrement, placez le curseur dans l'un des champs et entrez une valeur avec le pavé numérique de votre clavier. Cliquez sur OK pour valider.

Ajouter un en-tête et un pied de page

L'intégration d'informations en en-tête et en pied de page se fait une fois encore par la boîte de dialogue **Format/Page**.

Pour l'en-tête :

1 Cliquez sur l'onglet **En-tête** et cochez la case *Activer l'en-tête*.

Figure 3.18 :
Activez l'en-tête

2 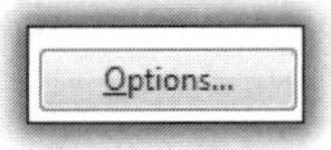

Cliquez sur le bouton **Options** ci-contre.

3 Deux onglets sont à votre disposition. Le premier (**Bordure**) permet de définir l'apparence de la cellule qui accueille les données de l'en-tête. Choisissez les styles d'encadrement, la couleur des traits ainsi que l'espacement par rapport au contenu.

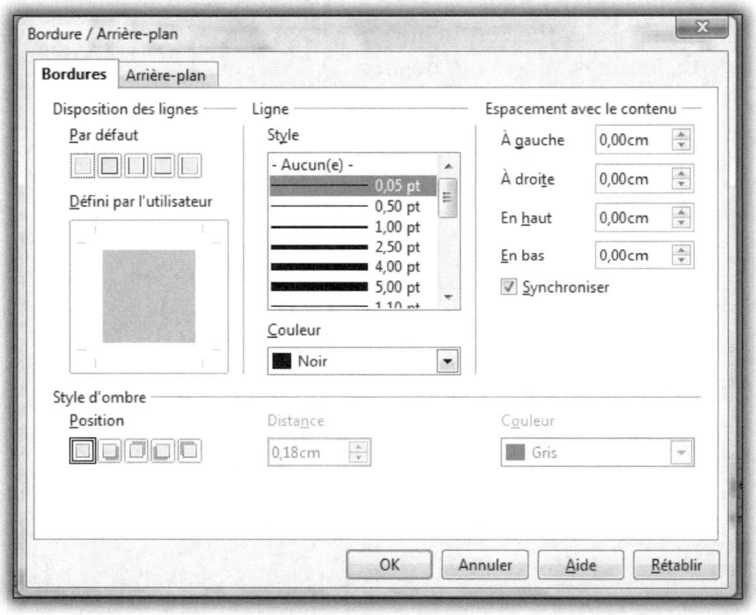

Figure 3.19 : *Définissez un style de bordure*

4 Quand vous êtes satisfait, cliquez sur l'onglet **Arrière-plan**. Vous pourrez choisir, dans la palette, la couleur qui devra être appliquée à la cellule accueillant l'information d'en-tête.

5 En déroulant la liste *Type*, vous pouvez également définir une image qui sera utilisée à la place d'une couleur d'arrière-plan, cela vous offre la possibilité par exemple d'insérer votre logo en en-tête. Sur cette liste déroulante, sélectionnez *Image*. Cliquez sur le bouton **Parcourir**. Dans la fenêtre **Rechercher une image**, parcourez le disque dur et sélectionnez l'image à insérer.

6 Dans la section *Type* de la boîte de dialogue **Bordure/arrière-plan**, cliquez sur le bouton radio **Remplissage**. La taille de l'image sera adaptée à celle de la cellule. Validez par OK.

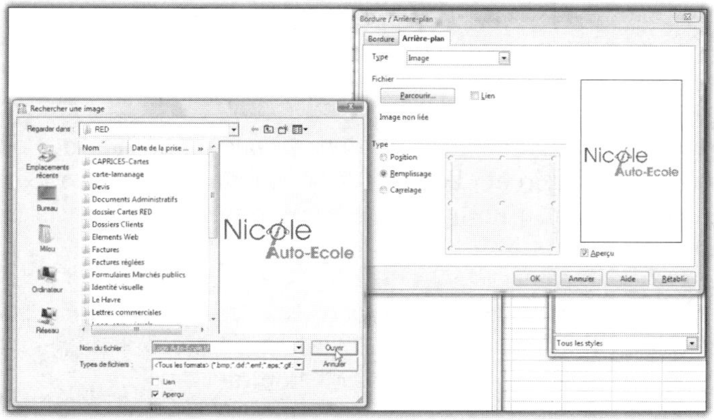

Figure 3.20 : *Insérez votre logo dans l'en-tête*

7 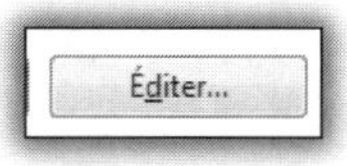

Une fois ces premiers ajustements effectués, revenez à la fenêtre **Style de page :Standard**. Sous l'onglet **En-tête**, cliquez sur le bouton **Editer** ci-contre.

Vous venez ainsi d'activer l'affichage de la boîte de dialogue **En-tête**. Cette dernière propose trois champs principaux qui représentent trois zones de la feuille sur laquelle le tableau (et l'en-tête) sera affiché : *Zone gauche*, *Zone centrale* et *Zone droite*. Pour chacun de ces champs, vous pouvez ajouter des informations.

8 Cliquez sur la liste déroulante *En-tête* qui affiche des styles d'en-tête variés.

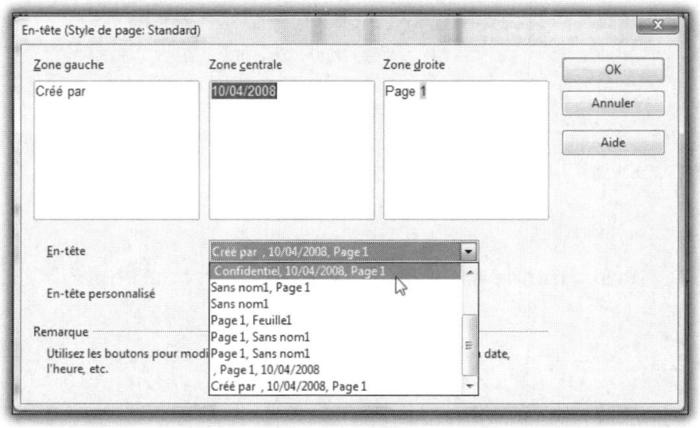

Figure 3.21 : *Personnalisez l'en-tête*

Vous n'êtes pas tenu de respecter ces modèles prédéfinis. En effet si vous le désirez, placez le curseur dans l'un des trois et saisissez le texte de votre choix.

Ensuite, vous devrez aller plus loin dans la personnalisation. Pour cela, vous disposez de différents boutons de commande dans la même boîte de dialogue. Ils sont au nombre de sept et figurent près de la rubrique *En-tête personnalisé*.

Grâce à eux, vous pouvez affiner au mieux les informations que vous souhaitez voir imprimées sur le document. Vous trouverez dans le tableau ci-après la liste des fonctions disponibles.

Tableau 3.1 : *Les fonctions de personnalisation des en-têtes*

Icône	Fonction
	Permet de modifier les attributs du texte (police, corps, alignement, etc.)
	Insère le nom du fichier imprimé
	Insère le nom de la feuille de calcul imprimée
	Insère le numéro de page
	Insère le numéro de page et le nombre de page total
	Insère la date de l'impression
	Insère l'heure de l'impression

3.3. Créer des graphiques avec Calc

L'une des fonctions phares des tableurs est bien évidemment la composition de représentations graphiques des données chiffrées qui figurent dans le tableau. Dans ce domaine, Microsoft Excel s'est toujours révélé très performant. Pour autant, OpenOffice.org Calc a considérablement évolué sur ce point et produit aujourd'hui des graphiques à la fois variés et riches. Les styles de graphiques sont divers et s'étendent du classique camembert ou de l'histogramme en bâton jusqu'aux formes les plus complexes en deux ou trois dimensions. Les outils mis à votre disposition pour créer, composer, et personnaliser vos graphiques sont simples à maîtriser et procèdent tous des mêmes principes de fonctionnement. Même les utilisateurs les plus maladroits parviendront rapidement à maîtriser cette fonctionnalité du tableur d'OpenOffice.org.

Sélectionner une plage de données

Vous devez définir quelles seront les données représentées par le graphique. Pour cela :

1. Sélectionnez une plage de cellules contiguës. Cliquez dans la première cellule de la plage de données.
2. Sans relâcher la pression sur le bouton de la souris, déplacez le pointeur vers le bas de la plage. La sélection peut également être effectuée à l'aide du clavier.
3. Sélectionnez la première cellule à l'aide du pavé directionnel du clavier.
4. Lorsqu'elle est sélectionnée (ses contours apparaissent en gras), appuyez sur la touche Ctrl et sélectionnez les autres cellules en utilisant les flèches directionnelles.

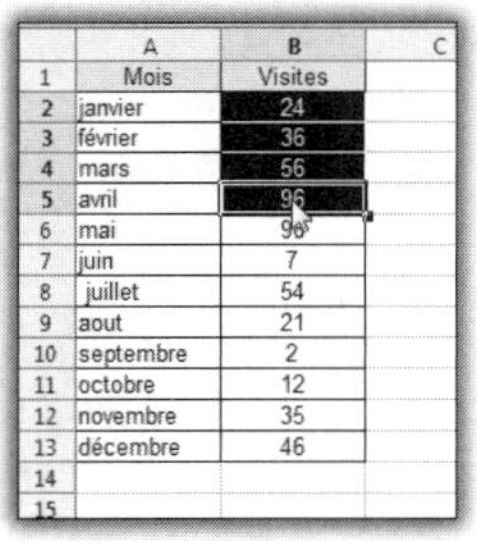

	A	B	C
1	Mois	Visites	
2	janvier	24	
3	février	36	
4	mars	56	
5	avril	96	
6	mai	96	
7	juin	7	
8	juillet	54	
9	aout	21	
10	septembre	2	
11	octobre	12	
12	novembre	35	
13	décembre	46	
14			
15			

Figure 3.22 :
Sélectionnez la plage de cellules

Vous pouvez aussi générer un graphique avec des données non contiguës. Dans ce cas, vous devrez effectuer une sélection multiple. Cliquez sur chacune des cellules à sélectionner tout en appuyant sur la touche Ctrl de votre clavier.

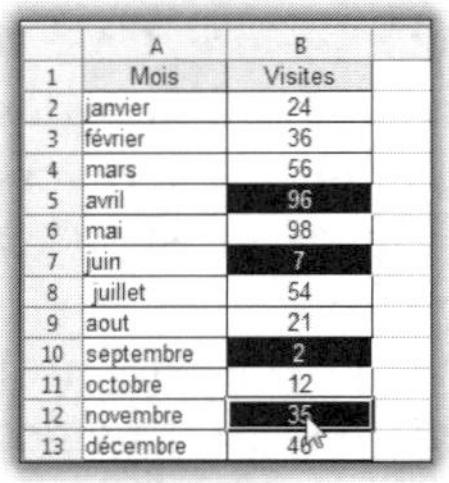

	A	B
1	Mois	Visites
2	janvier	24
3	février	36
4	mars	56
5	avril	96
6	mai	98
7	juin	7
8	juillet	54
9	aout	21
10	septembre	2
11	octobre	12
12	novembre	35
13	décembre	46

Figure 3.23 :
Procédez à des sélections multiples

ATTENTION

Pas de clic hasardeux

Une fois les cellules sélectionnées, prenez garde à ne pas cliquer ailleurs dans la feuille de calcul car vous perdriez la sélection.

Créer le graphique

Lorsque vous avez isolé les données qui seront mises en scène dans votre graphique, déroulez le menu **Insertion**. Cliquez sur **Diagramme**.

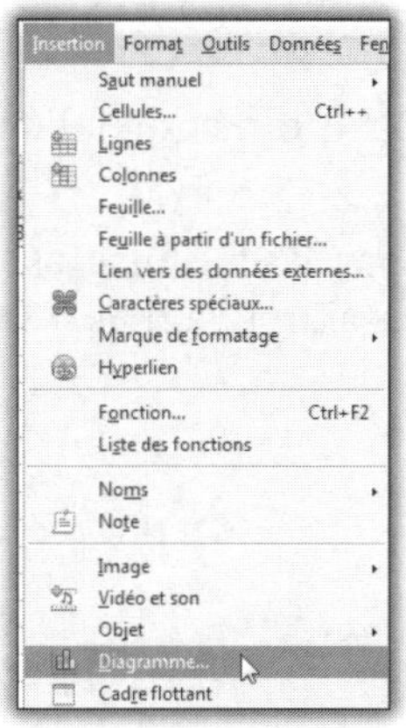

Figure 3.24 :
Cliquez sur Insertion/Diagramme

Cette manipulation a activé l'ouverture de la boîte de dialogue **Assistant de diagramme**. C'est cette boîte de dialogue qui permet d'initier la configuration du graphique.

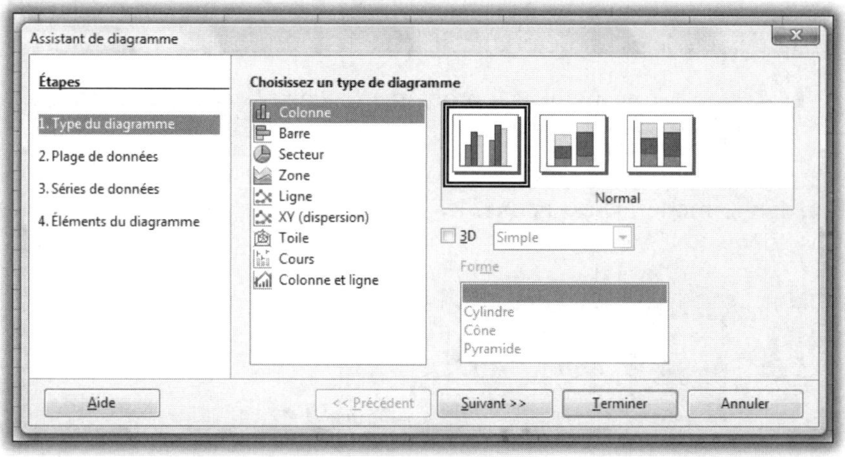

Figure 3.25 : *Configurez le graphique*

Cet Assistant décompose la création du graphique en quatre étapes majeures. La première consiste à choisir le type de graphique le mieux adapté pour mettre l'information en valeur. Au total, il existe sous Calc neuf grandes familles de représentation des données ; et pour chacune d'elles, entre deux et quatre déclinaisons différentes (2D, 3D, etc.). L'Assistant affiche systématiquement un aperçu du modèle que vous placez en surbrillance. Votre choix est donc effectué en toute connaissance de cause.

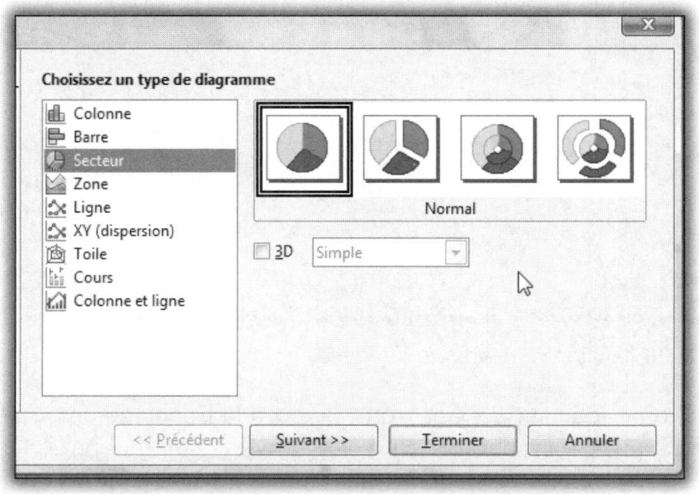

Figure 3.26 : *Choisissez le type de graphique*

Les aperçus disponibles dans cette boîte de dialogue proposent par défaut des modèles en deux dimensions.

1 

Pour pallier ce problème, cochez la case *3D* ci-contre.

Lorsque le mode 3D est activé, les aperçus vous proposent des graphes plus sophistiqués.

Figure 3.27 : *Les graphiques en 3D*

2 Lorsque vous avez arrêté votre choix, cliquez sur le bouton **Suivant**. Cela vous permet de définir les plages de données. Si vous vous étiez déjà acquitté de cette tâche au préalable, vous n'avez rien à faire. Par défaut, Calc coche les cases *Première ligne comme étiquette* et *Première colonne comme étiquette*, afin de donner plus de lisibilité à votre document. Vous pouvez décocher les cases si vous le souhaitez.

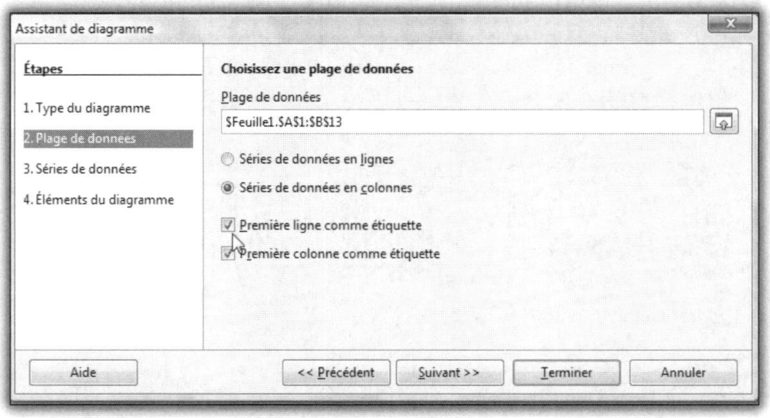

Figure 3.28 : *Affinez la plage de données*

3 Après avoir cliqué sur *Suivant*, vous passez à la troisième phase de la génération du graphique. Si vous n'aviez fait qu'entrer les données, sans conférer de nom aux lignes et aux colonnes, la phase *Série de données* vous permet de corriger cette lacune. Définissez les légendes plus précisément pour chaque plage de données.

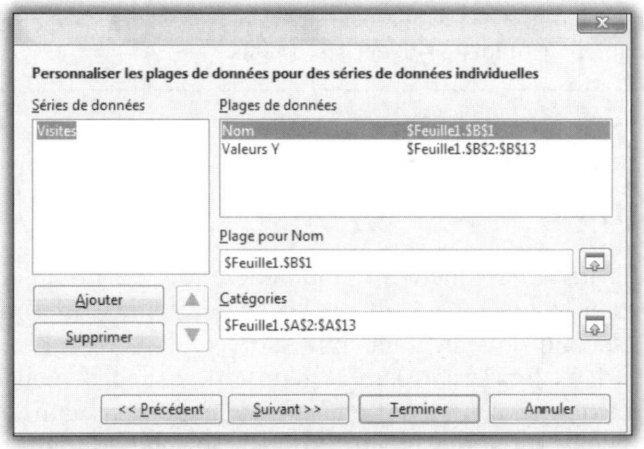

Figure 3.29 : *Gestion des séries de données*

4 Passez à la phase *Eléments du diagramme*. Vous pourrez ajouter un titre, un sous-titre et dans certains cas, nommer l'axe des abscisses et/ou des ordonnées et déterminer la position des légendes.

5 Cliquez sur le bouton **Terminer**. Le graphique est généré et prend place dans la feuille de calcul. À l'aide des plots de redimensionnement, vous pouvez le déplacer, l'agrandir ou réduire sa taille.

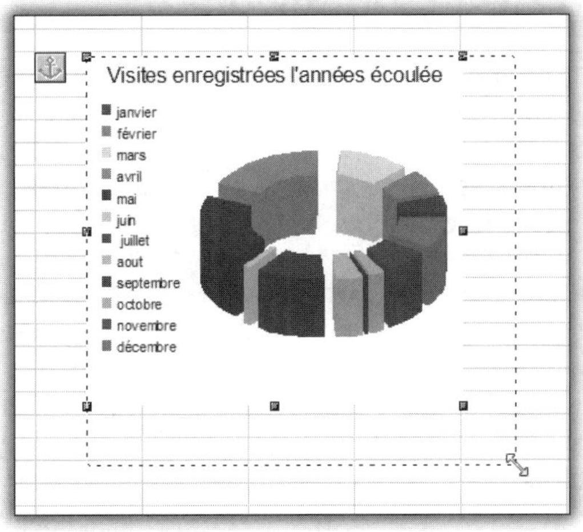

Figure 3.30 : *Générez le graphique*

ASTUCE

Tout est ajustable

Une fois le graphique généré, vous pouvez en modifier chaque élément qu'il s'agisse de la taille, de la position d'un titre, d'une légende, de l'alignement des éléments graphiques, etc. Chaque élément est sélectionnable. Des plots en fixent les limites.

Revenir sur le choix des styles de graphiques

Même lorsque vous avez généré un graphique et qu'il a pris place dans la feuille de calcul, vous pouvez si vous le décidez soit le supprimer, soit en créer un second en utilisant un autre type de représentation graphique. Les deux figureront dans la feuille de calcul. Il vous suffira ensuite de sélectionner celui que vous ne souhaitez pas conserver en cliquant dessus, puis en appuyant sur la touche Suppr de votre clavier.

1 Pour changer le style de graphique pendant que vous utilisez l'Assistant, c'est très simple : cliquez soit sur le bouton **Précédent** qui figure au bas de la boîte de dialogue, soit dans le menu latéral de l'Assistant sur **Type de graphique**.

2 Lorsque vous avez effectué toutes les modifications désirées sur le graphique, cliquez sur le bouton **Terminer**. Calc insère le nouveau graphique dans la feuille de calcul.

Modifier les propriétés du graphique

Une fois la représentation graphique en place, tout est encore possible. Vous pourrez notamment agrandir le graphique en utilisant les plots de redimensionnement. Dans ce cas, vous constaterez que Calc respecte les règles de proportionnalités et que l'agrandissement est appliqué à tous les éléments qui constituent le graphique.

Pour aller plus loin dans les modifications et personnalisations à apporter à votre graphique, il vous suffit de double-cliquer dessus. Ainsi, vous basculez immédiatement en mode Edition. L'activation de ce mode est symbolisée par les contours plus gras qui cernent le graphique. Chaque élément peut alors être modifié à votre guise. Il suffit pour cela de pratiquer des sélections ciblées.

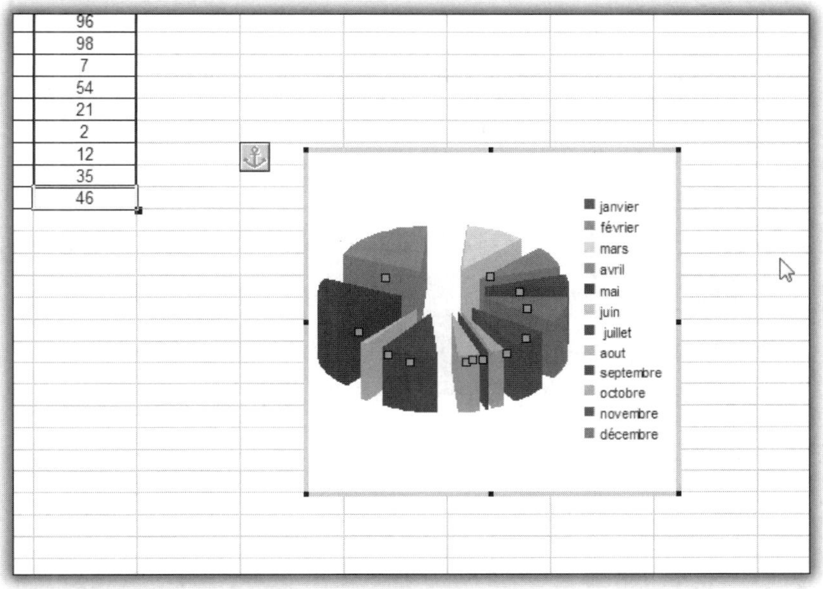

Figure 3.31 : *Le graphique en mode Edition*

Vous pouvez interagir sur tous les éléments qui composent votre graphique, c'est-à-dire le titre, la légende, le diagramme, les axes X et Y, la série de données sous forme de barres, le quadrillage. Chaque composant est modifiable indépendamment des autres, ce qui permet le cas échéant de mettre une donnée en exergue. Pour cela, sélectionnez le composant, puis cliquez du bouton droit pour ouvrir le menu contextuel et sélectionnez **Propriétés de l'objet**.

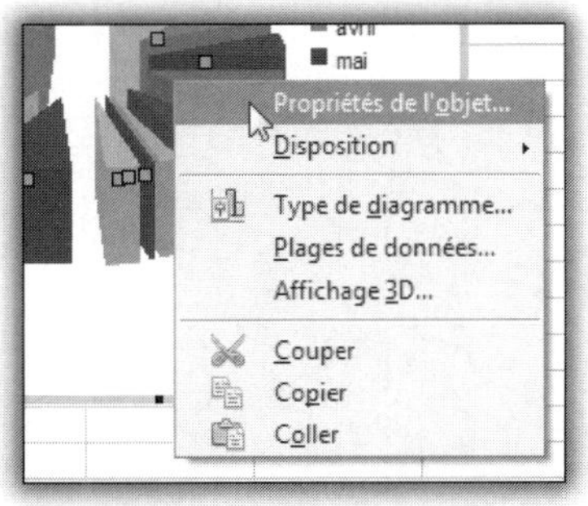

Figure 3.32 : *Cliquez sur Propriétés de l'objet*

ASTUCE

Précision

Il n'est pas toujours aisé de sélectionner le composant à modifier. La touche Tab permet de basculer d'un élément à un autre afin de sélectionner un à un chaque composant du graphique.

3.4. Utiliser les fonctions et formules de calcul de Calc

Comme tous les tableurs, OpenOffice.org Calc abrite en son sein des dizaines de fonctions et de formules de calcul pouvant être utilisées pour mieux exploiter l'ensemble des données que vous avez entrées dans votre tableau.

Bénéficiant d'une ergonomie totale, Calc vous propose d'afficher, quand vous le souhaitez, une liste des fonctions disponibles.

1 Pour afficher cette liste, cliquez sur le menu **Insertion** et sélectionnez la commande **Liste de Fonctions**.

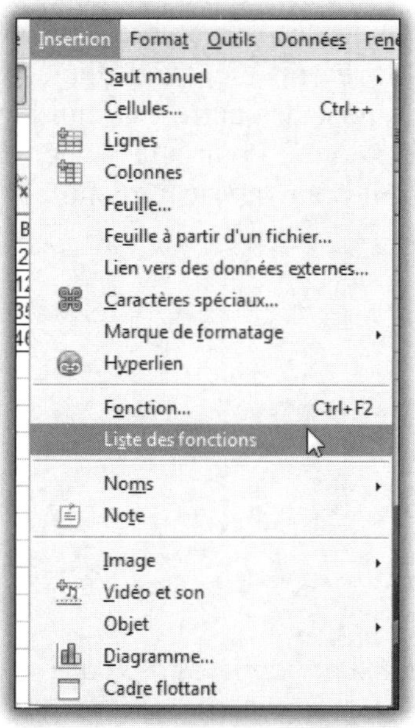

Figure 3.33 :
Afficher la liste de fonctions

Un volet prend place sur la droite de la feuille de calcul. Par défaut, la liste dressée porte sur les dernières fonctions utilisées.

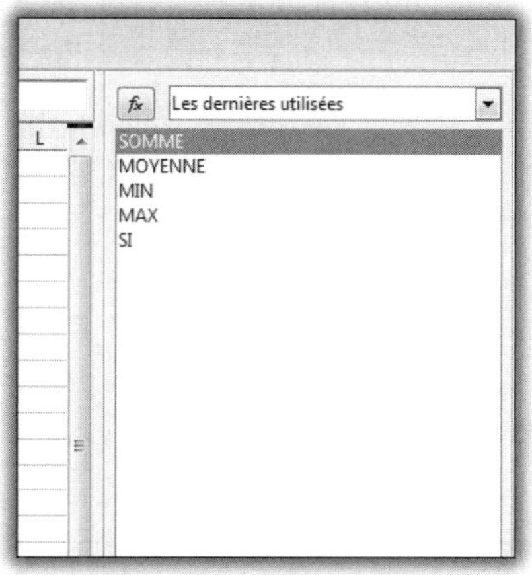

Figure 3.34 :
Consulter la liste

2 Utilisez la liste déroulante qui permet de trier les fonctions et sélectionnez *Toutes* pour afficher la liste complète ou utilisez la classification par catégories (*Date et heure*, *Information*, *Finance*, *Mathématiques*, etc.).

3 Pour insérer une fonction, le principe est toujours le même. Sélectionnez la cellule dans laquelle la formule doit être insérée. Sur la liste qui figure dans la partie droite de la feuille de calcul, double-cliquez sur la formule de votre choix. La syntaxe adaptée prend place dans la cellule.

4 Il faut ensuite définir la plage de données sur laquelle le calcul va être effectué. Vous pouvez soit taper le nom des cellules entre les parenthèses, soit sélectionner la plage de données à l'aide de votre souris en effectuant des glisser-déposer ou des sélections multiples en combinant la touche [Ctrl] et le clic de la souris.

Figure 3.35 :
Définissez la plage de données

5 Lorsque la sélection est effectuée, validez en appuyant sur la touche [↵] de votre clavier. Le résultat de la formule de calcul apparaît instantanément.

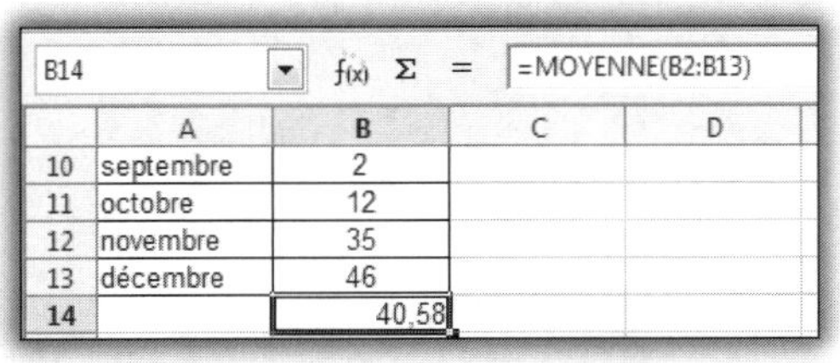

Figure 3.36 :
Le résultat s'affiche

> REMARQUE
>
> **Formule et champ de saisie**
>
> Si le résultat apparaît dans la cellule, c'est bien la formule qui est affichée dans le champ de saisie.

Gérer vos comptes personnels avec Calc

Si vous voulez réaliser votre compatibilité personnelle avec Calc, c'est possible. Il suffit en effet de passer en revue l'ensemble des fonctions classées sous l'appellation *Finances*.

Au total, vous disposez d'une soixantaine de fonctions qui peuvent être appliquées pour la gestion de vos comptes personnels. Certains, très simples, permettent de calculer le taux d'intérêt appliqué à des crédits ou à vos agios bancaires. À chaque fois que vous sélectionnez une fonction sur la liste affichée dans le volet latéral, une brève description apparaît en bas de ce volet.

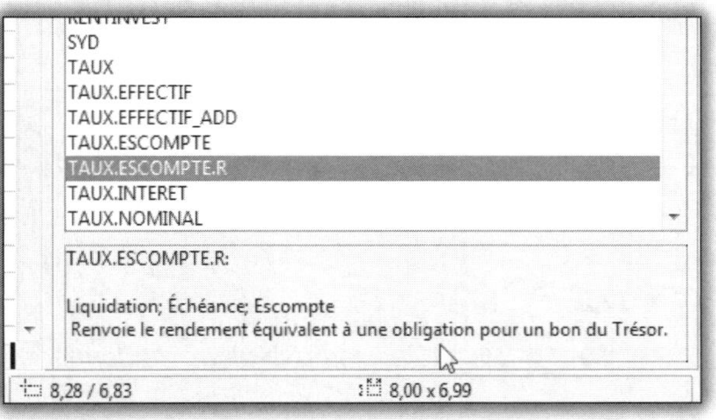

Figure 3.37 :
Utilisez les descriptions des fonctions

À cet égard, les fonctions TAUX.INTERET, TAUX.ESCOMPTE.R, TAUX.EFFECTIF ou TAUX sont particulièrement recommandées.

Gérer ses jours de congés

La gestion des jours de congés est devenue aujourd'hui avec les RTT, les familles recomposées, un vrai casse-tête. Avec OpenOffice.org Calc, vous disposez d'une fonction spécialement dévolue à cette tâche.

Avec DIMANCHE.DE.PAQUES et NB.JOURS.OUVRES, vous pourrez rapidement faire des miracles et calculer au mieux les jours de congés qui restent à votre crédit, tout en réalisant éventuellement des prévisions sur plusieurs années.

Ces fonctions permettent de calculer également les jours durant lesquelles vous avez travaillé et à définir des périodes d'activité. Cela peut s'avérer très utile pour les intérimaires, par exemple.

1. Pour calculer le nombre de jours ouvrés entre le 15/12/2007 et le 15/1/2008, la date initiale figure dans la cellule *C3* et la date de fin dans la cellule *D3*. Les dates des fêtes et congé de fin d'année 24/12/2007, 25/12/2007, 31/12/2007, 1/1/2008 figurent dans les cellules *F3* à *J3*.
2. Sélectionnez une cellule où insérer la fonction, puis précisez la plage de données. Vous obtenez ainsi =NB.JOURS.OUVRES(C3;D3;F3:J3) et recevez le résultat.

Calculer l'amortissement de son véhicule personnel

La fonction AMORLIN calcule l'amortissement linéaire d'un bien pour une période donnée. Il faut alors considérer que le montant de l'amortissement est constant pendant la période d'amortissement. Pour utiliser la fonction, la syntaxe est AMORLIN(coût;valeur_rés;durée). COÛT représente le coût initial du véhicule, VALEUR RÉSIDUELLE est la valeur du véhicule au terme de l'amortissement. La variable DURÉE représente la période d'amortissement de votre voiture.

Pour effectuer ce genre de calcul, vous pourrez également utiliser la fonction DB qui se charge de définir l'amortissement d'un bien durant une période spécifiée suivant la méthode de l'amortissement dégressif à taux double. Utilisez cette forme d'amortissement pour obtenir une valeur d'amortissement plus élevée au début de l'amortissement (à l'inverse de l'amortissement linéaire). La valeur d'amortissement diminue à chaque période en fonction des amortissements déjà retirés au coût initial. La syntaxe est plus complexe et prend la forme `DB(coût;valeur_rés;durée;p;mois)`. `Coût` représente le coût d'achat initial du bien. `Valeur_rés` est la valeur résiduelle du bien après amortissement. `Durée` (d'utilisation) définit le nombre de périodes nécessaires pour que le bien soit amorti. `P` définit la durée d'une période. Vous devez saisir la période et la durée d'utilisation avec la même unité de temps. `Mois` (facultatif) est le nombre de mois de la première année d'amortissement.

3.5. Exercice : envois et publipostage

Le publipostage consiste à combiner une liste d'adresses avec une composition, afin d'imprimer un ensemble de compositions personnalisées. Cette fonction est généralement employée pour réaliser des envois de courriers en nombre. Elle permet également de personnaliser des compositions, par exemple en ajoutant des noms de personnes.

Pour réaliser votre premier publipostage, vous allez associer deux applications de la suite OpenOffice.org : Writer et Calc.

Pour commencer, vous devez créer dans le tableur, une feuille de calcul qui reprend les coordonnées postales des destinataires du publipostage. Prévoyez de concevoir ce tableau en insérant autant de colonnes que nécessaire (*Nom*, *Adresse*, *Code postal*, *Ville*, etc.). Si vous possédez déjà une telle feuille de calcul, ouvrez-la.

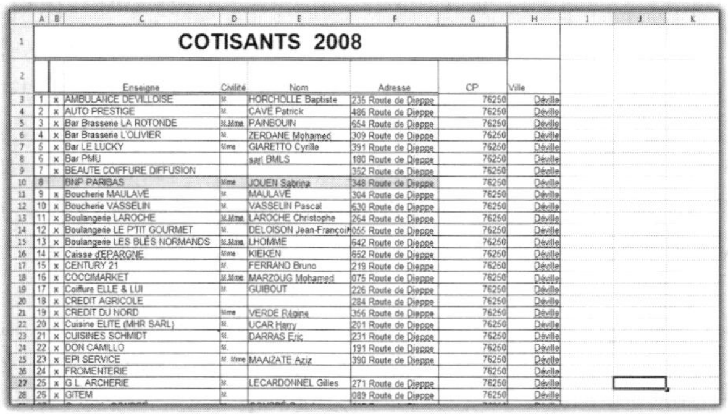

COTISANTS 2008

	A	B	Enseigne	Civilité	Nom	Adresse	CP	Ville
3	1	x	AMBULANCE DEVILLOISE	M.	HORCHOLLE Baptiste	235 Route de Dieppe	76250	Déville
4	2	x	AUTO PRESTIGE	M.	CAVÉ Patrick	486 Route de Dieppe	76250	Déville
5	3	x	Bar Brasserie LA ROTONDE	M.Mme	PAINBOUIN	654 Route de Dieppe	76250	Déville
6	4	x	Bar Brasserie L'OLIVIER	M.	ZERDANE Mohamed	309 Route de Dieppe	76250	Déville
7	5	x	Bar LE LUCKY	Mme	GIARETTO Cyrille	391 Route de Dieppe	76250	Déville
8	6	x	Bar PMU		sarl BMLS	180 Route de Dieppe	76250	Déville
9	7	x	BEAUTE COIFFURE DIFFUSION			352 Route de Dieppe	76250	Déville
10	8		BNP PARIBAS	Mme	JOUEN Sabrina	348 Route de Dieppe	76250	Déville
11	9	x	Boucherie MAULAVÉ	M.	MAULAVÉ	304 Route de Dieppe	76250	Déville
12	10	x	Boucherie VASSELIN	M.	VASSELIN Pascal	630 Route de Dieppe	76250	Déville
13	11	x	Boulangerie LAROCHE	M.Mme	LAROCHE Christophe	264 Route de Dieppe	76250	Déville
14	12	x	Boulangerie LE P'TIT GOURMET	M.	DELOISON Jean-Françoi	055 Route de Dieppe	76250	Déville
15	13	x	Boulangerie LES BLÉS NORMANDS	M.Mme	LHOMME	642 Route de Dieppe	76250	Déville
16	14	x	Caisse d'EPARGNE	Mme	KIEKEN	652 Route de Dieppe	76250	Déville
17	15	x	CENTURY 21	M.	FERRAND Bruno	219 Route de Dieppe	76250	Déville
18	16	x	COCCIMARKET	M.Mme	MARZOUG Mohamed	075 Route de Dieppe	76250	Déville
19	17	x	Coiffure ELLE & LUI	M.	GUIBOUT	226 Route de Dieppe	76250	Déville
20	18	x	CREDIT AGRICOLE			284 Route de Dieppe	76250	Déville
21	19	x	CREDIT DU NORD	Mme	VERDE Régine	356 Route de Dieppe	76250	Déville
22	20	x	Cuisine ELITE (MHR SARL)	M.	UCAR Harry	201 Route de Dieppe	76250	Déville
23	21	x	CUISINES SCHMIDT	M.	DARRAS Eric	231 Route de Dieppe	76250	Déville
24	22	x	DON CAMILLO	M.		191 Route de Dieppe	76250	Déville
25	23	x	EPI SERVICE	M. Mme	MAAIZATE Aziz	390 Route de Dieppe	76250	Déville
26	24	x	FROMENTERIE				76250	Déville
27	25	x	G.L. ARCHERIE	M.	LECARDONNEL Gilles	271 Route de Dieppe	76250	Déville
28	26	x	GITEM	M.		089 Route de Dieppe	76250	Déville

Figure 3.38 : *Ouvrez la feuille contenant les adresses*

Vérifiez que tous les champs indispensables sont présents, vérifiez les coordonnées de vos contacts, puis enregistrez les modifications. Lorsque tout est parfait, ouvrez Writer afin de composer votre lettre-type. Pour cela, le logiciel de traitement de texte propose un Assistant très complet et très intuitif.

1 Une fois la feuille vierge affichée, déroulez le menu **Outils** et sélectionnez la commande **Assistant Mailing**.

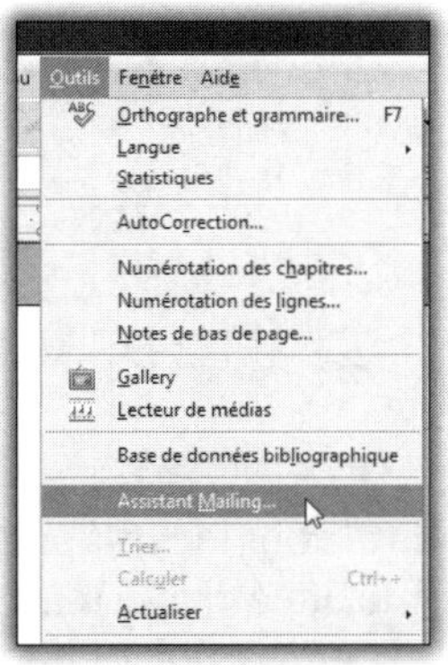

Figure 3.39 : *Lancez l'Assistant Mailing*

L'Assistant que vous propose d'utiliser Writer décompose l'organisation du publipostage en huit étapes. Vous pouvez passer de l'une à l'autre en permanence grâce aux boutons **Suivant** et **Précédent** figurant au bas de la fenêtre.

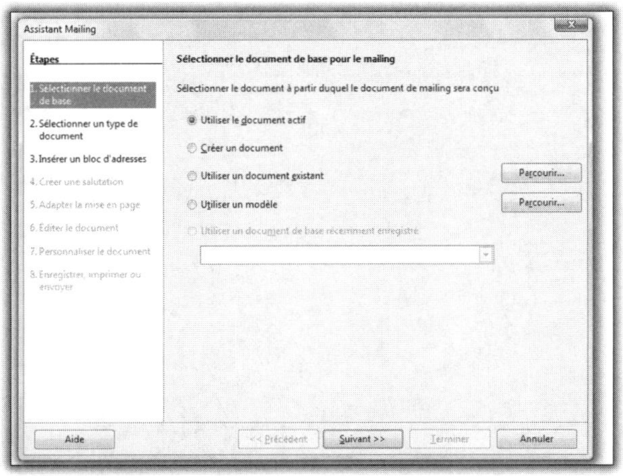

Figure 3.40 : *Le publipostage se décompose en huit étapes*

Le premier préalable consiste à désigner une nouvelle source de données. Il s'agit ici de définir quel fichier servira de base pour le courrier.

2 Si celui-ci n'est pas encore créé, Cliquez sur **Créer un document**. Si vous avez déjà mis le courrier en forme dans le document que vous avez ouvert, cliquez sur **Utiliser le document actif**. Autrement, cliquez sur **Parcourir** pour sélectionner le fichier texte de la lettre-type.

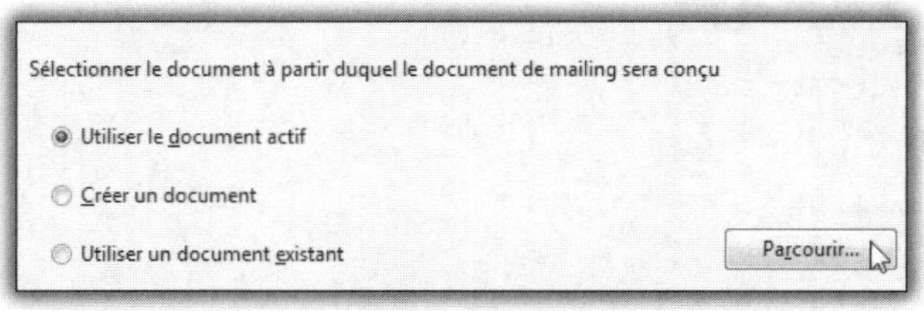

Figure 3.41 : *Sélectionnez le fichier source*

3 Après avoir cliqué sur le bouton **Suivant**, vous devez préciser si vous travaillez à la création d'un envoi groupé par e-mail ou par voie postale. Cochez le bouton radio *Lettre*, puis cliquez sur **Suivant**.

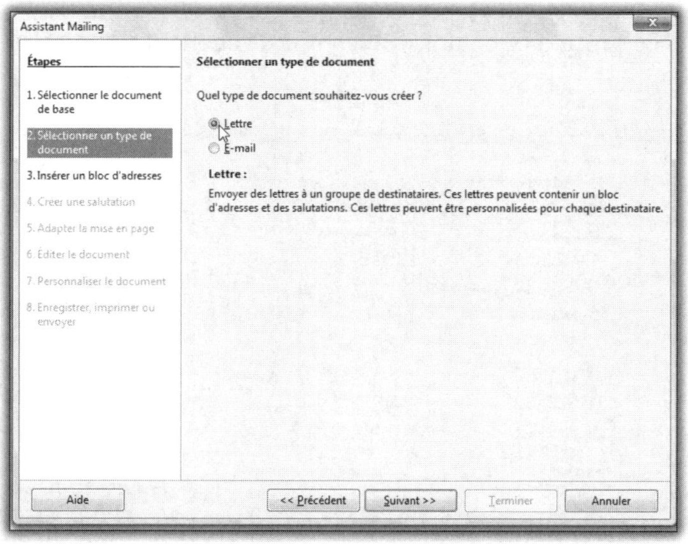

Figure 3.42 : *Cochez la case Lettre*

Vous entrez dans la phase cruciale de la création du publipostage : la composition du bloc d'adresse. Il faut pour cela respecter parfaitement les étiquettes de colonne que vous avez déclarées dans la feuille de calcul contenant les coordonnées des destinataires.

4 Cliquez sur le bouton **Sélectionner une liste d'adresse**. Dans la boîte de dialogue qui s'affiche, cliquez sur le bouton **Ajouter** et ouvrez le tableau contenant les adresses.

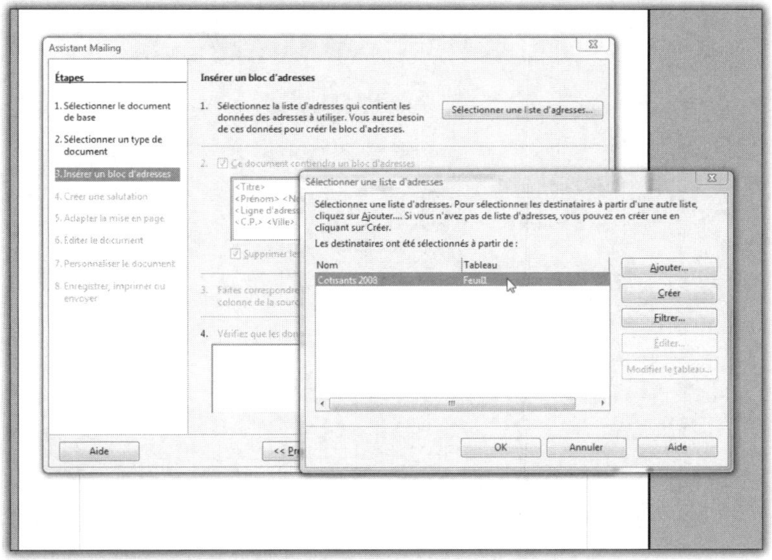

Figure 3.43 : Sélectionnez la source des adresses

5 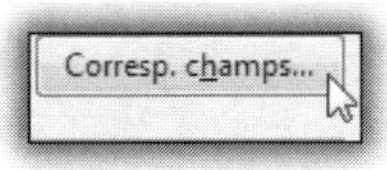

Après avoir validé en cliquant sur le bouton OK, il est indispensable de faire correspondre les champs par défaut pour déclarer les coordonnées des destinataires et la structure de votre tableau d'origine. Pour cela, cliquez sur le bouton ci-contre.

6 Pour faire correspondre les champs, utilisez les listes déroulantes (*Titre*, *Prénom*, *Nom*, *Adresse*, etc.) et désignez les colonnes qui serviront de référence dans votre tableau (voir Figure 3.44).

Vous pouvez également modifier les critères de composition du bloc d'adresse en cliquant sur le bouton **Autres** puis **Editer**. Vous formaterez ainsi le bloc d'adresse à votre guise.

7 Sélectionnez un élément dans la colonne de gauche, cliquez sur **Ajouter** et composez ainsi votre structure d'adresse à la carte (voir Figure 3.45).

Figure 3.44 : *Établissez les correspondances*

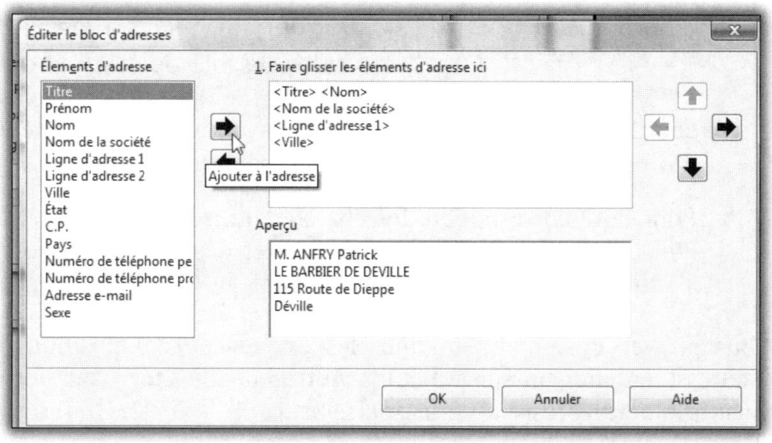

Figure 3.45 : *Composez le style d'adresse*

8 Dans la partie inférieure de l'Assistant, vérifiez que toutes les correspondances ont été identifiées par l'application. Si c'est le cas, validez en cliquant sur **Suivant**.

Vient ensuite le moment de personnaliser votre mailing en ajoutant de manière automatisée des salutations du style "*Cher Monsieur X*", "*Chère Madame Y*".

9 Sélectionnez à l'aide des listes déroulantes le format adapté à votre courrier et choisissez sur la liste déroulante *Nom de champ* la colonne de la feuille de calcul dans laquelle le complément sera récupéré par Writer.

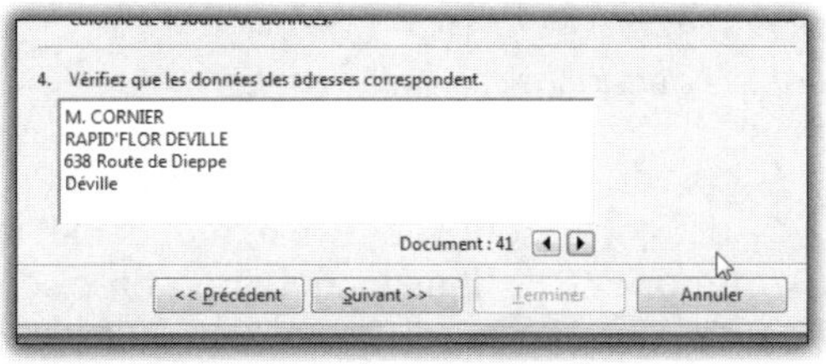

Figure 3.46 : *Personnalisez les salutations*

10 Adaptez la mise en page du courrier. Par tradition, il est préférable de placer le bloc d'adresse dans la partie supérieure droite de votre courrier. Décochez la case *Aligner sur le texte* et utilisez les curseurs pour placer le bloc d'adresse. Utilisez les boutons **Déplacer vers le haut** ou **Déplacer vers le bas** pour ajuster la position des salutations.

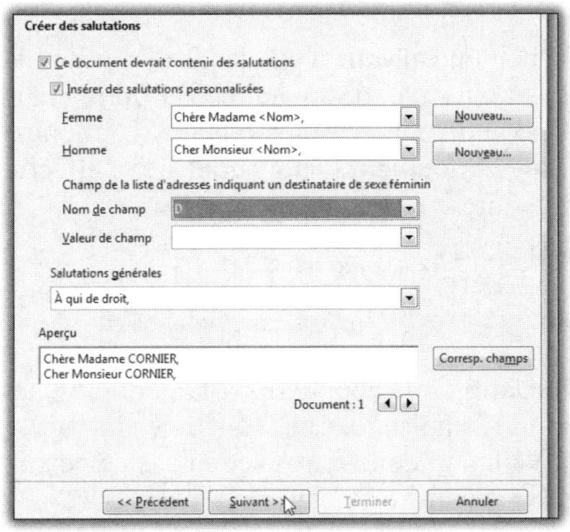

Figure 3.47 : *Ajustez la mise en page*

11 Après avoir cliqué sur le bouton **Suivant**, vous pouvez décider d'exclure de votre envoi certains destinataires présents dans la feuille de calcul. Faites défiler les lignes une à une et cochez la case *Exclure ce destinataire*.

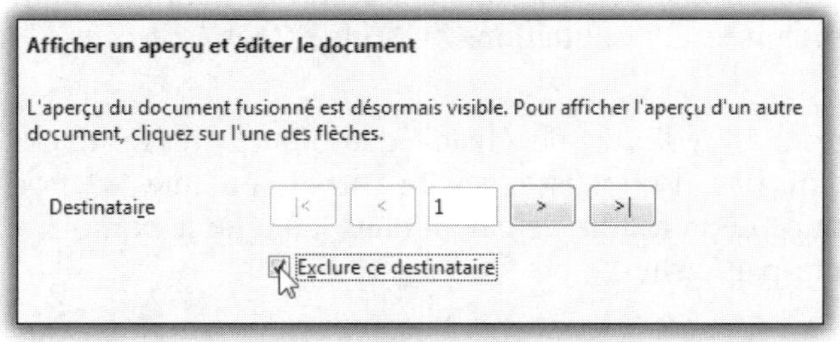

Figure 3.48 : *Excluez les destinataires indésirables*

12 

Si vous n'aviez pas encore composé le texte de votre courrier, il est temps de le faire. Pour cela, cliquez sur le bouton ci-contre et tapez votre courrier.

13 Lorsque vous avez fini de composer votre texte, revenez à l'Assistant Mailing en cliquant sur le bouton **Revenir à l'assistant mailing** qui figure dans l'angle supérieur gauche de la page.

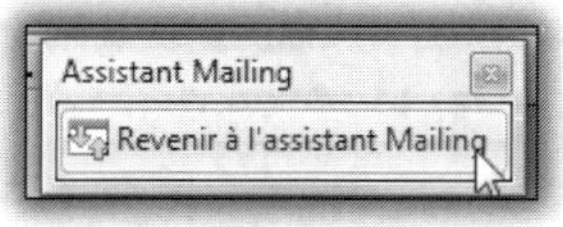

Figure 3.49 : *Retournez sur la boîte de dialogue de l'Assistant*

14 En cliquant sur le bouton **Suivant**, vous lancez l'édition de toutes les pages (une au moins par destinataire) de votre mailing. Si certains d'entre eux doivent être personnalisés, cliquez sur le bouton **Editer un document individuel** et effectuez les modifications nécessaires.

Figure 3.50 : *Certains envois peuvent être différents des autres*

15 En cliquant sur **Suivant**, vous aboutissez à la dernière étape de la création du mailing. Choisissez en fonction de vos besoins d'enregistrer le travail, afin de le retrouver en cas de besoin, ou de l'imprimer afin de préparer votre envoi.

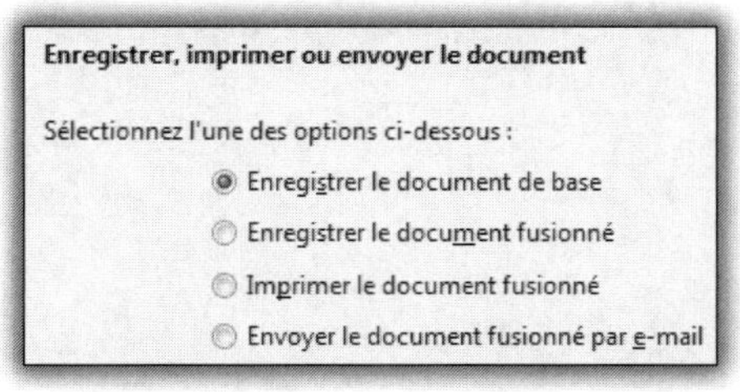

Figure 3.51 : *Enregistrez le publipostage*

16 Si vous décidez d'imprimer, configurez l'impression en choisissant l'imprimante. Cliquez sur **Propriétés** pour ajuster les paramètres d'impression.

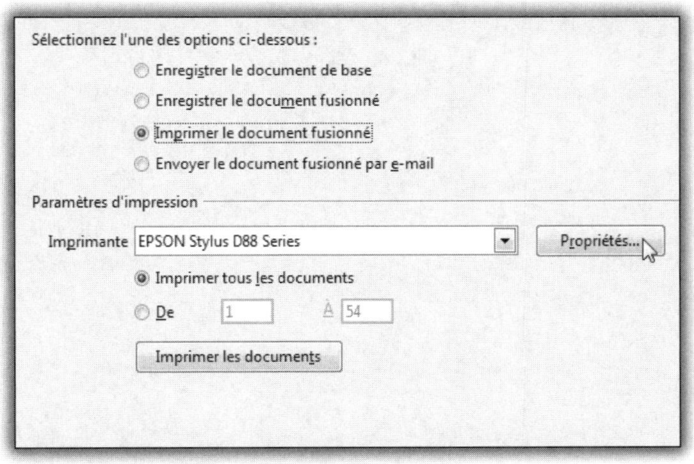

Figure 3.52 : *Configurez l'impression*

Chapitre 4

Dessiner avec OpenOffice Draw

OpenOffice.org Draw est un outil de dessin vectoriel. Il met à votre disposition un arsenal complet de fonctionnalités permettant de réaliser rapidement des graphiques de toutes sortes. Parfaitement intégré au reste de la suite, il autorise des interactions complexes avec les autres applications. Ainsi, un graphique composé sous Draw pourra sans problème être implémenté dans un document texte généré par OpenOffice.Org Writer. Mieux encore, une fois ce graphique inséré dans le traitement de texte, vous pourrez le modifier, le manipuler directement sous Writer en exploitant des ressources issues de Draw.

Véritable outil semi-professionnel, Draw peut espérer rivaliser avec les grands noms du dessin vectoriel grâce notamment à ses fonctionnalités avancées comme la gestion de couches, un système complet de points magnétiques, le tracé de cotations associatives, des connecteurs facilitant la réalisation d'organigrammes, des fonctions 3D permettant de réaliser des dessins tridimensionnels auxquels vous pouvez appliquer des textures et des éclairages pour en renforcer le réalisme. Ajoutez à cela l'intégration de styles de dessin et de pages, le tracé de courbes de Bézier et vous obtenez la recette d'OpenOffice.org pour obtenir un cocktail détonant.

4.1. Découvrir l'espace de travail

La principale qualité que l'on peut attendre d'un logiciel de dessin vectoriel, c'est une ergonomie parfaite, avec un accès aux commandes réellement intuitif. Les concurrents grand public de Draw, par exemple Microsoft Publisher, proposent des interfaces plus colorées, mais pas toujours forcément évidentes à prendre en main. Les nombreuses barres d'outils, mais aussi les fonctionnalités variées de gestion de l'affichage permettent à Draw de se distinguer très nettement de ses concurrents.

L'écran de travail

Très intuitif, l'espace de travail qui vous attend sur Draw devient rapidement une zone familière au sein de laquelle vous pointez sans efforts tous les outils qui vous sont indispensables. Au-delà de la barre de menus située classiquement au sommet de la fenêtre, vous trouvez les barres d'outils affichées par défaut (*Normal*, *Dessin* et *Styles et remplissage*). Nous évoquerons plus loin les différentes barres d'outils disponibles.

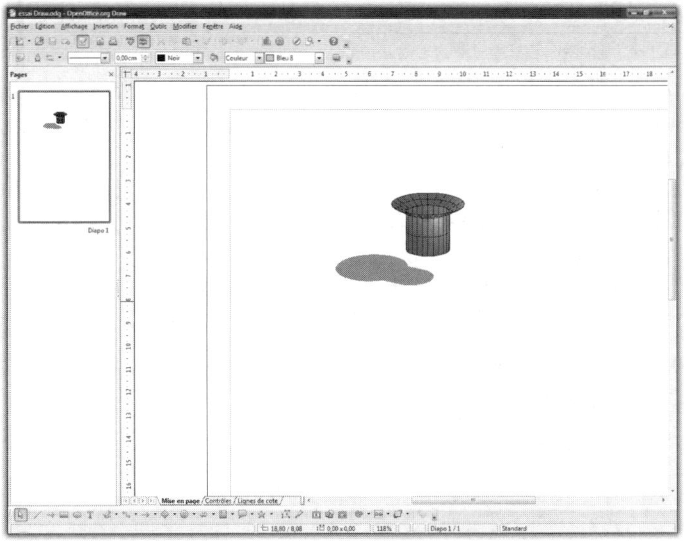

Figure 4.1 : *L'espace de travail de Draw*

La zone principale située au centre de l'écran est celle qui va accueillir la réalisation de vos dessins. Elle est encadrée par les barres d'outils, mais aussi par différentes zones d'information dont la quantité et la position peuvent être modifiées par l'utilisateur en fonction de ses goûts et/ou de ses besoins. L'agencement de l'espace de travail ne dépend finalement pas de vous. La capture présentée reflète le paramétrage par défaut d'OpenOffice.org Draw.

Dans la partie gauche de l'écran, la zone *Pages* s'affiche automatiquement. Elle affiche une visualisation globale de votre dessin. Ainsi, lorsque vous zoomez pour obtenir un maximum de détails dans la partie centrale, vous possédez toujours un aperçu de votre dessin dans son intégralité, dans la partie gauche de la fenêtre.

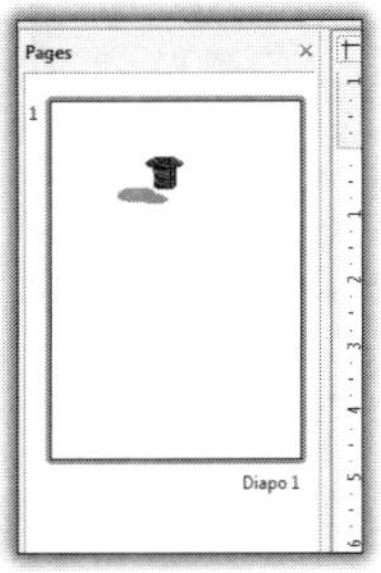

Figure 4.2 :
Le volet Pages

1  Cliquez sur le bouton ci-contre pour faire disparaître le volet **Pages**.

2 Pour composer votre espace de travail, vous devez décider des barres d'outils que vous souhaitez voir apparaître ou disparaître. Pour afficher ou masquer les barres d'outils, cliquez du bouton droit de la souris sur n'importe quelle barre. Un menu contextuel apparaît et vous propose de sélectionner les barres d'outils à afficher. Grâce à ce menu, vous pouvez également composer vos propres barres d'outils en intégrant ou non une commande. Pour cela, cliquez sur **Boutons visibles**.

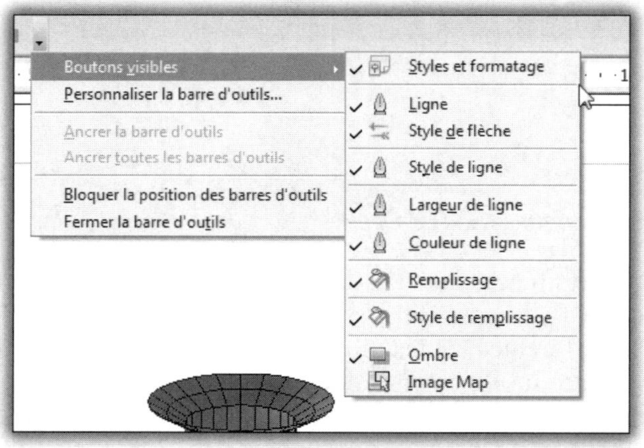

Figure 4.3 : *Composez vos propres barres d'outils*

3 Bien que ce menu contextuel soit très utile, il ne permet pas de contrôler l'intégralité des barres d'outils disponibles. Pour un accès total, déroulez le menu **Affichage/Barres d'outils**. Dans le volet additionnel qui apparaît, sélectionnez la barre à afficher (voir Figure 4.4).

Avant de décider quelle barre d'outils peut vous être utile, encore faut-il connaître les commandes qui s'y rattachent.

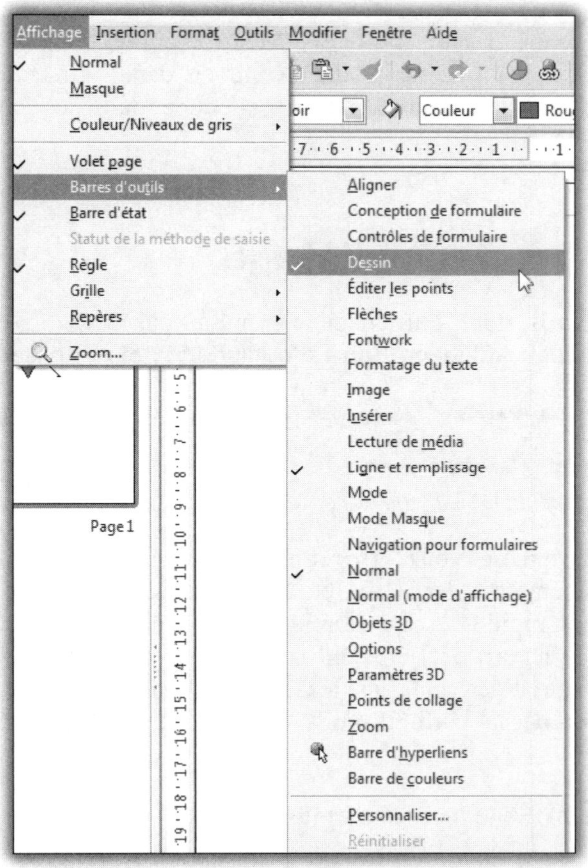

Figure 4.4 : *Affichez les barres d'outils*

La barre de fonctions

C'est évidemment la plus connue de toutes puisqu'elle est présente dans toutes les applications de la suite. Pour l'afficher ou la masquer, cliquez sur **Normal**.

Figure 4.5 : *La barre d'outils Normal*

Elle vous permet d'ouvrir des documents, d'en créer de nouveaux, d'enregistrer les modifications apportées au fichier en cours d'utilisation, de lancer l'impression ou la génération d'un document PDF à partir de votre dessin, d'effectuer les opérations couper, copier, coller, etc. Il n'est pas nécessaire de revenir en détail sur cette barre d'outils connue puisque déjà largement évoquée dans les chapitres précédents.

La barre Ligne et remplissage

Cette barre d'outils dont l'affichage est prévu par défaut peut être masquée par le menu **Affichage/Barre d'outils/Ligne et remplissage**.

Figure 4.6 : *La barre d'outils Ligne et remplissage*

Elle a pour mission de vous offrir une visualisation immédiate des propriétés de l'élément sélectionné et, le cas échéant, d'effectuer des modifications très rapides. Les différentes icônes disponibles évoluent en fonction de la nature de l'élément sélectionné. Ainsi, un dessin ou une zone de texte n'activent pas les mêmes boutons. Vous pouvez observer l'aspect de la barre d'outils dans le cas où un dessin est sélectionné.

Le bouton **Style des extrémités** ci-contre présente un intérêt particulier.

Il permet en effet de modifier, lorsque vous avez inséré un trait par exemple, l'apparence des extrémités. Lorsque vous cliquez sur ce bouton, vous ouvrez une liste détachable de différents styles dans laquelle il vous suffit de piocher (voir Figure 4.7).

Parmi les autres fonctionnalités de cette barre d'outils, vous avez notamment la possibilité de modifier la couleur de tracé ou la couleur de remplissage de l'objet actuellement sélectionné. Si l'objet sélectionné est un texte, la barre des objets revêt l'apparence ci-après.

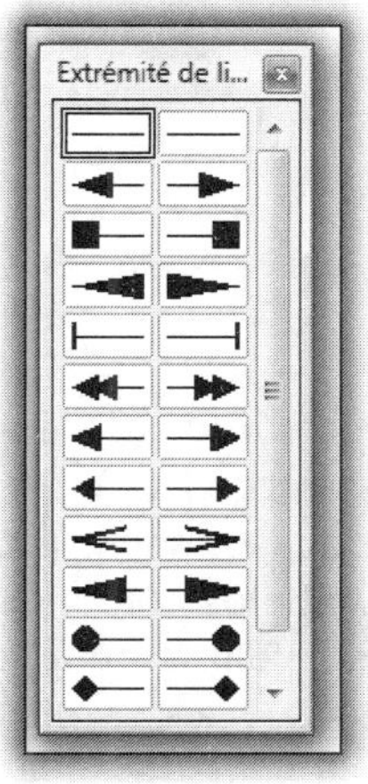

Figure 4.7 :
Modifier le style des extrémités pour les traits

Figure 4.8 : *La barre ligne et remplissage en mode Texte*

Dans ce second cas de figure, vous constatez l'apparition de boutons liés aux attributs de texte (police, corps, graisse, alignement, etc.).

La barre d'outils Dessin

Cette barre est l'une des plus utilisées sous Draw. Elle contient toutes les fonctions clés indispensables pour tracer des éléments de toutes sortes et organiser les objets entre eux afin de définir la structure même de votre dessin.

Figure 4.9 : *La barre d'outils Dessin*

Par défaut, la barre d'outils *Dessin* prend place au bas de l'espace de travail. Mais si vous le désirez, vous pouvez la déplacer où bon vous semble, soit vers le haut de l'interface, soit en la laissant flottante.

Pour cela, cliquez sur la barre de pointillés à gauche de la barre d'outils et effectuez un glisser-déposer à l'emplacement désiré.

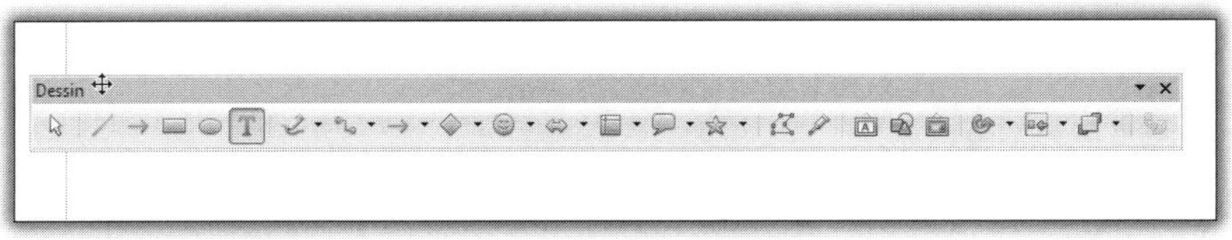

Figure 4.10 : *Positionnez la barre d'outils*

Comme c'est le cas pour toutes les barres d'outils d'OpenOffice.org, les icônes possédant une petite flèche verte permettent d'accéder à des sélections supplémentaires. Il en va ainsi pour les boutons **Connecteurs**, **Lignes et flèches**, **Formes de base**, **Formes des symboles**, **Flèches pleines**, **Organigramme**, **Légende**, **Etoiles**, **Effets**, **Alignement** et **Disposition**. Lorsque vous cliquez sur ces boutons, des volets additionnels apparaissent, dans lesquels vous pouvez choisir différentes variantes de styles et/ou de formes.

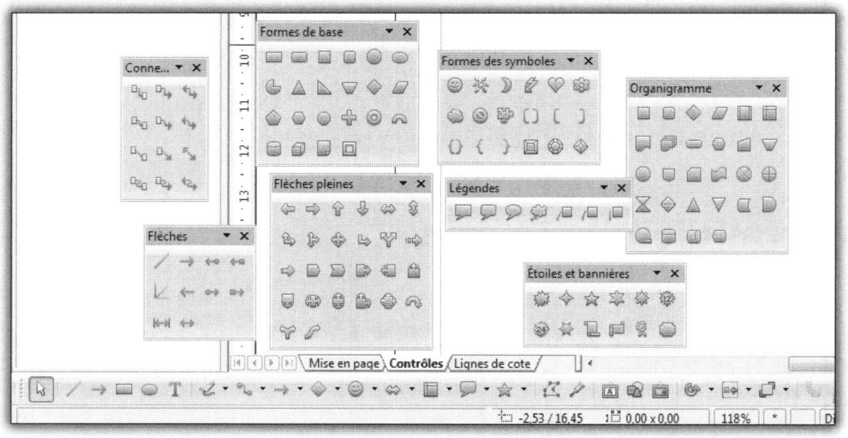

Figure 4.11 : *Développez les volets additionnels des boutons de la barre d'outils Dessin*

Faites ensuite votre choix dans les dizaines de formes et d'éléments disponibles. Lorsque vous sélectionnez une forme plutôt qu'une autre, votre sélection désigne par la suite le bouton.

La barre de couleurs

Draw est conçu pour le dessin. Or, on peut s'étonner que, par défaut, la palette de couleurs ne soit pas plus facilement accessible à tout moment.

Pour pallier cette lacune, il vous suffit de demander l'affichage de la Barre des couleurs qui n'est pas affichée par défaut.

1 Déroulez le menu **Affichage**, puis sélectionnez *Barres d'outils* et *Barre de couleurs*.

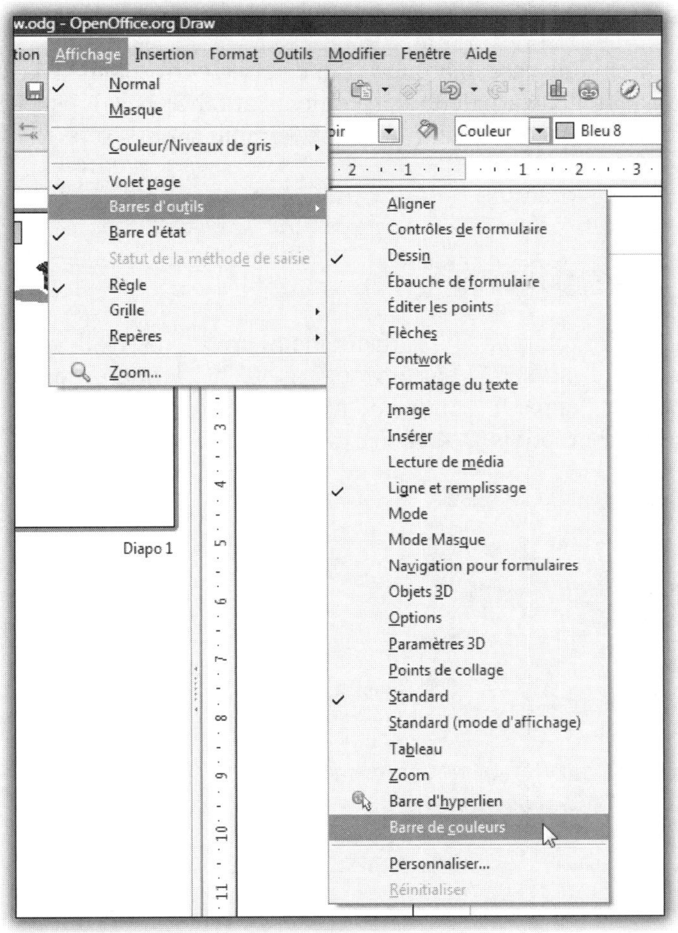

Figure 4.12 : *Affichez la Barre de couleurs*

La Barre de couleurs prend place au bas de la zone de travail.

2 Pour appliquer une couleur, sélectionnez l'élément à coloriser de votre création, puis cliquez sur l'un des boutons de la palette.

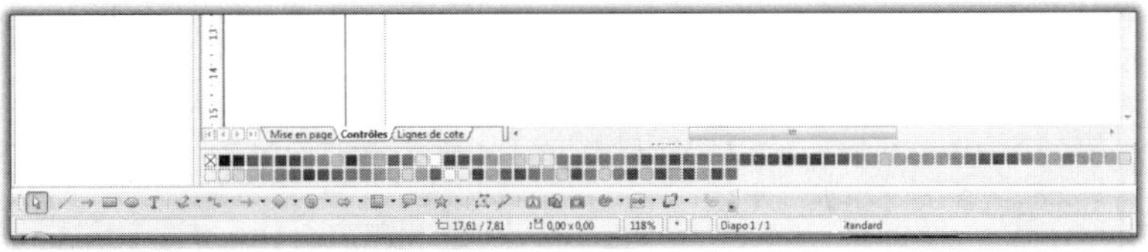

Figure 4.13 : *Cliquez pour choisir une couleur*

3 La première case marquée d'une croix correspond à la couleur transparente. La palette des couleurs affichée par défaut peut être modifiée par le menu **Format/Remplissage**. Activez l'onglet **Couleurs**.

La barre d'options

Pour interagir toujours plus facilement avec votre dessin, il est indispensable d'utiliser la barre d'options. Cette dernière est également optionnelle et apparaît uniquement si vous suivez la commande **Affichage/Barre d'outils/Options**.

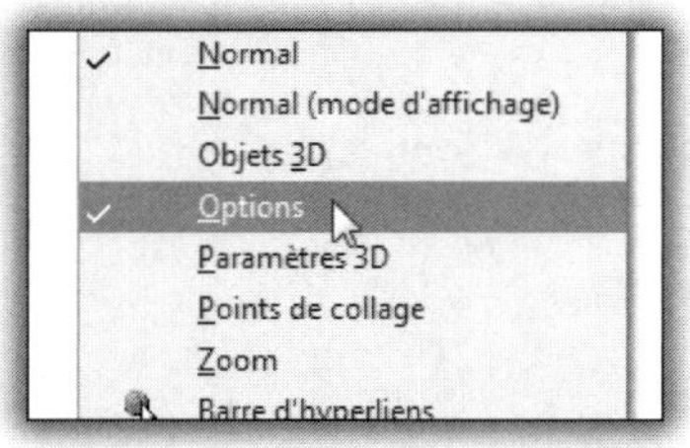

Figure 4.14 : *Affichez la barre d'options*

Cette barre est par défaut flottante, mais vous pouvez l'ancrer si vous le désirez.

Figure 4.15 : *La barre d'options est flottante*

Cette barre d'options très complète permet de mener des actions variées dont voici la liste :

Tableau 4.1 : *Les icônes de la barre d'options*

Icônes	Signification
	Permet d'opérer des rotations libres de l'élément sélectionné
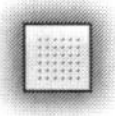	Permet d'afficher le quadrillage sur la feuille pour positionner les objets
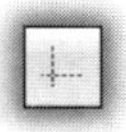	Affiche les repères
	Affiche des repères lors des déplacements
	Aligne automatiquement l'objet sélectionné sur la grille
	Aligne l'objet par rapport aux repères
	Permet une sélection fine aux marges de la forme
	Permet une sélection fine au cadre de la forme
	Permet une sélection fine point par point
	Permet l'édition du texte dès que le cadre est sélectionné
	Autorise uniquement la sélection du bloc de texte
	Implique un double-clic pour sélectionner le texte

Tableau 4.1 : *Les icônes de la barre d'options*	
Icônes	**Signification**
	Dimensionne les poignées de sélection
	Dimensionne les poignées de sélection
	Crée des objets avec les attributs actifs de la barre *Ligne et remplissage*

Les règles et la barre d'état

Deux autres éléments d'importance capitale occupent l'espace de travail : les règles et la barre d'état. Ces deux éléments sont activés par défaut, mais vous pouvez les masquer en cliquant sur **Affichage**, puis en désélectionnant les items correspondants.

Il n'est cependant pas recommandé de s'en priver. En effet, la première est bien utile pour vous aider à vous repérer au sein de la page et pour placer les éléments les uns près des autres, même si le recours à la grille (évoquée précédemment) peut compenser la disparition de la règle.

Les marges de travail sur la zone de dessin figurent sur les règles. Vous pouvez modifier directement les marges sur les règles en les glissant avec le pointeur de la souris. Vous pouvez paramétrer l'unité des règles (par défaut en centimètres) en cliquant du bouton droit de la souris sur une des deux règles.

La barre d'état, quant à elle, prodigue un certain nombre d'informations sur votre création, notamment le nombre d'objets implémentés, la taille de ces objets, leur position ainsi que le niveau de zoom utilisé pour la visualisation ; autant d'informations utiles pour maîtriser la structure de votre composition.

4.2. Dessiner ses premiers tracés

La vocation de Draw, comme son nom l'indique clairement, est de vous assister dans la création de dessins, de figures en tous genres, d'illustrations. Pour cela, inutile de posséder une tablette graphique dernier cri. Il vous suffit d'utiliser votre souris et les nombreux outils, formes et modèles mis à votre disposition par OpenOffice.org Draw.

L'élément de base de tout dessin est la droite. Pour tracer un tel élément, il suffit de cliquer sur le bouton ci-contre.

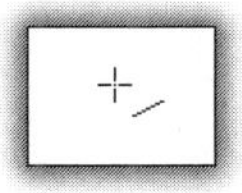

Figure 4.16 :
Utilisez la souris pour tracer la droite

Le pointeur de la souris change d'aspect et passe de la simple flèche à la mire de pointage accompagnée d'un trait oblique.

Pour dessiner votre ligne droite :

1 Glissez le pointeur sur la surface. Lorsque la forme apparaît sur la feuille vierge, chaque extrémité est symbolisée par un plot qui permet de modifier l'angle, la position, la longueur de la droite.

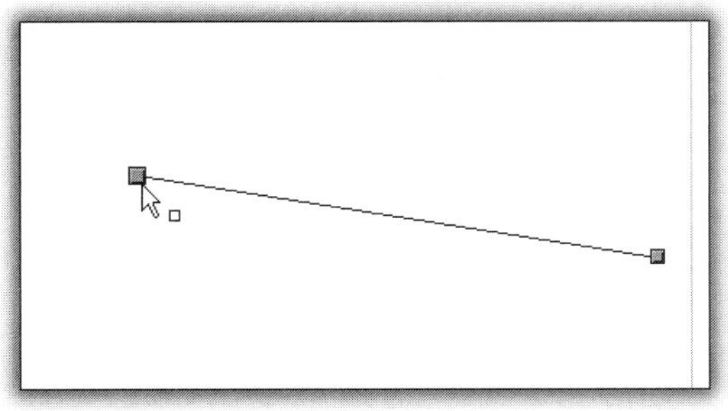

Figure 4.17 :
Les plots permettent d'ajuster la taille et la position de la ligne droite

2 Pour aller plus loin dans la personnalisation de cette forme (manipulation valable pour toutes les autres formes disponibles sous Draw), cliquez du bouton droit de la souris sur l'élément. Dans le menu contextuel, cliquez sur la commande **Modifier le style d'objets**. Vous ouvrez ainsi la boîte dialogue **Style d'image : Standard** pour définir plus de couleurs, des styles d'extrémités, la taille de l'élément, etc.

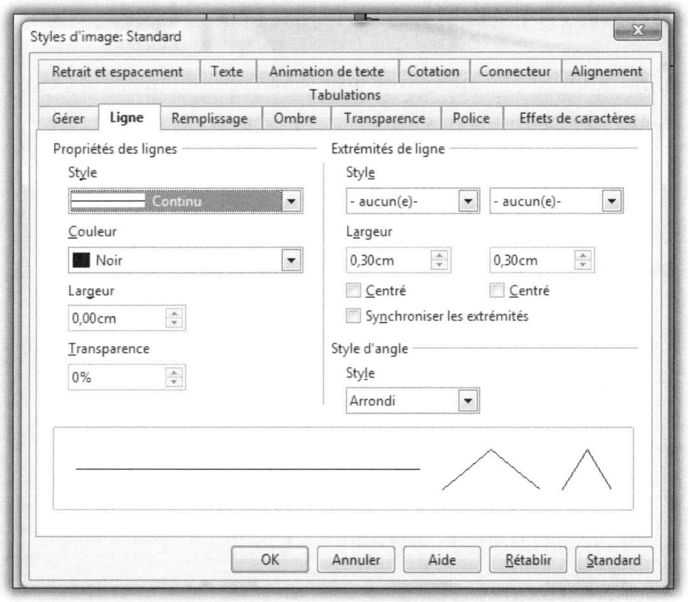

Figure 4.18 : *La boîte dialogue Styles d'image : Standard*

L'accès au menu contextuel de l'élément sélectionné est toujours très intéressant car il permet d'interagir avec la forme librement. La disposition, l'ordre de d'affichage, mais aussi la conversion de la forme en une autre forme, sont possibles directement par ce menu.

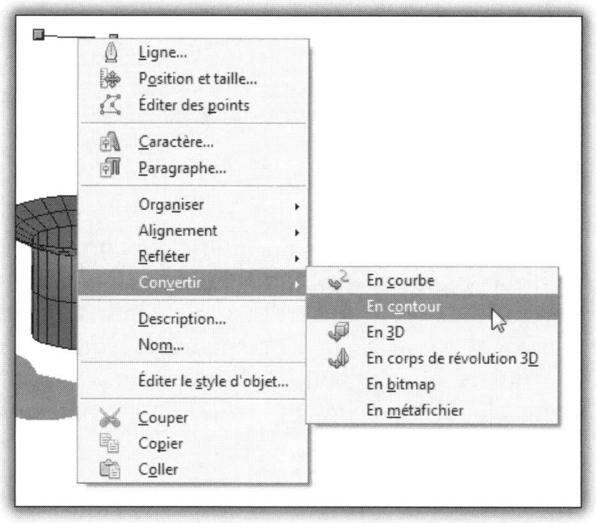

Figure 4.19 : *Utilisez le menu contextuel pour affiner la création de la forme*

De nombreuses formes peuvent être dessinées avec Draw. Pour cela, utilisez la barre d'outils *Dessin* et sélectionnez le rectangle, le cercle, les courbes, les connecteurs, etc. Interagissez ensuite avec toutes ces formes à l'aide du menu contextuel ou exploitez la barre d'outils *Ligne et remplissage* déjà évoquée précédemment dans ce chapitre.

4.3. Peaufiner ses créations en éditant des objets

Dessiner une forme de base, c'est facile et cela ne prend guère plus de quelques secondes. Mais si votre composition est plus ambitieuse et de plus grande envergure, il est indispensable d'accorder du temps à l'édition des objets, c'est-à-dire l'ajustement des diverses propriétés qui y sont rattachées.

Sélectionner des objets

Toutes les possibilités de modification des objets figurant dans votre composition nécessitent au préalable que vous sélectionniez un objet ou un groupe d'objets avant d'en affecter les propriétés. Quand un objet est sélectionné, des plots (en forme de carré ou de cercles de couleurs) l'encadrent. Ces poignées ou plots délimitent un rectangle qui contient l'objet dans son intégralité. Lorsque vous opérez une sélection multiple, en sélectionnant simultanément plusieurs objets, ce rectangle enserre tous les objets. Avec la barre d'outils *Options*, vous pouvez changer la taille des poignées en utilisant les deux icônes ci-contre.

Vous pouvez combiner les poignées sans effet de relief (**Petites Poignées**) et les poignées de plus grande taille (**Grandes poignées**) en cliquant sur les deux icônes simultanément. Elles sont ainsi plus faciles à agripper et, en cas de sélection de petits objets, elles facilitent les manipulations.

Il existe trois grands types de sélection pouvant être appliqués à un objet.

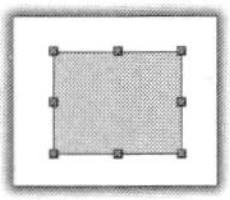

Dans un premier temps, vous trouvez les sélections pour déplacement ou changement de taille. Dans ce cas, les plots ont une forme carrée et arborent une couleur verte. Par défaut, ce mode est appliqué à chaque sélection.

Lorsque vous désirez changer l'orientation d'un objet, lui appliquer une rotation, les plots deviennent ronds et rouges. Pour activer le mode Rotation, cliquez dans la barre d'outils *Options* sur le bouton ci-contre.

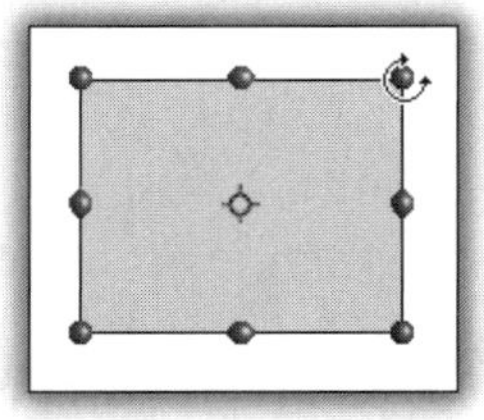

Figure 4.20 :
Appliquez une rotation à l'objet en sélectionnant l'un des plots

Les sélections pour le mode Edition de points sont caractérisées par des carrés bleus. Une poignée supplémentaire, de plus grande taille, apparaît sur la plupart des figures. Pour afficher de types de poignées, cliquez sur le bouton **Edition par points** (voir l'illustration suivante) disponible dans la barre d'outils *Dessin*.

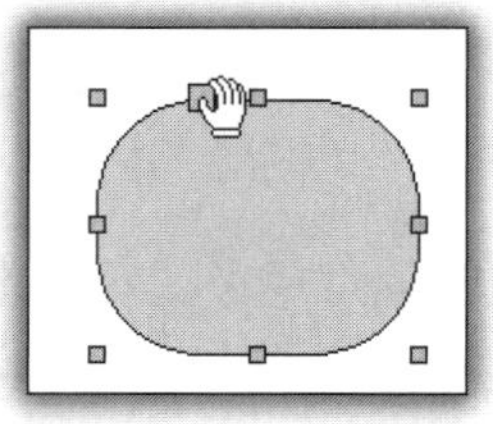

Figure 4.21 :
Affichez la poignée supplémentaire du mode Edition par points

Lorsque vous cherchez à sélectionner un objet, deux solutions s'offrent à vous. La première consiste à cliquer dessus. Les poignées apparaissent automatiquement. Si vous souhaitez opérer une sélection multiple, appuyez sur la touche Ctrl de votre clavier, puis cliquez successivement sur chaque objet. Pour agir encore plus simplement, effectuez une sélection par encadrement. Dans ce cas, cliquez à proximité du premier objet, puis glissez le pointeur pour englober plusieurs objets.

ASTUCE

Les objets masqués

Parfois, certains objets sont superposés et ceux qui sont à l'arrière-plan ne sont pas directement accessibles : sélectionnez normalement

ASTUCE

l'objet situé au-dessus, puis cliquez sur l'objet situé dessous en appuyant sur la touche Alt.

Déplacer et redimensionner les objets

Lorsque vous travaillez à l'élaboration d'une composition graphique, vous devez réaliser des ajustements dans la disposition des différents objets. Plusieurs méthodes peuvent être utilisées pour déplacer ou modifier la taille des objets.

La première solution consiste à manipuler les objets à l'aide de votre souris. Même si vous avez l'impression de travailler au jugé, détrompez-vous. En effet, la barre d'état située en bas de l'interface délivre les informations nécessaires à une maîtrise parfaite de la position ou de la taille de l'objet. En effet, elle affiche des informations précises sur l'opération en cours. Si vous redimensionnez un rectangle par exemple, elle affiche les informations liées à la modification de taille.

Dans le cas d'un déplacement d'objet, la souris est efficace également. Sélectionnez l'objet ; puis effectuez un glisser-déposer en maintenant la pression sur le bouton de la souris et en le relâchant lorsque la nouvelle position vous convient. Durant la phase de déplacement, la figure est encadrée en pointillé.

Dans le cas d'une sélection multiple, il est également possible d'opérer un redimensionnement global à l'aide de la souris. Pour cela, vous devez agir sur l'une des poignées qui encadrent la sélection.

Dans le cas d'un redimensionnement, si vous utilisez les poignées situées dans les angles, vous agissez à la fois sur la largeur et sur la hauteur (vous opérez un agrandissement ou une réduction homothétique). Si vous utilisez les poignées situées sur les arêtes de la boîte de sélection, les objets seront dimensionnés sur un seul axe.

ASTUCE

Assurer la symétrie

En appuyant sur la touche Maj tout en redimensionnant un objet, la taille est modifiée de manière symétrique afin de conserver le même ratio largeur/hauteur. En appuyant sur Alt, l'objet est redimensionné symétriquement à partir de son centre.

Vous pouvez ajuster également la taille d'un objet et/ou sa position en utilisant le menu **Format** et en sélectionnant *Position et Taille*.

Ainsi, vous activez l'ouverture de la boîte de dialogue **Position et taille** et pouvez saisir, dans les champs disponibles, les coordonnées de l'objet sur la feuille au pixel près, ainsi que la taille même de l'objet.

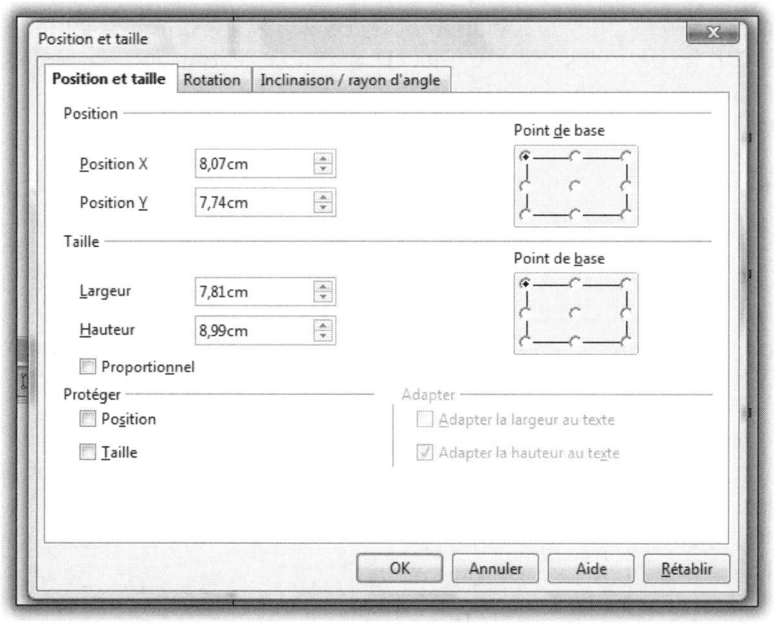

Figure 4.22 : *La boîte de dialogue Position et Taille*

Rotation et inclinaison

Nous l'avons déjà évoqué. Pour appliquer une rotation à un objet, quel qu'il soit, il suffit de cliquer sur le bouton **Mode Rotation** dans la barre d'outils *Options*. La fonction de rotation vous permet également de définir une inclinaison sur un axe. Pour cela, utilisez les poignées rouges qui encadrent l'objet. Les plots de chaque angle sont alors entourés par un arc de cercle. Si en revanche vous saisissez un plot intermédiaire le curseur de la souris de deux flèches opposées, vous pouvez assurer l'inclinaison de l'objet.

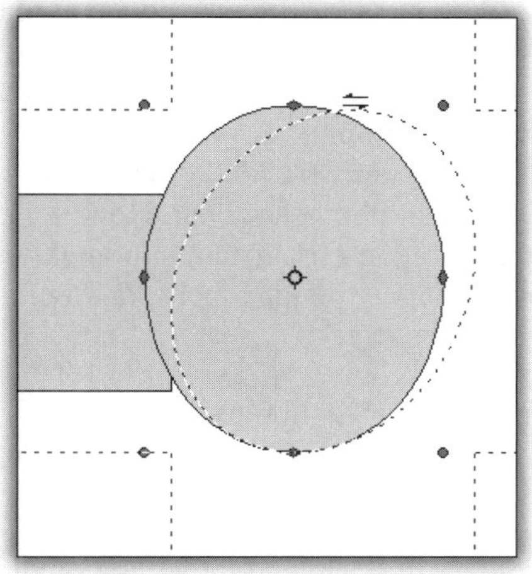

Figure 4.23 :
Modifiez l'inclinaison de l'objet

Dans la barre d'état apparaissent les informations liées aux modifications d'angle et de rotation.

Éditer les points d'un objet

Draw intègre un arsenal d'outils dédiés à l'édition la plus précise des contours d'un objet.

Ces fonctions d'édition de points fonctionnent essentiellement sur des courbes. Pour obtenir le résultat le plus fin possible, il faudra nécessairement convertir vos objets en courbes, mais certaines exceptions vous dispensent de cette manipulation. Ces objets sont matérialisés par la présence d'une ou plusieurs poignées supplémentaires. Ces poignées additionnelles qui sont en général, légèrement plus grandes que les autres, prennent place sur le pourtour du rectangle de sélection. En les manipulant, vous pouvez modifier l'apparence de l'objet. Le curseur de la souris change d'apparence lorsqu'il survole l'une de ces poignées. Les figures qui peuvent facilement être transformées sont les suivantes :

- le rectangle ou le carré ;
- les arcs de cercle ou d'ellipse ;
- les segments de cercles ou d'ellipse.

L'édition des points des courbes s'appuie sur une méthode appelée "courbes de Bézier".

Le point principal est appelé point de jonction. Autour de ce point s'articulent deux tangentes qui rendent possible la manipulation de la courbe passant par le point. Ainsi, autour du point de jonction, les deux côtés de la courbe se déforment plus ou moins sur la tangente en fonction de la taille et de la position de cette dernière, de la même façon que lorsque vous effectuez un détourage sous Photoshop, par exemple. Il suffit ensuite, en adaptant le type de tangente et en ajustant son angle et sa position par rapport au point de jonction, d'obtenir à peu près toutes les formes imaginables.

Pour modifier un cercle ou une ellipse, dessinez librement l'objet. En cliquant du bouton droit, sélectionnez **Convertir**. Dans le volet additionnel, cliquez sur **En courbe**.

Lorsque l'objet est converti, vous pouvez utiliser les tangentes pour le modeler à votre guise. Le rectangle, quant à lui, n'a pas besoin d'être converti en courbe ; il dispose d'une poignée de déformation intégrée en mode Editions de points.

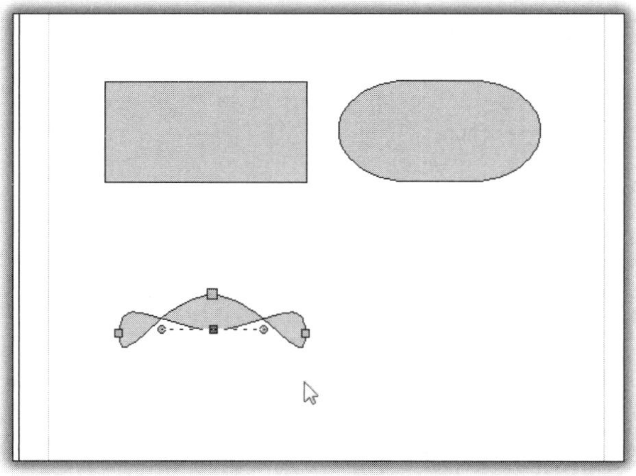

Figure 4.24 : *D'une simple ellipse, on aboutit à une forme originale*

Le travail en mode Edition de points est facilité par l'apparition d'une nouvelle barre d'outils spécifique.

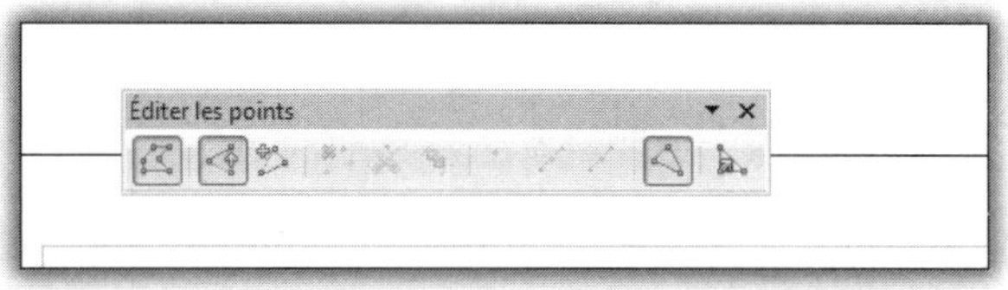

Figure 4.25 : *La barre d'outils Editer les points*

Les trois boutons ci-contre vous permettent respectivement de déplacer les points, d'en insérer de nouveaux ou d'en supprimer.

Trois autres boutons de la barre d'outils permettent de choisir le type de tangente et de convertir une tangente d'un type en un autre. Vous ne pouvez activer qu'un de ces boutons à la fois.

Chacun des types de tangente offre des possibilités spécifiques.

Tableau 4.2 : *Les différents types de tangente.*

icône	signification
	Active une tangente symétrique. Tout déplacement de l'une ou l'autre des poignées sera répercuté de façon symétrique sur la deuxième.
	Pour démembrer la tangente et instaurer une brisure dans la forme, utilisez le point d'inflexion. Vous dessinez ainsi des pointes et des creux dans les objets.
	La jonction lisse permet de désolidariser la longueur des deux parties d'une tangente.

Pour modifier les contours de l'objet, sélectionnez l'un des points de la tangente et glissez le pointeur jusqu'à ce que la déformation vous donne le résultat souhaité.

Appliquer et modifier les styles d'objet

Comme dans chaque application de la suite OpenOffice.org, vous pouvez recourir aux services de la fenêtre **Styles et formatage**. Lorsque votre dessin prend de l'envergure, l'application d'un même style à plusieurs objets différents peut être rébarbative. En passant par la fenêtre **Styles et formatage**, vous pouvez automatiser cette tâche et gagner un temps considérable. Vous commanderez l'affichage de cette fenêtre avec l'icône *Styles et formatage* de la barre d'outils principale.

Si vous le désirez, vous pouvez également appuyer sur la touche F11 de votre clavier et faire apparaître instantanément la fenêtre **Styles et formatage**.

1  Pour appliquer un style existant sur un ou plusieurs objets, sélectionnez-les à l'aide de votre souris. Dans la fenêtre, double-cliquez sur le style désiré. Pour gagner, du temps, vous pouvez également activer le mode Remplir tout en cliquant sur le bouton ci-contre.

2 Cliquez sur chaque objet qui doit posséder le style sélectionné. Tous les objets auxquels vous avez appliqué un style conservent une marque. Si à l'avenir, vous modifiez le style, l'application du style modifié sera immédiatement mise à jour.

3  Pour changer un style, vous pouvez effectuer tous les changements nécessaires à l'aide des barres d'outils puis, cliquer sur l'icône *Actualisation du style* ci-contre.

4 Vous pouvez aussi modifier directement le style dans la fenêtre **Styles et formatage**. Contentez-vous dès lors de cliquer du bouton droit sur le style à modifier, puis de choisir **Modifier**.

Appliquer des déformations d'objets

Tous les objets que vous créez au sein de votre composition peuvent être déformés afin, le cas échéant, d'être assemblés les uns aux autres pour constituer des objets plus complexes.

Procédez ainsi :

1 Dans la barre d'outils **Dessin**, observez l'icône *Effets*.

Un clic sur ce bouton déploie un volet qui met à votre disposition différentes options de déformation et de rotation. La rotation ayant déjà été largement évoquée précédemment, nous aborderons avant tout les autres commandes.

2 Cliquez sur le bouton **Retourner**.

Par son intermédiaire, vous orchestrez la réflexion de l'objet par lui-même. Il vous permet de définir un axe dont vous définissez les caractéristiques.

Après que vous avez cliqué sur l'icône *Retourner*, un axe (sous forme de pointillé) accompagné de deux poignées circulaires apparaît au centre de l'objet. La réflexion est ensuite calculée par rapport à la position de cet axe que vous pouvez déplacer comme bon vous semble.

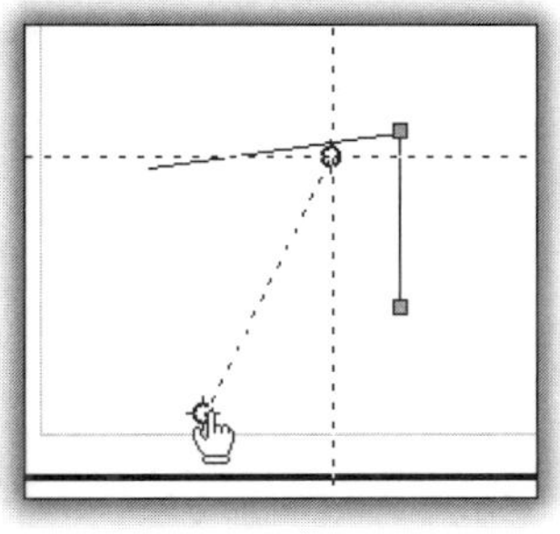

Figure 4.26 :
Définissez la position de l'axe de retournement

Grâce à l'axe, vous êtes certain que l'objet est dupliqué parfaitement et vous évitez nombre d'ajustements.

L'ensemble des commandes accessibles sous le bouton **Effets** permet un travail très fin sur vos créations. Il permet notamment la création d'objets en trois dimensions.

4.4. Exploiter les fonctions spécifiques

OpenOffice.org Draw, si vous en doutiez encore, est une application ingénieuse qui vous propose certaines fonctions très originales contribuant à améliorer l'ergonomie globale du logiciel et à rendre possible la création rapide de figure complexe que vous auriez eu grand peine à ajuster vous-même manuellement. Nous allons passer en revue ces fonctions avancées qui vous rendront de nombreux services.

La duplication

La fonction Duplication dont vous pourrez activer l'ouverture en déroulant le menu **Edition** et en sélectionnant *Dupliquer* (ou en utilisant le raccourci clavier Maj+F3) est sans doute l'une des plus astucieuses de Draw. Elle permet de définir manuellement quels objets déjà créés devront être dupliqués sur la même page, en assurant à la fois un décalage (en définissant un angle de déplacement ou de translation) et des transitions de couleurs, par exemple. Cette duplication est donc intelligente ; elle ne se contente pas de disposer des clones d'un objet sur la page, mais peut véritablement gérer des modifications mineures, sur les couleurs par exemple. En cliquant sur **Edition/Dupliquer**, vous commandez l'ouverture d'une boîte de dialogue.

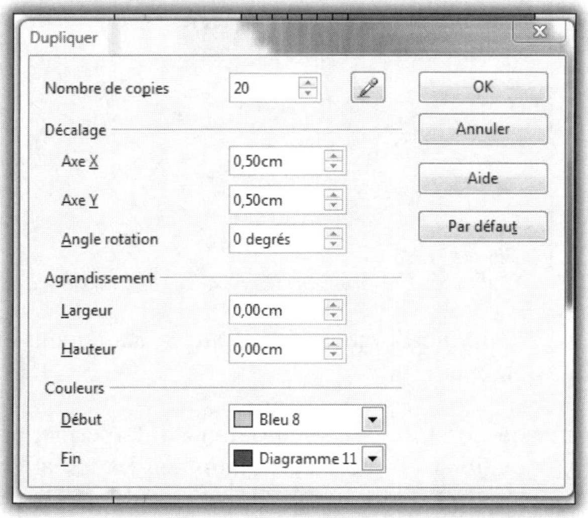

Figure 4.27 :
La boîte de dialogue Dupliquer

Dans cette boîte de dialogue, vous pouvez renseigner à peu près tous les paramètres qui caractérisent la duplication.

Tableau 4.3 : *Utiliser la duplication*

Icône	**signification**
	Le nombre de copies à effectuer.
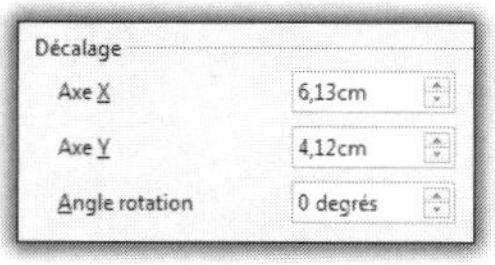	Le décalage sur les axes X et Y entre deux copies. Définissez l'espace qui sépare chaque copie de l'objet. En ajoutant une valeur dans le champ *Rotation*, l'objet sera dupliqué en affichant un mouvement rotatif.
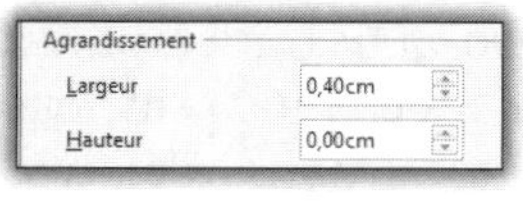	Entrez une valeur dans les champs ci-contre pour que la taille de l'objet soit peu à peu agrandie ou réduite à chaque duplication.
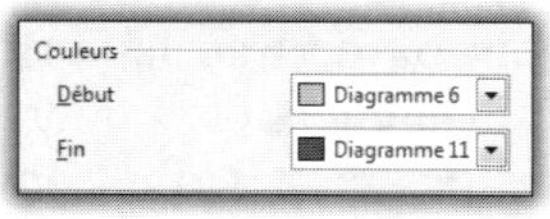	Définissez une couleur de départ et de fin afin d'obtenir par exemple un dégradé régulier, la couleur de départ et de fin des copies.

À partir d'un simple rectangle, en configurant votre duplication efficacement, vous pouvez obtenir le résultat suivant :

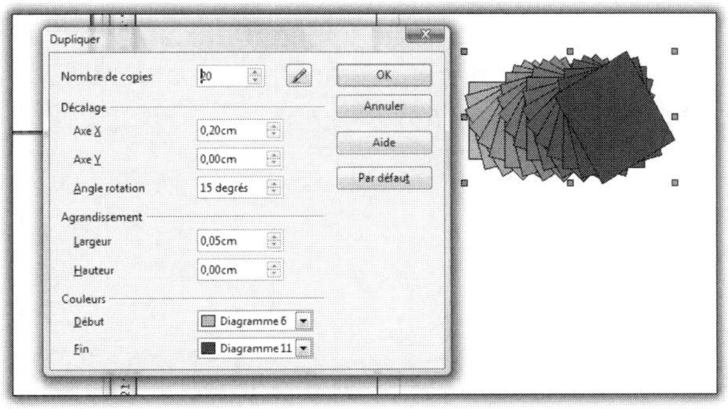

Figure 4.28 :
La forme dupliquée

Le fondu enchaîné

Cette opération permet de simuler une transformation régulière d'une forme initiale à une forme finale. Cette fonctionnalité de fondu enchaîné exige que vous dessiniez d'abord la forme d'origine puis la forme finale. Le module *Fondu enchaîné* se chargera ensuite de dessiner toutes les formes intermédiaires. Le nombre de ces formes intermédiaires dépend uniquement de vous ; c'est à vous de configurer le fondu enchaîné.

1 Dessinez la forme initiale et la forme finale au sein de votre page. Placez la forme initiale dans l'angle supérieur gauche et la forme finale dans l'angle inférieur droit.

Figure 4.29 :
Positionnez les objets initiaux et finaux

2 Sélectionnez les deux figures en utilisant le raccourci clavier Ctrl+A. Déroulez le menu **Edition** et sélectionnez **Fondu enchaîné**.

3 La boîte de dialogue **Fondu enchaîné** apparaît instantanément. Plusieurs paramètres doivent être renseignés pour parvenir à un résultat probant. Définissez un nombre de pas.

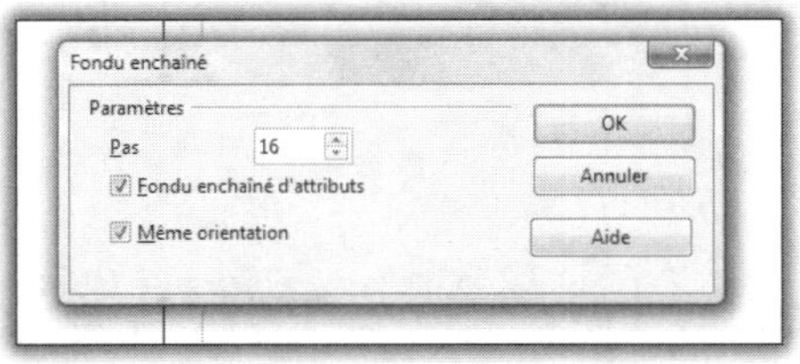

Figure 4.30 : *La boîte de dialogue Fondu enchaîné*

Les pas correspondent à chaque étape de transformation, du dessin initial vers le dessin final.

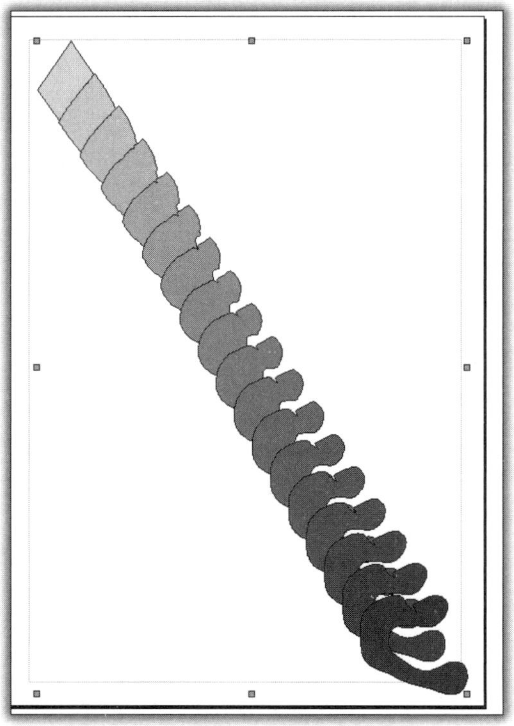

Figure 4.31 : *Voyez le résultat*

4 Entrez une valeur. Cochez la case *Fondu d'attributs*. Ainsi le calcul de l'enchaînement prend en compte à la fois les couleurs et les tailles. En décochant cette option, seules les formes vont évoluer. Cliquez sur OK pour lancer la création du fondu.

Le principe qui est appliqué est en quelque sorte un morphing simplifié ; il peut se révéler du meilleur effet sur un carton d'invitation, par exemple.

Fontwork

Enrichir le texte, pratiquer des déformations, des assemblages, styliser un mot, une phrase ou un titre, c'est difficile lorsque l'on se contente de polices de caractères génériques. Avec la fonction Fontwork d'OpenOffice.org Draw, tout devient possible.

Pour en exploiter toutes les fonctionnalités, vous devez afficher la barre d'outils *Fontwork* :

1 Déroulez le menu **Affichage/Barres d'outils/Fontwork**.

Cette manipulation a commandé l'affichage d'une barre flottante que vous pouvez ancrer si vous le désirez.

Figure 4.32 :
La barre d'outils Fontwork

2 Cliquez sur le premier bouton de la barre d'outils. Vous ouvrez ainsi la Fontwork Gallery. Cette dernière contient tous les modèles à votre disposition. Utilisez l'ascenseur vertical pour faire défiler les différents styles.

3 Quand l'un d'eux vous convient, cliquez dessus pour le sélectionner. Validez par OK pour l'intégrer à votre création (voir Figure 4.33).

Lorsque le Fontwork est inséré, il faut le personnaliser.

4 Cliquez sur l'insertion. Tous les boutons de la barre d'outils *Fontwork* s'animent. Pour saisir votre texte personnalisé, passez en mode Edition de texte en double-cliquant sur le Fontwork (voir Figure 4.34).

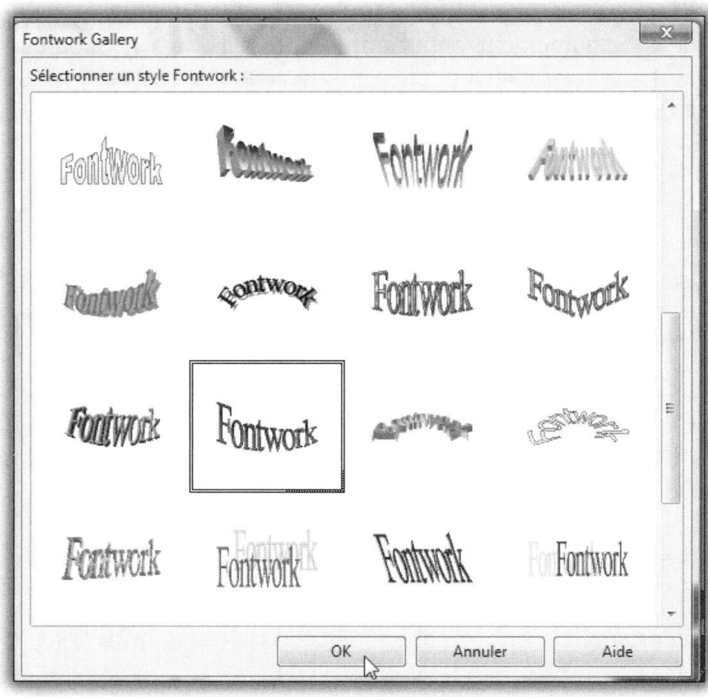

Figure 4.33 : *La Fontwork Gallery*

Figure 4.34 : *Saisissez votre texte*

5 Quand vous avez achevé la saisie de votre texte, double-cliquez à nouveau sur le Fontwork afin de désactiver le mode Edition. Votre texte prend sa place définitive.

Tous les ajustements sont désormais possibles.

6 Cliquez sur le bouton **Forme Fontwork** de la barre d'outils pour modifier l'apparence du Fontwork et lui conférer une autre allure. Cliquez sur une forme dans le volet additionnel qui apparaît.

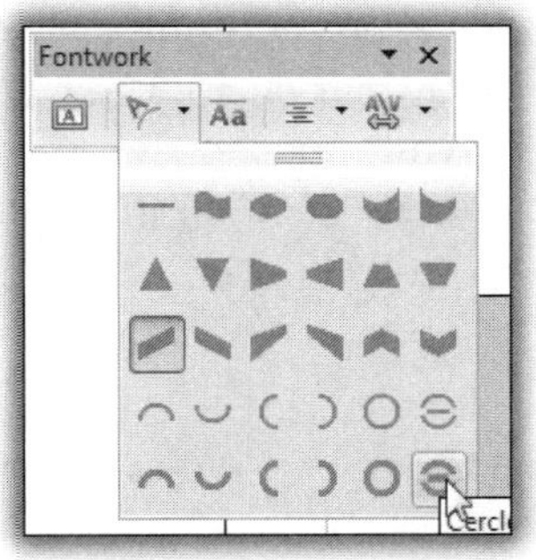

Figure 4.35 :
Changez de forme

Lorsque vous appliquez une nouvelle forme, l'ensemble du Fontwork change. Si cela ne vous convient pas, essayez-en d'autres. Les fonctions d'agrandissement, de réduction, de rotation, etc., sont fonctionnelles comme pour n'importe quel objet sous Draw.

7 Gérez ces modifications avec les poignées vertes ou rouges au besoin.

Il est possible d'ajuster les styles de police, la taille des caractères ou encore les couleurs comme vous le feriez pour une portion de texte ordinaire.

8 Repassez d'un double-clic en mode Edition de texte et sélectionnez la saisie. D'un clic du bouton droit de la souris, ouvrez le menu contextuel et ajustez l'apparence du texte.

9 Pour modifier la couleur du texte du Fontwork, cliquez dessus afin de le sélectionner, puis utilisez la palette située dans la partie inférieure de l'interface de composition.

Le Fontwork ainsi créé peut être exporté pour être réutilisé sous forme d'image ou de documents PDF si vous le désirez. Il pourra ainsi prendre place dans n'importe quel type de document.

10 Cliquez sur **Fichier/Exporter**. Sélectionnez, dans la boîte de dialogue, le format d'exportation désiré. Nommez le fichier et le tour est joué.

La fonction web

L'enregistrement d'une création réalisée sous Draw dans un format étranger est commandé par **Exporter** qui prend place dans le menu déroulant **Fichier**. L'option par défaut vous propose d'enregistrer votre page au format HTML en passant par un Assistant de conversion. Après avoir créé votre page classiquement, sans vous soucier des contraintes du Web, l'Assistant de conversion se charge de tout, rendant votre création compatible avec Internet.

Procédez ainsi :

1 Cliquez sur le menu **Fichier/Exporter**. Par défaut, le format HTML est activé sur la liste déroulante.

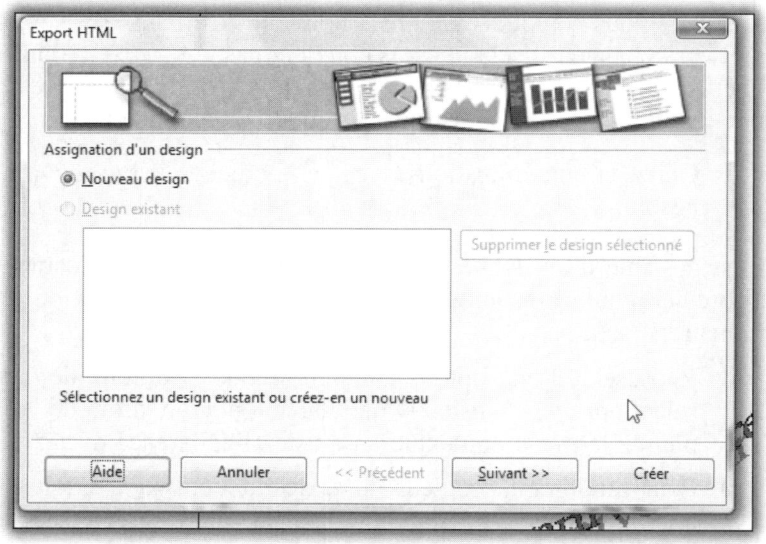

Figure 4.36 : *Exportez sous forme de page web*

Après avoir nommé les pages à exporter, un Assistant s'affiche à l'écran. Vous pouvez également composer le site de toutes pièces grâce à cet Assistant.

2 Cochez la case *Nouveau design*, puis cliquez sur le bouton **Suivant** (voir Figure 4.37).

3 Choisissez une conversion en HTML classique ou avec des cadres (*frames*).

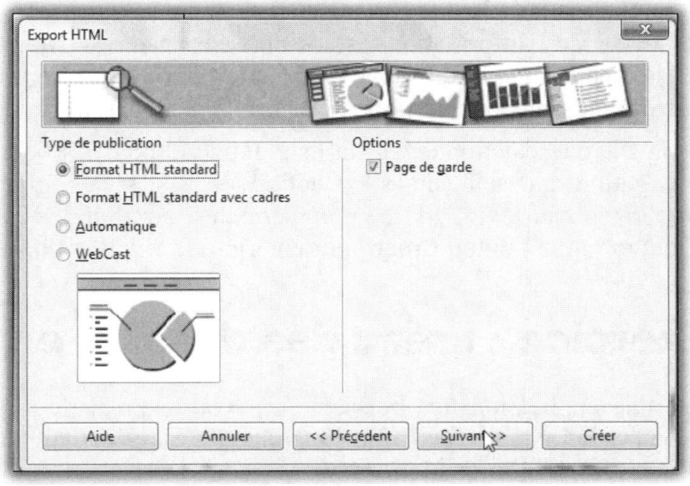

Figure 4.37 : *L'Assistant assure toute la conversion*

Si vous optez pour cette deuxième solution, vous devrez ajuster la taille des cadres pour chacun des volets du site (volet de gauche pour la navigation, volet de droite pour le contenu de la page).

4 Chaque image présente dans votre création sera également convertie pour une utilisation en ligne. Choisissez le format qui vous semble le mieux adapté parmi les trois proposés (PNG, GIF et JPEG) et définissez une résolution (plus celle-ci sera élevée, plus les images seront lourdes).

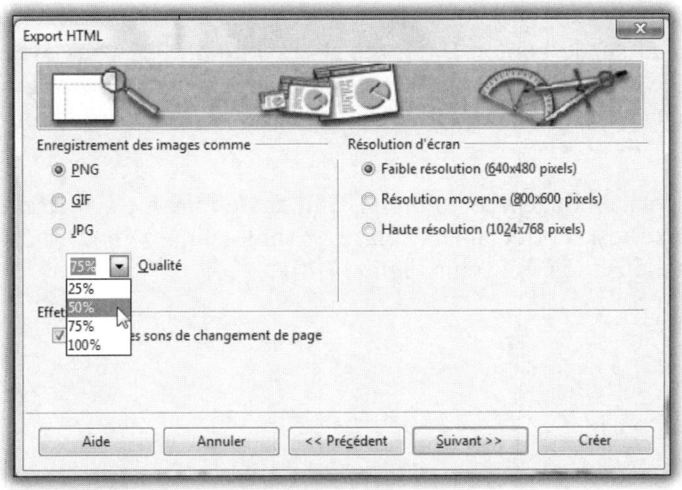

Figure 4.38 : *Exportez les images du site*

5 Remplissez les champs proposés à l'étape suivante si vous le désirez. Ces informations sont utilisées par les moteurs de recherche pour indexer votre site. Cette option est utile pour que les internautes trouvent plus facilement vos pages web.

6 Après avoir sélectionné, sur la liste, un style pour les boutons de navigation au sein du site, définissez les styles graphiques appliqués : au texte, aux liens hypertextes, aux liens visités, etc. Cliquez sur le bouton **Créer** pour entériner la création du site web.

4.5. Exercice : créez des dessins en 3D

Draw est une application très puissante qui vous permet de modéliser vos propres créations en 3D. Cette fonctionnalité a priori complexe se révèle assez simple d'utilisation.

Procédez ainsi :

1 Dessinez une forme vierge et rudimentaire à l'aide des outils de dessin que nous avons déjà largement évoqués (voir Figure 4.39).

2 Lorsque la forme est tracée comme vous le désiriez, cliquez sur le bouton **En corps de révolution 3D** pour gérer le volume, accessible dans le volet **Effets**.

3 Si votre dessin se compose de plusieurs sous-objets, sélectionnez-les tous en les encadrant ou en appuyant simultanément sur les touches [Ctrl] et [A] de votre clavier.

En cliquant sur le bouton **En corps de révolution 3D**, vous avez activé l'affichage d'un axe qui va vous permettre de composer le volume de la forme ainsi dessinée. La forme représentée dessine les contours d'un vase.

4 Déplacez l'axe vers la droite, afin de définir une symétrie. Quand l'axe est correctement placé, double-cliquez pour générer la modélisation 3D (voir Figure 4.40).

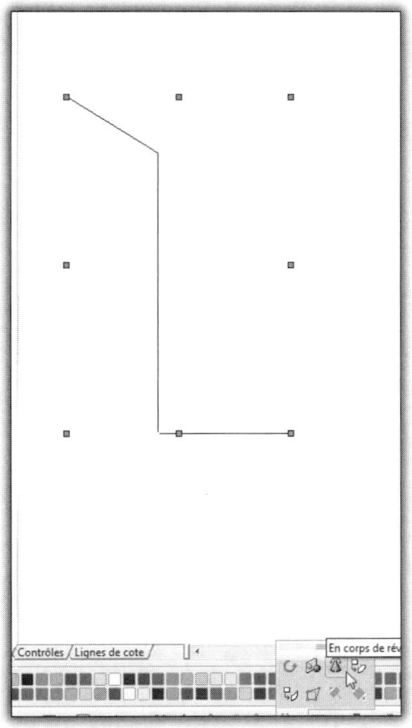

Figure 4.39 :
Dessinez les contours de l'objet

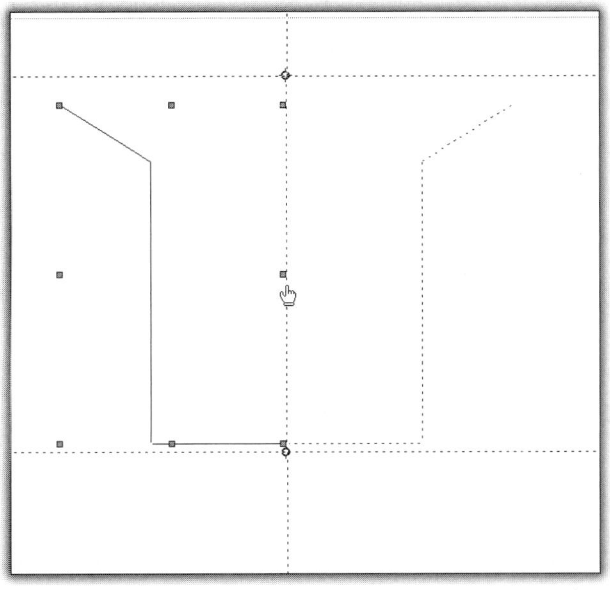

Figure 4.40 : *Placez l'axe pour modéliser la 3D*

La modélisation est instantanée. Il faut maintenant ajuster les différents paramétrages (notamment la couleur, les dégradés) pour obtenir le résultat souhaité.

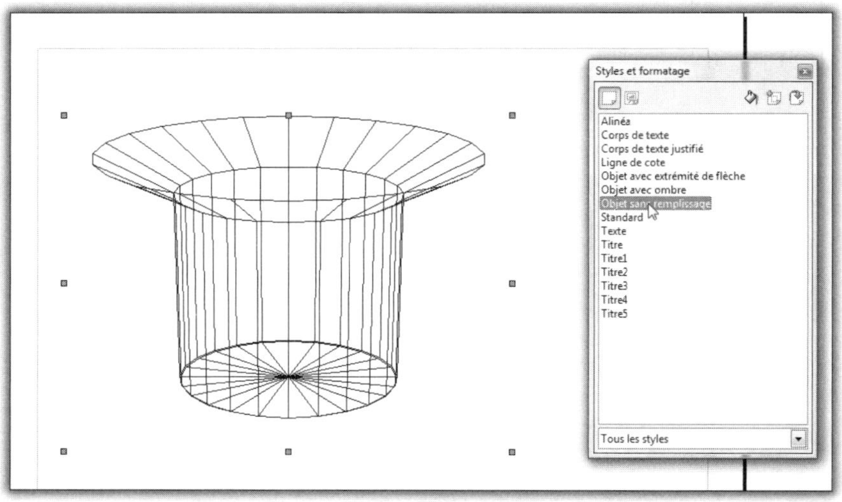

Figure 4.41 : *Ajustez les paramètres*

5 Choisissez la fenêtre **Styles et formatage** (touche F11 du clavier). Sur la liste déroulante au bas de la fenêtre, sélectionnez *Tous les styles*. Sélectionnez par exemple le style *Objet sans remplissage*. Seuls les contours de votre objet apparaissent.

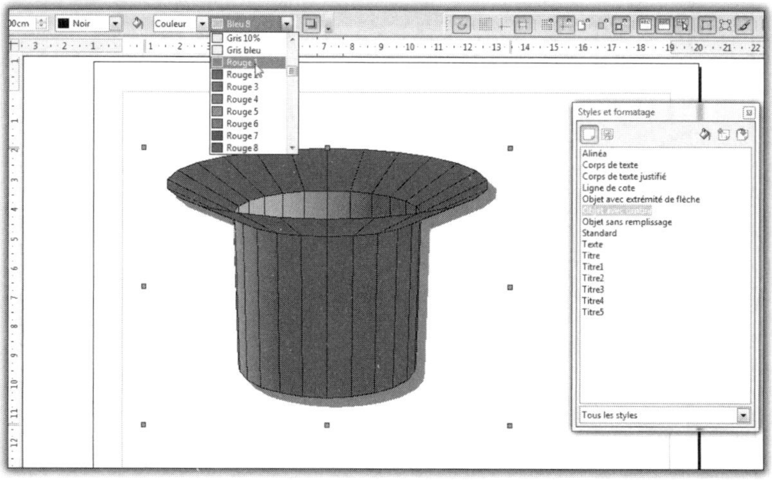

Figure 4.42 : *Changez le style*

6 En sélectionnant le style *Objet avec Ombre*, vous avez changé l'allure de votre création. Utilisez la barre d'outils *Ligne et remplissage* pour ajuster les couleurs, par exemple.

7 Lorsque la forme vous convient, vous pouvez affiner les effets 3D. Pour cela, cliquez du bouton droit de la souris sur l'objet. Dans le menu contextuel, sélectionnez la commande **Effets 3D**.

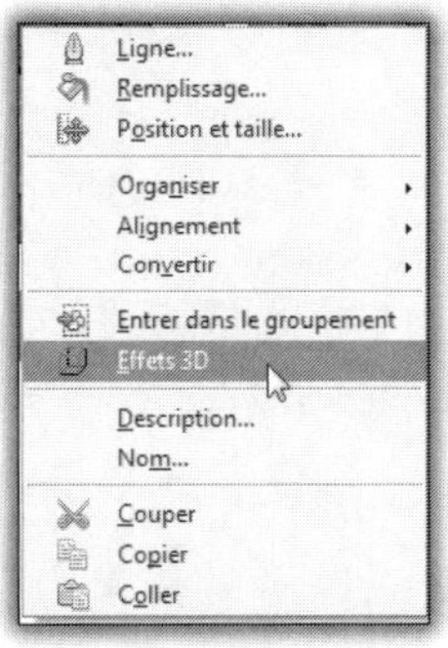

Figure 4.43 :
Activez l'ouverture de la fenêtre Effet 3D

Dans cette fenêtre, vous pouvez ajuster les paramètres d'éclairage de l'objet, envisager l'ajout et la configuration d'effets d'ombre et d'animation de caméra afin de mettre l'objet en mouvement.

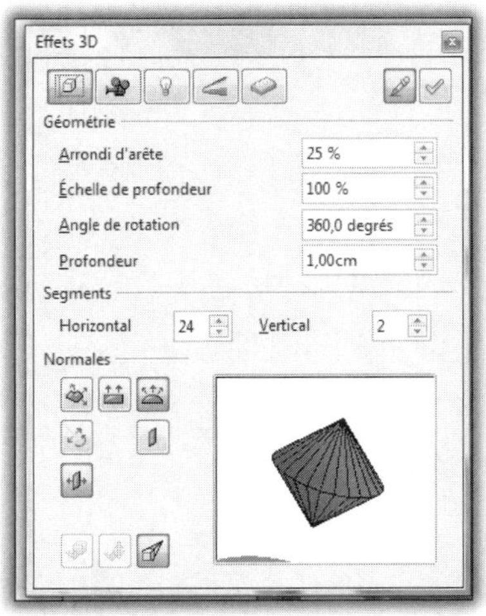

Figure 4.44 :
La fenêtre Effets 3D

8 Utilisez la barre d'outils *Ligne et remplissage* pour modifier les couleurs de votre création. Elle peut ensuite être exportée vers n'importe quel type de document puisqu'elle pourra être enregistrée sous une extension d'image.

Chapitre 5

Créer des diaporamas et des animations avec OpenOffice Impress

Sous Microsoft Office, il y a PowerPoint. Sous OpenOffice.org, il y a Impress. Ce puissant logiciel de création de présentation est à la fois intuitif, malléable et redoutablement performant. Par le terme "présentation", on entend aussi bien le support multimédia d'une conférence ou d'un exposé, que la simple création d'un diaporama familial destiné à mettre en scène les photos des dernières vacances ou de la communion du petit dernier. Destinée à être projeté sur écran via un vidéoprojecteur ou admiré sur un téléviseur, la présentation peut également être imprimée sur des transparents pour être utilisée sur un rétroprojecteur.

Dans ce cas, Impress se charge de la gestion de l'impression spécifique. Votre présentation est composée de différentes pages appelées "diapositives". Sur ces diapositives, vous pouvez insérer du texte évidemment, mais aussi des images. Enfin, il faudra également assurer les transitions entre chaque volet de la présentation. Plus vous soignerez la présentation, plus vous captiverez votre public. Simple à prendre en main et offrant un comportement voisin d'OpenOfficez.org Draw, Impress vous garantit un résultat très professionnel avec des outils simples à maîtriser.

5.1. Créer une nouvelle présentation

La création d'une présentation passe toujours par une phase d'élaboration intellectuelle du message que vous souhaitez véhiculer. En effet, chaque étape de la présentation doit répondre à une certaine logique et les enchaînements doivent être cohérents. Avant de vous jeter à corps perdu dans la création de diapositives, pensez au préalable à rédiger un plan détaillé du contenu prévu de la présentation. Vous pourrez alors commencer à travailler sur la création proprement dite.

S'il s'agit d'un simple diaporama, vous pouvez vous faire plaisir sans trop définir de stratégie. En revanche si votre présentation est conçue pour illustrer un exposé, un cours, un rapport ou une conférence, vous devez également assurer la cohérence de la charte graphique. Votre présentation doit avoir un style que l'on retrouve sur chaque diapositive. Évitez les mélanges de couleurs hasardeux et pensez avant tout à la lisibilité de chaque diapositive. Trop de texte tue le texte. Trop d'image tue l'image. Pour le reste, c'est assez simple ; Impress fait tout le travail pour vous.

Utiliser l'autopilote

L'autopilotage est l'une des deux méthodes disponibles pour créer une présentation. Cette fonctionnalité se présente sous la forme d'un Assistant qui vous guide pour composer l'ébauche de votre présentation. L'autopilote est activé par défaut sous Impress. Si vous cliquez du bouton droit de la souris sur l'icône d'OpenOffice.org et que vous sélectionniez *Présentation* dans le menu contextuel, l'autopilote est lancé par défaut. Nous verrons à la fin de ce paragraphe comment le désactiver.

Procédez ainsi :

1 Lancez Impress, puis cliquez sur **Nouveau** et **Présentation**. L'autopilote s'affiche instantanément.

Cet Assistant vous guide en quatre ou cinq étapes dans la composition rapide de la structure de votre présentation. Il vous restera toutes les personnalisations indispensables de texte, d'insertion d'image, etc. Mais l'Assistant permet de composer une trame efficace.

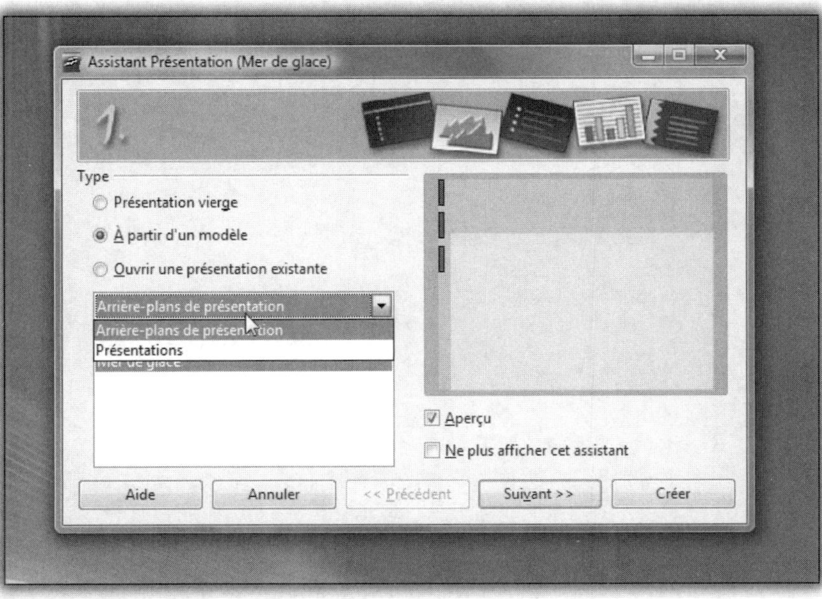

Figure 5.1 : *Lancez l'autopilote*

2 Dans la boîte de dialogue, cochez le bouton radio *A partir d'un modèle*. Sur la liste déroulante, sélectionnez *Présentation* (pour afficher les modèles de présentation disponibles) ou *Arrière-plan de présentation*. Le premier affiche des modèles intégrant style de texte de soulignement et arrière-plan, le second propose uniquement des images de fond.

3 La partie inférieure de la fenêtre affiche les modèles disponibles. Un aperçu s'affiche dans la boîte de dialogue. Sélectionnez celui de votre choix, puis cliquez sur **Suivant**.

4 Si vous avez opté pour un modèle de présentation, vous pouvez affiner votre choix en modifiant le style global que vous avez sélectionné. Modifiez par exemple l'image d'arrière-plan proposée dans le modèle.

5 Définissez quelle sera l'exploitation de la présentation (original pour être affiché par un ordinateur, diapo, écran, transparent ou papier). Si vous choisissez le papier, il ne vous sera pas demandé, par la suite, de choisir par exemple des effets de transition efficaces uniquement sur des graphiques.

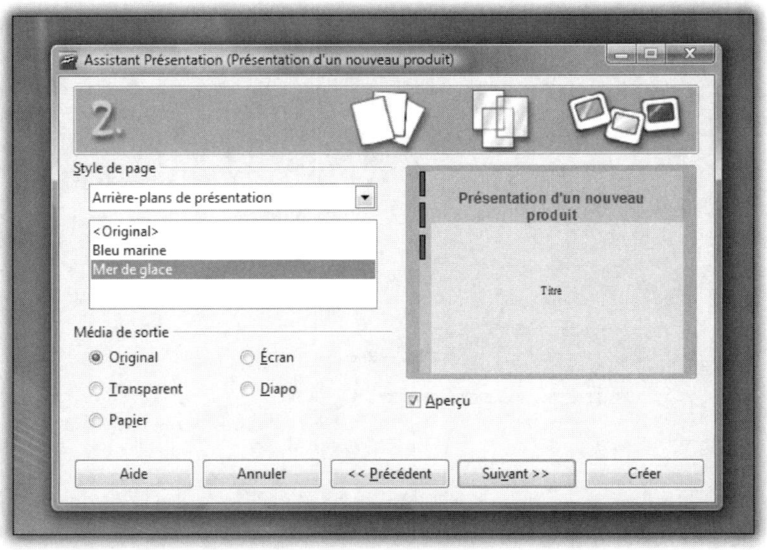

Figure 5.2 : *Choisissez le format de sortie*

6 Cliquez sur **Suivant**. À l'étape 3, vous pouvez définir les effets de transition. Sélectionnez sur la liste déroulante les différents effets de transition disponibles (un aperçu s'affiche dans la partie droite de la fenêtre) et ajustez la vitesse d'exécution de cette transition.

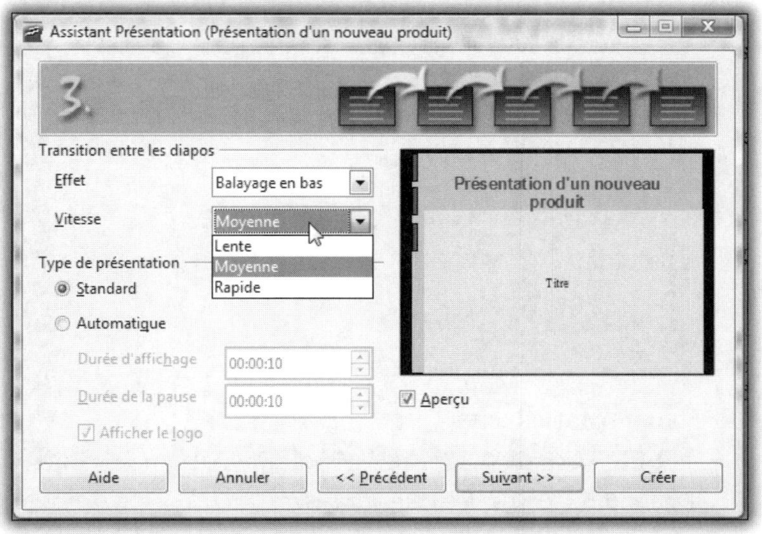

Figure 5.3 : *Sélectionnez les transitions*

Lorsque vous composez votre présentation, vous avez deux possibilités : vous optez pour une présentation de type standard impliquant que vous assurerez vous-même le défilement des diapositives en appuyant sur une touche de votre clavier ou vous choisissez un défilement automatique.

7 Si vous penchez pour cette dernière solution, cochez le bouton radio *Automatique*. Définissez la durée d'affichage de chaque diapo et la durée de l'intervalle d'affichage entre deux diapos.

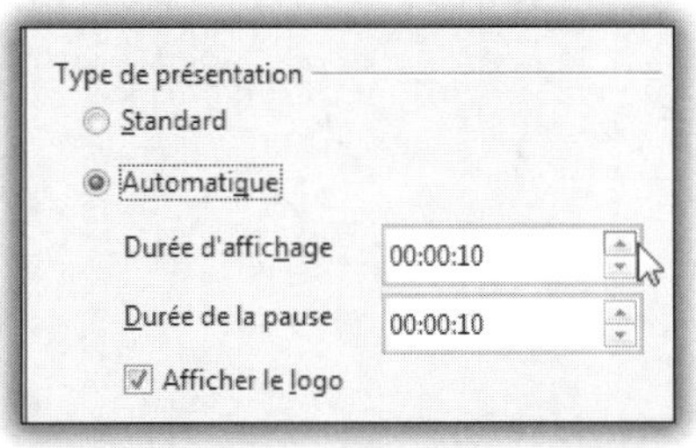

Figure 5.4 : *Automatisez le défilement*

8 Pour compléter la trame de votre présentation, vous pouvez entrer les informations qui seront présentes sur chacune des diapositives et qui peuvent vous servir de plan pour votre phase de création. Remplissez les champs affichés par l'Assistant si vous le désirez. Cette étape est optionnelle. Si vous ne souhaitez pas vous acquitter de la tache proposée, cliquez sur le bouton **Suivant**.

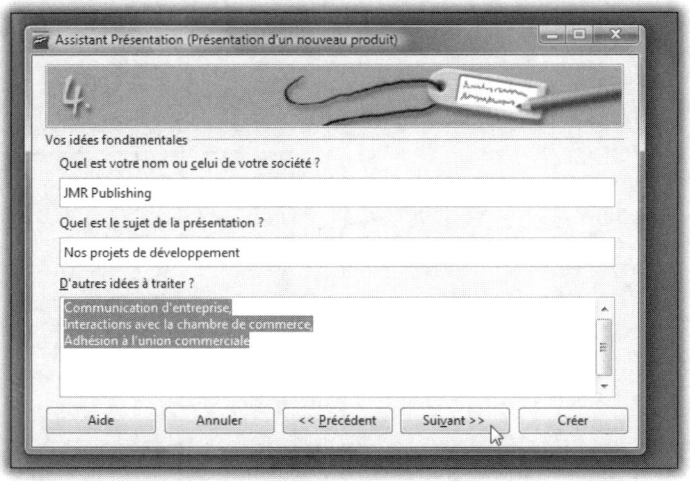

Figure 5.5 : *Entrez les idées fortes*

L'étape suivante, vous permet de composer le squelette de la présentation.

9 Cliquez dans la fenêtre **Sélectionnez les pages souhaitées**. Une structure de présentation vous est proposée. Vous pouvez la modifier selon vos besoins en supprimant ou ajoutant des pages. Cliquez pour cela sur les symboles + pour développer les thématiques proposées par le modèle. En décochant une case, vous supprimez le volet.

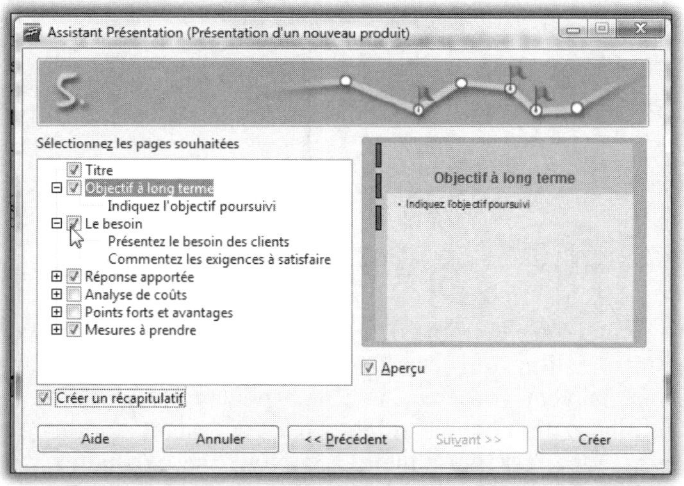

Figure 5.6 : *Composez l'architecture de la présentation*

10 Cliquez sur le bouton **Créer**. L'autopilote a rempli sa mission. Il ne vous reste plus qu'à personnaliser une à une les diapositives générées automatiquement.

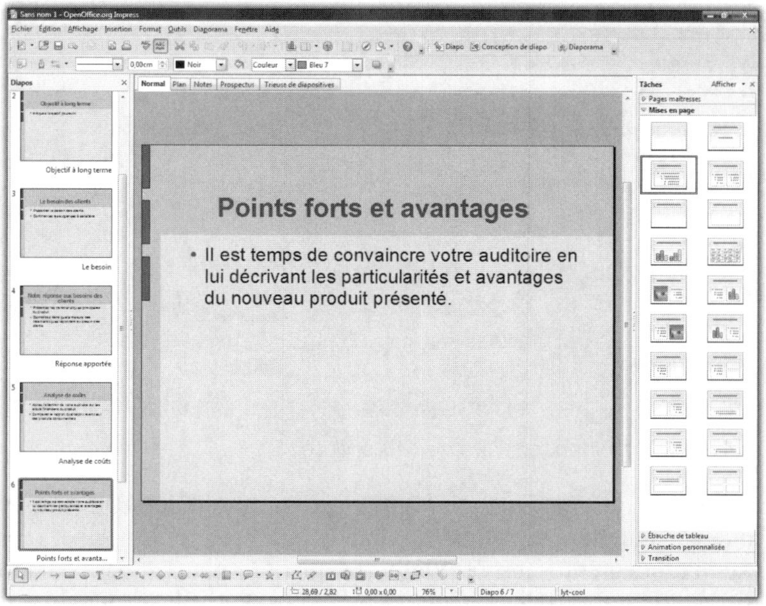

Figure 5.7 : *La présentation est générée*

ASTUCE

Désactiver l'autopilote

L'autopilote est lancé automatiquement dès que vous créez une nouvelle présentation. Pour vous en affranchir définitivement, déroulez le menu **Outils/Options**. Dans le volet latéral, cliquez sur **Général**, puis décochez la case *Assistant*.

Créer une présentation vierge

Si vous avez décidé de désactiver l'autopilote, à chaque fois que vous suivrez le chemin **Nouveau/Présentation**, une diapo vierge s'affichera à l'écran. Si vous n'avez pas désactivé l'autopilote, mais que vous désiriez vous passer de ses services pour cette fois, cochez le bouton radio *Présentation vierge*, puis cliquez sur **Créer**.

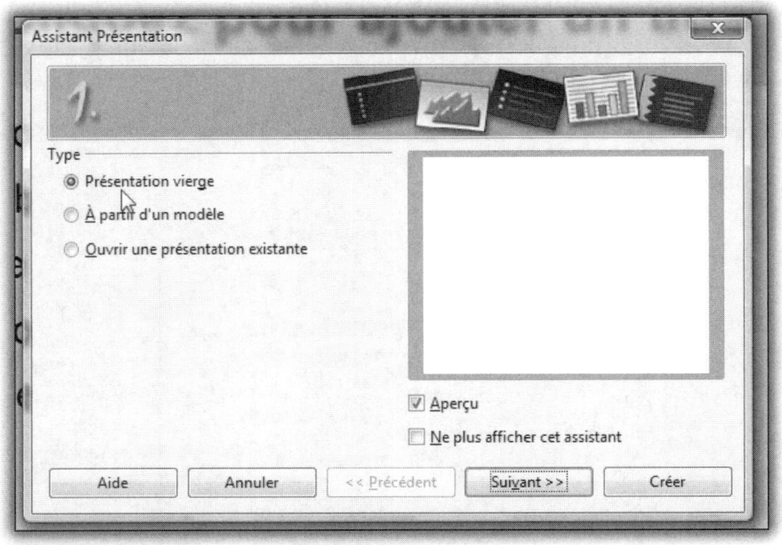

Figure 5.8 : *Dispensez-vous de l'autopilote*

La création de la présentation vous revient intégralement. Vous pourrez ajouter manuellement autant de diapos que vous le désirez et reproduire systématiquement les styles et arrière-plans des diapositives précédemment créées. Cela vous octroie plus de liberté que l'autopilotage, mais présente également plus de risques en termes de manque d'uniformité de votre travail.

Il ne vous reste plus qu'à maîtriser intégralement l'espace de travail mis à votre disposition par Impress. Cet espace de travail riche et varié offre de nombreux modes d'affichage et d'accès aux outils ; nous allons maintenant le découvrir.

5.2. Utiliser les différentes visualisations

La conception d'une présentation est loin d'être une opération anodine et bien des facteurs doivent être pris en compte : l'aspect graphique est primordial, bien sûr, mais le déroulement de la présentation doit être logique également et s'articuler selon un plan cohérent. Il faut aussi vérifier régulièrement le résultat obtenu en affichant des prévisualisations… Pour que votre présentation soit réussie, l'ensemble doit représenter une création répondant à une logique globale. Pour vous aider à atteindre cet objectif, Impress vous offre plusieurs modes de visualisation. Vous le verrez, il est très aisé de basculer de l'un à l'autre ; il est même recommandé de le faire après chaque modification apportée à une diapositive afin de s'assurer que l'ensemble des informations que vous souhaitez délivrer soit ajusté au reste du document.

Le mode Normal

Par défaut, lorsque vous ouvrez Impress pour travailler sur une présentation, vous affichez l'interface ci-après. Ce mode d'affichage est dit Normal.

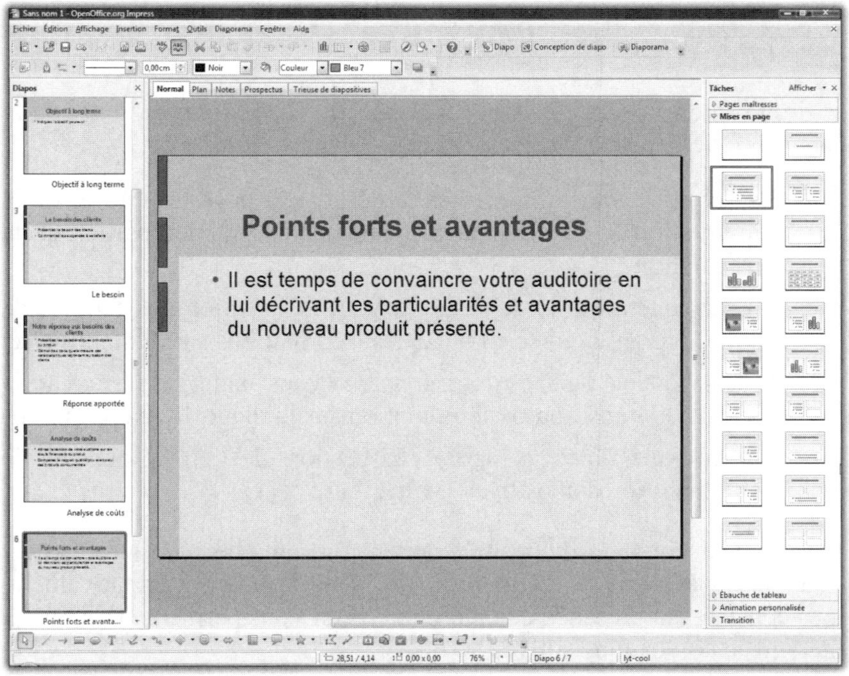

Figure 5.9 : *Le mode d'affichage Normal*

À gauche apparaît la colonne *Diapo*. Cette dernière vous permet de naviguer au sein de votre présentation. Elle dresse, sous forme de vignette, la liste des diapositives déjà créées. Double-cliquez sur l'une d'elles pour la faire apparaître au centre de l'interface et procéder à des retouches. La diapositive active est entourée d'un filet bleu.

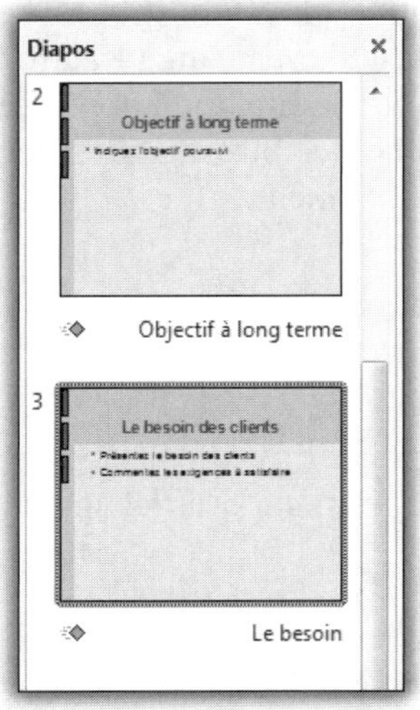

Figure 5.10 :
Le volet Diapo

À droite prend place le volet **Tâche**. Il se décompose en quatre sous-rubriques :

- La rubrique *Pages maîtresses* représente la page principale de la présentation (ou celles qui segmentent les grandes parties de la présentation).
- La rubrique *Mise en page* met à votre disposition des feuilles de styles assurant la mise en page des informations sur la diapositive.
- la rubrique *Animation personnalisée* vous autorise la création d'effets de transition ou d'animation sur la diapositive elle-même.
- La rubrique *Transition* assure la gestion des effets pendant le défilement les diapositives (voir Figure 5.11).

Au centre se trouve la diapositive active, sur laquelle vous allez opérer toutes les opérations de votre choix. Si vous l'observez attentivement, vous constatez la présence de cinq onglets qui vous permettent de mieux interagir avec vos diapositives.

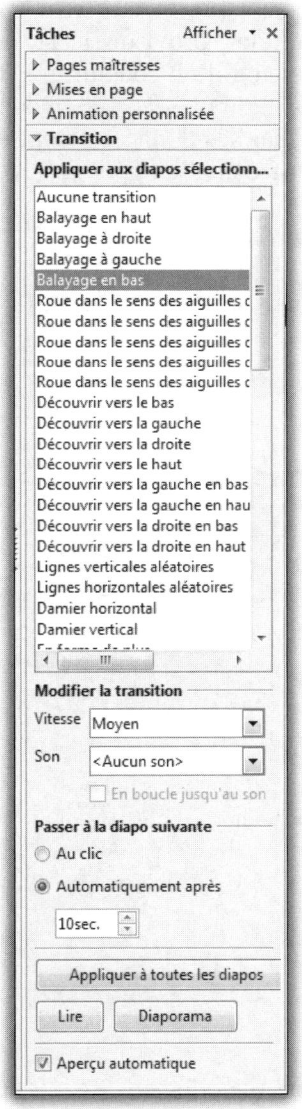

Figure 5.11 :
Le volet Tâches et ses sous-rubriques

Le mode Plan

Pour activer ce mode, cliquez sur l'onglet **Plan**. La diapositive qui était affichée laisse place à la structure de présentation que vous aviez validée en utilisant précédemment l'autopilote. Ce mode est particulièrement intéressant pour automatiser la mise en place du texte de vos diapositives. Sélectionnez l'un des intitulés provisoires du plan et saisissez le texte définitif de la diapositive ou d'un sous-titre. Effectuez cette opération pour tous les éléments figurant dans le mode Plan. Lorsque vous rebasculerez en mode Normal, les données seront mises à jour en tenant compte du style sélectionné dans l'autopilote.

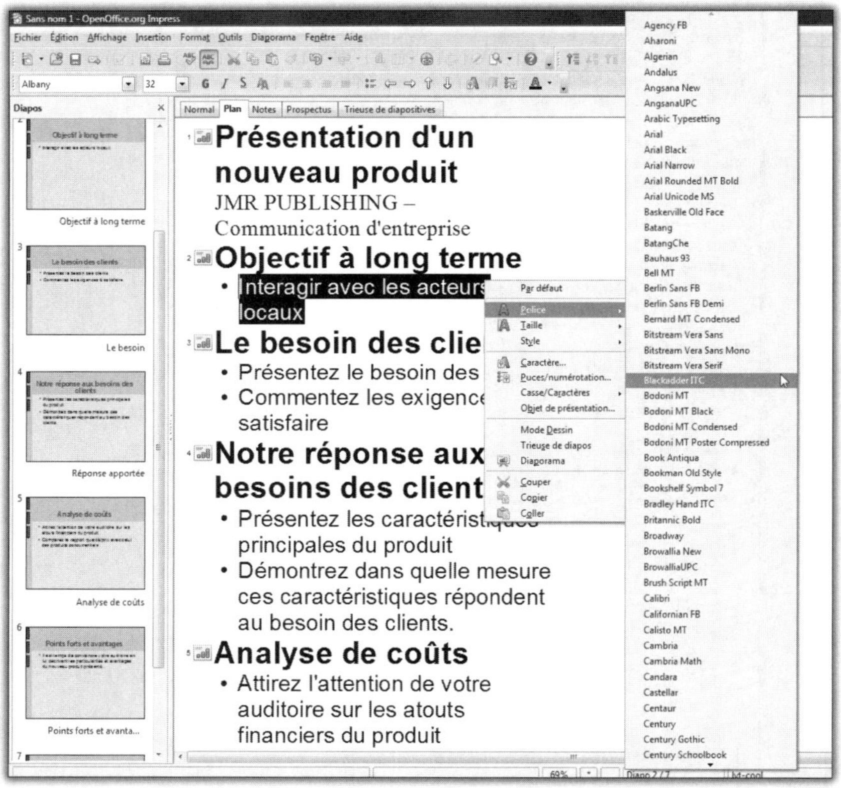

Figure 5.12 : *Modifiez le plan*

Après avoir saisi du texte, placez-le en surbrillance. En cliquant du bouton droit de la souris, vous affichez le menu contextuel et pouvez modifier, si vous le désirez, les polices de caractères, la taille de police, les options de mises en forme ; en bref, tous les attributs du texte.

Le mode Plan est également très utile pour modifier l'ordre d'affichage des diapositives. Les titres sont précédés d'un symbole indiquant qu'il s'agit du titre de la vignette.

Cliquez sur ce symbole et effectuez un glisser-déposer vers un autre emplacement dans le plan pour placer une vignette avant ou après une autre.

Figure 5.13 : *Modifier l'ordre des diapositives*

Le mode Notes

Pour activer le mode Notes, cliquez sur l'onglet **Notes**. Cet onglet trouve sa justification uniquement dans le cas où votre présentation serait utilisée pour un exposé ou une conférence. Grâce à lui, vous pouvez intégrer des commentaires qui ne sont pas visibles de l'assistance, mais peuvent vous servir pour commenter la diapo affichée. Pour insérer des notes, sélectionnez dans le volet de gauche la diapositive à annoter, puis, dans la zone *Cliquez ici pour ajouter des notes*, tapez votre texte sans vous soucier de sa mise en forme.

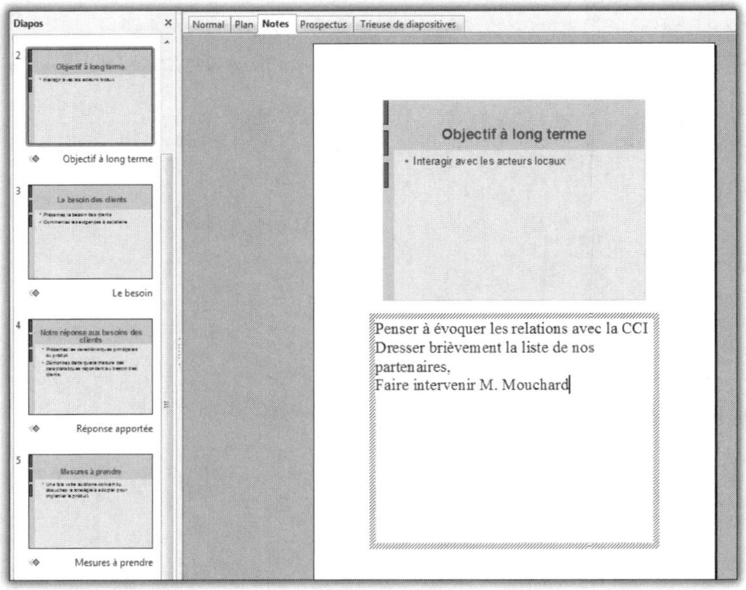

Figure 5.14 : *L'onglet Notes*

Ainsi, pendant que vous présenterez votre diaporama à l'assistance, vous pourrez avoir, sous vos yeux, après les avoir imprimés, certains commentaires qui vous permettront d'enrichir oralement votre présentation, ou tout simplement de consulter ces notes pour faire évoluer la diapositive par la suite. Ce mode est également très utile pendant que vous créez la présentation. Vous pouvez l'utiliser à chaque fois qu'une nouvelle idée vous vient pour enrichir les diapositives, lorsque vous aurez du temps disponible.

Le mode Prospectus

Le mode Prospectus propose une alternative intéressante pour aider votre assistance à suivre le déroulement de votre exposé. Cliquez sur cet onglet. Les diapositives prennent place par quatre sur une feuille vierge.

La fonction du mode Prospectus consiste à vous permettre d'imprimer un résumé de la présentation sur une feuille A4. Cette feuille peut ensuite aisément être distribuée à l'assistance ou, pour votre usage personnel, être rangée dans un classeur. Par défaut, quatre diapositives prennent place sur une page, mais vous pouvez en placer davantage si vous le désirez.

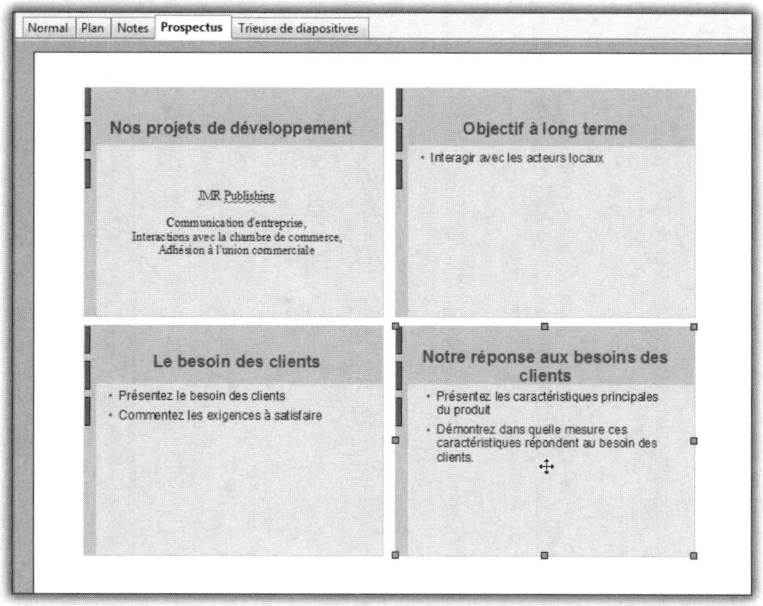

Figure 5.15 : *L'onglet Prospectus*

Le cas échéant, vous pouvez même réduire la taille des vignettes représentant les diapositives à l'aide des poignées vertes. En sélectionnant une poignée, vous agrandissez ou réduisez une vignette. En cliquant au cœur d'une diapo, vous pouvez la déplacer sur la feuille.

En cliquant du bouton droit de la souris sur une zone vierge de la feuille, vous ouvrez le menu contextuel. Cliquez sur **Diapo**. Dans le volet additionnel, sélectionnez *Paramétrer la page*. Vous pourrez configurer l'impression du prospectus.

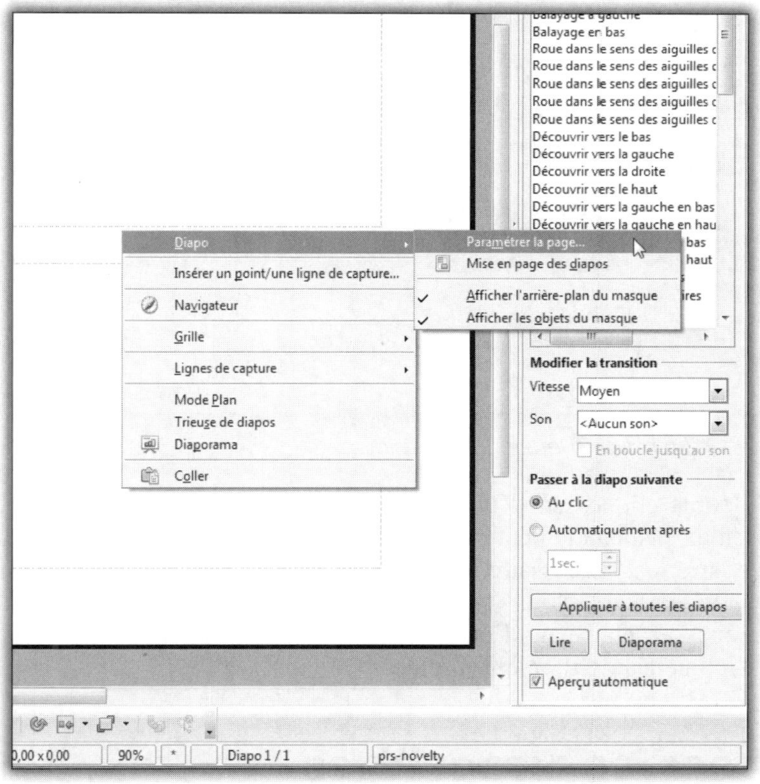

Figure 5.16 : *Configurez l'impression*

Le mode Trieuse de diapositives

La Trieuse de diapositives est très utile. Comme le mode Plan, elle sera exploitée pour réorganiser les diapos au sein de la présentation. Son fonctionnement est très simple ; il suffit de sélectionner une diapositive, puis de la déplacer vers un emplacement matérialisé par une barre verticale noire qui symbolise le point d'insertion. Sur une présentation qui ne comporte qu'une petite série de diapos, ce mode n'est pas nécessairement le mieux adapté. En revanche, dès que la présentation se compose de plus d'une vingtaine de diapos, vous pouvez mesurer tout l'intérêt de cette fonctionnalité.

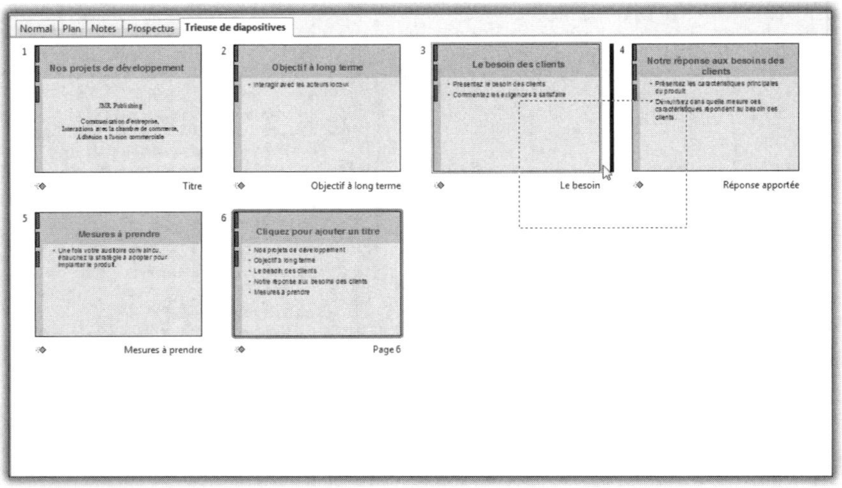

Figure 5.17 : *Le mode Trieuse de diapositive*

Si vous double-cliquez sur l'une des vignettes représentant une diapo, vous basculez instantanément vers le mode Normal, pour apporter des retouches si c'est nécessaire. Le mode Trieuse de diapositive est recommandé lorsque vous finalisez la présentation, et que vous souhaitez passer en revue l'ensemble de votre création et effectuer quelques retouches de dernière minute.

5.3. Créer les diapositives

La création d'une diapositive ne fait pas uniquement appel à des compétences techniques relatives à la manipulation du logiciel. Vous devrez également y mettre de votre créativité, imaginer le ressenti de votre auditoire, mesurer les implications du message que vous véhiculez. En bref, vous devez réfléchir à travailler la mise en scène de l'information pour que votre présentation soit réussie. Tous les outils mis à votre disposition par Impress sont conçus pour rationaliser toutes les tâches, les simplifier au maximum et rendre la création de diapositive attractive. Et même si votre présentation est longue, ambitieuse, composée de nombreuses diapositives, vous constaterez avec étonnement que la création des diapositives n'est pas rébarbative et qu'elle s'apparente plutôt à un jeu de construction qu'à la manipulation fastidieuse d'un logiciel. Dans tous les cas, l'ergonomie d'Impress est si bien pensée que, très rapidement, vous trouverez vos marques.

La méthode de création

Pour créer une présentation réussie, vous devez, nous l'avons déjà évoqué, réfléchir à la structure même de votre diaporama, avant de commencer toute manipulation. En composant un plan générique, vous savez comment les informations vont pouvoir s'organiser sur chacune des diapositives (l'autopilote vous vient d'ailleurs en aide). Vous passez ensuite à la création proprement dite des diapositives. Cette phase est évidemment la plus longue ; elle implique que vous intégriez les éléments graphiques de chaque diapo (les éléments visuels, le texte, les tableaux et, le cas échéant, les séquences vidéo).

Lorsque toutes les diapositives sont créées, vous pouvez alors à l'aide des onglets décrits précédemment vérifier la cohérence de votre travail, améliorer si nécessaire les transitions entre chaque diapo, intégrer des notes pour venir en aide à celui qui assurera la présentation de votre travail (ou pour vous-même) et enfin imprimer des prospectus qui serviront de soutien à votre auditoire. Rares sont les utilisateurs qui emploient Impress d'une manière aussi hiérarchisée. Bien souvent, les présentations évoluent au fil du temps. La gestion des diapositives devient une priorité ; certaines apparaissent, d'autres disparaissent, certaines sont déplacées. Bref, vous devez faire vivre votre présentation.

Vous verrez dans les paragraphes suivants comment maîtriser toutes les fonctionnalités qui autorisent la gestion de vos diapositives.

La barre d'outils Présentation

Pour interagir avec vos diapositives, la meilleure solution consiste à exploiter la barre d'outils *Présentation*. Théoriquement, cette barre d'outils est activée par défaut. Si ce n'est pas le cas, déroulez le menu **Affichage/Barre d'outils/Présentation**.

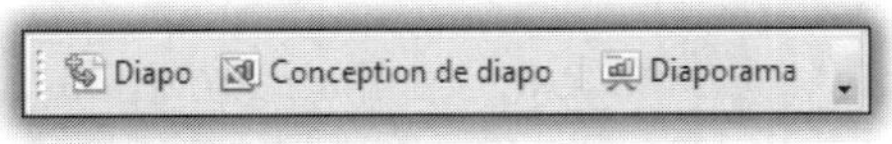

Figure 5.18 :
La barre d'outils Présentation

Cette barre d'outils est constituée de trois boutons qui permettent respectivement d'ajouter une diapositive, de modifier le style d'une diapo et d'afficher une prévisualisation du diaporama.

Véritable centre névralgique de la création de diapositive, cette barre d'outils est le passage de toute modification apportée à la présentation et de toute opération de vérification du travail effectué.

Cette barre d'outils peut être ancrée ou non, en fonction de vos besoins. Pour la déplacer, cliquez dessus tout en la glissant vers l'emplacement de votre choix pour l'y déposer. Cette possibilité est intéressante ; elle permet d'avoir en permanence les outils sous la main, même lorsque vous avez zoomé au maximum sur un détail d'une diapo.

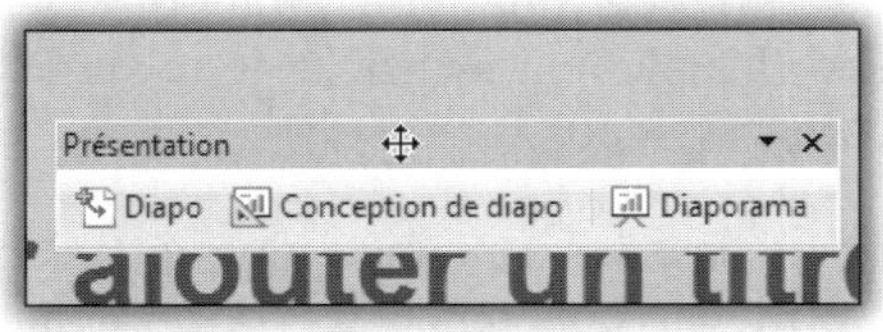

Figure 5.19 :
Déplacez la barre d'outils

Voyons comment fonctionne chacun des trois boutons de la barre d'outils *Présentation*.

Insérer/supprimer une diapositive

L'insertion d'une diapo dans la présentation est sans doute la manipulation la plus simple. Dans le volet de gauche, **Diapo**, cliquez sur la diapo qui précède le point d'insertion désiré.

1 

Cliquez sur le bouton ci-contre ; la nouvelle diapo prend place dans l'espace de travail ainsi que dans le volet **Diapo**. Elle est automatiquement sélectionnée, prête à être modifiée.

La barre d'outils *Présentation* ne propose pas de commande spécifique pour supprimer une diapo. Deux possibilités s'offrent à vous pour vous acquitter de cette tâche.

2 Cliquez dans le volet **Diapo** sur la diapositive que vous souhaitez effacer. Ouvrez le menu contextuel avec le bouton droit de la souris et sélectionnez la commande **Supprimer la diapo**.

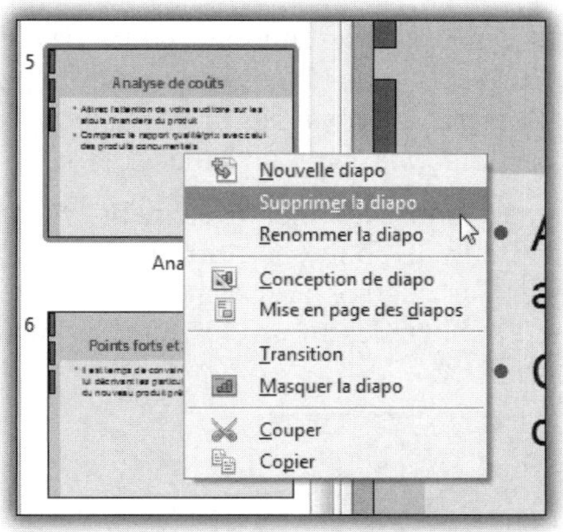

Figure 5.20 : *Supprimez via le volet Diapo*

Si vous préférez utiliser l'espace de travail, cliquez du bouton droit de la souris sur la diapo active. Vous ouvrez ainsi le menu contextuel. Cliquez sur **Diapo** pour ouvrir le volet additionnel, puis sélectionnez *Supprimer la diapo*.

ATTENTION

Supprimez à bon escient

Lorsque vous supprimez une diapo, aucune confirmation ne vous est demandée. Si vous avez commis une erreur lors de la suppression, utilisez le raccourci clavier Ctrl+Z afin d'annuler la suppression.

Insérer un style de page

La diapo que vous venez d'ajouter dans votre présentation arbore le même style graphique que vous aviez sélectionné pour l'ensemble de la présentation. Vous pouvez cependant modifier ce style si vous le désirez afin de faire de cette nouvelle diapo une transition ou une rupture dans votre présentation.

1 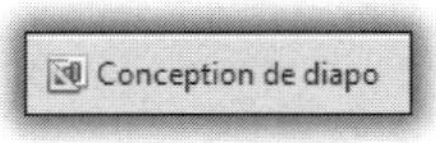

Cliquez sur le bouton **Conception de la diapo** ci-contre.

Vous ouvrez ainsi une boîte de dialogue qui vous permet d'affecter un nouveau style à cette diapo. Si plusieurs styles cohabitent au sein d'une même présentation, cliquez sur l'un de ceux listés dans la boîte de dialogue.

2 Si vous souhaitez activer un style qui ne figure pas dans la présentation, cliquez sur le bouton **Charger**. Vous ouvrez ainsi une seconde fenêtre, **Charger un Style de page**. Sélectionnez un élément dans la section *Catégorie*, puis un modèle.

3 Cochez la case *Aperçu* pour afficher l'élément sélectionné. Lorsque vous cliquez sur le bouton **Autres**, vous avez la possibilité de renseigner des champs afin d'insérer un titre sur la diapo, préciser le sujet, ajouter des mots-clés, etc. Lorsque vous êtes satisfait, cliquez sur OK.

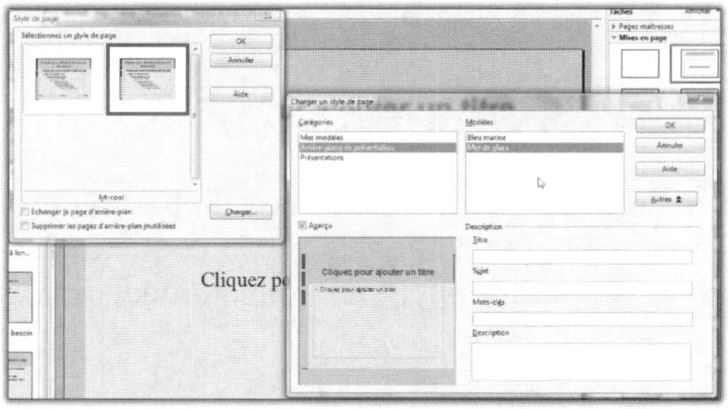

Figure 5.21 : *Chargez un nouveau style*

4 La boîte de dialogue **Charger un style de page** est fermée automatiquement. Dans la boîte de dialogue **Style de page**, affichez le nouveau style. Cliquez dessus pour le sélectionner, puis validez par OK. La nouvelle diapo arbore cette nouvelle apparence.

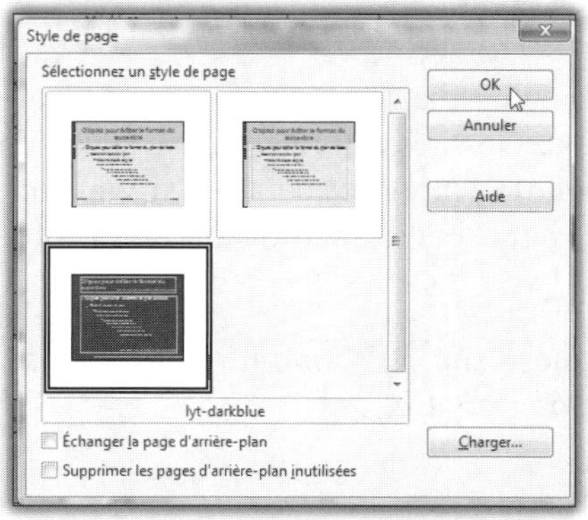

Figure 5.22 : *Sélectionnez le nouveau style*

Modifier du texte

Lorsque vous travaillez sur une diapo, vous êtes amené à insérer du texte soit en le saisissant traditionnellement, soit par copier-coller. Vous ne pouvez ajouter du texte que dans les zones qui sont prévues à cet effet dans le modèle. Pour cela, double-cliquez sur la zone de saisie. Le cadre change d'apparence ; vous pouvez alors saisir votre texte.

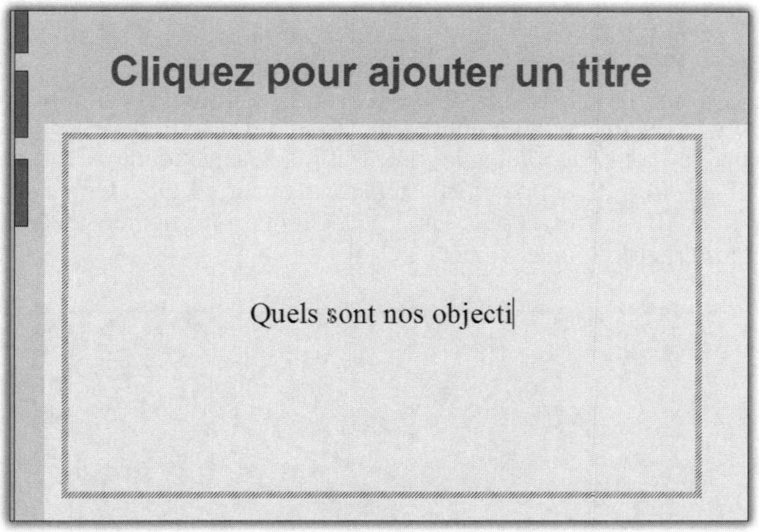

Figure 5.23 : *Saisissez le texte*

1 Si le modèle de diapo sélectionné n'offre pas suffisamment de zone de saisie, sélectionnez un autre type de diapo dans le volet latéral droit **Tâche/Mise en page**.

2 Cliquez sur le modèle ; de nouveaux formats de diapo prennent place dans la partie centrale de l'interface.

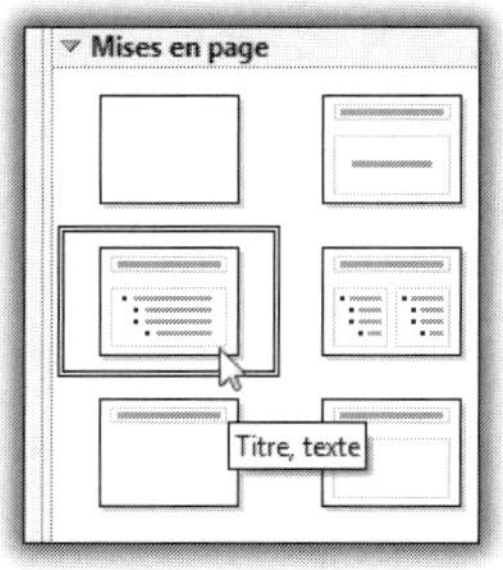

Figure 5.24 : *Nouvelle mise en page*

Pour gagner du temps, vous pouvez également importer un texte intégral en provenance d'OpenOffice.org Writer (une opération qui fonctionne également pour un tableau ou un fichier de base de données).

3 Dans le volet **Tâche/Mise en page**, sélectionnez le modèle *Titre, Objet*.

Figure 5.25 : *Sélectionnez le modèle Titre, Objet*

4 Dans la diapo, double-cliquez sur la zone d'insertion de l'objet. Dans la boîte de dialogue qui s'affiche, sélectionnez le type d'objet (ici, un document texte émanant d'OpenOffice.org Writer). Il ne reste plus qu'à sélectionner le fichier texte à importer, et le tour est joué.

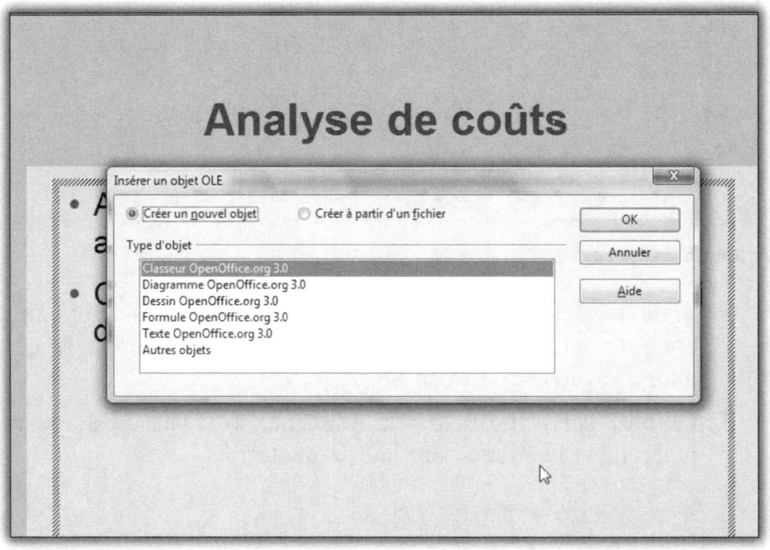

Figure 5.26 : *Importez le fichier*

Créer des objets graphiques

L'insertion d'images ou de cliparts dans les diapos est possible.

1 Dans le volet **Tâches/Mise en page**, sélectionnez un modèle proposant l'intégration d'un tel élément graphique. Puis double-cliquez dans la zone d'insertion. Vous ouvrez une boîte de dialogue qui vous permet de parcourir l'arborescence de votre disque dur afin de sélectionner une image. Un aperçu s'affiche lorsque vous mettez un fichier en surbrillance.

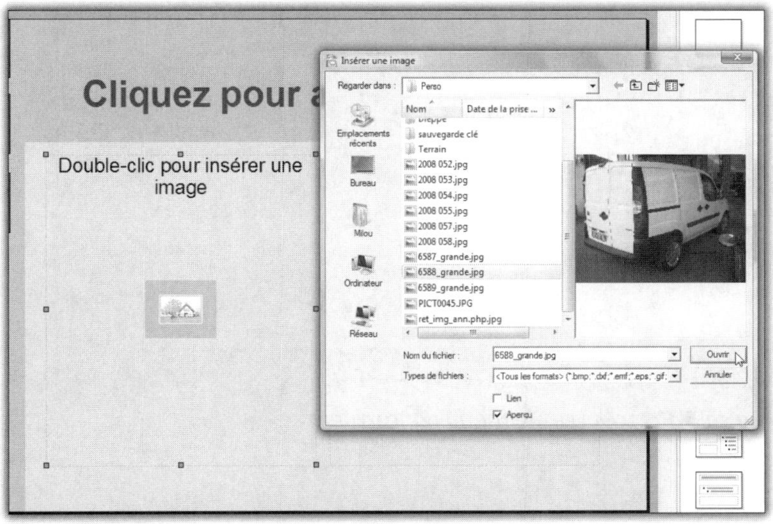

Figure 5.27 : Sélectionnez l'élément graphique

2 Une fois le fichier sélectionné, cliquez sur le bouton **Ouvrir**. L'image prend place dans la zone qui lui est réservée. À l'aide des poignées vertes, il est possible de la redimensionner et de la déplacer.

3 Pour interagir avec l'élément graphique, cliquez du bouton droit de la souris afin d'accéder au menu contextuel, puis utilisez les commandes pour ajuster les propriétés de l'élément.

Tous les ajustements sont possibles, y compris l'animation de l'élément dans la diapositive ou la gestion d'interactions particulière comme l'association d'un son au passage de la souris sur l'image, etc. Toutes ces possibilités sont évoquées au point suivant.

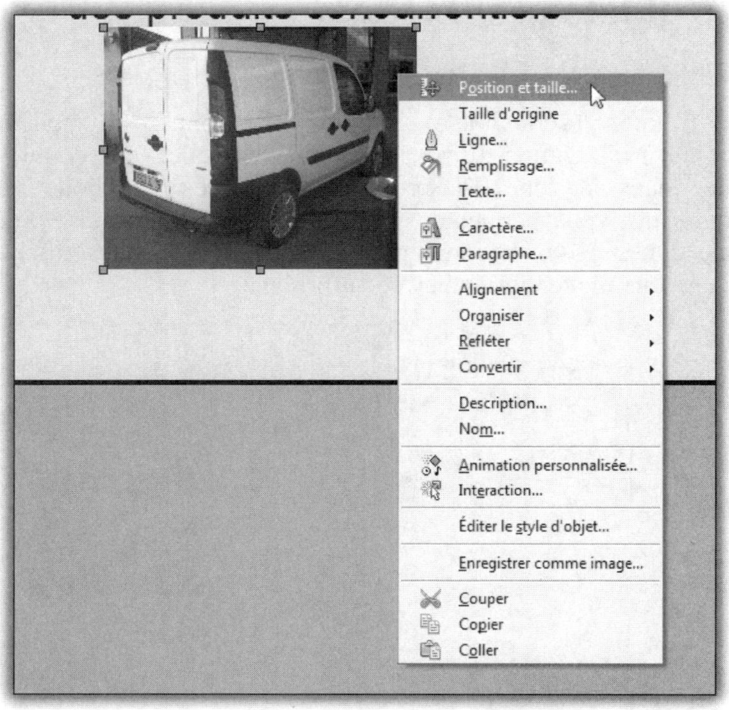

Figure 5.28 : *Ouvrez le menu contextuel*

5.4. Animer les diaporamas

Pour qu'un diaporama soit véritablement attractif, qu'il s'agisse d'une diffusion de photos de vacances auprès des membres de votre famille ou d'une véritable conférence professionnelle, il est impératif que celui-ci soit animé. Il existe différentes solutions pour donner de la vie à votre présentation. En effet, Impress met à votre disposition un arsenal complet d'animations. Plusieurs éléments peuvent ainsi être dynamisés. Les animations les plus utilisées concernent les transitions entre chaque diapo de la présentation. Mais il serait dommage de s'y cantonner, d'autant qu'il est possible d'intégrer des animations variées au sein d'une même diapo. Des effets peuvent ainsi être appliqués pour faire apparaître un texte, un titre, une image, etc. Les options sont variées et le mode d'activation de ces animations l'est tout autant. Fort heureusement, les commandes très bien pensées d'Impress vous permettront une prise en main rapide et efficace de ces fonctionnalités.

Animer les objets

Chaque objet inséré sur une diapo peut être animé : au moment de son affichage, lorsqu'il doit disparaître, au passage de la souris, etc. Pour animer un objet, commencez par le sélectionner en cliquant dessus. L'encadrement de sélection apparaît. Dans le volet **Tâche** à droite de l'interface, cliquez sur **Animation personnalisée**.

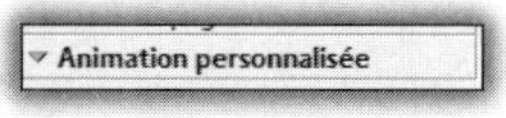

Figure 5.29 :
Personnalisez les animations d'objets

La première étape de la manipulation consiste à ajouter un effet à l'objet sélectionné :

1 Cliquez sur le bouton **Ajouter**. Vous faites ainsi apparaître la liste des effets disponibles sous Impress. Ces derniers sont très variés et leur appellation est claire puisqu'il s'agit d'une description précise de l'effet qui sera obtenu.

Figure 5.30 :
Sélectionnez l'effet désiré

Par défaut, l'onglet **Entrée** est activé. Il permet de choisir l'effet qui anime l'apparition de l'objet.

2 Lorsque vous avez sélectionné un effet qui correspond à vos besoins, cliquez, pour l'activer, sur l'onglet **Accentuation** qui propose différentes options pour rendre l'effet encore plus visible. Vous pouvez également jouer sur la vitesse d'exécution de l'animation.

Figure 5.31 :
Ajustez l'effet

3 Sélectionnez, en activant l'onglet **Quitter**, l'effet que vous souhaitez appliquer pour animer la disparition de l'objet de l'écran. Il s'agit d'une option. Vous pouvez aussi opter uniquement pour une animation de sortie et non plus une animation d'entrée. Vous êtes libre.

4 Définissez des trajectoires de déplacement de l'objet sur la diapo. Pour cela, activez l'onglet **Trajectoires** et faites votre choix. Il suffit d'utiliser la fonction d'aperçu pour s'assurer que le résultat obtenu correspondra au résultat escompté (voir Figure 5.32).

5 Lorsqu'un effet est ajouté, il peut être modifié à volonté. Utilisez les fonctionnalités présentes dans le volet **Tâches**. Sélectionnez l'objet affecté par une animation. Dans le volet, vous pouvez choisir un autre effet, en définir les propriétés, y associer un son ou encore définir sa vitesse d'exécution (voir Figure 5.33).

Figure 5.32 : *Définissez une trajectoire*

Figure 5.33 : *Ajustez l'animation*

Les interactions entre les diapositives

Vous pouvez définir le mode de comportement d'un objet sélectionné lorsque vous cliquerez dessus au cours de la présentation. Le contenu de cette boîte de dialogue diffère selon le type d'objet mis en surbrillance. Cette fonctionnalité est particulièrement intéressante ; elle permet notamment une meilleure navigabilité au sein du document. Si, lors de votre présentation votre auditoire souhaite vous poser des questions ou revenir sur un point précis, il devient plus facile de parcourir la présentation. L'insertion de renvois figure parmi les fonctions les plus utiles d'Impress. Pour insérer une interaction, déroulez le menu **Diaporama** et sélectionnez **Interaction**.

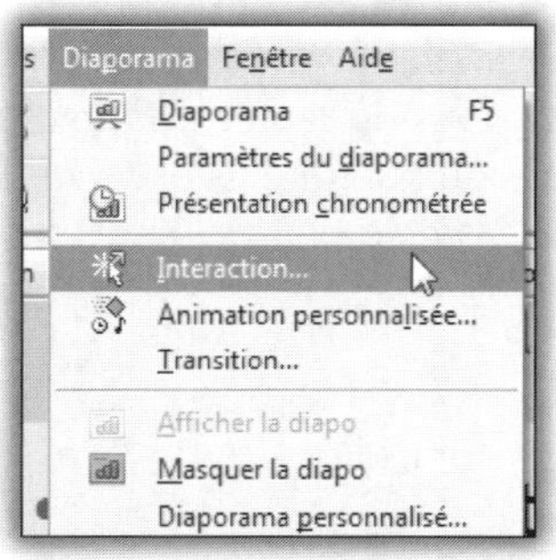

Figure 5.34 : *Insérez l'interaction*

Vous venez ainsi de commander l'ouverture de la boîte de dialogue **Interaction**. Simple à utiliser, elle se limite à une liste déroulante qui détermine la nature de l'interaction (passer à la page précédente, suivante, jouer un son, quitter la présentation, etc.)

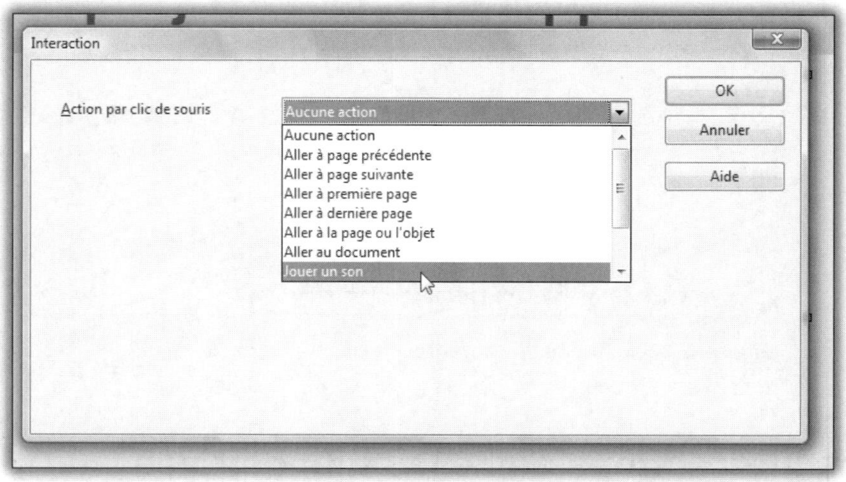

Figure 5.35 : *Définissez la nature de l'interaction*

Définir les effets de transition

Assurer la transition entre les diapos de la présentation est une figure imposée. L'autopilote vous permet de définir une action unique qui s'applique à toutes les diapos. Il peut pourtant se révéler judicieux, pour dynamiser la présentation, de varier les effets, d'autant qu'Impress vous en propose de nombreux que vous pouvez personnaliser assez librement.

Procédez ainsi :

1 

Sélectionnez la diapo à modifier. Pour cela, cliquez dans le volet **Diapo** sur l'élément de votre choix. Observez le volet **Tâche** à droite de l'écran et cliquez sur le bouton **Transition** ci-contre.

Tous les types de transition disponibles sont listés ici. Une fois encore, il est facile de comprendre l'effet obtenu grâce à une description concise de la transition.

2 Cliquez sur l'une d'elles pour obtenir un aperçu immédiat.

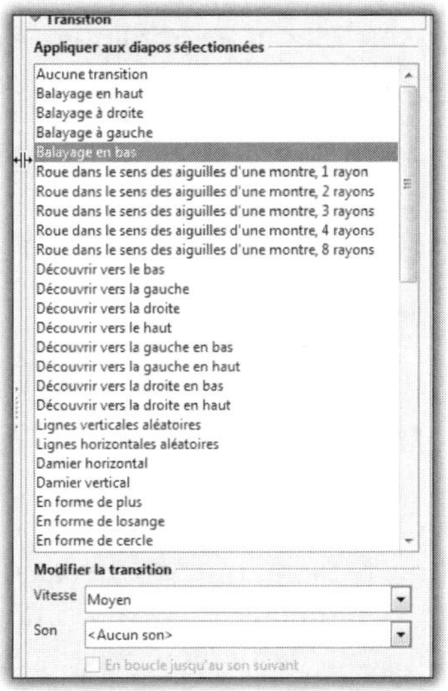

Figure 5.36 :
Sélectionnez un effet de transition

Si vous le désirez, vous pouvez ajuster la vitesse de l'effet ou encore associer un son en le sélectionnant dans la bibliothèque de sons disponibles.

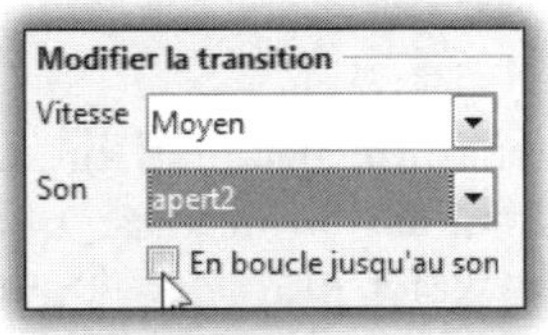

Figure 5.37 :
Personnalisez la transition

Reste à définir quelle action va déclencher le lancement de la transition.

3 Observez la partie inférieure du volet **Tâches/Transition**. Regardez plus particulièrement la section *Passer à la diapo suivante*. Vous pouvez préciser si la transition doit être activée au clic de souris, ou automatiquement au bout de quelques secondes. Pour un diaporama, le minutage est intéressant. Pour une conférence, le clic semble mieux adapté.

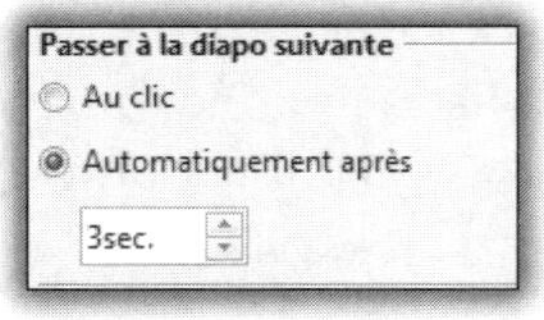

Figure 5.38 :
Activez la transition

4 Si cette transition vous a conquis, vous pouvez l'activer pour toute la présentation en cliquant sur le bouton **Appliquer à toutes les diapos**. Autrement, passez à la diapo suivante et sélectionnez une nouvelle transition.

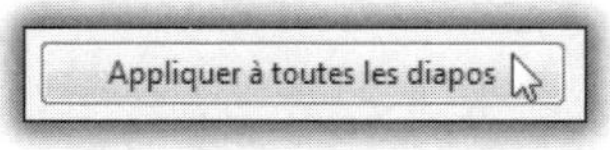

Figure 5.39 :
Appliquer la transition à toute la présentation

5.5. Exercice : Créez votre diaporama

La création d'un diaporama constitué de photos de famille n'est pas un exercice comparable à la création d'une présentation à l'occasion d'un exposé ou d'une conférence. Ajout de commentaires écrits, intégration d'une animation sonore, automatisation du défilement des images et exportation du diaporama : toutes ces opérations doivent être menées exclusivement dans le sens du spectacle afin de ne pas lasser votre auditoire.

Pour commencer, vous pouvez envisager de vous dispenser de l'Assistant de création de présentation :

1 Ouvrez une nouvelle présentation vierge. L'autopilote s'affiche automatiquement. Cochez la case *Présentation vierge* et cliquez sur **Suivant**.

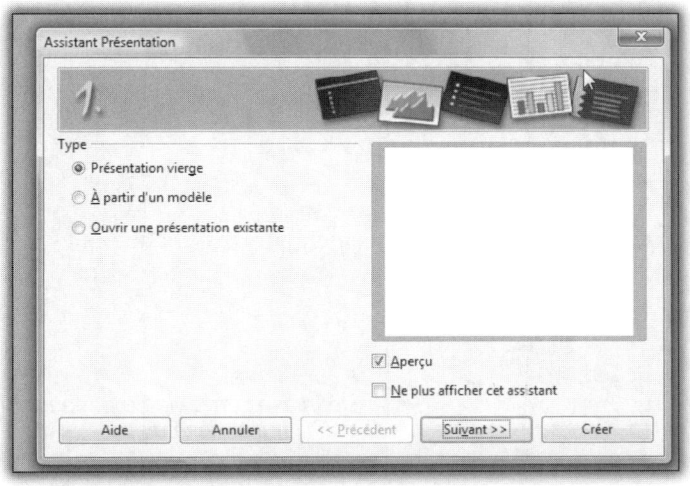

Figure 5.40 : *N'utilisez pas l'autopilote*

La deuxième étape permet en théorie de définir le style d'arrière-plan ou le modèle qui sera appliqué pour toute la présentation.

2 Ignorez cette étape et cliquez sur le bouton **Créer** pour tout composer manuellement.

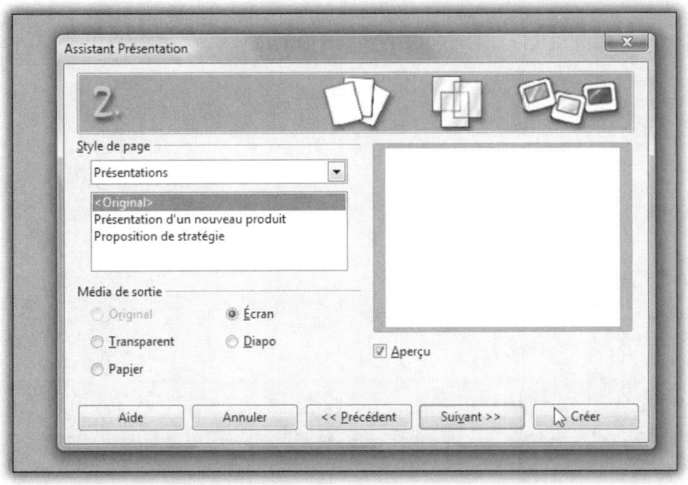

Figure 5.41 : *Cliquez sur Créer pour générer une présentation vierge*

3 Dans le volet **Tâches**, cliquez sur *Pages Maîtresses*. Si vous souhaitez à ce stade créer la première page de votre diaporama, sélectionnez un style. Double-cliquez dessus pour qu'il prenne place sur la première diapo.

Figure 5.42 : *Définissez un style de page maîtresse pour la première diapo*

4 Ajoutez du texte, pour imiter le générique d'un film par exemple. Double-cliquez sur une zone de texte et saisissez les quelques mots qui introduisent votre diaporama.

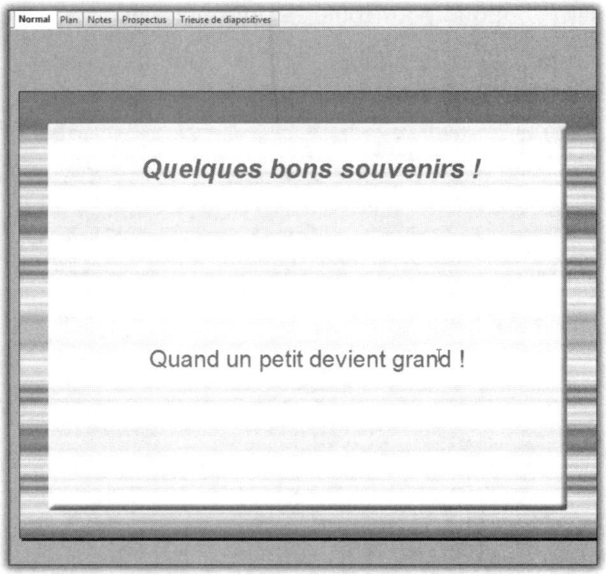

Figure 5.43 : *Insérez du texte*

5 Créez une nouvelle diapo. Dans le volet **Diapo**, ouvrez le menu contextuel et sélectionnez **Nouvelle diapo**. La diapo ainsi créée arbore le même style que la première. Reportez-vous au volet **Tâches** pour en changer l'apparence.

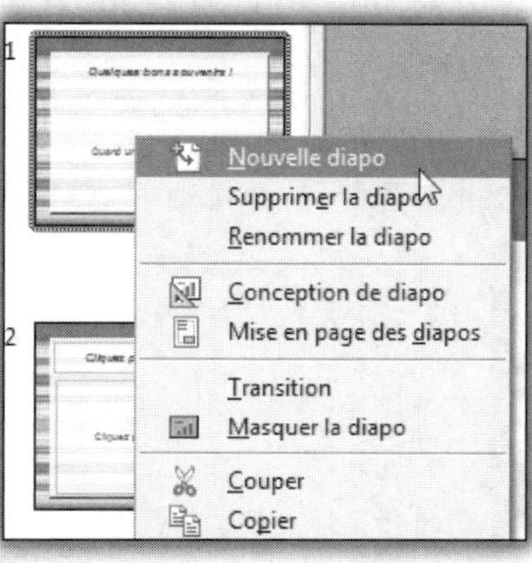

Figure 5.44 :
Créez une nouvelle diapo

6 Dans le volet, cliquez sur la commande **Mise en page** et sélectionnez une mise en page qui permette d'insérer des images dans la diapo, ou optez pour un modèle vierge que vous composez vous-même. Si vous optez pour cette deuxième solution, déroulez le menu **Insertion/Images**. Dans le volet additionnel, cliquez sur **A partir du fichier**. Dans la boîte de dialogue, sélectionnez l'image à intégrer.

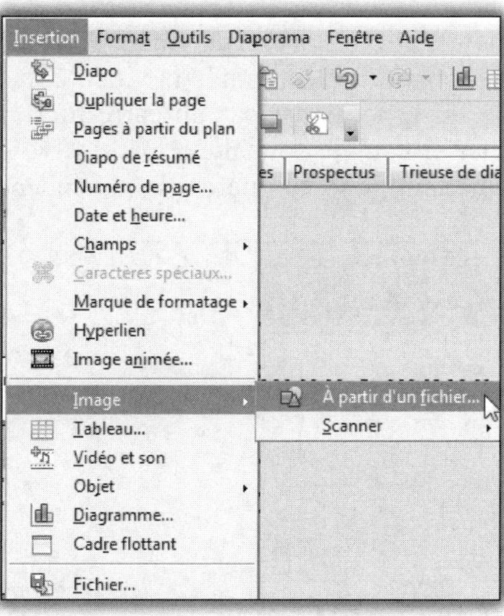

Figure 5.45 :
Insérez une image

7 Lorsque l'image prend place sur la diapo, vous pouvez en ajuster la position, les effets d'apparition, la taille comme nous l'avons évoqué précédemment dans ce chapitre. Dans le volet **Tâche**, section *Transition*, choisissez un défilement automatique. Vous pouvez, pour chaque image, définir une durée d'affichage différente.

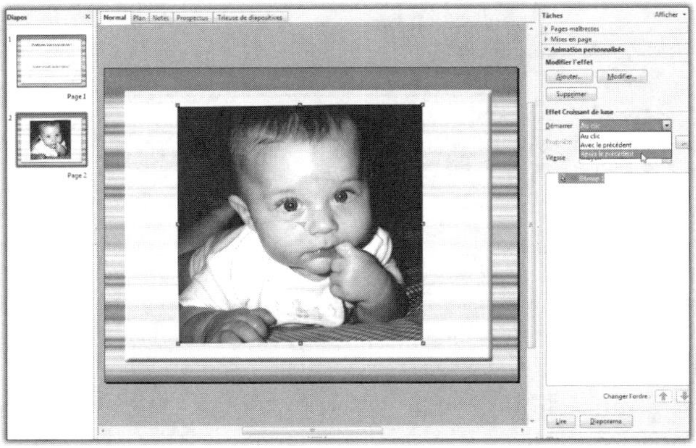

Figure 5.46 : *Ajustez les effets liés à l'image*

8 Répétez cette opération pour toutes les images.

Pour varier les plaisirs, Impress vous autorise à animer encore davantage votre diaporama, en insérant par exemple une vidéo qui sera lue dès l'affichage de la diapo sur laquelle elle a été insérée.

9 Déroulez le menu **Insertion** et cliquez sur **Vidéo et son**. Dans la boîte de dialogue qui apparaît, sélectionnez la vidéo à insérer. Au sein de la diapo, elle est représentée par un carré noir que vous pouvez redimensionner si vous le souhaitez. Dans le volet **Diapo** en revanche, une vignette affiche un aperçu de la séquence.

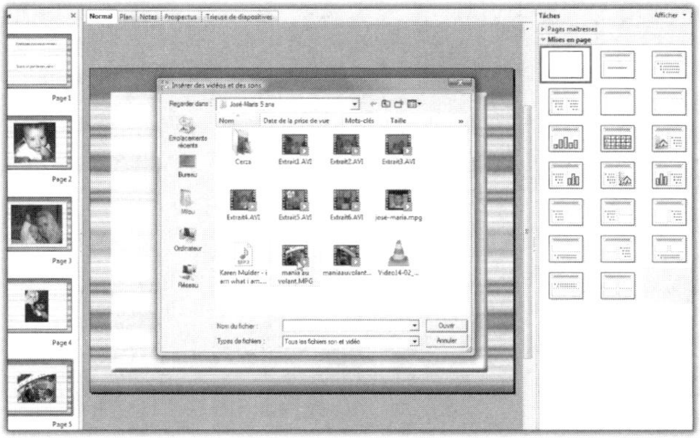

Figure 5.47 : *Insérez une vidéo*

Lorsque vous avez configuré les transitions et les effets d'animation de tous les objets insérés, et que vous pensez avoir finalisé votre diaporama, vient le moment de l'exporter dans un format exploitable selon vos besoins. Si vous souhaitez utiliser votre création sur un site Internet, il peut être judicieux d'en faire une animation au format Flash :

1 Cliquez sur le menu **Fichier/Exporter**. Vous ouvrez la boîte de dialogue **Exporter**.

2 Déroulez la liste *Format de Fichier* et sélectionnez l'extension *Macromedia Flash SWF*. Le fichier ainsi produit est prêt à être mis sur votre site Internet et sera affiché dans les navigateurs Internet de vos visiteurs.

Figure 5.48 : *Exportez au format Flash*

3 Si vous souhaitez que votre diaporama soit accessible à tous les publics, vous pouvez également l'enregistrer au format PowerPoint (PPT). Les utilisateurs d'OpenOffice.org pourront l'ouvrir sans problème et les utilisateurs de Microsoft Office également. Cliquez sur **Fichier/Enregistrer sous**.

4 Sur la liste *Type*, sélectionnez *Microsoft PowerPoint 97/2000/XP (PPT)*. Cliquez sur **Enregistrer**.

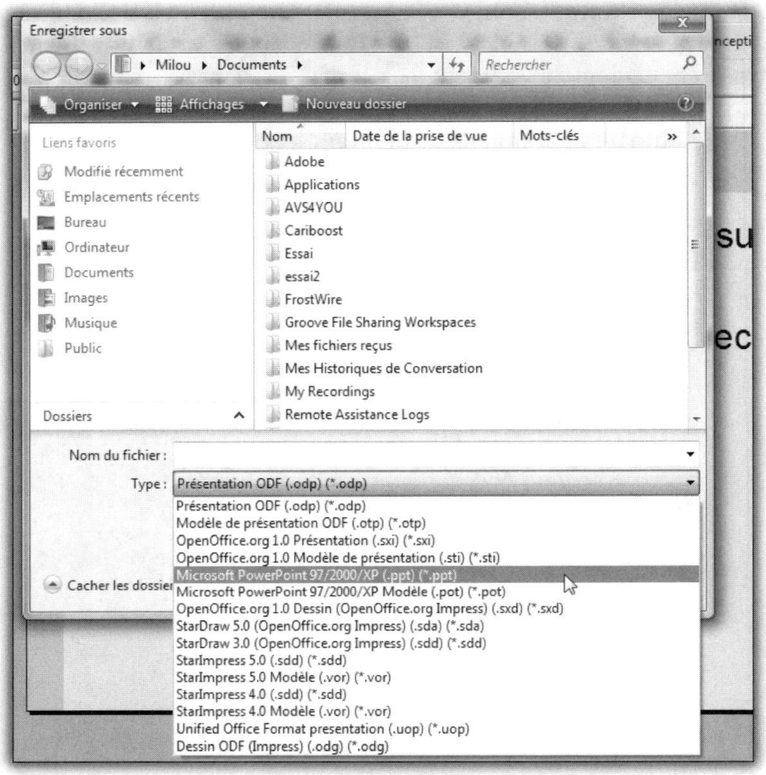

Figure 5.49 : *Enregistrez au format PowerPoint*

Chapitre 6

Maîtriser OpenOffice.org Base

Les logiciels de base de données ne sont pas les plus couramment exploités. Alors que les fonctionnalités très puissantes ne sont pas toujours claires à appréhender, les particuliers préfèrent se tourner vers les fonctions limitées des tableurs et renoncent à la puissance de la base de données. OpenOffice.org Base est une solution très performante qui, comme ses concurrentes, a tendance à rebuter les débutants ; ces derniers supposant, souvent à tort, qu'ils ne parviendront pas à maîtriser cet outil.

Pourtant, lorsque l'on a appréhendé les quelques notions clés nécessaires à un contrôle de l'application, la gestion d'une base de données devient un véritable régal et permet surtout de mieux vivre avec les informations capitales qu'elle peut contenir. Avec Base, vous pourrez gérer des fichiers client, créer des requêtes, appliquer des filtres, afin de cibler uniquement certaines entrées et gagner beaucoup de temps. Seule la phase de création pure de la base nécessite un effort intellectuel davantage lié à vos objectifs personnels qu'à la maîtrise pure des commandes de l'application.

6.1. Quelques notions de base

Pour bien débuter avec OpenOffice.org Base, il est indispensable de comprendre ce qu'est une base de données (qu'elle soit gérée par Base ou par un autre logiciel). Sur le principe, la mission d'une base de données consiste à enregistrer de manière structurée un certain nombre d'informations, afin de les organiser, de les retrouver, de les filtrer et de les croiser à l'aide d'outils spécifiquement développés. Une base de données est constituée d'au moins une table, mais le nombre de tables n'est pas limité. Dans chaque table figure un certain nombre de champs (nombre qui dépend finalement de vos besoins et de la nature même de la base). Ces champs sont représentés sous la forme de colonnes (par exemple pour une base de contacts : *Nom*, *Prénom*, *Civilité*, *Adresse*, *Ville*, *Code postal*, *Téléphone*, etc.). La table et la façon dont elle est conçue représentent un modèle de fiche signalétique. Lors de la saisie des données, une table ressemble dans son fonctionnement et son utilisation à une feuille de calcul d'OpenOffice.org Calc. Les champs représentent les colonnes, et chaque donnée saisie une ligne. Cependant, dans la table d'une base de données, le type d'informations d'un champ est indiqué dans la structure même de la table, et attribué une fois pour toutes lors de la création de la table. Il concerne toutes les lignes d'une même colonne.

Un champ est un espace réservé aux données. Il répond à des règles précises auxquelles on ne peut déroger, une fois qu'on les a fixées. Il en va ainsi du type de données. Lorsque vous créez la table, vous devez indiquer quel type de données le champ contiendra. Il peut s'agir de texte, de nombres entiers, etc. Selon le type de données, des contraintes spécifiques peuvent se faire jour. Ces contraintes, c'est vous, en tant que créateur de la table, qui les imposez. Vous pouvez intégrer une contrainte d'unicité qui indique au système que ce champ ne peut contenir deux fois la même valeur. La contrainte non vide indique au système que ce champ doit impérativement contenir une donnée, etc.

La clé primaire est un passage obligé pour gérer la base de données. Les bases intégrées imposent la présence d'une clé primaire dans chaque table. Ce champ (ou une combinaison de champs) est un identifiant unique, un marqueur de chaque enregistrement. Dans Base, cette clé primaire peut être générée automatiquement.

Une fois ces prérequis compris et admis, il est possible de découvrir OpenOffice.org Base. Il sera inutile ici de décrire en détail les différents modes de visualisation et les différentes barres d'outils. Nous avons évoqué depuis le début de ce guide toutes les possibilités de faire apparaître ces barres d'outils ; Base, parfaitement intégré à la suite OpenOffice.org, répond aux mêmes règles.

6.2. La méthode de travail

Dans tous les cas de figure, vous ne devez jamais vous jeter sur les outils fournis par OpenOffice.org Base sans avoir, au préalable, réfléchi à la base de données que vous souhaitez créer. Les conseils de conception et de réflexion que nous avons prodigués au chapitre 4 concernant la création d'une présentation avec Draw sont aussi valables (et peut-être encore davantage avec Base). La conception de la structure d'une base de données est sans doute la phase la plus longue et la plus complexe ; elle implique en effet que vous puissiez déterminer, par avance, l'ensemble des possibilités d'exploitation de ces données.

Par exemple, si vous cherchez à constituer une base de coordonnées de vos clients, il n'est peut-être pas judicieux de vous contenter de leurs coordonnées postales. Pensez à intégrer un champ e-mail, des éléments clés comme une date de naissance, le nom des enfants, etc. Ainsi, toutes les possibilités d'exploitation des informations sont ouvertes.

Bien sûr, vous disposez de moyens pour entrer en contact (e-mail, téléphone, courrier) ouvrant autant de perspectives qu'un agenda complet, et de la création d'un publipostage ou d'une campagne d'e-mailing.

Vous pouvez créer un fichier des opérations autorisant la saisie des achats dans votre boutique, afin de contacter vos clients par la suite pour des offres ciblées. La base contiendra donc au moins deux tables : une table des clients et une table des achats.

6.3. Créer une base de données vierge

Les manipulations nécessaires à la création d'une base de données sont finalement assez simples. C'est davantage la conception pure de la base qu'il faut soigner.

Procédez ainsi :

1 Ouvrez Base en cliquant du bouton droit de la souris sur l'icône de démarrage rapide située dans la zone de notification et sélectionnez **Base de données**.

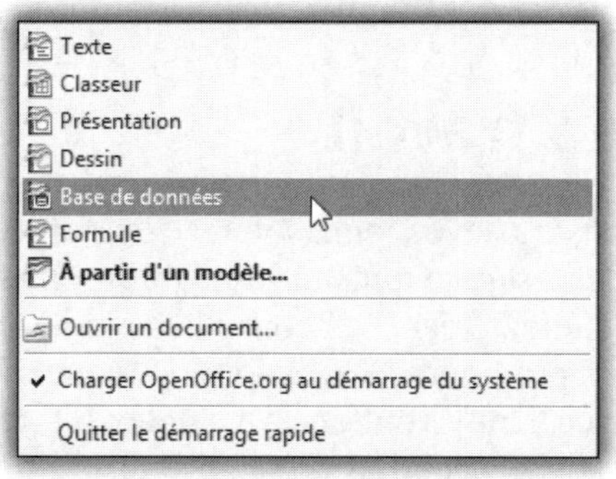

Figure 6.1 :
Ouvrez OpenOffice.org Base

Dès le premier lancement, Base vous propose de passer par l'intermédiaire d'un Assistant qui vous guidera dans la création d'une base de données. L'Assistant est synthétique ; il ne vous prend pas par la main comme l'autopilote d'Impress. Il est néanmoins très utile (voir Figure 6.2).

2 Cochez le bouton radio *Créer une base*, puis cliquez sur le bouton **Suivant**. Base vous demande si l'Assistant doit procéder à

l'enregistrement. Cochez le bouton radio *Oui, je souhaite que l'assistant enregistre la base de données*.

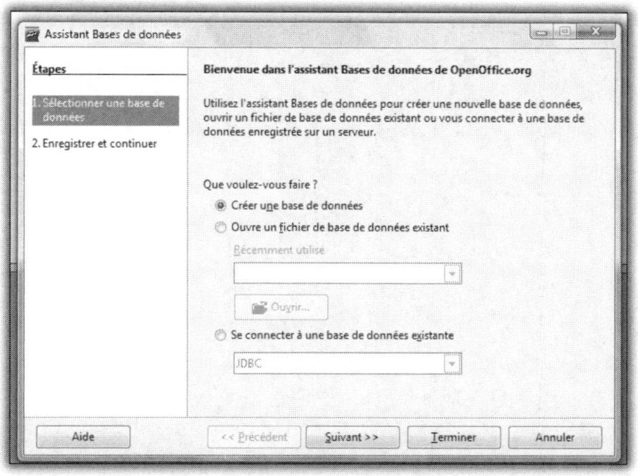

Figure 6.2 : *L'Assistant de Base*

3 Cochez l'option *Ouvrir la base de données pour Edition*. Pour continuer de recevoir de l'assistance, cochez l'option *Création de la table à l'aide de l'assistant Table* et cliquez sur le bouton **Terminer**.

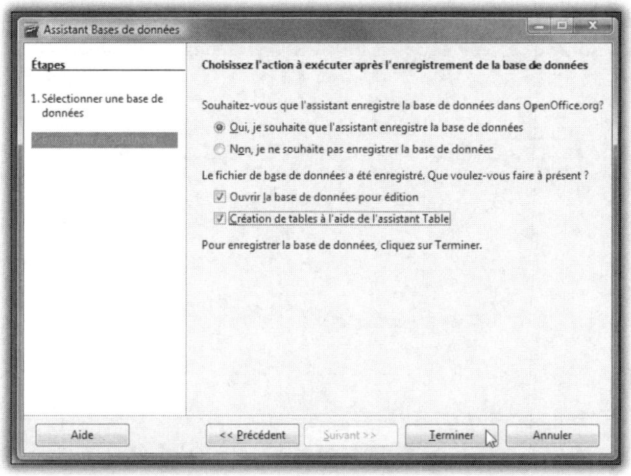

Figure 6.3 : *Créez la base*

Il faut nommer la base de données que vous vous apprêtez à créer.

4 Choisissez un répertoire et attribuez un nom au fichier. Cliquez sur **Enregistrer**.

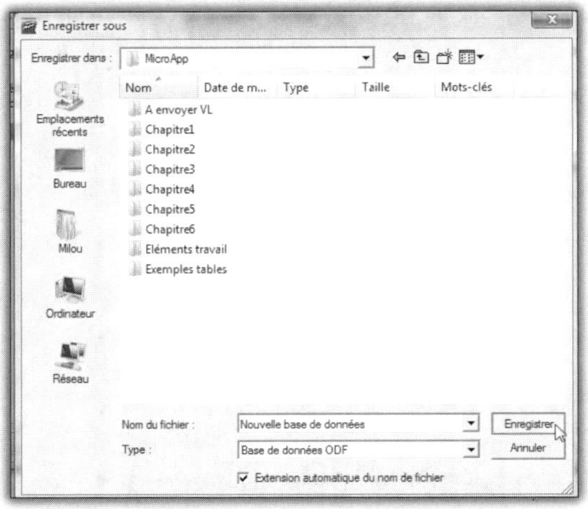

Figure 6.4 : *Enregistrez la base*

Au terme de l'enregistrement, l'Assistant continue de vous accompagner. Grâce à lui, vous allez bénéficier du soutien de modèles existants. Il convient de sélectionner les champs.

5 Optez pour *Professionnel* ou *Personnel* en cochant le bouton radio de votre choix.

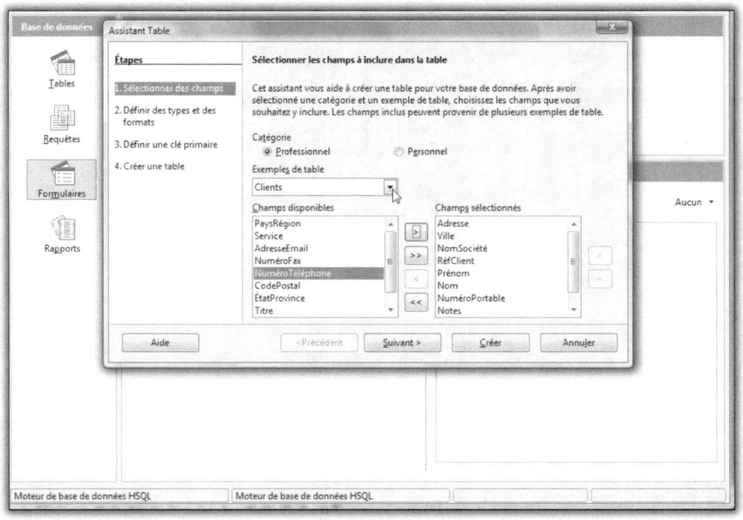

Figure 6.5 : *Choisissez un type de modèle*

6 Sur la liste déroulante *Exemples de table*, choisissez un modèle. Selon le modèle sélectionné, la liste des champs disponibles est affichée dans la section *Champs disponibles*.

7  Sélectionnez sur cette liste les champs que vous souhaitez voir apparaître dans votre base de données. Pour cela, sélectionnez un champ, puis cliquez sur le bouton ci-contre pour le faire apparaître dans la section *Champs Sélectionnés*.

Nous l'avons évoqué en introduction, les données doivent être associées à un type de valeur. Pour les définir, pour chacun des champs :

8 Cliquez sur le bouton **Suivant**. Cette nouvelle étape de l'Assistant est très simple. Sélectionnez un champ dans la section de gauche, puis définissez le type de champ, son nom (affiché en étiquette de colonne). Précisez si la saisie est indispensable ou facultative (en sélectionnant *Oui* ou *Non* sur la liste déroulante *Saisie requise*) et attribuez une taille maximale pour la donnée (exprimée en caractères). Procédez de la sorte pour tous les champs.

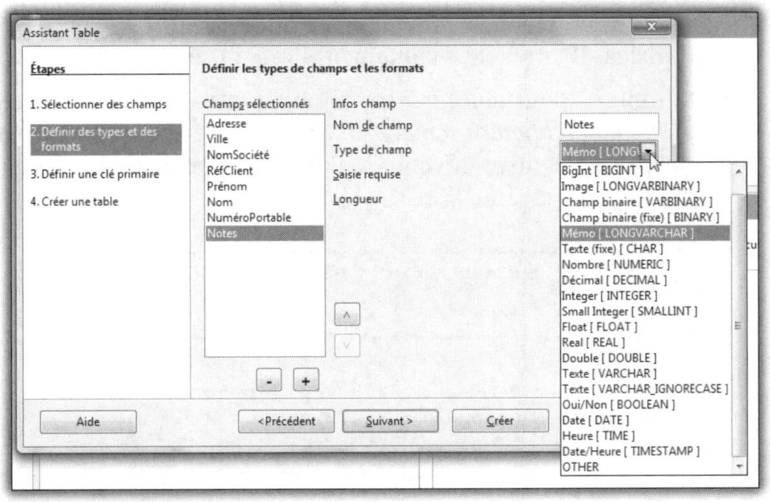

Figure 6.6 : *Affectez un type de valeur*

9 Cliquez sur **Suivant**. Il vous est alors proposé de créer une clé primaire. Acceptez ; vous ignorez l'usage qui pourra être fait à l'avenir de la base de données. Il est préférable de mettre toutes les chances de votre côté. Vous pouvez choisir la génération automatique de la clé ou au contraire opter pour un champ que vous sélectionnez vous-même.

10 Si vous êtes dans ce cas, cochez la case *Utiliser un champ comme clé primaire*. Sur la liste déroulante *Nom de champ*, sélectionnez le champ qui sera utilisé, par exemple la référence client.

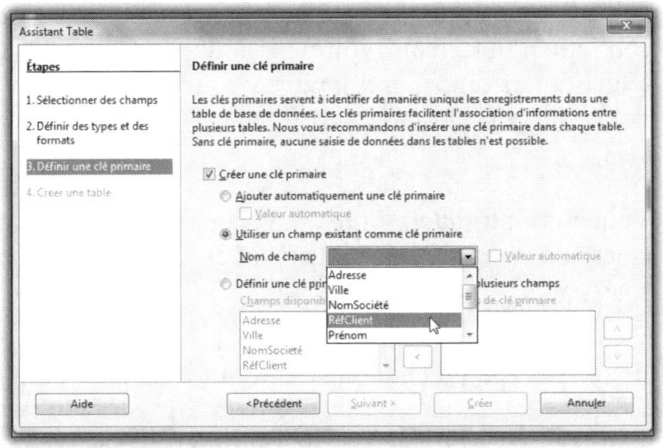

Figure 6.7 : *Générez la clé primaire*

11 Cliquez sur le bouton **Suivant** pour passer à la création de la table. Pour le moment, vous avez échafaudé la structure de la base de données. Il convient maintenant d'organiser la saisie des données.

12 Nommez votre table, par exemple *Clients*. Cochez la case *Insérer les données immédiatement* si vous pensez être prêt. Sinon, vous pouvez également revenir à l'ébauche de la table. Cliquez sur **Créer** pour générer la base.

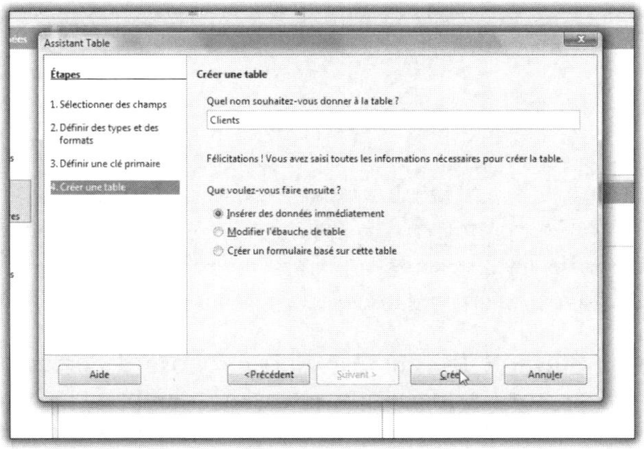

Figure 6.8 : *Créez la base*

Il ne reste plus qu'à entrer les données qui concernent vos clients. Cette tâche est bien sûr un peu rébarbative car très répétitive. C'est néanmoins un passage obligé pour posséder un véritable outil d'exploitation de ces informations.

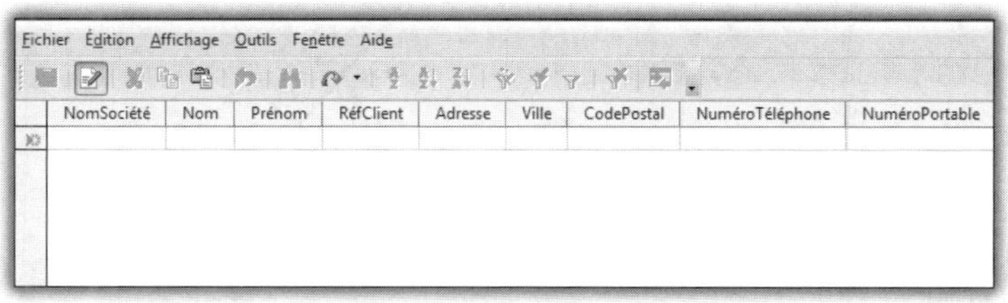

Figure 6.9 : *Saisissez les données dans la table*

Associer la source de données

Si vous possédez déjà une liste des clients quelque part, dans un tableau Excel ou dans Word par exemple, vous pouvez chercher à gagner du temps en déclarant ce fichier comme une source de données. Vous pourrez alors importer les informations figurant dans ce fichier initial vers votre base de données. Cela vous épargne la phase pénible de la saisie des données.

Pour vous livrer à ce genre d'association :

1 Déroulez le menu **Fichier/Assistant** et sélectionnez **Source de données des adresses**.

Figure 6.10 : *Lancez l'Assistant Source de données*

2 Les sources de données éventuelles sont nombreuses. S'il ne s'agit pas d'un carnet d'adresses système ou d'une application directement recensés sur la liste, cochez le bouton radio *Autres sources de données externes*. Cliquez sur **Suivant**.

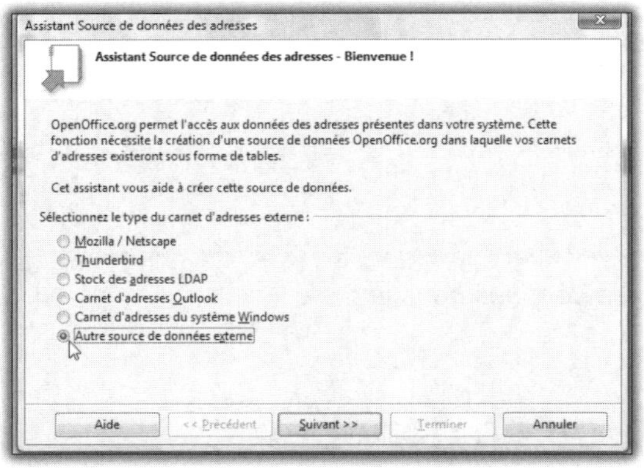

Figure 6.11 : *Choisissez Autres sources de données externes*

Il est nécessaire de préciser l'emplacement de ce fichier source et de vérifier que Base peut effectivement s'y connecter pour récupérer les données.

3 

Cliquez dans la fenêtre qui suit sur le bouton **Paramètres** ci-contre.

4 Selon le type de document auquel vous souhaitez vous connecter, Base n'agit pas de la même façon. Le logiciel est compatible avec de nombreux formats et types de fichier. Précisez sur la liste déroulante *Type de BD* le type de données à importer (dans cet exemple, il s'agit d'une feuille de calcul Excel).

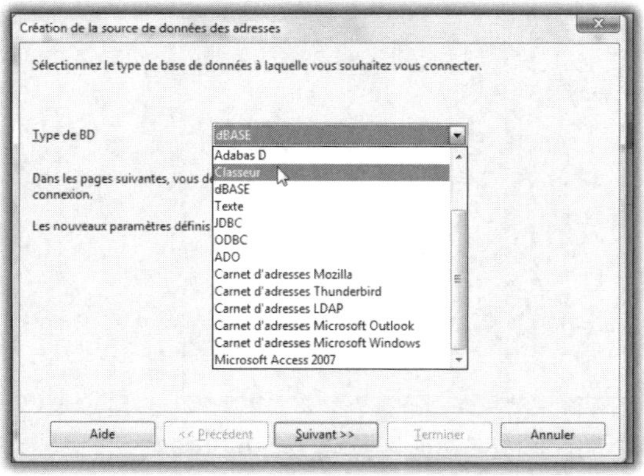

Figure 6.12 : *Définissez le type de BD*

5 Après avoir cliqué sur **Suivant**, cliquez sur le bouton **Parcourir** et désignez l'emplacement du fichier utilisé en tant que source de données. Cliquez sur le bouton **Tester la connexion** pour vérifier qu'il n'y a pas d'erreur. Cliquez sur OK, puis sur **Terminer** pour valider l'association.

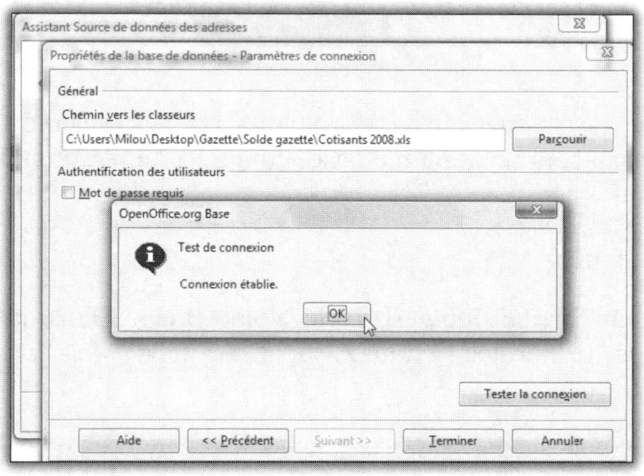

Figure 6.13 : Testez la connexion

Les données sont ensuite importées dans votre base de données, mais il est indispensable d'assurer la concordance entre les colonnes du tableau originel et les champs que vous avez spécifiés pour la base de données.

6 L'Assistant poursuit sa mission et vous propose un bouton **Assignation des champs**. Cliquez dessus et faites correspondre les étiquettes de colonne du tableau avec les champs de votre base de données.

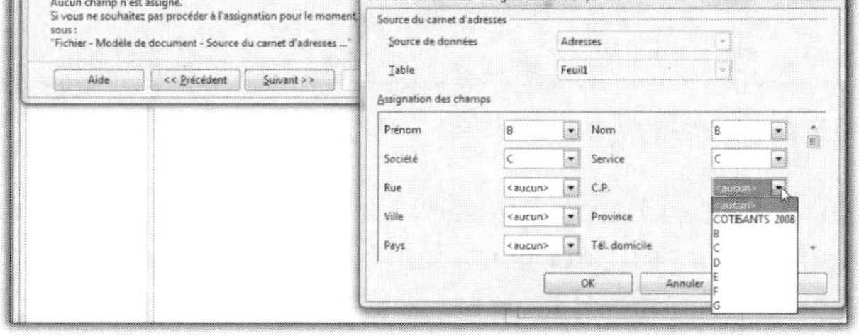

Figure 6.14 : Assignez les champs

7 Enregistrez la nouvelle table qui va ainsi être créée et cliquez sur le bouton **Terminer**. La base est désormais riche de données que vous n'avez pas saisies.

Ajouter des tables dans une source de données

Lorsqu'une base de données est créée, vous pouvez ensuite ajouter différentes tables au sein de la même base afin de les faire communiquer et de croiser les données.

Pour ajouter des tables :

1 Cliquez sur l'icône *Table* dans le volet **Base**. Dans la partie centrale de l'interface, cliquez sur *Créer une table en mode Ébauche*.

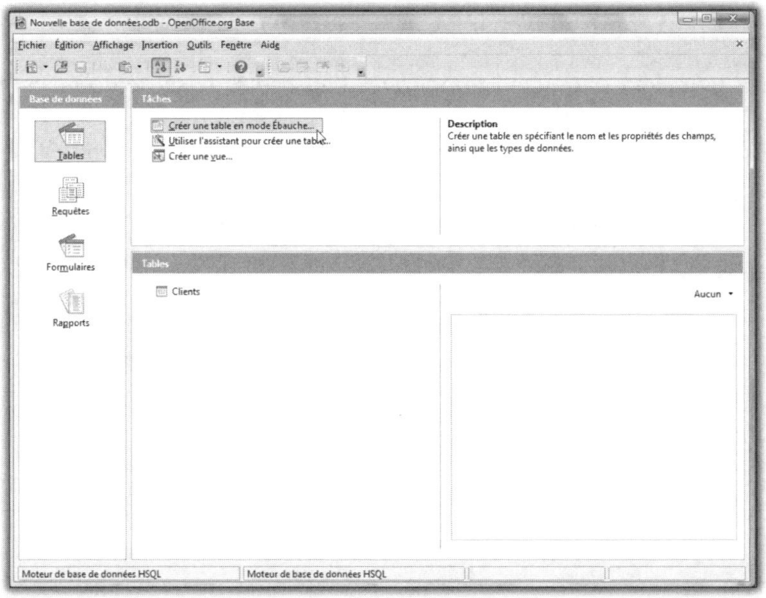

Figure 6.15 : *Ajoutez une table*

Vous faites apparaître des champs vierges qu'il convient de compléter en ajoutant des champs mais en précisant le type de valeur ainsi que toutes les autres propriétés évoquées jusqu'ici.

Si vous ne vous sentez pas à l'aise en créant une table de toutes pièces, mieux vaut vous en remettre à l'Assistant de création de table.

2 

Cliquez sur la commande ci-contre.

Vous venez de commander l'affichage de l'Assistant que vous avez utilisé lors de la création de la base de données. Vous pourrez à nouveau choisir parmi différents modèles de base. Cette solution séduira avant tous les débutants qui seront tranquillisés de trouver un tel soutien.

Éditer des données dans la source

Si vous ne possédez pas de source de données exploitable, il est inévitable de vous acquitter de la saisie manuelle des informations qui composeront la base.

Une fois encore, le fonctionnement d'OpenOffice.org Base est assez simple. Lorsque vous avez créé la structure de la base de données, vous avez défini un certain nombre de champs auxquels vous avez affecté des types de valeur. Certaines saisies sont requises, d'autres non.

Lorsque vous entrez des données dans la table, vous pouvez travailler avec la souris pour placer le curseur dans les cellules que vous souhaitez renseigner. Mais lorsque le nombre de données à saisir est important, il est préférable de travailler au clavier. Vous évitez ainsi de lever le nez et vous gagnez un temps certain.

Pour naviguer au sein des cellules de la table, il vous suffit d'utiliser la touche ↹ de votre clavier. Grâce à elle, vous passez à chaque nouvelle pression à la cellule suivante. Lorsque vous avez renseigné tous les champs d'une ligne, appuyez sur la touche ↵ afin de valider la saisie et de créer une nouvelle entrée dans la table.

Figure 6.16 : *Désactivez le mode Édition de données*

Si vous souhaitez consulter la table sans prendre le risque de modifier des données par erreur, vous avez à votre disposition un bouton de la barre d'outils *Affichage des données de la table*. Ce bouton permet d'activer ou de désactiver le mode Édition de données. Lorsque ce dernier est inactivé, seule la consultation de la table est possible.

L'édition des données peut également être facilitée par les autres commandes de la barre d'outils *Affichage des données de la table*. Le tableau ci-après indique la fonction de chaque bouton de cette barre d'outils.

Tableau 6.1 : *La barre d'outils Affichage des données de la table*

Icône	Signification
	Enregistre l'entrée active
	Active/désactive le mode Édition de données
	Coupe la donnée sélectionnée
	Copie la donnée sélectionnée
	Colle la donnée sélectionnée
	Annule la dernière modification
	Lance la recherche d'un enregistrement
	Rafraîchit les dernières saisies
	Active le tri des données
	Tri croissant des données
	Tri décroissant des données

Tableau 6.1 : *La barre d'outils Affichage des données de la table*	
Icône	**Signification**
	Filtre automatique des données
	Applique le filtre standard

Mettre en place des relations entre les tables

Lorsque plusieurs tables cohabitent au sein d'une même base de données, il est possible d'en associer les contenus afin de tirer une exploitation plus fine des données. Ce genre de manipulation s'appelle une "relation".

Pour établir une relation entre deux tables :

1 Déroulez le menu **Outils**, puis cliquez sur **Relations**.

Figure 6.17 :
Déroulez le menu Outils

Vous venez d'activer l'affichage de la boîte de dialogue **Ajouter des tables**. Cette boîte vous permet de désigner une à une toutes les tables d'une même base qui seront mises en relation. Si votre base comprend cinq tables par exemple, vous pouvez en associer deux, trois quatre ou cinq.

2 Cliquez sur la table de votre choix, puis sur le bouton **Ajouter**. La table prend place dans l'interface principale et la fenêtre **Ajouter des tables** reste à l'écran.

3 Sélectionnez une autre table. Cliquez sur **Ajouter**, puis sur le bouton **Fermer**.

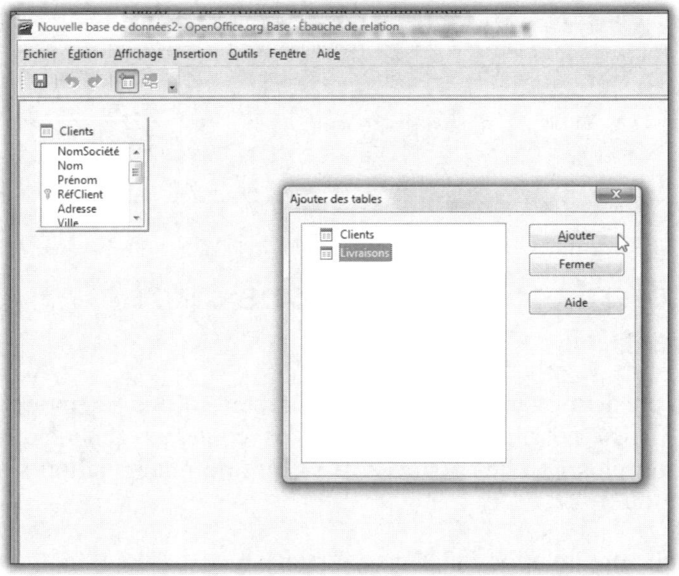

Figure 6.18 : *La boîte de dialogue Ajouter des tables*

Il convient d'établir la relation entre les deux tables.

4 Cliquez par exemple sur le champ *RefClient* de la première table.

5 Tout en maintenant la pression sur le bouton de la souris, glissez vers le champ *RefClient* de la deuxième table. Lorsque vous relâchez le bouton de la souris, une ligne apparaît entre les deux champs sélectionnés ; la relation est alors mise en place.

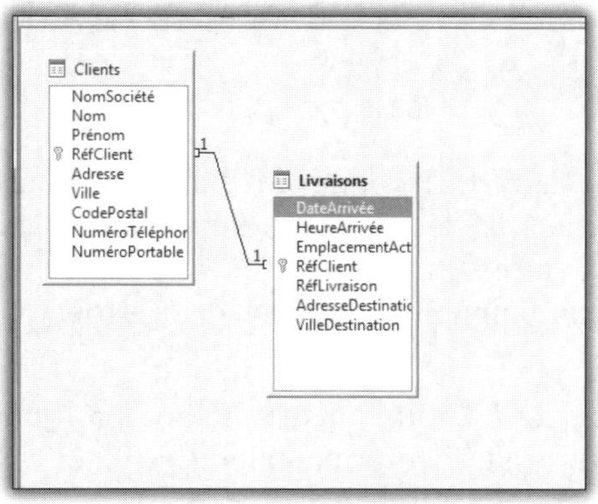

Figure 6.19 : *Établissez la relation*

Quand la relation est établie, vous pouvez fermer la fenêtre. À partir de cette manipulation, il est désormais impossible de saisir dans le champ *RefClient* de la première table, d'autres valeurs que celles qui figurent dans la seconde. Si vous saisissez une valeur inconnue dans la seconde table, l'enregistrement ne sera pas pris en compte par Base.

6.4. Créer et gérer des formulaires

Les formulaires sont des documents texte auxquels on a ajouté des propriétés de connexion avec une base, et qui permettent d'afficher, de modifier ou de saisir des données. Ils permettent de gérer la manière dont les données sont présentées. Ils constituent un passage obligé car ils représentent une interface claire et simple pour la saisie des données. Aussi, lorsque la base de données est de grande envergure, ils se révèlent bien utiles.

La création (et la gestion) des formulaires est simplifiée à l'extrême sous OpenOffice.org Base ; vous pouvez, à tout moment, être accompagné par un Assistant qui vous guide pas à pas dans la création ou la personnalisation d'un formulaire pertinent. Mais les plus chevronnés, et peut-être aussi les plus exigeants, désireront rapidement s'affranchir de cet Assistant afin de composer leur formulaire de toutes pièces. Une fois un formulaire créé, il faut encore saisir les données. Vous pourrez rapidement constater que le recours à un formulaire représente un confort certain.

Saisir des données sans formulaire

Nous l'avons vu dans nos précédents paragraphes, la saisie des données dans les champs est une étape fastidieuse dans la création d'une base de données. La table s'affiche en effet sous la forme d'un tableau. Chaque colonne correspond à un champ, chaque ligne correspond à un enregistrement. Vous pouvez vous déplacer de champ en champ avec la touche [Tab]. Vous pouvez saisir quelques noms de type d'opérations. Les données saisies sont réellement inscrites dans la base uniquement lorsque vous sauvegardez depuis cette fenêtre. Si vous fermez cette fenêtre sans avoir sauvegardé alors que vous avez ajouté ou modifié des données, un message d'alerte vous invitera à sauvegarder si vous voulez conserver les modifications. L'idéal pour rendre plus agréable la saisie des données est de recourir aux formulaires.

Créer un formulaire de saisie avec l'Assistant

Procédez ainsi :

1 

Dans l'interface générale de la base, cliquez dans le volet gauche sur l'icône *Formulaire* ci-contre.

2 Dans la section *Tâches*, deux possibilités s'offrent à vous : *Créer un formulaire en mode ébauche* (vous créez manuellement votre formulaire) ou *Utiliser l'Assistant de création de formulaires*. Cliquez sur cette deuxième option.

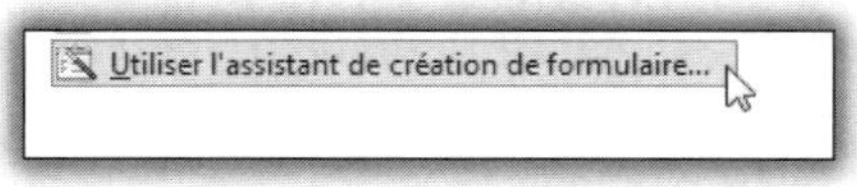

Figure 6.20 : *Activez l'Assistant de création de formulaire*

3 Après avoir cliqué sur cette commande, OpenOffice.org Writer est automatiquement ouvert. Il est associé à la boîte de dialogue **Assistant formulaires**.

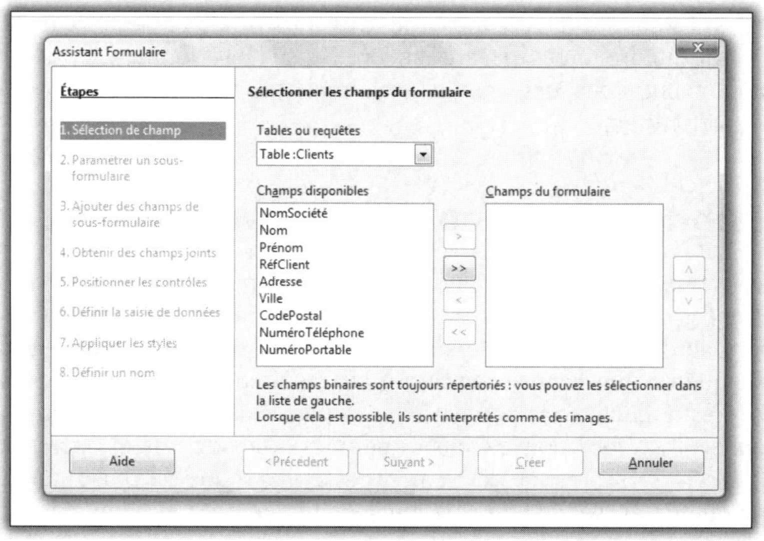

Figure 6.21 : *L'Assistant Formulaires s'ouvre dans Writer*

La première étape consiste à sélectionner la table pour laquelle vous souhaitez créer un formulaire.

4 Cliquez sur la liste déroulante *Tables ou requêtes* pour sélectionner l'élément de votre choix. Sélectionnez un à un les champs concernés par le formulaire. Lorsque la liste est dressée, cliquez sur le bouton **Suivant** pour passer à la prochaine étape.

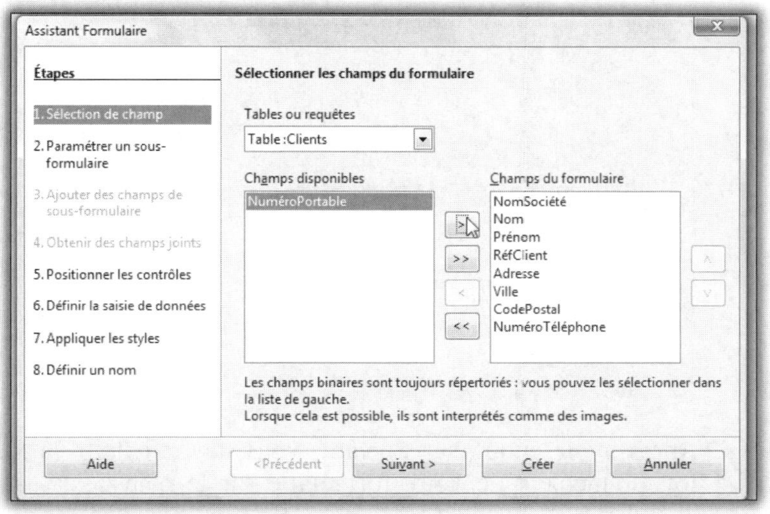

Figure 6.22 : *Sélectionnez les champs*

La deuxième étape vous permet de créer un sous-formulaire. Un sous-formulaire est un formulaire inséré dans un autre formulaire. Le formulaire primaire est appelé formulaire principal et le formulaire qu'il contient, sous-formulaire. Les sous-formulaires sont particulièrement utiles lorsque vous voulez afficher les données de tables ou de requêtes. Une requête peut rassembler des données issues de plusieurs tables afin de servir de source de données pour un formulaire, un état ou une page d'accès aux données qui ont une relation. Vous pouvez, par exemple, créer un formulaire contenant un sous-formulaire afin d'afficher les données d'une table *Catégories* et d'une table *Produits*.

5 Si vous n'avez pas besoin d'un sous-formulaire, cliquez sur **Suivant** sans cocher la case *Ajouter un sous-formulaire*.

Vous pouvez passer à la conception de votre formulaire. Par défaut, le style de formulaire est défini sous forme de grille. Ce n'est pas forcément le modèle qui distingue le plus le formulaire de la saisie sous forme de tableau.

6 Dans la section *Disposition* du formulaire principal, sélectionnez un des styles disponibles : *Colonnes-Etiquettes à gauche*, *Colonne-Etiquette en haut*, *Bloc-Etiquettes en haut*. À chaque fois que vous cliquez sur un modèle, il s'affiche dans Writer. Vous jugez en temps réel de l'intérêt du format sur lequel vous avez cliqué.

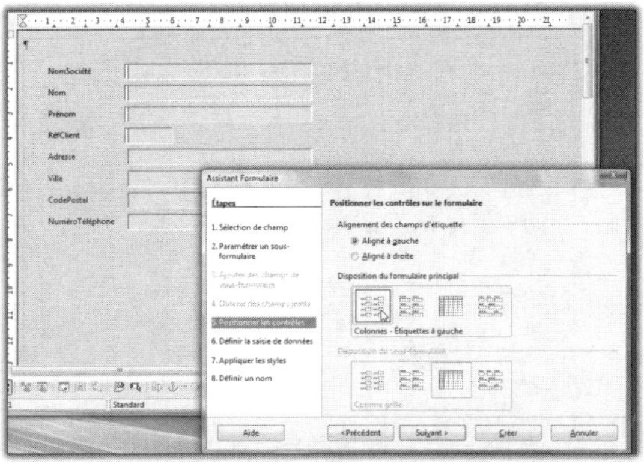

Figure 6.23 : *Choisissez le style du formulaire*

7 Après avoir cliqué sur **Suivant**, vous devez définir le mode de fonctionnement de votre formulaire sur le plan de la saisie des données.

Vous précisez ainsi si les données déjà saisies doivent s'afficher dans le formulaire et précisez si les modifications sur les données déjà enregistrées sont autorisées ou non. Ce choix est important si vous n'êtes pas le seul à travailler sur la base de données, mais que vous souhaitiez conserver le contrôle sur les données saisies.

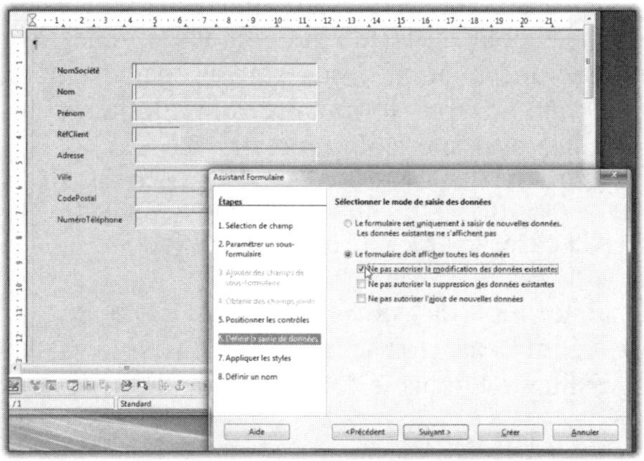

Figure 6.24 : *Autorisez ou non les modifications des données*

Une des raisons d'être du formulaire est le confort d'utilisation. C'est pourquoi l'étape suivante vous permet de choisir des personnalisations de l'apparence de ce dernier. Choisissez des couleurs, des effets 3D, etc.

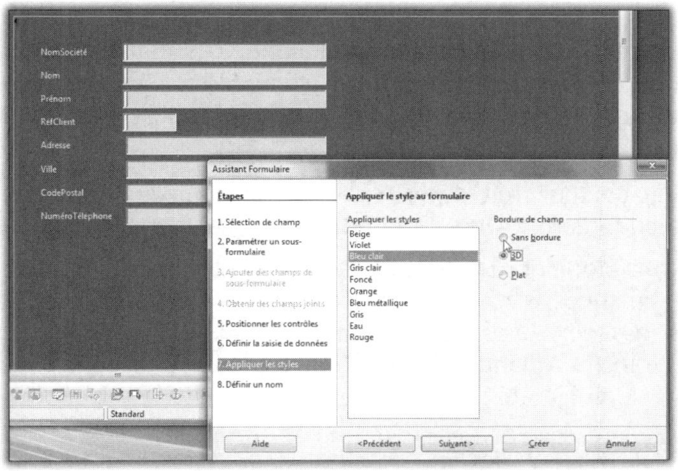

Figure 6.25 : *Définissez le design du formulaire*

8 Validez la création du formulaire. En cliquant sur **Suivant**, vous conservez la possibilité de modifier votre formulaire. Si vous cliquez sur **Créer**, le formulaire est généré automatiquement.

Il ne vous reste plus qu'à assurer la saisie des données en utilisant le formulaire que vous venez de créer. Comme nous l'avions configuré avec l'Assistant, les données déjà saisies ne peuvent être modifiées (mode Lecture seule).

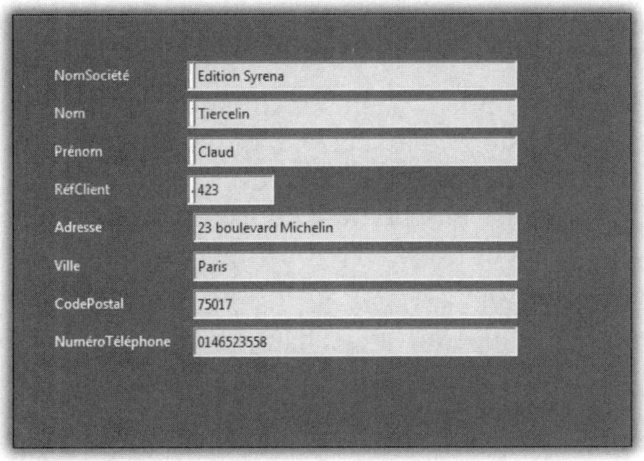

Figure 6.26 : *Remplissez le formulaire*

Créer une zone de liste

Votre formulaire peut vous rendre de nombreux services, surtout si la manière dont vous le créez lui confère une véritable ergonomie. Si votre table s'y prête, vous pouvez insérer dans le formulaire une zone de liste. Il s'agit de créer une liste déroulante dans laquelle vous pouvez choisir une donnée (il peut s'agir de la civilité par exemple ou d'une réponse par oui ou non). La liste affiche les différents choix possibles. Pour éditer le formulaire :

1 Cliquez du bouton droit de la souris sur le nom du formulaire dans la section *Formulaires* afin d'afficher le menu contextuel.

2 Cliquez sur **Modifier**. Le formulaire s'ouvre en mode Édition. Assurez-vous que les barres d'outils *Conception de formulaires* et *Contrôles de formulaires* sont activées. Dans le cas contraire, déroulez le menu **Affichage/Barre d'outils** et sélectionnez-les une à une dans le volet additionnel qui apparaît.

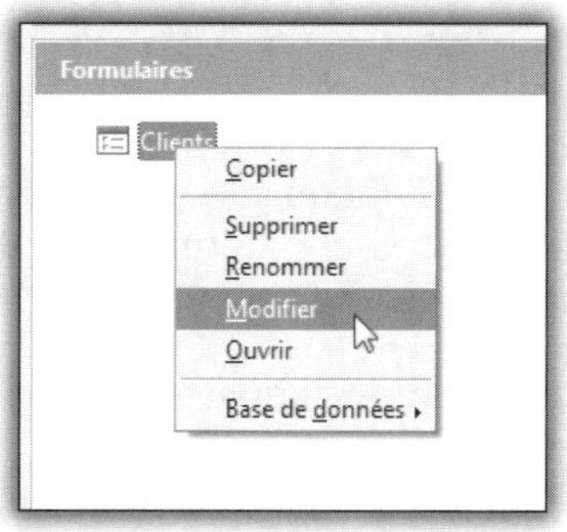

Figure 6.27 :
Cliquez sur Modifier

3  Dans la barre d'outils *Contrôles de formulaires*, cliquez sur l'outil **Zone de liste** ci-contre.

4 Dessinez à l'aide de votre souris les contours d'un cadre à côté du champ auquel la zone de liste sera associée. Un Assistant Zone de liste s'affiche. Il vous permet de configurer la zone de liste. Le premier écran de l'Assistant vous invite à choisir de quelle table les données à afficher doivent provenir (voir Figure 6.28).

5 Sélectionnez le champ auquel la zone de liste est rattachée en cliquant sur son nom ; il apparaît alors dans la section *Champ d'affichage*. Cliquez sur **Terminer** ; la zone de liste est automatiquement insérée dans le formulaire.

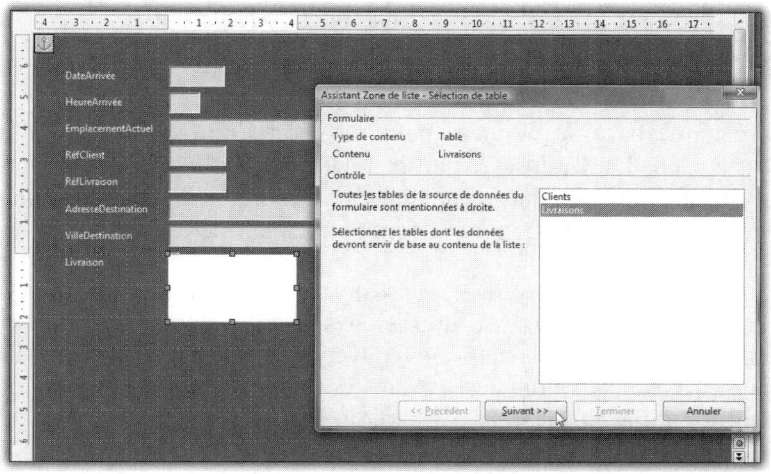

Figure 6.28 : *Dessinez les contours de la zone de liste*

6 Lorsque la zone de liste est mise en place, vous pouvez en modifier les propriétés. Pour cela, sélectionnez-la, puis en cliquant du bouton droit de la souris, ouvrez le menu contextuel et cliquez sur **Contrôle**. Vous pouvez affiner le fonctionnement et les réactions de la zone de liste.

Figure 6.29 : *Affinez les propriétés de la zone de liste*

6.5. Interagir avec les bases de données

Créer une base de données pour posséder une liste d'informations ne sert à rien. Du moins, à rien de plus que d'utiliser les fonctionnalités d'un tableur. Pour que le recours à un logiciel de base de données se justifie, il faut comprendre le fonctionnement de cet outil.

Une fois la base constituée, il est possible d'appliquer des filtres de tri, de créer des requêtes, de dresser des états, d'obtenir des rapports, de composer des vues spécifiques, qui mettent en avant certains éléments de la base de données. Cette dernière permet de jongler avec l'information qui ensuite est exploitée et mise en forme dans d'autres documents. Pour exploiter ces ressources, il faut savoir comment interagir avec votre base de données. OpenOffice.org Base vous fournit toutes les commandes indispensables pour tirer le meilleur profit de votre travail d'organisation de l'information. Nous verrons successivement comment maîtriser toutes ces fonctions.

Créer des requêtes dans Base

La création de requêtes permet de mettre en évidence certains aspects de votre base de données. Une requête est une interrogation de la base de données selon un certain nombre de critères que vous définissez vous-même. Le principal avantage est que la réactualisation des requêtes est permanente car les résultats fournis par cette dernière sont mis à jour à mesure que vous entrez des informations dans la base de données. Pour vous lancer dans la création de requêtes :

1 Cliquez sur l'icône *Requêtes* dans le volet **Base de données**.

Figure 6.30 :
Cliquez sur Requêtes

2 Dans le volet central de l'interface, vous avez deux possibilités. La première vous permet de *Créer une requête en mode Ébauche*. Vous activez ainsi l'affichage de la fenêtre **Ajouter des tables**. Sélectionnez la table concernée par la requête, puis cliquez sur **Ajouter** et sur **Fermer**.

L'outil que vous venez de lancer a pour mission de vous aider à indiquer les champs qui seront interrogés pour répondre à votre requête et à vous guider dans la mise en œuvre des fonctions sélectionnées. Systématiquement, des descriptifs détaillés sont affichés.

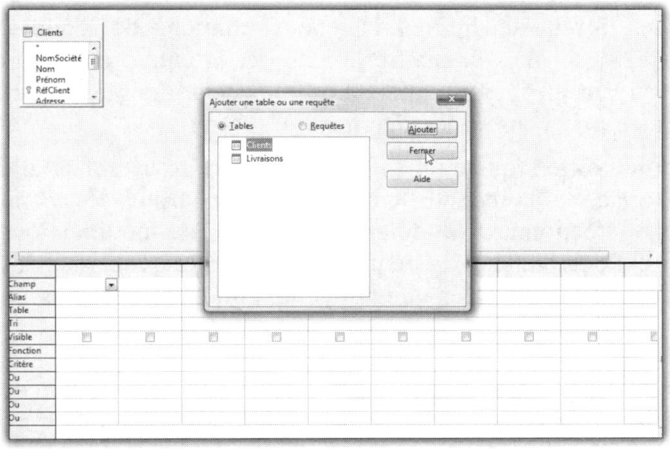

Figure 6.31 : *Créez la requête en mode Ébauche*

3 Au bas de la fenêtre, sélectionnez la première case *Champ*. Sur la liste déroulante, sélectionnez le champ (*Ville*, par exemple). Dans la cellule située en dessous, entrez le mot `Localisation`.

4 Cochez la case *Visible*. Les champs de critères vous aident à définir les informations qui seront isolées par la requête. Si vous cherchez tous les clients résidant en région parisienne, entrez dans les champs *Critères* et *Ou* les noms des villes concernées par votre requête.

Figure 6.32 : *Définissez les critères de la requête*

Les requêtes peuvent être croisées.

5 Si vous cherchez par exemple à isoler dans votre fichier client les personnes prénommées Claude et résidant en région parisienne, sélectionnez dans la deuxième colonne le champ *Prénom*. Entrez `Identité` en tant qu'alias et vérifiez que la case *Visible* est cochée.

6 Sauvegardez la requête. Fermez la fenêtre **Ébauche de requête**. Vous pouvez désormais connaître la liste des clients prénommés Claude et vivant en région parisienne. Pour cela, double-cliquez sur la requête que vous venez de créer.

7 Pour modifier votre requête ou en créer une autre ressemblant à la première, placez la requête en surbrillance. Dans le menu contextuel, sélectionnez **Modifier**. Effectuez les modifications nécessaires. Pour changer la requête existante, sauvegardez les modifications. Pour en créer une nouvelle, enregistrez-la sous un autre nom.

La deuxième possibilité consiste à utiliser l'Assistant de création de requête. Pour cela, cliquez sur la commande **Utiliser l'Assistant de création de requête**. Ce dernier vous guide pas à pas mais n'apporte pas de nombreuses solutions pour les requêtes simples.

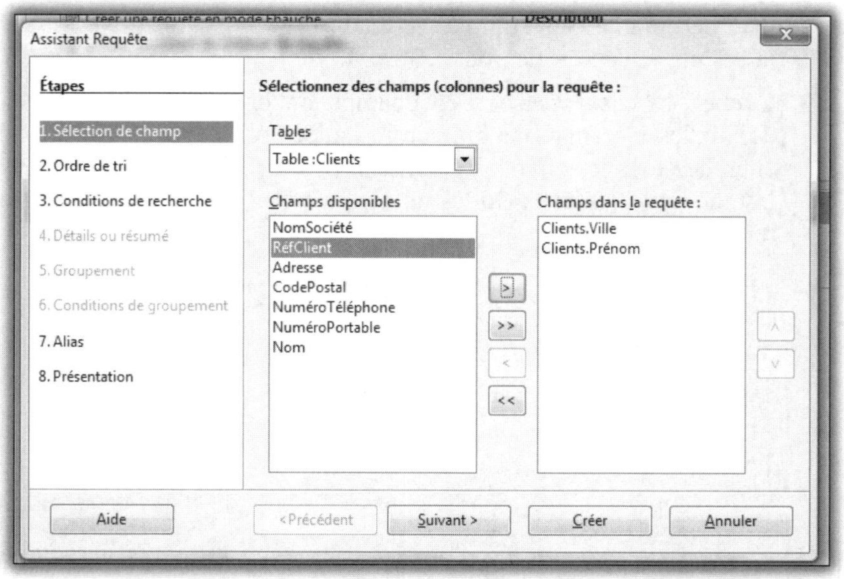

Figure 6.33 : *L'Assistant de création de requêtes*

Créer une requête SQL

SQL (*Structured Query Language*) – traduisez "langage de requêtes structuré" – est un langage de définition de données, un langage de manipulation de données et un langage de contrôle de données pour les bases de données relationnelles. Base, très complet, rend possible l'exécution de requêtes SQL directement, sans interprétation. Ainsi, vous êtes certain que la requête configurée ne sera en rien affectée par Base.

Pour utiliser ce mode :

1 Cliquez sur l'icône *Requêtes* du volet **Base de données**. Cliquez sur le menu déroulant **Insérer/Requête (mode SQL)**.

Figure 6.34 :
Lancez l'édition de requête SQL

Vous venez d'activer l'affichage d'une fenêtre **Ébauche de requête**. Elle a pour mission d'exécuter et de sauvegarder des requêtes SQL.

2 Activez l'option SQL en déroulant le menu **Éditer/Exécuter directement l'instruction SQL**.

REMARQUE

En savoir plus sur SQL

Dans ce mode, vous ne pouvez plus utiliser le mode Ébauche. La saisie de requêtes SQL est complexe et dépasse l'objet de ce manuel. Pour comprendre les subtilités de SQL, n'hésitez pas à visiter le site www.commentcamarche.net/sql/.

Utiliser la fonction Rapports

OpenOffice.org Base stocke les informations concernant les rapports créés dans le fichier de base de données. Le rapport permet d'obtenir une vue synthétique des éléments de votre base de données.

Pour afficher ces rapports :

1 Cliquez sur **Fichier/Ouvrir** et sélectionnez le fichier de base de données. Dans la fenêtre du fichier de base de données, cliquez sur l'icône *Rapports*. Pour ouvrir le rapport, double-cliquez sur l'un des noms du rapport.

2 Cliquez du bouton droit de la souris sur le nom d'un rapport dans la fenêtre du fichier de base de données. Choisissez **Éditer** dans le menu contextuel. La fenêtre **Ébauche de rapport** s'ouvre et les informations sur le rapport sont chargées.

Dans le rapport, vous pouvez éditer les styles de la première page et des pages suivantes, les styles de paragraphes, les formats numériques, les étiquettes des champs imprimés, etc.

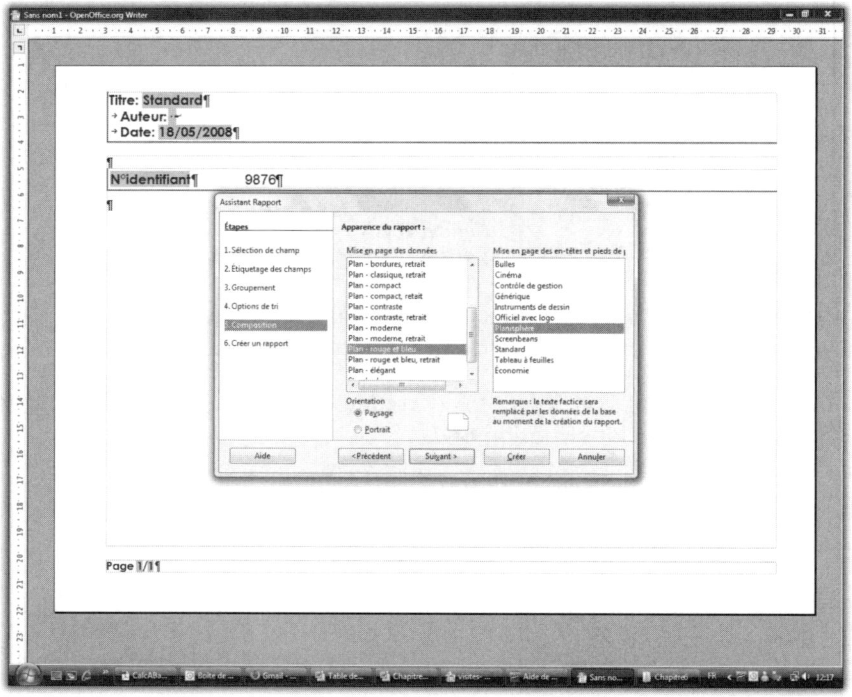

Figure 6.35 : *Éditez un rapport*

6.6. Exercice pratique : transférez un tableau de Calc à Base

Transformer un tableau conçu sous Calc, avec une véritable vocation de tableau, en base de données possédant tous les attributs de la base de données n'est pas une mince affaire. Car si les apparences sont trompeuses, rendant très similaire la saisie des données dans le tableau et la saisie des données dans la table de la base, la similitude s'arrête là. Pour assurer la migration d'une application à l'autre, il convient de suivre un protocole précis :

1 Ouvrez le tableur Calc. Ouvrez la feuille de calcul qui sera ensuite transformée en base de données. Sélectionnez les cellules de la zone utile. Pour cela, cliquez dans la première cellule en haut à gauche de votre tableau, puis utilisez le raccourci clavier Ctrl+*. L'ensemble du tableau et rien que les cellules du tableau sont en surbrillance. Copiez le contenu de la sélection via le raccourci Ctrl+C ou en déroulant le menu **Edition/Copier**.

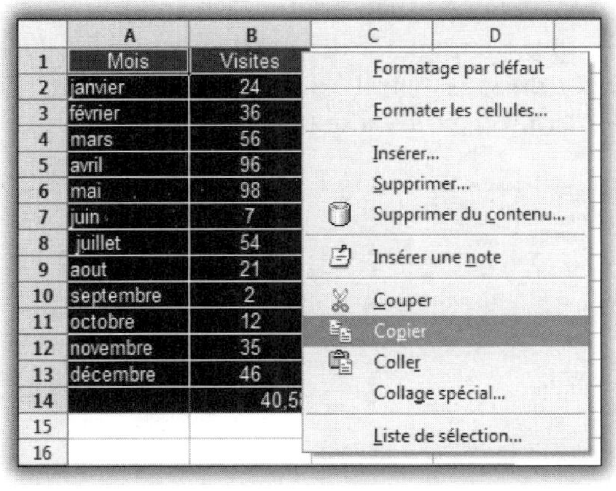

Figure 6.36 : *Copiez le contenu du tableau*

2 Une fois que le contenu du tableau figure dans le Presse-papiers, fermez Calc et ouvrez OpenOffice.org Base. Toute la manipulation se passe désormais dans ce logiciel. Nous l'avons déjà évoqué. En lançant Base, vous activez l'affichage de la boîte de dialogue de l'Assistant. Ce dernier ne va pas être très utile pour assurer la migration des données d'une application à l'autre. Cochez la case *Créer une base de données* et cliquez sur le bouton **Terminer**.

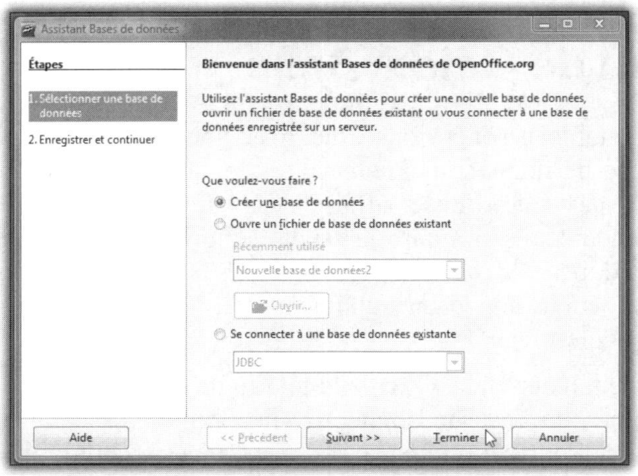

Figure 6.37 : *L'Assistant de création de base de données*

3 Enregistrez la base de données que vous vous apprêtez à générer. Choisissez un nom pour le fichier ainsi qu'un emplacement pour l'enregistrement et cliquez sur le bouton **Enregistrer**. Le module Base s'ouvre dès que l'enregistrement est effectué. Cliquez, dans le volet **Base de données**, sur l'icône *Tables*. Si vous préférez utiliser le clavier, combinez les touches Alt+T.

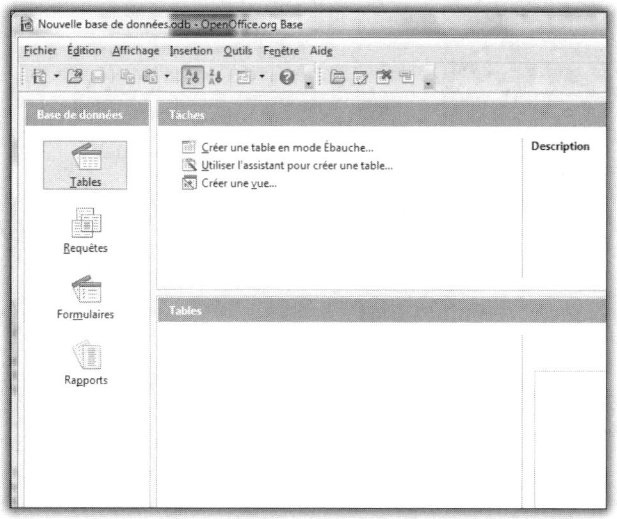

Figure 6.38 : *Cliquez sur Tables*

Vous allez importer le contenu du Presse-papiers dans la nouvelle table :

4  Cliquez sur le bouton **Coller** de la barre d'outils ou déroulez le menu **Edition/Coller** (vous pouvez également utiliser le raccourci clavier Ctrl+V).

L'Assistant Copier la table apparaît à l'écran. Vous devez nommer la table qui va voir le jour.

5 Choisissez un nom pertinent en pensant à la future exploitation qui en sera faite. Cochez l'option *Définition et données* et validez la possibilité de la création d'une clé primaire (nous avons évoqué précédemment l'intérêt de créer une telle clé). Lorsque la case *Créer une clé primaire* est activée, Base insère une nouvelle colonne (un nouveau champ) dans la base de données. Par défaut, il la baptise *ID*. Changez ce nom si vous le désirez.

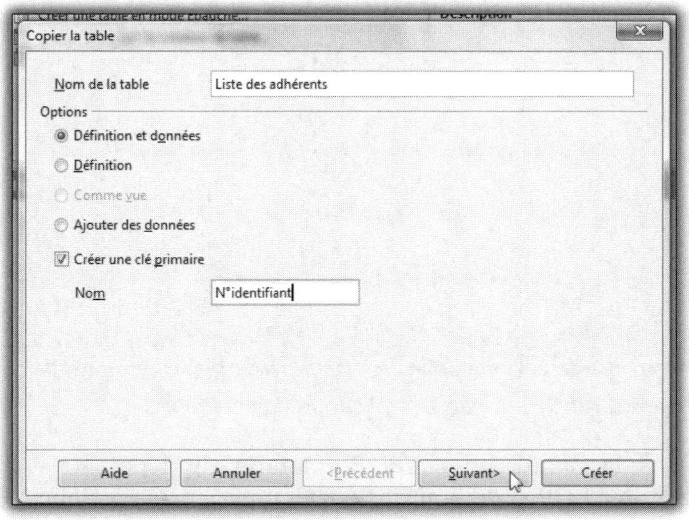

Figure 6.39 : *L'Assistant Copier la table*

ASTUCE

Automatisez la clé

Quand la table est générée, affinez la configuration de cette colonne de clé primaire en cliquant sur la table, puis en déroulant le menu **Edition/Editer**. Cherchez l'option *AutoValeur* et sélectionnez *Oui*. La valeur qui apparaît dans la fenêtre d'édition de la table affiche

ASTUCE

<AutoChamp>. Cela signifie qu'à chaque nouvelle entrée la clé primaire est associée automatiquement sans que vous ayez à vous en soucier.

6 Pour importer le contenu de votre tableau d'origine, vous devez définir des correspondances entre les étiquettes de colonne initiales et les champs de la nouvelle table. En cliquant sur **Suivant**, vous gérez ces correspondances.

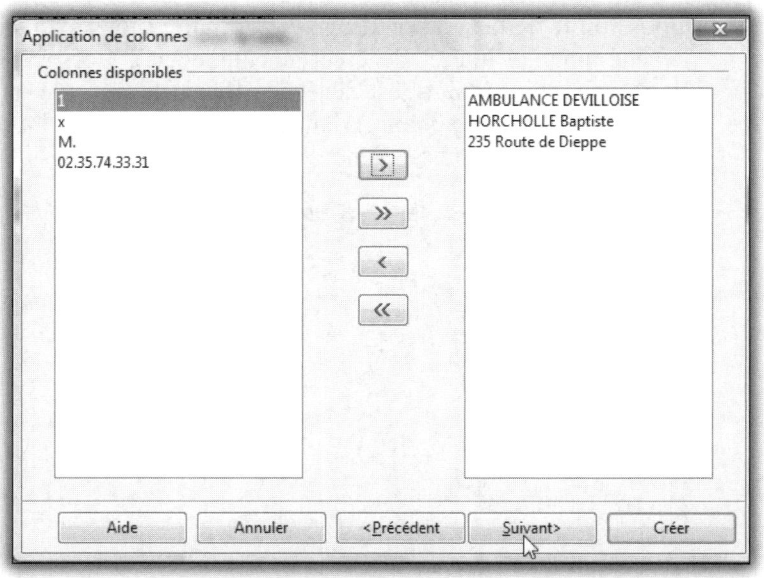

Figure 6.40 : *La fenêtre Application des colonnes*

7 Dans la dernière fenêtre, **Formatage de type**, nous pouvons redéfinir le type de données contenu par chaque colonne.

Cette étape est indispensable pour obtenir les meilleurs résultats possibles dans le traitement des données de la base. Précisez si les données saisies sont du texte ou tout autre type de valeur (voir Figure 6.41).

8 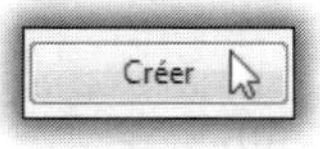

Cliquez sur le bouton **Créer** ci-contre pour générer la création de la table. Le tableau a été efficacement converti.

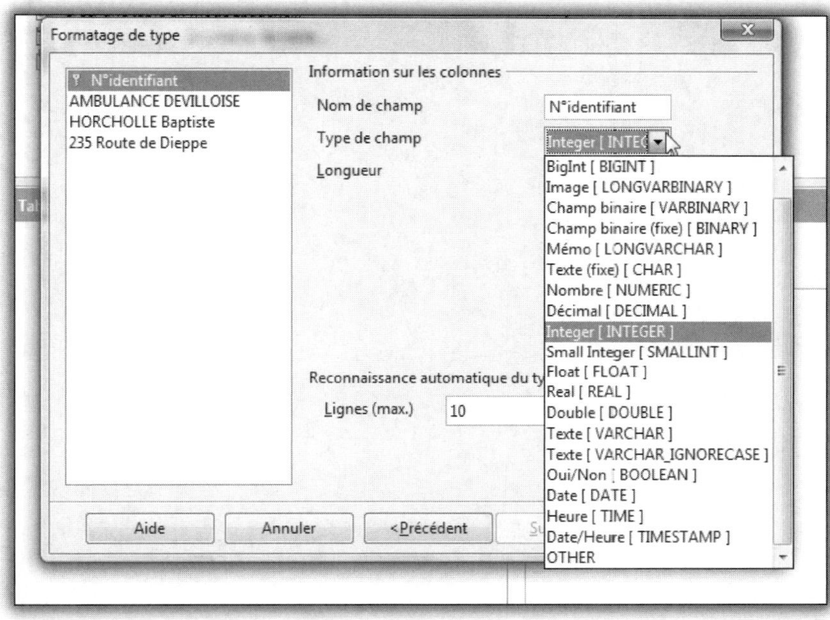

Figure 6.41 : *La fenêtre Formatage de type*

Chapitre 7

Créer et exploiter des macros avec OpenOffice.org

Les macros sont souvent utilisées pour automatiser des tâches dans les applications. Le langage employé pour ces petits programmes est un dérivé du langage VBA (*Visual Basic for Applications*) appelé OpenOffice.org Basic. OOoBasic est semblable à Visual Basic. Si vous avez déjà conçu des macros sous Microsoft Office, vous ne devriez éprouver aucune difficulté à maîtriser les subtilités des macros sous OpenOffice.org.

Les deux langages permettent d'accéder au modèle objet respectif de la suite à laquelle ils appartiennent. Cependant, seule la syntaxe du langage est semblable ; pour le reste, les divergences sont nombreuses et exigent de la part de l'utilisateur un effort d'adaptation. Cela signifie notamment que, pour chaque objet Microsoft, on ne trouve pas obligatoirement un objet équivalent OpenOffice.org, et vice-versa. La transposition d'un langage à l'autre n'est donc pas facile, d'autant qu'il n'existe pas encore d'utilitaire de conversion.

Dans ce livre, nous survolerons le sujet de la programmation de macros sous OpenOffice.org ; nous traiterons des concepts de base et aborderons plus en détail l'absolue nécessité de savoir convertir une macro VBA en macro OOoBasic. En effet, étant donné que la suite OpenOffice.org est capable d'enregistrer et d'ouvrir des documents MS Office, le passage de l'un à l'autre logiciel se fait en douceur. Les menus, les paramètres, les procédures se ressemblent fortement, ce qui facilite la transition. Le seul véritable obstacle est le langage des macros.

7.1. Les macros et la sécurité

Comme tout programme informatique, les macros peuvent être des vecteurs d'insécurité. C'est pourquoi, par défaut, la suite OpenOffice.org en désactive l'utilisation. Il faut donc modifier les options de la suite afin soit de les autoriser systématiquement (ce n'est pas recommandé si vous ouvrez un document émanant d'un inconnu), soit de vous demander confirmation avant d'en lancer l'exécution.

Procédez ainsi :

1 Ouvrez Writer. Dans le document vierge, déroulez le menu **Outils/Options**. Dans le volet latéral de la boîte de dialogue qui apparaît sur votre écran, sélectionnez *Sécurité*. Dans la partie centrale de la fenêtre, cliquez sur le bouton **Sécurité des macros**.

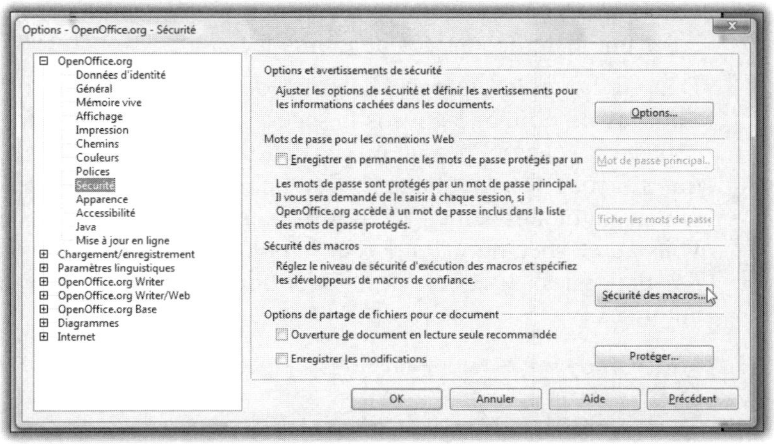

Figure 7.1 : *La fenêtre des options de sécurité*

Dans la nouvelle fenêtre qui s'affiche, vous pouvez sélectionner des niveaux de sécurité plus ou moins intransigeants vis-à-vis des macros. Le plus sûr, mais également le plus souple est de cliquer sur **Niveau de sécurité moyen**. Dans ce cas, un message vous alerte qu'un document contient une macro, et vous devez autoriser cette dernière à être activée.

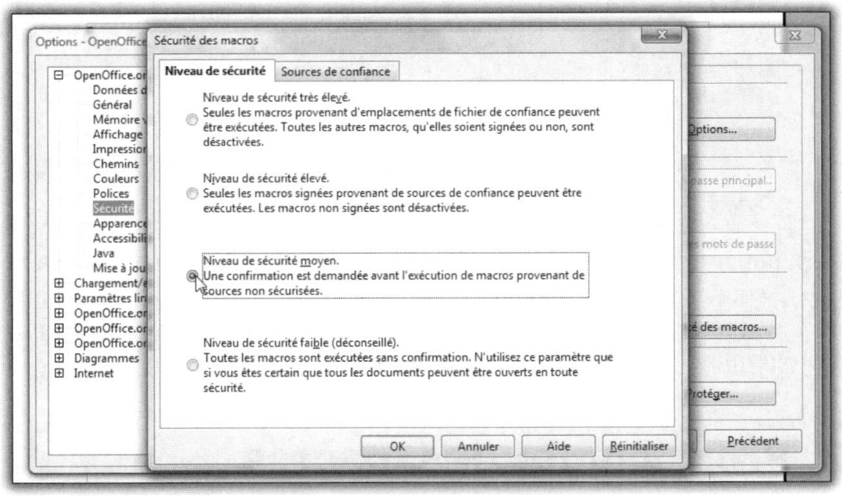

Figure 7.2 : *Choisissez un niveau de sécurité*

2 Si vous souhaitez optimiser encore la sécurité, cochez la case *Niveau de sécurité élevé*. Cette fois, seules les macros émanant de sources de confiance peuvent être exécutées. Dans ce cas, il faut que la macro possède un certificat numérique. Vous pouvez aussi créer une liste de sources de confiance.

3 Dans la boîte de dialogue **Sécurité des macros**, activez l'onglet **Sources de confiance**. Dans la section *Emplacement de fichiers de confiance*, sélectionnez un ou plusieurs répertoires de votre disque dur. Lorsque vous souhaitez qu'un fichier intégrant une macro soit ouvert automatiquement, enregistrez-le dans un des dossiers que vous aurez spécifié. Cliquez sur le bouton **Ajouter** et dans la boîte de dialogue, désignez les répertoires contenant les fichiers autorisés.

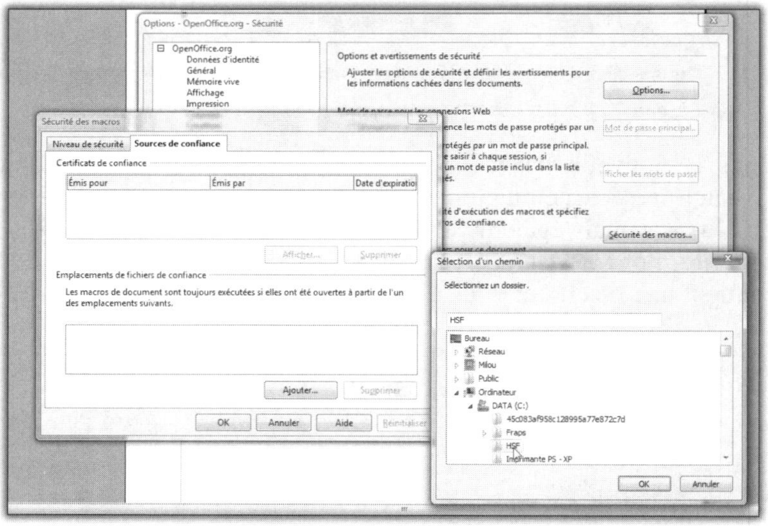

Figure 7.3 : *Définissez des sources de confiance*

Le paramétrage du niveau de sécurité appliqué aux macros, bien que réalisé sous Writer, s'applique à l'ensemble de la suite sans que vous ayez à effectuer d'autres manipulations. Dès lors, vous pouvez exécuter et programmer des macros sous OpenOffice.org.

7.2. Programmer des macros

Quelle que soit votre ambition, quel que soit votre projet, la création de la macro passe immanquablement par la procédure suivante :

1 Ouvrez un nouveau document OOo, quel que soit le module dans lequel la macro doit être créée. Déroulez le menu **Outils/Macros/**

Gérer les macros. Dans le volet additionnel, cliquez sur **OpenOffice.org Basic**.

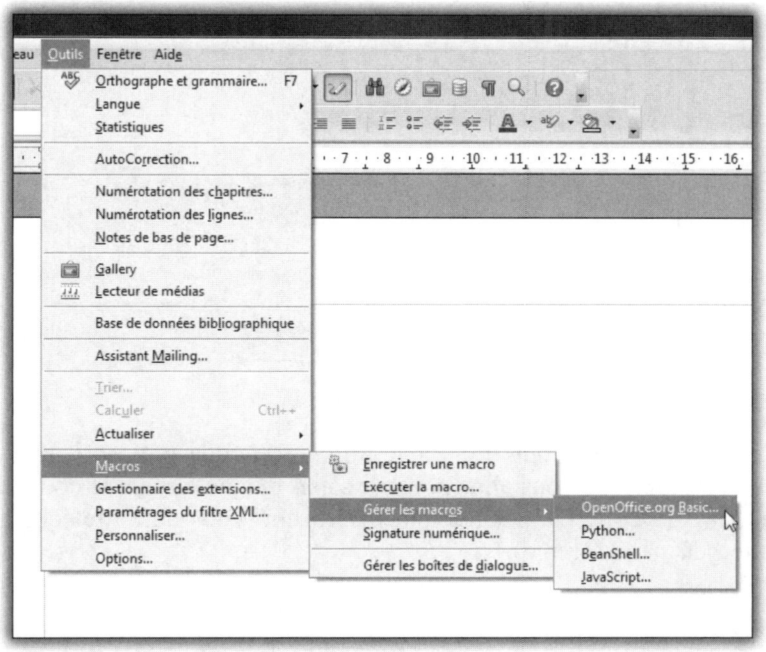

Figure 7.4 : *Lancez la création de la macro*

Vous venez d'activer l'affichage de la boîte de dialogue **Macros OpenOffice.org Basic**.

2 Cliquez dans le volet gauche de la fenêtre sur *Mes Macros*, puis sur le bouton **Nouveau**. Si la macro que vous vous apprêtez à créer doit l'être dans le document actif, cliquez sur le nom du document ouvert du côté gauche de cette boîte de dialogue. Il portera probablement le nom *Sans nom1*.

3 Cliquez sous ce nom et placez en surbrillance *Standard*. Cliquez sur le bouton **Nouveau** pour créer un nouveau module.

Par défaut, le module que vous créez est appelé *Module1*. Cela n'est pas forcément judicieux de conserver cette appellation qui manque de clarté.

4 Attribuez à ce module un nom davantage en rapport avec le projet de macro.

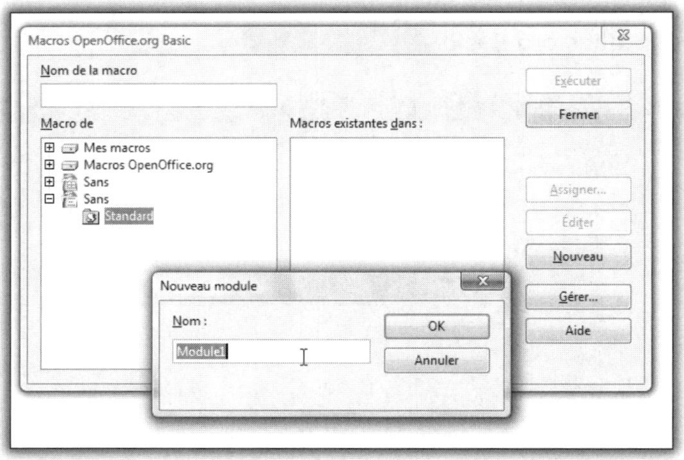

Figure 7.5 : *Nommez le module*

La fenêtre **OpenOffice.org Basic** affiche un code préinscrit. C'est dans cette fenêtre que vous allez pouvoir saisir manuellement le code de votre macro (ou coller le code d'une macro que vous aurez téléchargée sur Internet, par exemple).

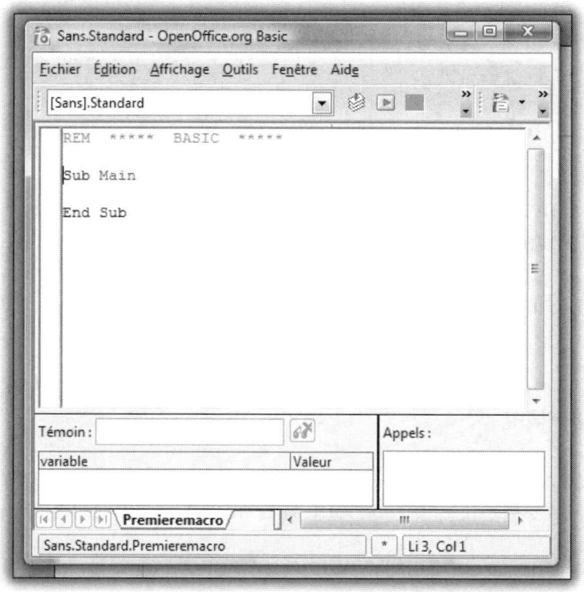

Figure 7.6 : *L'interface de saisie du code*

Le fonctionnement des macros repose sur des sous-routines et des fonctions. Chaque action engagée par la macro est systématiquement introduite par les balises `Sub` et `Function`. Les actions donnent accès à un ensemble de fonctionnalités et peuvent appeler d'autres procédures en chaîne. La différence entre une `Sub` et une `Function` réside dans le fait que cette dernière peut retourner une valeur. À ce titre, elle est donc autorisée à figurer à droite de l'affectation d'une variable. Le module peut accueillir de nombreuses actions et un document peut contenir plusieurs modules. À la fin de chaque action ou routine, il ne faut jamais oublier d'insérer la commande `End Sub`.

Pour vérifier que la saisie du code de votre macro est conforme, deux boutons figurent dans la barre d'outils de la fenêtre de création de macro.

Il s'agit des boutons **Compiler** et du bouton **Exécuter** ci-contre.

Lorsqu'une erreur est détectée dans la syntaxe de votre macro, un message d'alerte désigne l'erreur afin que vous puissiez la corriger.

ASTUCE

Gagnez du temps

Lancer une macro via **Outils/Macros**, c'est long. Mieux vaut créer un raccourci clavier. Cliquez sur **Outils/Personnaliser**. Dans la boîte de dialogue, passez sous l'onglet **Clavier**. Au bas de la liste des catégories, cliquez sur le symbole + devant *Macros OpenOffice.org*. Continuez en ouvrant le dossier *User*, puis la bibliothèque et le module contenant la macro qui vous intéresse. Sélectionnez-la sur la liste des fonctions. Examinez la liste des raccourcis clavier et pointez-en un libre. En cliquant sur le bouton **Modifier**, vous l'associez à la macro sélectionnée, tandis que le bouton **Supprimer** libère le raccourci clavier. Pour créer une commande qui lance la macro, activez l'onglet **Menus** dans la boîte de dialogue. Sur la liste *Menu*, sélectionnez le nom de l'onglet dans lequel vous voulez insérer la nouvelle commande. Sur la liste des entrées, pointez *Exécuter la macro* et cliquez sur le bouton **Ajouter**. Une nouvelle boîte de dialogue s'ouvre. Ouvrez la catégorie *Macros OpenOffice.org*, puis le dossier, la bibliothèque et le module contenant la macro. Il suffit ensuite de sélectionner la macro et de cliquer sur le bouton **Ajouter**.

Créer et accéder aux objets dans OOo Basic

Lorsque vous composez une macro via OpenOffice.org Basic, afin d'accéder automatiquement à un document ouvert (déjà existant) ou à une application, vous devez passer par les variables `ThisComponent` et `StarDesktop`. Il suffit dans la macro de désigner l'objet document. Une fois que vous avez désigné l'objet document, vous pouvez accéder à son interface.

Utiliser les services

Dans OOo, la plupart des fonctionnalités qui peuvent être associées aux macros sont considérées comme des éléments de services. À chaque service correspond une interface. Il n'est pas nécessaire de connaître la façon dont un service est traité. Seule compte la façon dont vous allez activer ce service pour qu'il entre en action.

Si vous manipulez un objet et que vous vouliez savoir s'il prend en charge un certain service, activez la méthode `SupportsService (NomDuService)`.

Créer une macro simplement

Ne pensez pas qu'il faille avoir des talents de développeur pour composer une macro qui vous dispense d'effectuer manuellement les tâches les plus rébarbatives. Il est possible, sans rien connaître du langage OpenOffice.org Basic, de créer des macros grâce à la commande **Enregistrer une macro**.

Procédez ainsi :

1 Cliquez sur **Outils**, puis sélectionnez **Macros**. Dans le volet additionnel, cliquez sur **Enregistrer une macro** (voir Figure 7.7).

Le principe de l'enregistreur de macro est simple. En l'activant, vous avez affiché une barre d'outils composée du bouton **Terminer l'enregistrement**. Une fois l'enregistreur activé, effectuez les manipulations qui devront être menées à bien par la macro.

2 Par exemple, sélectionnez un texte, puis modifiez la police. Changez la taille des caractères et l'alignement. Cliquez sur le bouton **Terminer l'enregistrement**. Nommez la macro ainsi créée. Elle est automatiquement rattachée au document actif et pourra être chargée à tout moment (voir Figure 7.8).

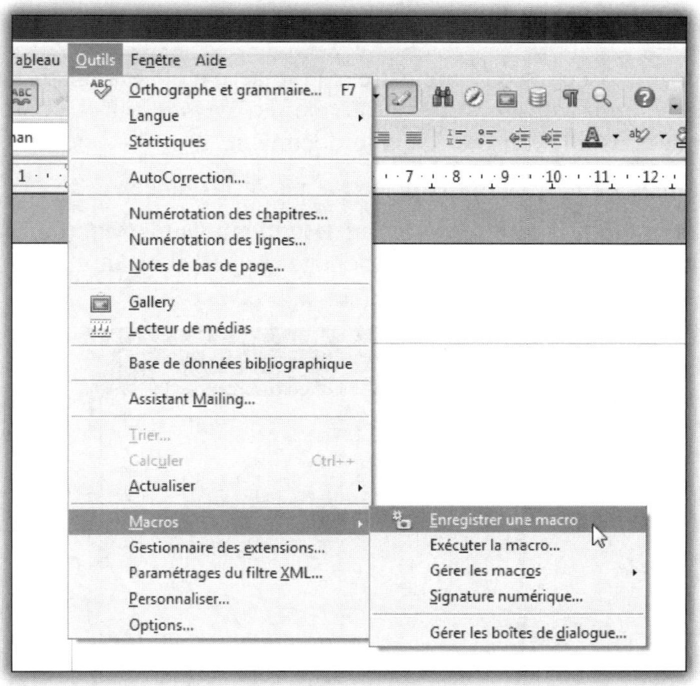

Figure 7.7 : *Lancez l'enregistreur de macros*

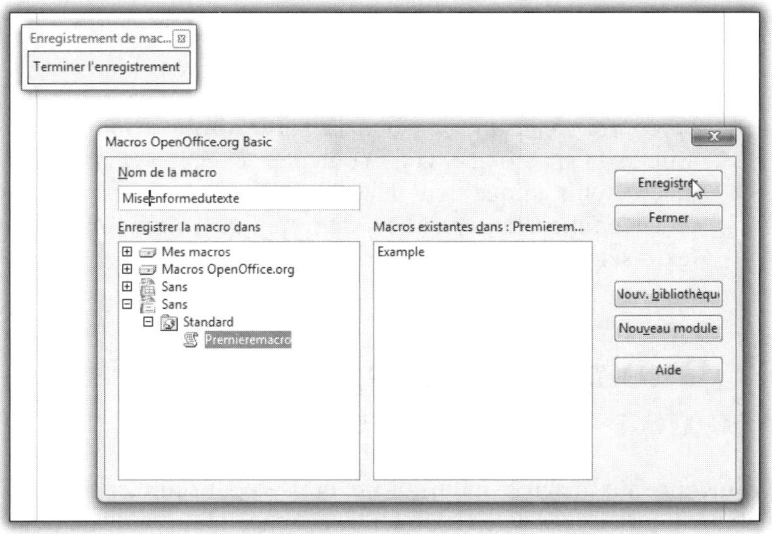

Figure 7.8 : *Enregistrez votre macro*

Charger une macro

La macro réalisée avec l'enregistreur de macro a été enregistrée sous le nom *Misenformedutexte*. Cette dernière affecte avant tout l'apparence du texte que vous allez insérer dans le document.

1 Saisissez le texte, puis placez-le en surbrillance.

2 Pour charger la macro, déroulez le menu **Outils/Macros/Exécuter la macro**. Vous activez l'affichage du Sélecteur de macros.

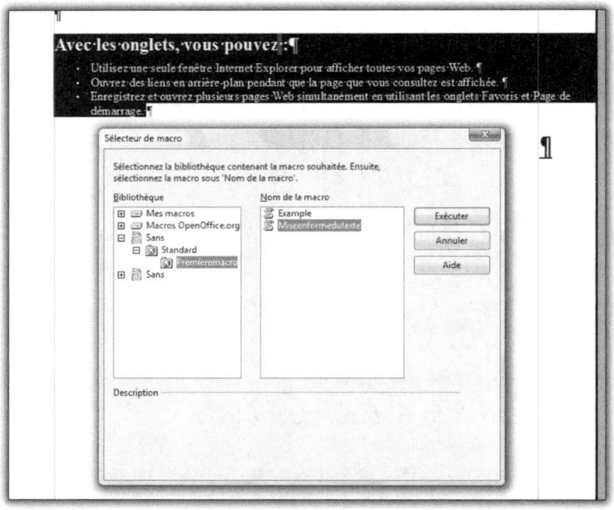

Figure 7.9 : *Le Sélecteur de macros*

3 La Bibliothèque est affichée dans la partie gauche de la fenêtre. Parcourez-la jusqu'à ce que la partie droite (*Nom de la macro*) affiche la macro que vous souhaitez exécuter. Cliquez sur cette macro, puis cliquez sur le bouton **Exécuter**. Les manipulations précédemment enregistrées sont appliquées automatiquement au texte sélectionné.

7.3. Quelques exemples d'interactions avec des macros à réaliser

Le recours aux macros, même si l'exercice peut sembler très difficile au débutant qui en ignore les rudiments, est une solution idéale pour tirer le meilleur profit de votre suite bureautique. Si les macros les plus simples permettent avant tout d'automatiser des tâches rudimentaires de mise en forme, d'exclusions de données dans un tableau par exemple, les plus abouties permettent de mener des opérations nettement plus complexes comme le verrouillage de certaines portions d'un document.

Cet ouvrage, nous l'avons déjà précisé, n'a pas vocation à traiter de la programmation pure d'une macro. Nous souhaitons simplement évoquer les possibilités offertes par OpenOffice.org dans le domaine de l'exploitation des macros. Néanmoins, vous trouverez dans les paragraphes suivants quelques illustrations assez éloquentes de ce que vous pouvez effectuer avec le langage OpenOffice.org Basic. De quoi éveiller votre curiosité et vous inciter à vous lancer dans l'apprentissage de OOoBasic.

Charger une macro depuis un événement

Au total, OpenOffice.org Basic est en mesure d'interpréter 16 événements prédéfinis tels que la création, l'ouverture, l'enregistrement ou la fermeture d'un document, etc. Chacun de ces événements peut activer une macro que vous avez conçue. Pour exploiter ces événements :

1 Cliquez (quelle que soit l'application ouverte de la suite) sur le menu **Outils/Personnaliser**. Dans la boîte de dialogue qui s'affiche, cliquez pour l'activer sur l'onglet **Événements**.

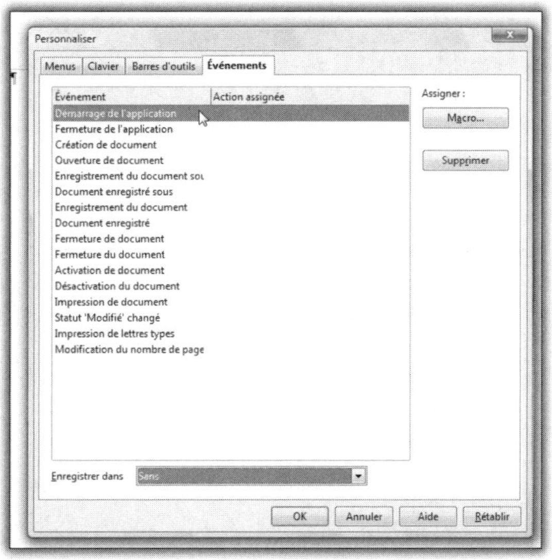

Figure 7.10 : *Découvrez la liste des événements*

2 Pour associer un événement de la liste à une macro que vous avez créée, cliquez sur l'événement de votre choix. L'intitulé est suffisamment explicite pour se passer de descriptif détaillé. Cliquez sur le bouton **Macro** sous la section *Assigner*.

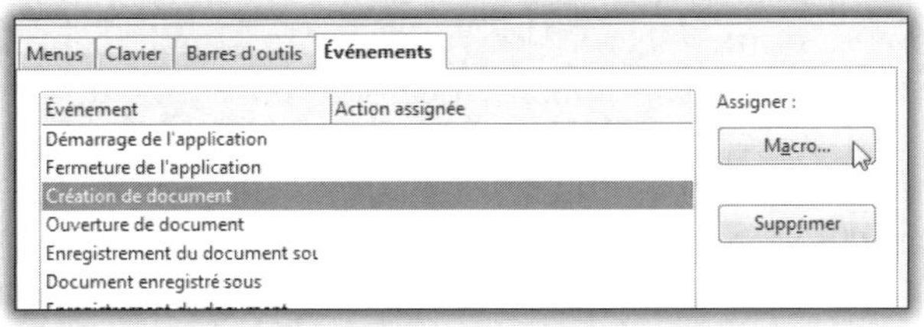

Figure 7.11 : *Assignez une macro à un événement*

3 Cette action active l'ouverture de la boîte de dialogue **Sélecteur de macros**. Parcourez la bibliothèque pour retrouver la macro concernée par l'assignation de l'événement, puis cliquez sur le bouton OK.

4 Si vous le souhaitez, les macros peuvent être chargées à partir d'une touche du clavier. Dans la boîte de dialogue **Personnaliser**, activez l'onglet **Clavier**. Si vous désirez que la macro soit déclenchée par une pression sur une touche du clavier, précisez si cette affectation concerne toute la suite (cochez *OpenOffice.org*) ou le module actif (Writer, par exemple).

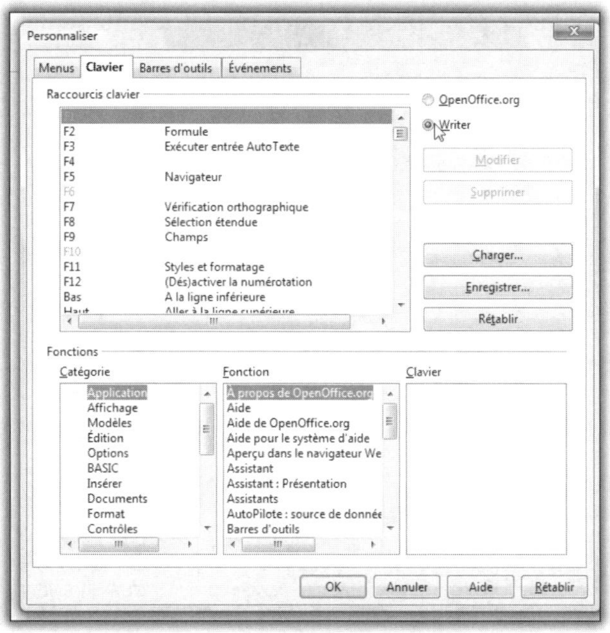

Figure 7.12 : *Associez une touche du clavier à une macro*

5 Sélectionnez la touche que vous désirez utiliser. Dans la section *Fonctions*, observez la liste *Catégories* et cliquez sur *Basic*. Les macros disponibles s'affichent sur la liste *Fonction*. Sélectionnez la macro, puis cliquez sur **Modifier**.

Figure 7.13 : *Cliquez sur le bouton Modifier*

Avant toute modification, prenez soin de consulter la liste des raccourcis clavier pour trouver une touche ou une combinaison de touches qui vous semble correcte et qui soit disponible. Il existe un certain nombre de touches simples et des combinaisons associant les touches [Maj] ou [Ctrl] ou [Ctrl]+[Maj] à d'autres touches.

Lorsque vous associez une combinaison de touches à une macro, cette association perdure jusqu'à ce que vous la désactiviez. N'agissez pas à la légère. Si la macro est liée à un document spécifique, vous pourrez la lancer à condition que ce document spécifique soit ouvert.

Créer une boîte de dialogue

Selon les macros que vous créez ou installez sur votre ordinateur, il est possible que vous ayez besoin de créer ou modifier une boîte de dialogue. Ces boîtes de dialogue vous permettent d'interagir avec vos macros, lorsque celle-ci suppose un choix ou une validation.

1 Ouvrez un nouveau document Writer, par exemple. Déroulez le menu **Outils/Macros**. Quand le volet additionnel apparaît, cliquez sur le bouton **Gérer**.

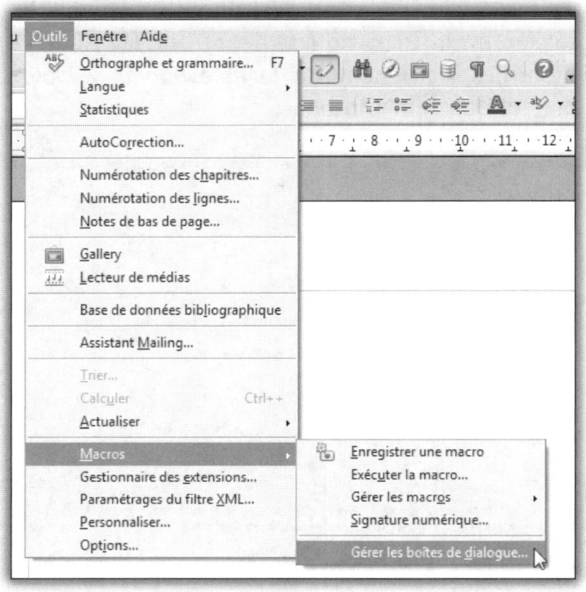

Figure 7.14 : *Cliquez sur Gérer les macros*

2 Sélectionnez la bibliothèque *Standard* de votre document. Cliquez sur le bouton **Nouveau**. Le nom utilisé par défaut est *Dialog1*. Nommez votre boîte de dialogue comme vous le désirez (le plus simple consiste à choisir un nom pertinent par rapport à la macro à laquelle il sera associé). Saisissez par exemple `dialog_valid`. Lorsque la macro figure dans la bibliothèque, cliquez sur **Éditer**.

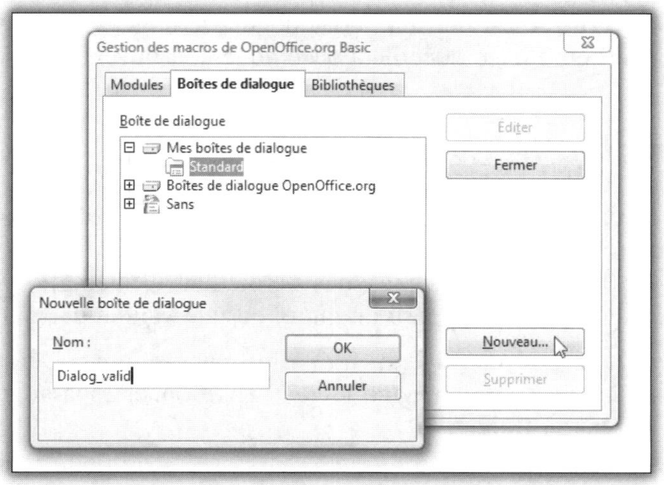

Figure 7.15 : *Créez la boîte de dialogue*

Une boîte de dialogue vierge apparaît dans l'éditeur OOoBasic. La barre d'outils flottante des contrôles de dialogue est ouverte automatiquement. Au centre de l'interface, une boîte de dialogue sert à composer. Il vous suffit désormais de composer votre boîte à la carte.

3 Sélectionnez des éléments dans la barre d'outils *Boîte à outils*. Cette dernière permet d'ajouter à la boîte de dialogue vierge des étiquettes, un champ texte, des boutons radio, une ligne horizontale, des boutons, etc. Pour personnaliser chaque élément, utilisez le menu contextuel afin de modifier les intitulés des boutons et les actions qui en découlent. Dans ce menu, cliquez sur **Propriétés** et utilisez la fenêtre pour personnaliser chaque élément.

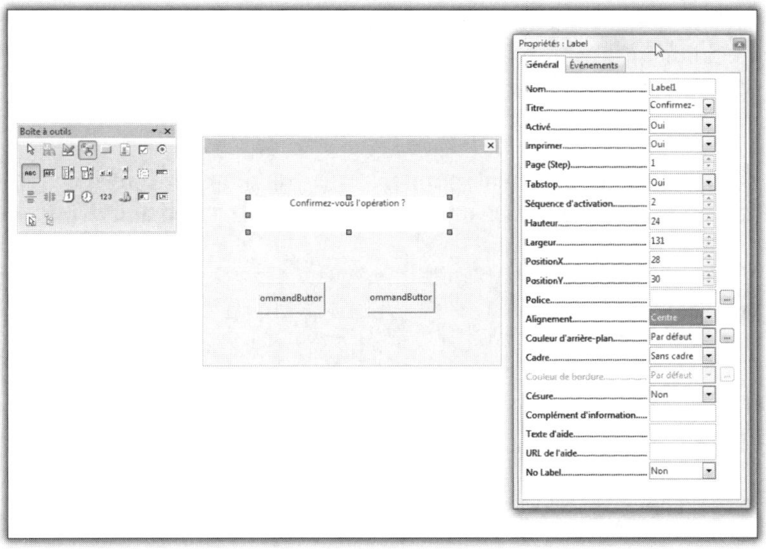

Figure 7.16 : *Composez votre boîte de dialogue à la carte*

Lorsque la boîte de dialogue est construite selon vos espérances, il faut des macros pour faire exécuter la boîte de dialogue et réagir en fonction des actions entreprises par les utilisateurs, telles que, par exemple, cliquer sur un bouton ou saisir du texte dans un champ de texte à l'intérieur de la boîte de dialogue.

La création des boîtes de dialogue est très ludique ; c'est un vrai plaisir que d'organiser soi-même son environnement de travail. Vous constaterez que malgré tout, et même avec une parfaite maîtrise de l'environnement OpenOffice.org Basic, cette phase de création exige du temps. C'est pourquoi il est souvent plus simple de récupérer des macros préconçues (notamment dans le centre de documentation du projet OpenOffice.org) et de les personnaliser comme bon vous semble, que de créer des projets de toutes pièces. Si vous avez des besoins spécifiques en revanche, vous ne pourrez pas couper à la création pure de vos macros. Néanmoins, vous découvrirez dans les prochains paragraphes que de nombreuses ressources en ligne sont disponibles et vous feront gagner un temps très précieux.

7.4. Tout savoir sur les macros

Ce manuel dédié à la suite OpenOffice.org n'a pas vocation à vous enseigner, par le détail, la programmation d'une macro. Sachez cependant qu'avec les quelques rudiments que nous venons d'aborder, vous en savez suffisamment pour exploiter les ressources présentes sur Internet.

Vous pouvez notamment pointer votre navigateur Internet à l'adresse **http://fr.openoffice.org/Documentation/Macros/indexmac.html**.

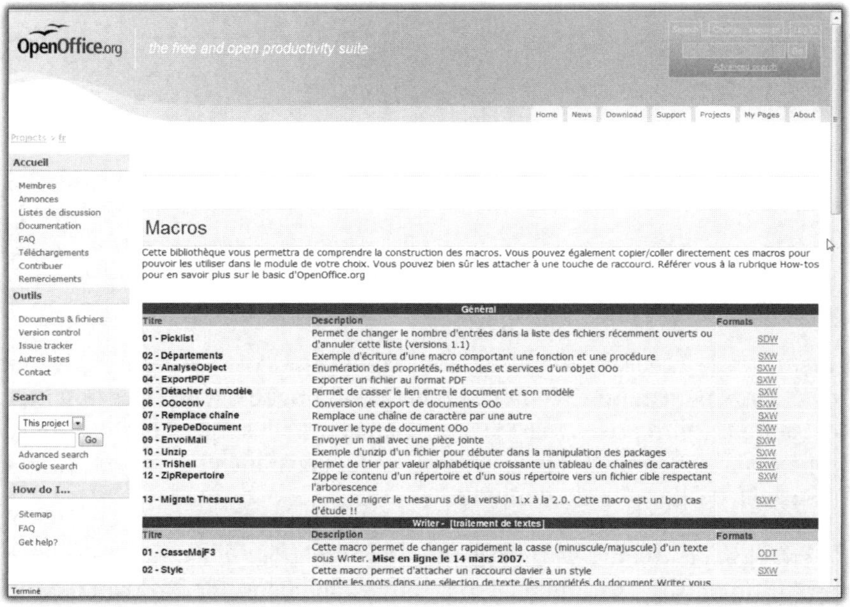

Figure 7.17 : *Utilisez les ressources de la communauté OpenOffice.org*

Vous y trouverez, au-delà d'une riche documentation sur les macros, la possibilité de récupérer gratuitement des macros qu'il vous suffira d'adapter à vos besoins. Ces dernières sont classées selon les modules de la suite. Elles peuvent bien sûr être exécutées telles quelles mais, si vous le décidez et si vous en avez la capacité technique, il est possible de les retoucher librement. Lorsque vous trouvez, dans les descriptifs proposés dans le centre de documentation, une macro semblant vous convenir, cliquez à droite de l'interface, sur le lien de téléchargement qui s'y rapporte, puis enregistrez-la dans le répertoire que vous aviez désigné comme accueillant les sources de confiance.

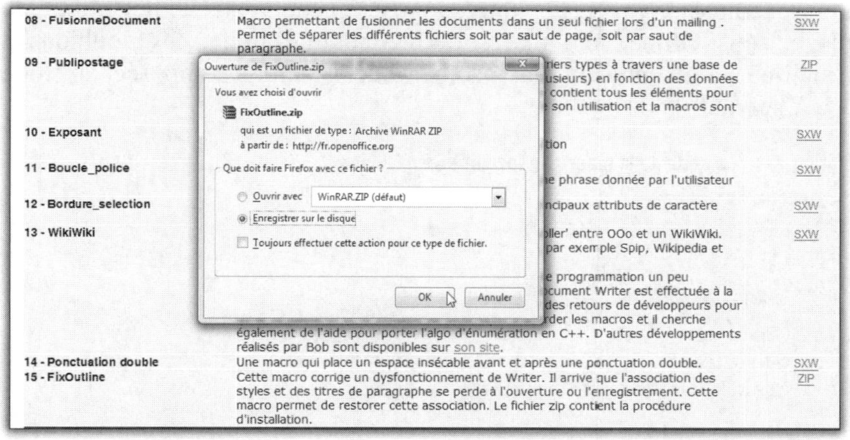

Figure 7.18 : *Téléchargez les exemples de macro*

Ne restera plus ensuite qu'à ouvrir l'application concernée, puis à charger la macro ainsi téléchargée.

7.5. Exercice pratique : convertissez une macro Office en macro OpenOffice.org

OOoBasic et VBA ne sont pas compatibles, même si dans l'esprit, ils fonctionnent de la même façon. À partir d'un document Word, vous utilisez la commande **Outils/Macro/Visual Basic Editor**. Vous pouvez également passer par la liste des macros disponibles avec la commande **Outils/Macro/Macros**. Soit vous créez une nouvelle macro, soit vous modifiez une macro existante. Dans les deux cas, l'éditeur VBA s'ouvre. À partir de la fenêtre d'OpenOffice.org Writer, choisissez la commande

Outils/Macros/Gérer les macros/OpenOffice Basic. Dans la fenêtre qui s'ouvre, la liste de gauche propose trois dossiers. Dans *Mes macros*, vous trouvez les macros que vous développez vous-même et qui doivent être disponibles à partir de n'importe quel document. C'est l'équivalent de *Normal.dot* dans la fenêtre des projets de l'éditeur VBA. Le dossier *Macros OpenOffice.org*, quant à lui, contient des macros prédéfinies pouvant également être appelées par tous les documents. Le troisième dossier (au nom du document en cours) renferme des macros personnelles. Il est enregistré avec le document : les macros sont disponibles uniquement si le document est ouvert.

Pour découvrir OOo Basic, nous supposerons que vous voulez mettre en place, sous Office, une macro permettant d'éliminer les doublons à l'intérieur d'un tableau. La macro VBA est alors composée du code VBA suivant :

Listing 7-1 : Le code de la macro au format VBA

```
Sub SupprimerDoublons()
Dim vTable
Dim i
Dim j
Dim vCompteur
Dim vCellule
Dim vCellule2
Set vTable = ActiveDocument.Tables(1)
i = 1
Do
   j = j + 1
   Do
      vCellule = vTable.Rows(i).Cells(1).Range.Text
      vCellule2 = vTable.Rows(j).Cells(1).Range.Text
      If vCellule = vCellule2 Then
         vTable.Rows(j).Delete
         j = j - 1
         vCompteur = vCompteur + 1
      End If
      j = j + 1
      If j = vTable.Rows.Count + 1 Then
         Exit Do
      End If
   Loop
   i = i + 1
   If i >= vTable.Rows.Count Then
      Exit Do
   End If
Loop
MsgBox vCompteur & " doublons", vbOKOnly, "Suppression de doublons"
End Sub
```

1 Choisissez la commande **Outils/Macro/Macros**. Sélectionnez *SupprimerDoublons* et cliquez sur **Modifier**.

Sous OpenOffice.org, la syntaxe est relativement différente :

Listing 7-2 : Le code de la macro sous OpenOffice.org

```
Sub SupprimerDoublons
Dim vDoc
Dim vTextTables
Dim vTable
Dim i
Dim j
Dim vCompteur
Dim vCellule
Dim vCellule2
Dim vAdresse
Dim vAdresse2
vDoc = StarDesktop.CurrentComponent
vTextTables = vDoc.GetTextTables()
vTable = vTextTables(0)
i = 1
Do
   j = i + 1
   Do
      vAdresse = "A" & i
      vAdresse2 = "A" & j
      vCellule = vTable.GetCellByName(vAdresse)
      vCellule2 = vTable.GetCellByName(vAdresse2)
      If vCellule.String = vCellule2.String Then
         vTable.Rows.RemoveByIndex(j-1,1)
         j = j-1
         vCompteur = vCompteur+1
      End If
      j = j + 1
      If j-1 = vTable.Rows.GetCount() Then
         Exit Do
      End If
   Loop
   i = i + 1
   If i >=vTable.Rows.GetCount() Then
      Exit Do
   End If
Loop
MsgBox vCompteur & " doublons",0,"Suppression de doublons"
End Sub
```


2 Pour modifier le code de cette macro, choisissez la commande **Outils/Macros/Gérer les macros/OpenOffice.org Basic**. Ouvrez le dossier *Tableau*, la bibliothèque *Standard*, puis le module *Module1*.

Pointez dans la colonne de droite sur *SupprimerDoublons* et cliquez sur le bouton **Editer**.

La macro commence par sélectionner le premier tableau du document. Elle examine alors le contenu de la première cellule de la première ligne et le compare avec la première cellule des autres lignes. Si elle trouve une donnée identique, elle supprime la ligne complète. Après avoir testé le contenu de la première cellule de la première ligne, elle passe à la première cellule de la deuxième ligne et ainsi de suite, jusqu'à la fin du tableau.

Les routines VBA et OOo sont très proches car elles répondent à la même logique. Les instructions qui gèrent les boucles et les tests sont identiques. Dans les deux contextes, il s'agit de `Do… Loop` et `If… Then… End If`. L'instruction de sortie de boucle `Exit Loop` est identique, de même que la syntaxe de l'affectation d'une donnée à une variable (au moyen du signe =) et l'instruction `MsgBox` qui affiche une boîte de message. Pas de surprise non plus pour les opérateurs arithmétiques (+, –, *, /) et l'opérateur de concaténation (&). Ni VBA, ni OOo Basic n'exigent la déclaration des variables mais c'est une bonne habitude à prendre. En annonçant clairement les variables, on évite les erreurs lors de l'encodage des instructions et on facilite la relecture de la macro. D'un côté comme de l'autre, l'instruction `Dim` déclare les variables.

Au sein de la macro, la variable `vTable` pointe sur le premier tableau du document. En VBA, une seule instruction suffit : `ActiveDocument.Tables(1)` représente le premier tableau du document. En OOo Basic, c'est plus compliqué. Trois instructions sont nécessaires. La variable `vDoc` pointe vers le document en cours. Plus précisément, elle pointe vers la fenêtre en cours (`CurrentComponent`) qui est un objet du super-objet représentant OpenOffice (`StarDesktop`). Dans ce document, l'ensemble des tableaux est fourni par la fonction `GetTextTables()`. C'est la variable `vTextTables` qui pointe vers la collection des tableaux. Et enfin, la variable `vTable` pointe vers l'élément numéro `0` de la collection `vTextTables`, c'est-à-dire le premier tableau du document. Notez au passage que le premier tableau du document est au rang `1` pour VBA et au rang `0` pour OpenOffice.org. La variable `i` est initialisée à `1`. Elle est utilisée dans la double boucle qui suit pour indiquer le numéro de la ligne en cours de traitement. La variable `j`, elle aussi initialisée à `1`, est exploitée dans la double boucle pour sélectionner une à une chaque ligne située sous la ligne `i`. Quand par exemple la troisième ligne du tableau est en cours (`i = 3`), la variable `j` prend successivement les valeurs `4`, `5`, `6`… etc., jusqu'à la dernière ligne du tableau.

Après les instructions d'initialisation, on entre dans le cœur de la macro : la double boucle. La première passe de ligne en ligne de la première à la dernière. La seconde passe aussi de ligne en ligne mais à partir de celle qui suit la ligne de la première boucle. Par exemple, si la première boucle en est à la troisième ligne, la seconde boucle examine les lignes à partir de la quatrième. La variable `i` sert de compteur pour la première boucle tandis que la variable `j` joue le même rôle pour la seconde boucle. Les deux langages diffèrent quand il s'agit d'identifier la première cellule de chaque ligne. En VBA, `vTable.Rows(i).Cells(1).Range.Text` pointe vers la première cellule de la ligne numéro `i`. Pour OpenOffice.org Basic, chaque cellule est identifiée par ses coordonnées (comme dans le tableur). Puisque la première cellule d'une ligne est dans la colonne *A*, `A3` représente la première cellule de la ligne numéro `3`. `vCellule = vTable.GetCellByName(vAdresse)` pointe vers la cellule dont le nom (ou l'adresse) est dans la variable `vAdresse`.

Si les deux cellules comparées contiennent la même donnée, la ligne en cours est supprimée. En VBA, `vTable.Rows(j).Delete` supprime la ligne numéro `j`. En OOo Basic, `vTable.Rows.RemoveByIndex(j-1,1)` supprime une ligne à partir de celle qui est au rang `j-1`. La numérotation des lignes commence au rang `0`, ce qui explique la soustraction de `1`. La variable `vCompteur` est incrémentée. C'est son contenu qui est affiché en fin de macro dans la boîte de message. Le premier test vérifie si la dernière ligne du tableau est atteinte. Si c'est le cas, l'instruction `Exit Do` provoque la sortie immédiate de la boucle intérieure. La macro se poursuit après `Loop`. L'instruction `i = i + 1` active la ligne suivante du tableau pour la première boucle. Ici aussi un test est indispensable pour forcer la sortie de la boucle extérieure si la fin du tableau est atteinte. Ces tests sont indispensables pour éviter que la macro ne pointe une ligne inexistante dans le tableau, ce qui provoquerait inévitablement une erreur.

1 Avant de lancer la macro, placez le point d'insertion au début du document (en utilisant par exemple les touches Ctrl+↖).

2 Dans les deux environnements (Office et OpenOffice.org), la macro agit dans le premier tableau du document. À partir du document MS Office, choisissez la commande **Outils/Macro/Macros**. Sélectionnez sur la liste *Supprimer Doublons* et cliquez sur **Exécuter**.

3 Dans la fenêtre du document OpenOffice.org, choisissez la commande **Outils/Macros/Gérer les macros/OpenOffice.org**. Dans le volet gauche, ouvrez le dossier *Tableau*, puis *Standard*. Pointez *Module1*. Dans la colonne voisine, cliquez sur *SupprimerDoublons*. Le bouton **Exécuter** lance la macro. Celle-ci se déroule rapidement : vous voyez les lignes de doublons disparaître petit à petit. Attendez la fin de la macro, c'est-à-dire l'affichage le message indiquant le nombre de doublons trouvés. Ce message n'est pas indispensable : il sert principalement à attirer votre attention quand le travail est terminé.

Chapitre 8

Profiter des petits plus d'OpenOffice.org

Au-delà de la seule gratuité et de la liberté d'utilisation, il y a de nombreuses autres raisons d'abandonner Microsoft Office au profit d'OpenOffice.org. Parmi le large éventail de motivations personnelles qui peuvent être les vôtres, on notera surtout la grande inventivité dont la suite fait preuve. Au fil de ce livre, nous avons régulièrement eu l'occasion de mentionner des fonctionnalités très bien conçues, une interface très ergonomique et des options très innovantes et souvent très utiles. La grande force d'OpenOffice.org est évidemment la mise en commun des ressources. Principe premier du logiciel libre, la suite n'est pas développée pour une petite équipe de programmeurs, mais par une vaste communauté de contributeurs passionnés. L'émulation qui découle de ce mode de développement collaboratif conduit à une innovation permanente et à l'élaboration de fonctions, de services et d'options qui surclassent bien souvent ce que vous pouvez obtenir avec une suite bureautique payante.

Dans ce chapitre, nous évoquerons les aspects les plus astucieux ou utiles et nous analyserons les interactions possibles avec d'autres services eux aussi très dynamiques et innovants, à l'image de Google Documents par exemple.

8.1. Générer des PDF

La génération de fichiers PDF est devenue aujourd'hui une absolue nécessité. Ce format est le mieux adapté à l'échange de documents de toutes sortes via Internet. En effet, grâce au PDF (*Portable Document File*), n'importe quel utilisateur d'ordinateur, qu'il exploite Linux, Mac Os ou l'univers Windows est en mesure d'afficher le contenu de ce document. C'est par conséquent, à l'heure des échanges de fichier par Internet ou par clé USB, un atout majeur pour une suite bureautique que d'intégrer et de faciliter la génération de fichiers PDF à partir de n'importe quel type de fichier (image, texte, tableau, présentation, etc.).

Là où OpenOffice.org se distingue vraiment de ses concurrents, c'est dans l'intégration de cette fonctionnalité, par défaut, dans tous les modules de la suite bureautique. Pas une application estampillée OpenOffice.org ne manque de vous proposer, dans sa barre d'outils par défaut, la possibilité de générer un PDF à partir du document actif.

Alors que sous Microsoft Office cette action est considérée comme optionnelle, souvent délicate à trouver, à mettre en œuvre (Microsoft tente de faire prévaloir un format propriétaire appelé XPS),

OpenOffice.org fait de la création d'un PDF un prolongement logique de tous vos travaux d'édition de document.

Pour générer un document PDF, rien de plus simple. Quelle que soit l'application dans laquelle vous travaillez, cliquez sur le bouton ci-contre.

Une boîte de dialogue **Exporter** apparaît instantanément. Elle vous demande de nommer le fichier PDF qui va être généré et de définir le répertoire dans lequel il devra être enregistré. Cliquez sur le bouton **Enregistrer** ; le document PDF est automatiquement généré. C'est simple, rapide et efficace.

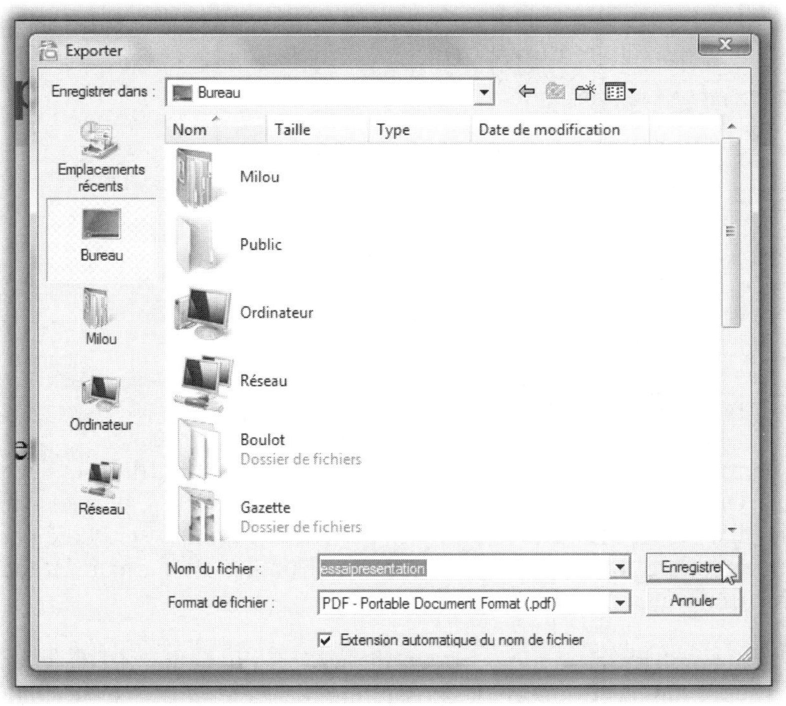

Figure 8.1 : *Enregistrez le document PDF*

Le seul défaut de cette commande est qu'elle se veut générique et qu'elle ne produit pas un fichier PDF personnalisé, susceptible de répondre à des besoins spécifiques. Ce mode d'exportation rapide est idéal pour une exploitation via Internet par exemple, mais si vous destinez le fichier exporté à un imprimeur par exemple (pour un rapport ou un mémoire), utilisez la commande accessible depuis le menu déroulant **Fichier**, puis **Exporter au format PDF**.

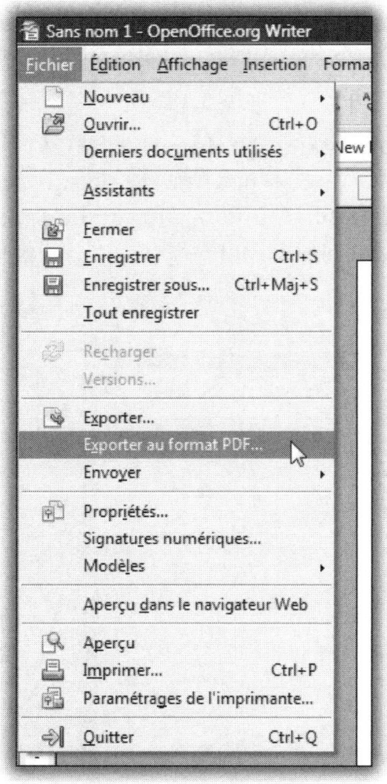

Figure 8.2 :
Déroulez le menu Fichier

Le principal avantage de passer par cette commande est l'affichage de la fenêtre **Options PDF**. Cette dernière, très complète, permet de personnaliser toutes les caractéristiques du fichier PDF qui sera créé par son intermédiaire. Commencez par observer l'onglet affiché par défaut, à savoir **Général** (voir Figure 8.3).

Parmi les nombreuses options de configuration du fichier PDF, vous avez, sous l'onglet **Général**, la possibilité de déterminer si le PDF généré doit englober toutes les pages du document actif ou seulement une partie que vous désignez ou sélectionnez.

La section *Images* est, elle aussi, très intéressante ; en fonction de l'usage que vous faites de votre PDF, la technique de compression des fichiers graphiques intégrés dans le document doit être adaptée. En effet, pour un PDF qui sera exclusivement affiché à l'écran, vous pouvez envisager une compression maximale ; la qualité restera suffisante pour un affichage en 72 dpi. en revanche, si le PDF est destiné à une impression (300 dpi), il est impératif de limiter la compression afin que la qualité de l'image soit préservée. Le document PDF sera plus lourd.

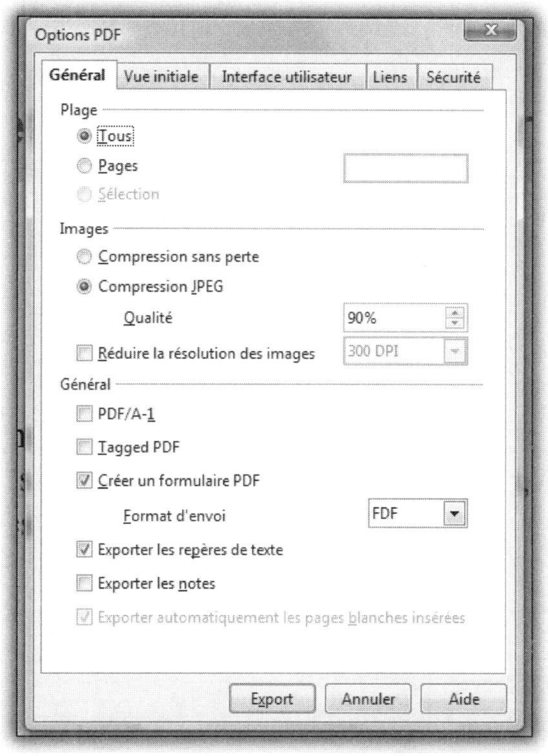

Figure 8.3 : *L'onglet Général de la fenêtre Options PDF*

Procédez ainsi :

1 Cochez la case *Réduire la taille des images* et définissez un taux de compression.

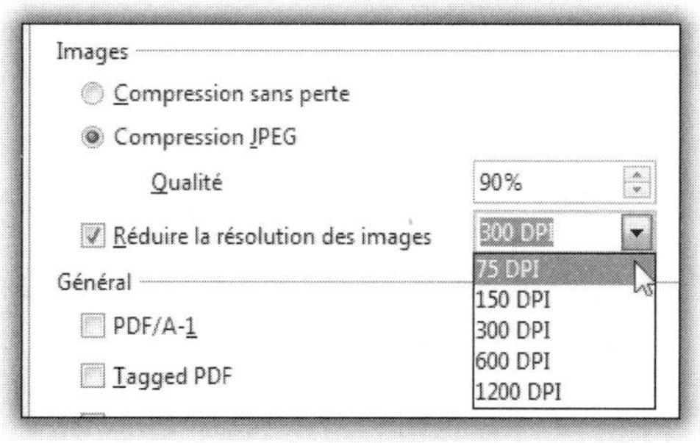

Figure 8.4 : *Compressez les images*

Vous pouvez aussi exporter votre création sous la forme d'un formulaire PDF, notamment si votre document intègre des champs de saisie. Ainsi, il sera possible que les personnes qui consultent votre PDF utilisent Acrobat Reader pour compléter ces champs.

2 Cochez la case *Créer un formulaire PDF*. Sur la liste déroulante *Format d'envoi*, sélectionnez *PDF*.

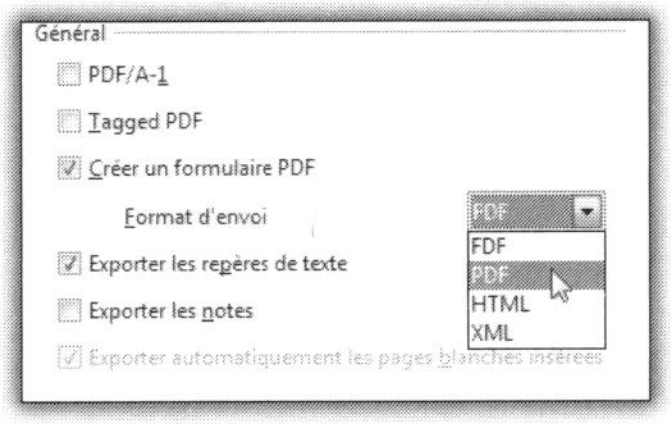

Figure 8.5 :
Créez un formulaire PDF

3 Cliquez sur l'onglet **Vue initiale** pour l'activer. Sous cet onglet, vous pouvez définir la taille des pages de votre document PDF en décidant soit d'une réduction par rapport à l'original, soit d'un agrandissement. Pour plus de souplesse, cochez la case *Facteur de zoom*. Sous la liste déroulante, affectez un pourcentage. L'agrandissement est homothétique.

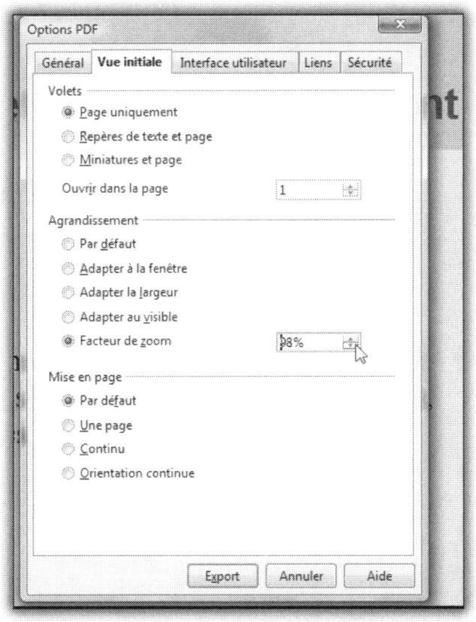

Figure 8.6 :
Ajustez la taille des pages

4 Dans la boîte de dialogue **Options PDF**, activez l'onglet **Sécurité**. Les options figurant sous cet onglet sont intéressantes, notamment si le document doit être protégé des regards indiscrets ou si vous refusez que des modifications puissent y être apportées. Pour crypter le document et en autoriser l'accès uniquement à ceux qui connaissent la clé pour l'ouvrir, cochez la case *Chiffrer le document PDF*, puis cliquez sur le bouton **Définir le mot de passe ouvert**.

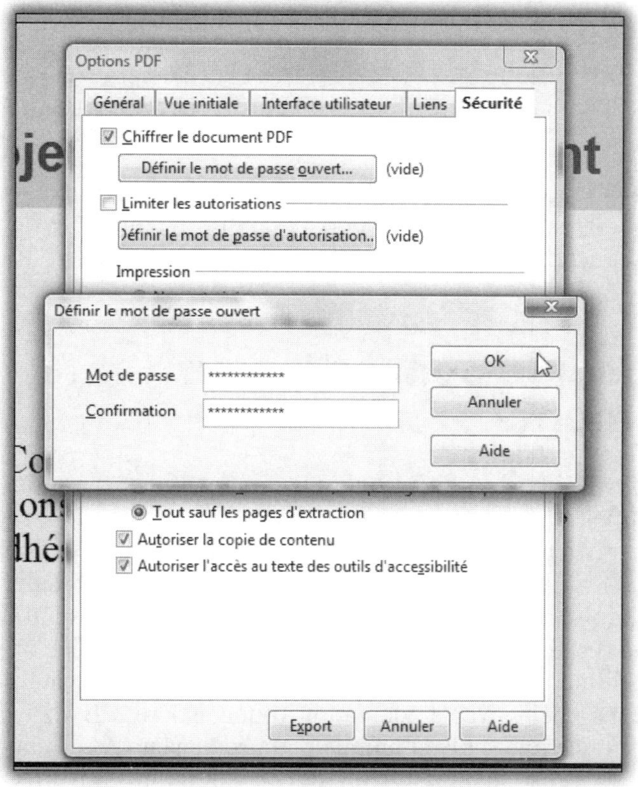

Figure 8.7 : *Chiffrez le document PDF*

Lorsque vous protégez un document, vous pouvez limiter certaines interactions avec ce dernier. Ainsi, vous pouvez par exemple en autoriser l'impression, mais uniquement en basse définition ou l'interdire totalement.

5 Dans la section *Modification*, sélectionnez les options de votre choix en interdisant par exemple toute modification au fichier, en interdisant les remplissages de champs de formulaires, etc. Vous pouvez intégralement modeler le comportement de votre PDF à vos besoins et à ceux des personnes susceptibles de le consulter.

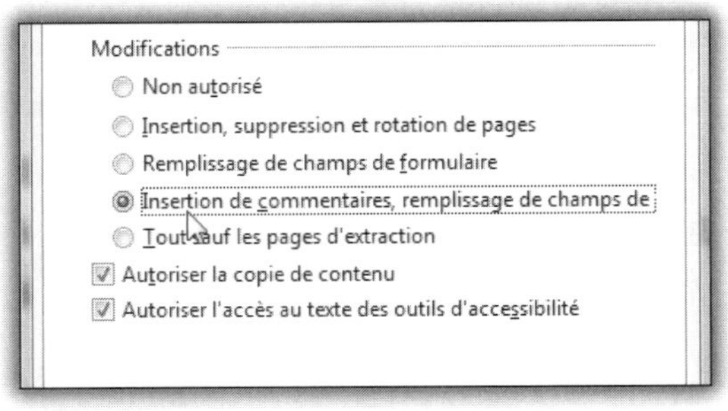

Figure 8.8 : *Sécurisez le PDF généré*

6 

Lorsque vos choix sont définitivement arrêtés, cliquez sur le bouton **Export** ci-contre. Nommez le document et enregistrez-le dans un répertoire de votre choix.

8.2. Utiliser le convertisseur de documents

Lorsque l'on décide de quitter une suite bureautique au profit d'une autre – c'est peut-être votre cas si vous lisez ce guide et que vous venez de renoncer à Microsoft Office par exemple (dérouté que vous êtes par le Ruban de fonctionnalités qui perturbe vos vieilles habitudes) –, la principale angoisse, celle qui tort tous les estomacs, est sans nul doute la compatibilité des fichiers jusqu'alors utilisés avec OpenOffice.org. Cette question légitime, à laquelle nous avons pu répondre au chapitre précédent notamment avec l'adaptation d'une macro VBA au langage OOo Basic, trouve une seule et unique réponse dans un Assistant présent à l'intérieur de chaque application de la suite : le convertisseur de documents.

L'Assistant convertit les documents et les modèles au format binaire des versions précédentes de OpenOffice.org (StarOffice, version 5.2 et antérieures), ainsi que les documents Word, Excel et PowerPoint de Microsoft. Les fichiers sources peuvent uniquement être lus et non édités. Les nouveaux fichiers cibles sont écrits avec la nouvelle extension de nom de fichier dans le même dossier ou dans un nouveau répertoire.

1 Pour ouvrir le convertisseur de document, cliquez sur le menu déroulant **Fichier**, puis sélectionnez **Assistant**. Dans le volet additionnel, cliquez sur **Convertisseur de documents**.

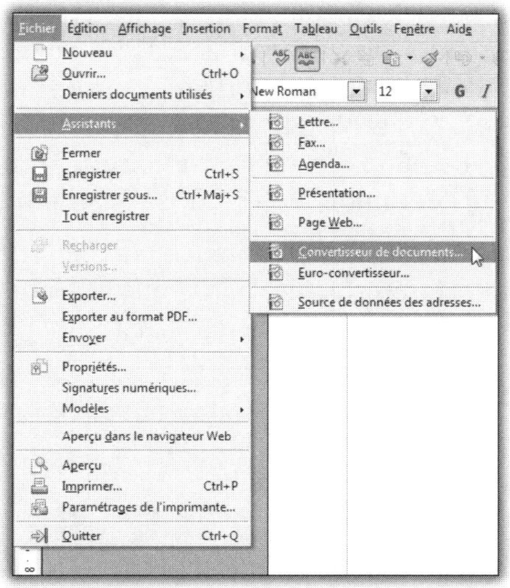

Figure 8.9 :
Lancez le convertisseur de documents

2 Le principe de fonctionnement du convertisseur de documents est très simple. Dans un premier temps, vous devez décrire l'origine du fichier que vous souhaitez convertir (Star Office, Microsoft Office, etc.). Lorsque la suite utilisée est identifiée, cochez la case correspondante au logiciel d'origine (Word, Excel, etc.). Une mise en garde est présente en bas de la fenêtre **Convertisseur de documents** : elle vous informe que les macros VBA incluses dans le document que vous vous apprêtez à convertir seront perdues. Pour continuer, cliquez sur le bouton **Suivant**.

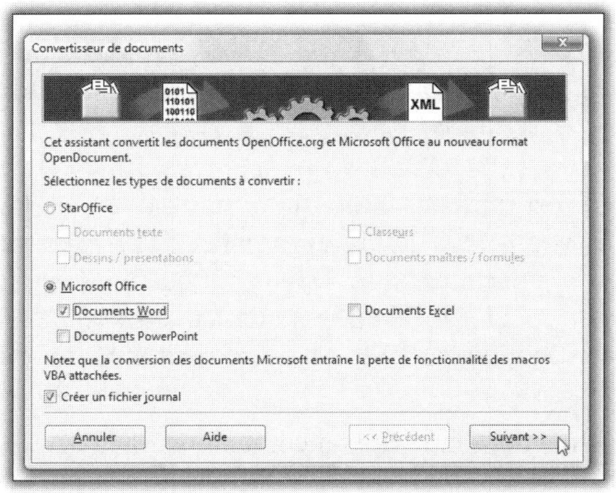

Figure 8.10 :
Désignez la source de production du fichier

3

Avec le convertisseur de documents, vous pouvez importer des répertoires entiers ou au contraire des documents au coup par coup. Par défaut, le convertisseur sélectionne le répertoire *Mes documents* (sous Windows XP), *Documents* (sous Windows Vista). Si vous désirez désigner un autre répertoire ou un document, cliquez sur le bouton ci-contre.

4 Lorsque vous avez sélectionné les dossiers ou fichiers à partir desquels l'importation va être effectuée ainsi que les répertoires cibles dans lesquels les fichiers convertis vont être stockés, cliquez sur le bouton **Suivant**.

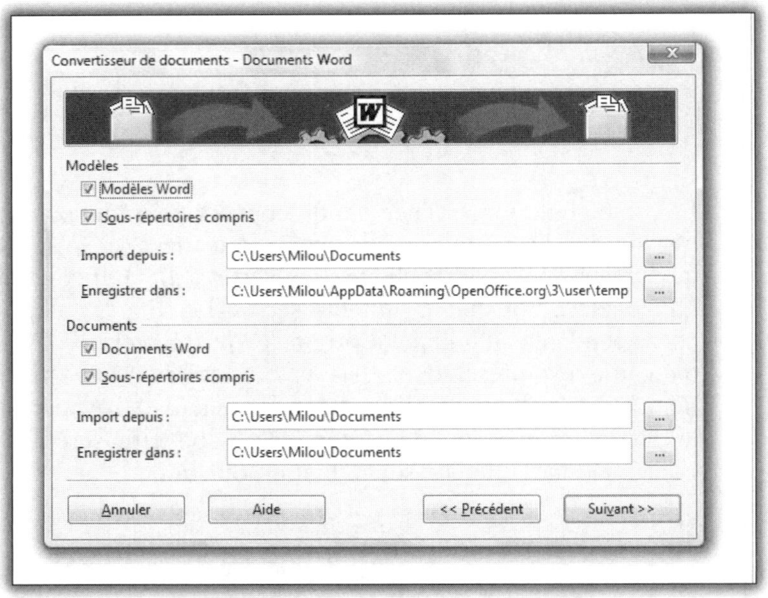

Figure 8.11 : *Sélectionnez les fichiers et les dossiers*

5 Un récapitulatif est affiché, afin que vous soyez certain que l'opération que vous vous apprêtez à lancer correspond à vos attentes. Si vous constatez une erreur, cliquez sur le bouton **Précédent** afin de revenir à l'étape lors de laquelle vous vous êtes trompé. Si tout est conforme, cliquez sur le bouton **Convertir** (voir Figure 8.12).

6 Vous êtes informé de l'état d'avancement de la conversion en temps réel. Des alertes peuvent être affichées si une erreur se produit. Cliquez sur le bouton **Afficher le journal** pour connaître le bilan de l'opération quand la conversion est achevée (voir Figure 8.13).

Figure 8.12 : *Consultez le récapitulatif*

Figure 8.13 : *Affichez le rapport*

8.3. Ulteo pour partager des documents

Devenir libre, atteindre une productivité maximale, même en vacances, même lorsque l'on est en voyage ou en déplacement chez des amis ou des clients. Avec les nouvelles technologies à notre disposition, avec le haut débit, tout cela est devenu possible. Cela présente l'avantage de pouvoir accéder à des données capitales à tout instant, un atout majeur pour les professionnels, mais les particuliers eux aussi peuvent y trouver leur compte. De plus en plus nomades, avec un marché des ordinateurs portables qui représente approximativement une vente d'ordinateur sur deux, il est clair que les utilisateurs vont au fil du temps se détourner des solutions compliquées, coûteuses, qui nécessitent l'installation de logiciels complexes. Les bureaux virtuels sont l'assurance d'un accès personnalisé, sécurisé (c'est un minimum) à des fonctionnalités parfois rudimentaires, mais suffisante pour avoir toujours sous la main son carnet de rendez-vous, ses contacts, etc. De plus en plus sophistiqués, les services sont consultables le plus souvent à la fois sur un ordinateur de bureau, un portable, un Assistant personnel ou un téléphone mobile. Bref, le bureau virtuel peut représenter à la fois un compagnon de travail et d'agrément. Les solutions sont nombreuses, les tarifs parfois déconcertants (dans le bon comme dans le mauvais sens) et faire le bon choix n'est guère aisé…

L'arsenal de fonctionnalités des bureaux virtuels est assez varié. Ainsi, le plus souvent cette suite offre des outils tels qu'un agenda, un carnet d'adresses, une messagerie, un espace stockage de documents, une liste de tâches, un utilitaire de transfert de données et de synchronisation, etc. Bien plus qu'un espace FTP amélioré sur lequel vous retrouvez vos documents favoris, cet environnement est une véritable application en ligne, toujours accessible à l'utilisateur final dans le cadre du modèle ASP (*Application Service Provider*). Pour fonctionner, cette application est ouverte dans un simple navigateur Internet, aucune installation de code informatique spécifique n'étant nécessaire (plug-in, entre autres). Vous n'entamez en rien la sécurité globale de votre ordinateur. On ne vous demande ni de désactiver le filtre antipop-up ni d'accepter les contrôles ActiveX. C'est un atout pour accéder à votre bureau virtuel depuis une machine qui ne vous appartient pas. Il est toujours ennuyeux de demander à un ami qui vous prête sa machine de réduire le niveau de sécurité du PC. Votre bureau virtuel, une fois configuré et organisé, peut devenir un redoutable outil. Un outil d'autant plus performant qu'il vous autorise le partage de documents avec d'autres utilisateurs. Le bureau virtuel devient alors collaboratif et permet à des collègues (ou amis) disséminés sur une vaste zone géographique de retrouver une interface commune, sécurisée, dans laquelle retrouver des documents de travail, des photographies, des favoris Internet et dans les cas les plus riches, des fonctions de messagerie instantanée.

Bien que les utilisateurs ne se ruent pas encore véritablement vers les solutions de bureau virtuel, nombre d'entre nous pouvons avoir intérêt à recourir à ce genre de services. À cela, plusieurs raisons. D'abord, la simplicité d'utilisation. Maladroit, peu enclin à aller mettre les mains dans la configuration avancée de votre machine, rassurez-vous. Avec les bureaux virtuels, un simple navigateur Internet suffit. Ainsi depuis un cybercafé, chez un ami, depuis n'importe quelle machine reliée à Internet, vous pouvez accéder à cet espace personnalisé contenant les éléments qui vous sont les plus précieux. De ce fait, vous n'avez pas non plus à vous interroger sur le système d'exploitation utilisé. En effet, quel que soit le navigateur, l'Os, que vous soyez sous Internet Explorer, Firefox, ces derniers sont compatibles. La plupart des solutions de bureau virtuel sont assez sobres sur le plan de la consommation des ressources (puisqu'il ne s'agit que d'une interface web) aussi même les connexions les moins véloces permettent de profiter de l'arsenal de fonctionnalités, jusqu'aux connexions mobiles (GSM, GPRS, UMTS). Dans ce dernier cas cependant, soyez prudent ; il ne faut pas perdre de vue que votre opérateur n'a cure de savoir si vous utilisez un service gratuit. Vous consommez sur votre forfait et il vous le facturera comme tel. Attention donc à votre porte-monnaie ; on se sent si bien sur les serveurs d'un bureau virtuel que l'on peut oublier que l'on est connecté. Du côté de l'entreprise, d'autres atouts notables sont à signaler. En effet si dans le même parc informatique cohabitent des Mac, des PC animés par Linux ou par Windows, dans tous les cas le bureau virtuel est accessible. Au plan des coûts, les mises à jour et les sauvegardes étant réalisées automatiquement et de manière transparente, il n'est pas nécessaire de demander à un individu de s'acquitter de cette tâche, un gain en productivité considérable.

Pourquoi évoquer aussi longuement les bureaux virtuels ? Sans doute parce que l'un des meilleurs d'entre eux qui répond au nom d'Ulteo Online Desktop (**www.ulteo.com**) rassemble ce que l'on peut trouver de meilleur dans l'informatique moderne. Parmi les outils et fonctionnalités qu'il met à votre disposition, on trouve évidemment OpenOffice.org. Grâce à Ulteo, vous retrouvez l'intégralité de la suite directement dans votre navigateur Internet, sans rien avoir à installer. Vous pourrez ensuite importer des documents sur votre espace Ulteo Online Desktop, et y accéder à tout instant. Idéal pour les nomades, l'offre de base d'Ulteo Online Desktop est gratuite, mais il existe un service Premium qui intègre de nombreuses options et permet aux professionnels de trouver à leur disposition un outil fiable et performant.

1 Pour profiter des nombreux services d'Ulteo Online Desktop et, plus particulièrement, accéder à la version en ligne de la suite bureautique OpenOffice.org, ouvrez votre navigateur Internet (de préférence utilisez Firefox qui est plus à l'aise et plus fluide qu'Internet Explorer 7 pour ce genre d'activités) et tapez l'adresse **www.ulteo.com** dans la barre d'adresse.

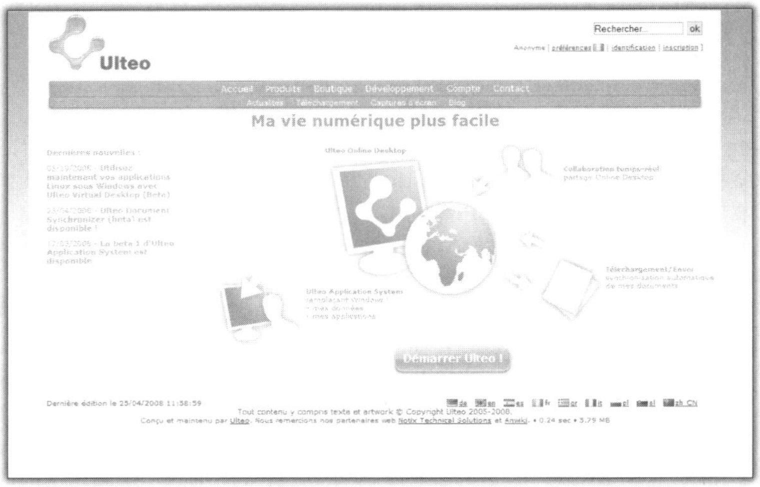

Figure 8.14 : *Accédez à Ulteo.com*

2 Lorsque la page d'accueil s'affiche, ne cliquez pas sur le bouton **Démarrer** car vous obtiendriez uniquement des informations sur les services disponibles. Pour exploiter les ressources de ce site, mieux vaut commencer par vous inscrire gratuitement. Cliquez sur le lien **Inscription** dans l'angle supérieur droit de la page d'accueil.

Figure 8.15 : *Cliquez sur Inscription*

3 Sur la page qui s'affiche, cliquez à nouveau sur **Inscription** dans le menu de gauche ou au bas de la zone d'identification. Cette étape est redondante avec la précédente mais indispensable. Pour vous inscrire, vous devez fournir une adresse de courriel valide (elle sera utilisée pour activer votre inscription), un pseudonyme et un mot de passe que vous confirmerez avant d'entrer un code affiché à l'écran (une précaution pour s'assurer qu'un robot ne crée pas de fausses inscriptions). Complétez le formulaire, puis cliquez sur **Inscription**.

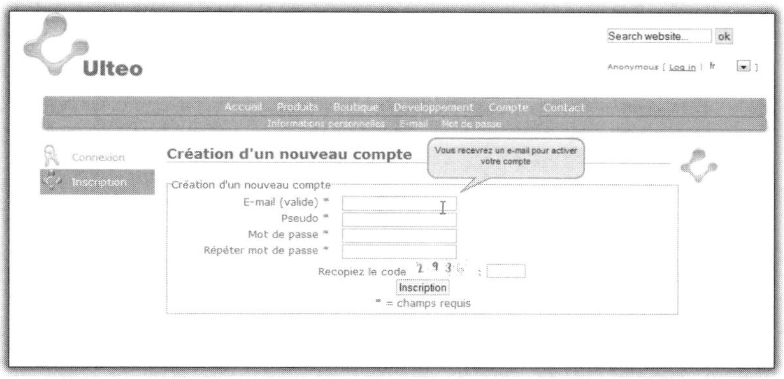

Figure 8.16 : *Inscrivez-vous*

4 Vous recevez en quelques minutes l'e-mail de confirmation d'inscription à l'adresse que vous aviez indiquée. Ce message contient un lien hypertexte sur lequel vous devez cliquer pour activer votre compte.

Figure 8.17 : *Activez votre compte Ulteo*

5 Vous êtes automatiquement redirigé dans votre compte Ulteo. Celui-ci, pour l'instant, est vide. Il convient de le personnaliser et de le configurer afin qu'il réponde à vos besoins. Cliquez sur *Informations personnelles* pour communiquer davantage d'informations sur vous-même, par exemple. Cette phase de personnalisation est optionnelle ; vous pouvez vous en charger lorsque vous avez un peu de temps libre.

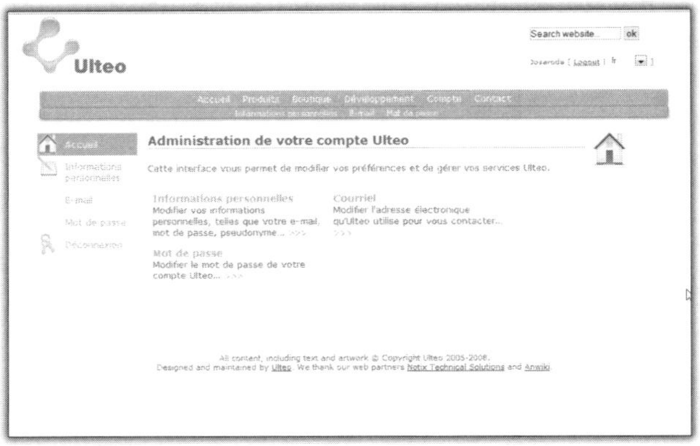

Figure 8.18 : *Personnalisez le compte*

6 Lorsque le compte est configuré, cliquez sur le lien *Produits*, puis sur *Online Desktop*. Dans la page qui s'affiche, cliquez sur *Démarrer ici*.

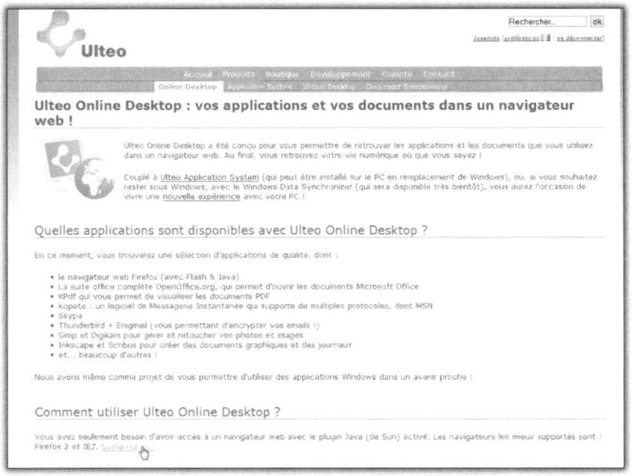

Figure 8.19 : *Cliquez sur Démarrer ici*

7 Ainsi, vous activez le chargement de votre bureau virtuel. C'est lui qui, notamment, vous donnera accès à OpenOffice.org. Au préalable, vous recevez une alerte de sécurité vous demandant de confirmer l'exécution d'une script Java édité par Ulteo. Cliquez sur le bouton **Exécuter**.

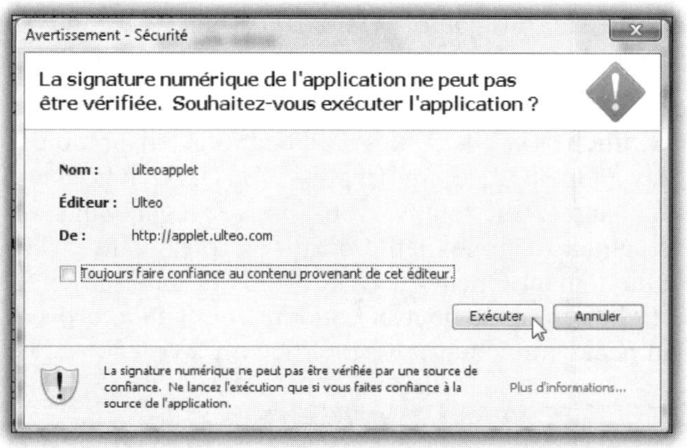

Figure 8.20 : *Exécuter le programme Java*

Au premier lancement de votre bureau virtuel, vous devez procéder à quelques ajustements (notamment définir la qualité de votre connexion afin qu'Ulteo adapte le contenu affiché à la capacité de traitement de votre connexion).

1 Procédez à ces ajustements, puis cliquez sur le bouton **Launch Session Now** (Lancez la session maintenant).

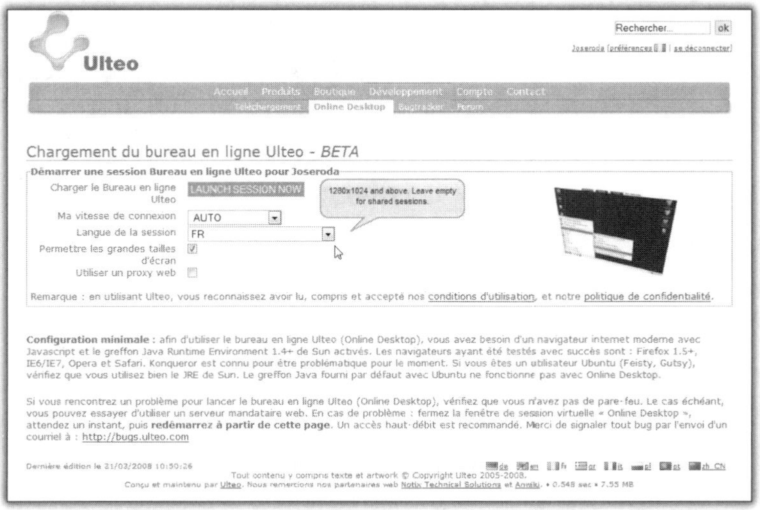

Figure 8.21 : *Ajustez les options*

2 Lorsque le bureau virtuel est chargé dans votre navigateur, vous vous trouvez face à une interface ressemblant à un système d'exploitation classique. Dans l'angle inférieur gauche, cliquez sur l'équivalent du bouton **Démarrer** sous Windows XP. Vous développez ainsi le menu d'accès à la plupart des fonctionnalités.

3 Cliquez sur **Applications**, puis sur **Bureautique**. Dans le volet de droite s'affiche la liste des applications disponibles, parmi lesquelles : OpenOffice.org Impress, Base, Writer etc. Si vous souhaitez gagner du temps, vous pouvez également accéder à Ulteo et cliquez sur le lien *Démarrer*. Vous pourrez choisir de lancer uniquement OpenOffice.org. Dans la fenêtre qui sera alors affichée, cliquez sur le bouton **Launch OpenOffice.org now**. Vous aurez un accès immédiat à OpenOffice.org Writer.

Figure 8.22 : *Découvrez les applications disponibles*

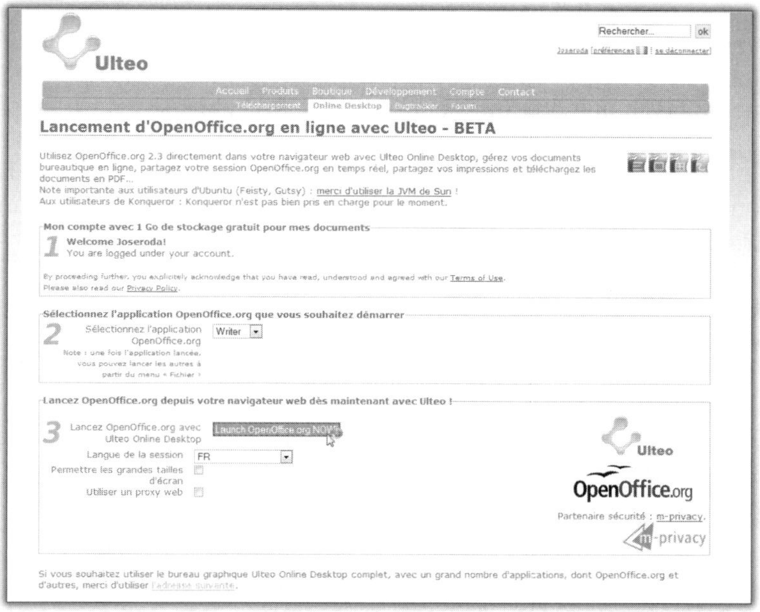

Figure 8.23 : *Lancez OpenOffice.org*

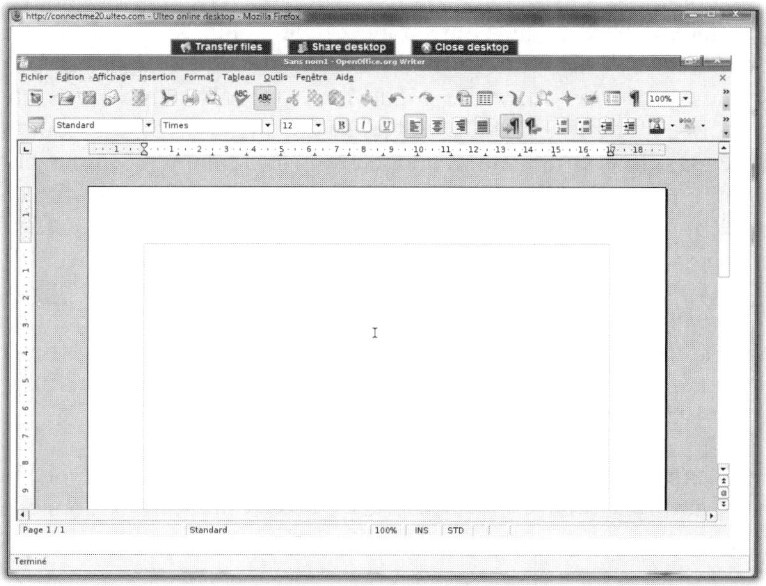

Figure 8.24 : *Writer est automatiquement disponible*

Vous retrouvez le fonctionnement classique de la suite, tel que vous êtes habitué à l'exploiter sur votre machine habituelle. Cette solution très puissante et très fluide, même avec une connexion à haut débit de piètre qualité (avec un débit inférieur ou égal à 512 kbits/s), constitue un atout de premier choix, surtout si vous souhaitez retrouver un environnement familier même sur une machine qui n'est pas la vôtre et sur laquelle vous ne pouvez vous permettre d'installer la suite OpenOffice.org.

ATTENTION

La sécurité

Vous pouvez utiliser un bureau virtuel en général et Ulteo en particulier en toute confiance. Les sessions sont sécurisées, bénéficient d'un cryptage SSL, et vos données sont théoriquement parfaitement à l'abri.

8.4. Google Documents et tableur

Imaginez un outil bureautique aussi puissant que les suites les plus connues comme OpenOffice.org ou Microsoft Office, qui puisse produire des documents dans de nombreux formats, permettre le travail collaboratif et des conversations en temps réel sur les modifications effectuées sur un texte. Vous en avez rêvé ? Google l'a fait avec Google Documents. Vous pouvez importer un document existant, créer un document vierge, créer des répertoires afin d'organiser vos courriers, rapports, mémoire, note, partager le document avec des amis ou des collègues, le tout très simplement. Dans le domaine qui nous concerne, Google Document et tableur vaut avant tout pour la possibilité de gérer, créer, importer ou exporter des documents au format OpenOffice.org.

Pour fonctionner, Google Documents repose sur les technologies de programmation Ajax. Grâce à cet ensemble de langages de programmation, les composants de la page que vous affichez sont interactifs et seuls les éléments modifiés sont chargés et interprétés dans le navigateur.

Pour exploiter au mieux toutes les ressources de Google Documents, il vous suffit de maîtriser la barre d'outils générale qui donne accès à toutes les fonctionnalités de l'application.

L'édition des documents se fait dans une fenêtre séparée, si bien que vous avez toujours accès à la fois à la messagerie et à la console d'administration à tout moment pour consulter vos courriels ou d'autres fichiers.

Vous pouvez retrouver l'ensemble des documents produits ou gérés via l'application grâce au menu latéral qui affiche les différents dossiers que vous avez créés et permet d'effectuer des recherches sur les documents.

Vous pouvez personnaliser les options de configuration de Google Documents à tout moment en cliquant sur le lien *Paramètres*. Vous définirez notamment votre fuseau horaire, les informations concernant la publication sur un blog ou un site des documents produits, etc. Le seul préalable indispensable pour utiliser Google Documents est de posséder un compte Gmail.

REMARQUE

Ajax

Abréviation d'*Asynchronous JavaScript And XML* (comprenez en français XML et JavaScript asynchrones), Ajax désigne une solution informatique pour le développement d'applications web. Il évoque l'utilisation conjointe d'un ensemble de technologies libres couramment utilisées sur le Web : HTML, CSS, XHTML, XML, etc.

1 Rendez-vous sur le site **www.gmail.com** et inscrivez-vous gratuitement en cliquant sur le lien du même nom. Remplissez le formulaire, choisissez un nom d'utilisateur, un mot de passe, et répondez aux diverses questions qui vous sont posées. Le compte est activé automatiquement ; tout est immédiatement opérationnel.

2 Lorsque le compte est activé, vous disposez d'une boîte à lettres électronique offrant un espace de stockage de plus de 6 Go et permettant l'envoi de pièces jointes jusqu'à 15 Mo. Mais surtout, vous avez accès à Google Documents. Pour cela, cliquez sur le lien *Document* figurant dans la partie supérieure gauche de l'interface.

Figure 8.25 : *Accédez à Google Document*

3 En cliquant sur ce lien, une nouvelle fenêtre du navigateur apparaît. C'est normal, cela vous permet d'éviter toute confusion entre le traitement de texte et la gestion des e-mails. Vous accédez à une console qui centralise les documents que vous créez et que vous organisez ou échangez avec d'autres utilisateurs.

4 Pour créer un nouveau document, cliquez sur le bouton **Créer** et sélectionnez le texte de fichier que vous souhaitez engendrer. Il peut s'agir d'un document (comprenez alors, texte), d'une feuille de calcul (tableau), d'une présentation (diaporama) ou d'un dossier qui sert à organiser les fichiers. Cliquez sur **Documents** pour afficher une feuille vierge.

Figure 8.26 :
Créez un nouveau document

5 Vous pouvez ensuite éditer votre document comme bon vous semble et profiter des nombreuses options de travail collaboratif, de partage et d'échange de fichiers fournies par Google Documents. La fonction qui nous intéresse le plus concerne l'exportation du document que vous venez de créer. Avec Google Document, il est possible d'opter pour différents formats disponibles, parmi lesquels OpenOffice.org.

6 Pour cela, cliquez sur le menu déroulant **Fichier** et sélectionnez **Télécharger le fichier au format**. Vous ouvrez un volet additionnel qui vous permet de choisir différents formats de téléchargement. Cliquez sur **OpenOffice**.

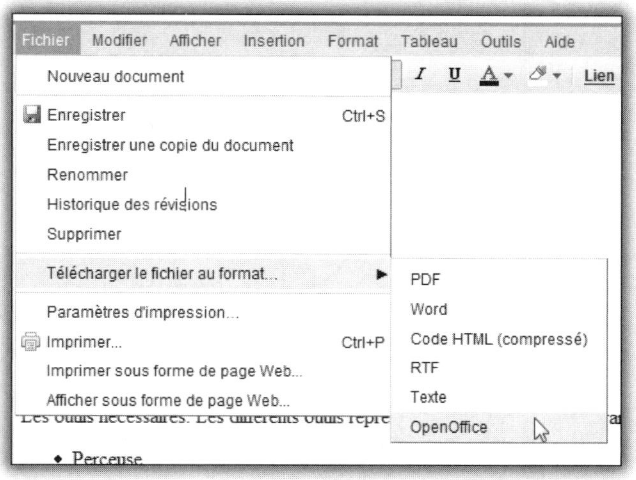

Figure 8.27 : *Exportez au format OpenOffice.org*

L'exportation est lancée automatiquement. Une fenêtre de téléchargement apparaît. Le fichier créé précédemment porte désormais l'extension *.odt*, celle d'OpenOffice.org. Ce fichier peut alors être exploité tel quel dans votre suite bureautique préférée. Le principal intérêt consiste par exemple à exploiter ce format propriétaire d'OpenOffice.org, notamment pour intégrer des macros qui seraient perdues si vous n'optiez pas pour le format *.odt*.

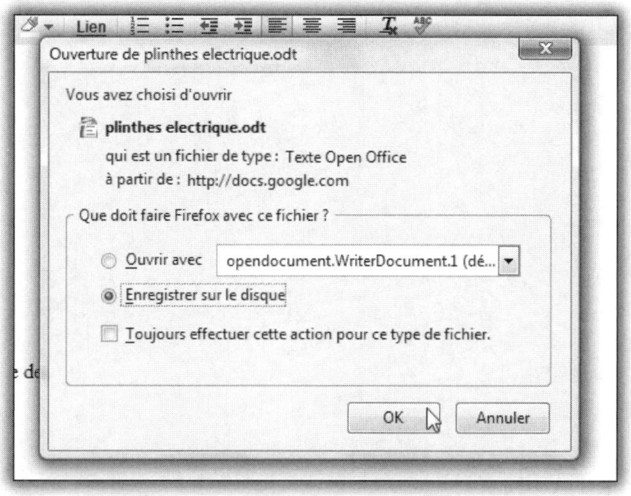

Figure 8.28 : *Téléchargez le fichier exporté*

Chapitre 9

Se familiariser avec OpenOffice.org

Pour assurer une migration réussie vers OpenOffice.org, il est impératif que vous vous sentiez à votre aise avec ce nouvel outil. Si vous étiez habitué à Microsoft Office depuis de longues années, la gymnastique intellectuelle vous semblera pénible. Cependant, nombre de fonctionnalités intégrées à OOo sont plus accessibles et plus simples à mettre en œuvre que sous Office. Les barres d'outils plus nombreuses, offrant davantage d'options de configuration, l'intégration de fonctions de génération simplifiée de document PDF, etc., concourent à susciter le désir de faire un effort d'adaptation vers OpenOffice.org. Dans ce chapitre, nous vous aiderons à trouver vos marques plus rapidement en évoquant notamment les raccourcis clavier, mais aussi en vous proposant une description détaillée des principaux menus de la suite. Avec ces points de repères, vous trouverez dans ce chapitre un aide-mémoire pour réussir la transition vers une nouvelle suite bureautique.

9.1. Gagner en ergonomie avec OpenOffice.org

Vous pouvez contrôler OpenOffice.org sans la souris, uniquement à l'aide du clavier. C'est souvent plus rapide, parfois plus simple ; dans tous les cas, cela améliore vos interactions avec la suite.

Certaines touches clés sont particulièrement utiles. Il est impératif de connaître les fonctions qui leur sont associées afin d'augmenter votre productivité ; parmi elles, la touche [F6].

En appuyant à plusieurs reprises sur cette touche, vous déplacez le curseur vers les objets suivants :

- la barre de menu ;
- chaque barre d'instruments du haut vers le bas et de gauche à droite ;
- chaque fenêtre indépendante de gauche à droite ;
- chaque document.

1 Si ce curseur prend place sur une barre de menus ou d'outils, il vous suffit d'associer les touches [Ctrl]+[Tab] ; vous passez les objets mentionnés comme avec [F6], mais sans passer par le document.
2 Appuyez sur [Maj]+[F6] ou sur [Maj]+[Ctrl]+[Tab] pour naviguer rapidement d'un objet à un autre dans la direction opposée.

3 Si vous souhaitez quitter les barres d'outils ou de menus rapidement sans avoir à appuyer à maintes reprises sur F6, utilisez le raccourci clavier Ctrl+F6 qui pointe le curseur directement dans le document.

4 Si vous souhaitez en revanche passer à la barre de menus (ou éventuellement la quitter), une simple pression sur F10 suffit.

Dans tous les cas de figure, la touche Échap ferme un sous-menu ouvert, une barre d'outils ou la fenêtre indépendante active.

D'autres combinaisons, plus complexes, faisant intervenir jusqu'à trois touches différentes permettent d'interagir avec la suite. Le plus souvent cependant, les touches clés vous donnent accès à la plupart des fonctionnalités.

5 Appuyez sur Alt, sur F6 ou sur F10 pour sélectionner le premier menu déroulant (**Fichier**). Le prochain menu à droite est sélectionné si vous appuyez sur la flèche vers la droite ; la flèche vers la gauche sélectionne le menu précédent. C'est ainsi que vous pouvez vous déplacer facilement de menu en menu. Lorsque le menu désiré est enfin en surbrillance, il vous suffit d'appuyer sur la flèche du bas dans le pavé directionnel de votre clavier pour dérouler le menu sélectionné.

6 Lorsque le menu s'est déployé, il faut encore sélectionner la commande de votre choix. Pour cela, utilisez à nouveau les flèches du pavé directionnel. Si vous appuyez encore sur la flèche vers le bas ou la flèche vers le haut, la sélection se déplace dans les commandes de menu dans la direction correspondante. Tout sous-menu (ou volet additionnel) s'ouvre à l'aide de la flèche vers la droite. Appuyez sur ↵ pour exécuter la commande de menu sélectionnée.

Utiliser les icônes des barres d'outils sans souris

Sélectionnez la barre d'outils dont vous avez besoin. Pour cela, appuyez à plusieurs reprises sur la touche F6 jusqu'à ce que la première icône de la barre d'outils soit active. Utilisez les flèches vers la droite et vers la gauche pour sélectionner une icône dans une barre d'outils horizontale. Si la barre d'outils a une apparence verticale, utilisez les flèches vers le haut et vers le bas pour sélectionner une icône de votre choix. La touche

[↖] (symbolisée par une flèche orientée vers l'angle supérieur gauche de la touche) sélectionne la première icône d'une barre d'outils et la touche [Fin] la dernière. Lorsque vous êtes parvenu à sélectionner l'icône qui active la commande désirée, appuyez sur la touche [↵].

Dans certains cas, valider la fonction avec la touche [↵] ne suffit pas. La commande peut éventuellement impliquer une action combinée. C'est le cas notamment sous OpenOffice.org Draw, lorsque vous souhaitez insérer un rectangle par exemple. Dans ce cas, combinez les touches [Ctrl]+[↵]. Les formes que vous créerez prennent place au milieu de la vue et ont une taille définie par défaut. Procédez alors aux ajustements de votre choix. En appuyant à nouveau sur [Ctrl]+[↵] après avoir choisi l'icône *Outil de sélection*, vous sélectionnez l'objet (en faisant ainsi apparaître les poignées de redimensionnement). Pour éditer ou déplacer l'objet de dessin sélectionné ou encore en modifier la taille, utilisez d'abord [Ctrl]+[F6] afin de placer le curseur dans le document.

Si une barre d'instruments est trop longue pour être affichée entièrement à l'écran, une icône apparaît à sa droite ou dans son angle inférieur. Sélectionnez la barre d'instruments et appuyez sur la touche [⇞] ou [⇟] afin d'afficher les icônes suivantes.

Modifier la position et la taille d'objets

Lorsque l'objet sélectionné est prêt à être modifié, il vous suffit d'utiliser les flèches du pavé directionnel pour le déplacer vers la droite, la gauche, le haut ou le bas. Les déplacements se font en fonction de la grille par défaut. Le maillage de la grille peut cependant être ajusté en déroulant le menu **Outils/Options/OpenOffice.org Writer/Gille**. Dans la zone *Résolution*, saisissez une valeur supérieure à 1 dans la section *Subdivision*.

Utilisez la touche [Alt] en combinaison avec les touches fléchées pour déplacer l'objet sélectionné d'un pixel.

Pour modifier un objet, quel qu'il soit, une fois ce dernier sélectionné, activez le mode Édition de poignées. Utilisez le raccourci clavier [Ctrl]+[⇆]. La poignée supérieure gauche est la poignée active, elle clignote. Utilisez [Ctrl]+[⇆] pour sélectionner la poignée suivante. Enfin, lorsque les modifications apportées correspondent à vos attentes, pressez la touche Échap pour quitter le mode Édition de poignée qui confère aux flèches du pavé directionnel, la faculté de modifier la taille de l'objet.

Affecter l'affichage à l'aide du clavier

L'affichage des documents que vous créez avec les modules de suite comme Calc, Draw et Impress peuvent être scindés verticalement ou horizontalement dans des vues séparées afin de permettre une meilleure visualisation de la création. Chaque vue peut afficher des parties différentes du document. Vous pouvez, à l'aide de la souris, faire glisser une ligne de séparation de la barre de défilement dans le document. Utilisez ensuite les raccourcis clavier cités dans le tableau ci-après. Vous pourrez alors gérer plus facilement l'affichage de vos travaux et gagner ainsi à la fois en ergonomie et en productivité.

Tableau 9.1 : *Les raccourcis permettant de gérer l'affichage sous Draw, Calc et Impress*

Raccourci clavier	Action
Maj+Ctrl+F6	Affiche les lignes de séparation aux positions par défaut et positionne le focus sur une ligne.
Touches fléchées	Déplacent la ligne de séparation active d'un grand pas dans la direction de la flèche.
Maj+Touches fléchées	Déplace la ligne de séparation active d'un petit pas dans la direction de la flèche.
Suppr	Supprime la ligne de séparation active.
Maj+Suppr	Supprime les deux lignes de séparation.
↵	Fixe la position actuelle des lignes de séparation.
Échap	Rétablit la ligne de séparation active à sa position par défaut.

9.2. Les raccourcis clavier généraux de OpenOffice.org

Les utilisateurs d'ordinateurs sont aujourd'hui habitués à utiliser la souris pour piloter la machine et les applications. Cependant, contrairement aux idées reçues, la souris ne représente pas systématiquement un gain de temps dans les manipulations les plus courantes. Les raccourcis clavier sont alors les plus pertinents ; ils permettent, sans lever les mains de votre clavier, de mener la plupart des opérations basiques. Depuis le simple copier-coller, en passant par le lancement d'une impression, la combinaison des touches de votre clavier peut vous faire gagner un temps précieux. Encore faut-il connaître les raccourcis les plus fréquemment utilisés. En effet, ces derniers diffèrent en partie de ceux que vous aviez coutume d'utiliser sous Microsoft Office. Voici une liste à conserver précieusement :

Tableau 9.2 : *Les raccourcis clavier généraux d'OpenOffice.org*

Raccourci clavier	Action
[↵]	Dans une boîte de dialogue, activation du bouton ayant le focus
[Échap]	Interrompt l'action ou ferme la boîte de dialogue. Dans l'aide deOpenOffice.org, remonte d'un niveau.
[Barre d'espace]	Active ou désactive la case à cocher dans une boîte de dialogue.
[←], [→], [↑], [↓]	Modifie le champ de contrôle actif dans la section d'options d'une boîte de dialogue.
[↹]	Active la zone ou l'élément suivant d'une boîte de dialogue.
[Maj]+[↹]	Met en évidence la section ou l'élément qui précède dans une boîte de dialogue.
[Alt]+[↓]	Dans une boîte de dialogue, ouverture de la liste du champ de contrôle sélectionné. Ce raccourci s'applique aussi bien aux zones de liste qu'aux boutons dotés d'un menu **Pop up**. Pour refermer la liste, utilisez la touche [Échap].
[Suppr]	Suppression des objets sélectionnés vers la corbeille
[Maj]+[Suppr]	Suppression définitive des objets sélectionnés sans passer par la Corbeille
[⇤]	Dans l'affichage d'un dossier : retour au niveau supérieur
[Ctrl]+[Maj]+[Barre d'espace]	Supprime le formatage direct du texte ou des objets sélectionnés, comme dans **Format/Formatage par défaut**.

Tableau 9.2 : *Les raccourcis clavier généraux d'OpenOffice.org*	
Raccourci clavier	**Action**
Ctrl+Tab	Lorsque le curseur est placé au début d'un en-tête, un onglet est inséré.
↵ (si un objet OLE est sélectionné)	Active l'objet OLE sélectionné.
↵ (si un objet de dessin ou un objet texte est sélectionné)	Active le mode de saisie de texte.
Ctrl+O	Ouvre un document.
Ctrl+S	Enregistre le document actif.
Ctrl+N	Crée un nouveau document.
Maj+Ctrl+N	Ouvre la boîte de dialogue **Modèles et documents**.
Ctrl+P	Lance la configuration de l'impression.
Ctrl+Q	Quitte l'application active.
Ctrl+X	Coupe les données sélectionnées.
Ctrl+C	Copie les données sélectionnées.
Ctrl+V	Colle les données sélectionnées.
Ctrl+Maj+V	Ouvre la boîte de dialogue **Collage spécial**.
Ctrl+A	Sélectionne tout le document.
Ctrl+Z	Annule la dernière action.
Ctrl+Y	Répète la dernière action.
Ctrl+Maj+Y	Répète la dernière commande.
Ctrl+F	Active l'ouverture de la boîte de dialogue **Rechercher et remplacer**.
Ctrl+Maj+F	Recherche le dernier terme recherché saisi.
Ctrl+Maj+J	Fait basculer la vue entre les modes Plein écran et Normal dans Writer ou Calc.
Ctrl+Maj+R	Redessine l'affichage du document.
Maj+Ctrl+I	Active ou désactive le curseur de sélection dans un texte en lecture seule.

Tableau 9.2 : *Les raccourcis clavier généraux d'OpenOffice.org*	
Raccourci clavier	**Action**
Ctrl+I	Attribut *Italique* pour la sélection (également pour le mot sur lequel le curseur est placé)
Ctrl+B	Attribut *Gras* pour la sélection
Ctrl+U	Attribut *Souligné* pour la sélection

REMARQUE

À savoir

L'aide d'OpenOffice.org contient une liste détaillée de tous les raccourcis clavier utilisables au sein de la suite. Pour afficher cette liste, ouvrez l'une des applications puis appuyez sur la touche F1 de votre clavier. Activez l'onglet **Index**, puis cliquez sur **Accessibilité**. Vous trouverez la liste des raccourcis.

9.3. Les mots réservés par OpenOffice.org Math

Taper un texte dans un logiciel, quel qu'il soit, est simple. Non seulement votre clavier est fait pour cela, mais cela correspond à une logique admise par tous. En revanche, écrire des formules mathématiques sur un ordinateur est plus compliqué car les outils de mise en forme n'existent pas dans la plupart des logiciels de traitement de texte.

Fort heureusement, il y a OpenOffice.org Math. Math, qui est directement associé à OOo Writer gère l'écriture mathématique tout en suivant des règles spécifiques pour séparer les formules du corps de texte et optimiser la lisibilité au sein du document. Par exemple, vous pouvez voir que les nombres, les unités et la fonction logarithme décimal sont écrits dans un style droit alors que la fonction est placée en italique. OOo Math est une application au fonctionnement très spécifique. Tout d'abord, il n'est pas comme les autres modules de la suite WYSIWYG (*What you see is what you get*, "ce que vous voyez est ce que vous obtenez"). En d'autres termes, vous devez écrire les formules sous forme linéaire dans un langage spécifique qui se charge automatiquement de la mise en forme selon les règles mathématiques répondant aux conventions habituelles. Pour ceux qui veulent faire vite et ne souhaitent pas se lancer dans un long apprentissage, il existe une boîte de dialogue **WYSIWYG** afin d'exploiter des modèles. Ne perdez pas de vue qu'avec Math, l'objectif n'est pas de réaliser des calculs mais bien de mettre en scène les formules utilisées.

Pour procéder à l'insertion de formules mathématiques dans un document créé sous Writer par exemple, déroulez le menu **Insertion/Objet/Formule**.

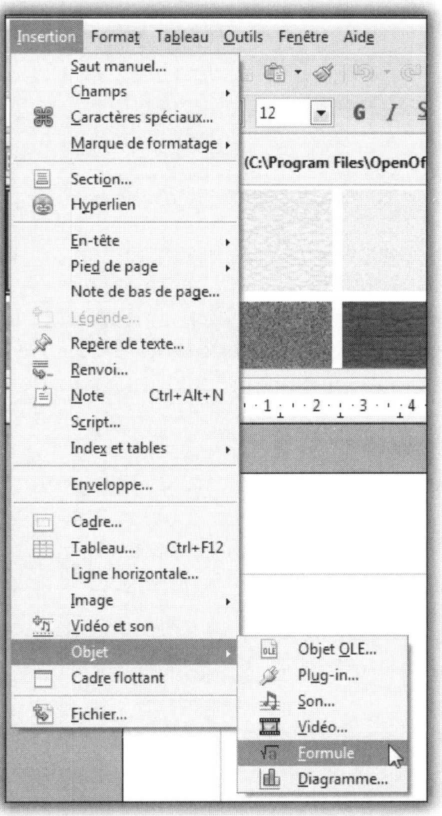

Figure 9.1 :
Déroulez le menu Insertion

Cette opération a pour effet d'ouvrir le module Math. C'est dans ce module que vous composerez votre formule. L'écran change d'apparence. Il est désormais décomposé en deux volets. Dans le volet supérieur, la barre d'outils flottante *Sélection* est affichée.

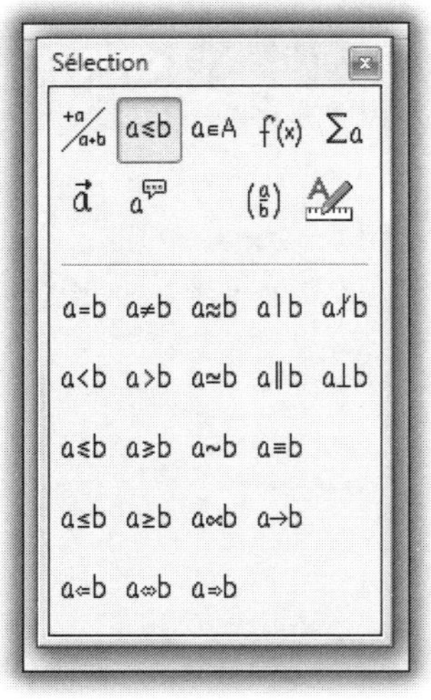

Figure 9.2 :
La barre d'outils Sélection

Grâce à elle, vous pouvez composer une formule complexe en sélectionnant dans les modèles référencés les composantes de formule de votre choix. Cliquez sur un ensemble dans la partie et les modèles s'affichent dans la partie inférieure. Lorsque vous cliquez sur un modèle, il prend place automatiquement dans le volet inférieur de la fenêtre de composition.

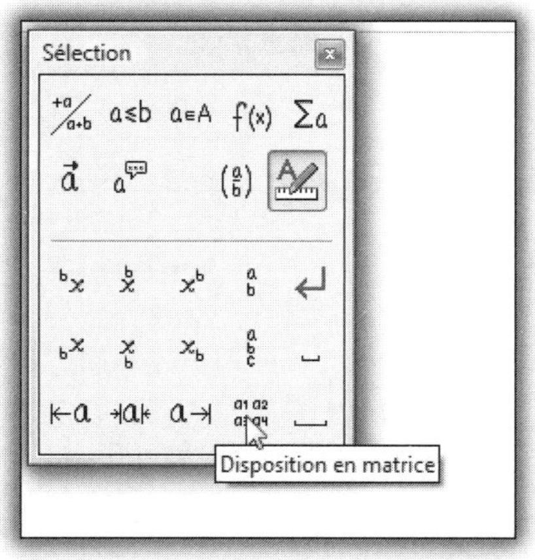

Figure 9.3 :
Sélectionnez les composantes de la formule

Si vous maîtrisez la syntaxe particulière d'OOo Math, vous pouvez également saisir la formule manuellement dans le champ au bas de l'interface (voir Figure 9.4).

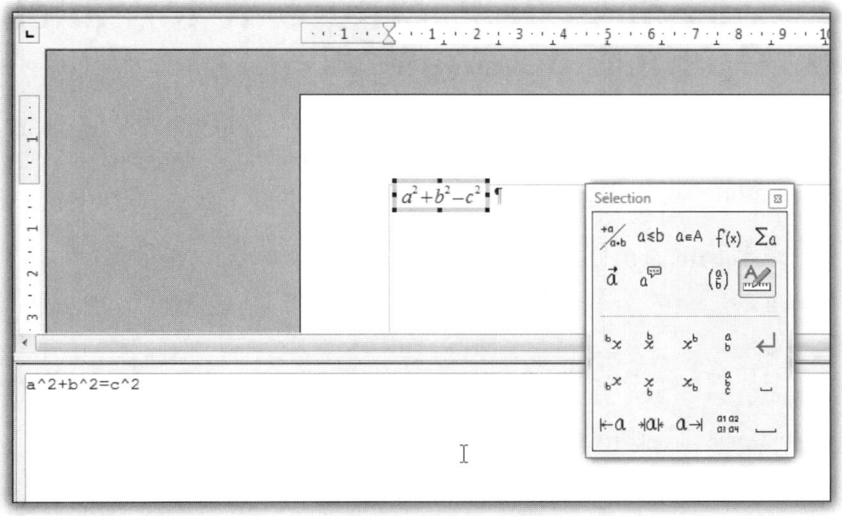

Figure 9.4 : *Saisissez manuellement la formule*

Quand vous avez fini de saisir la formule, appuyez sur la touche [Échap] ou cliquez dans le texte à côté de la formule, afin que l'affichage de la formule soit rafraîchi. La formule apparaît sélectionnée puisque vous constatez la présence des poignées de redimensionnement. Appuyez à nouveau sur la touche [Échap] ou cliquez dans le texte pour que la formule ne soit plus sélectionnée et que vous puissiez reprendre le cours de votre saisie normale.

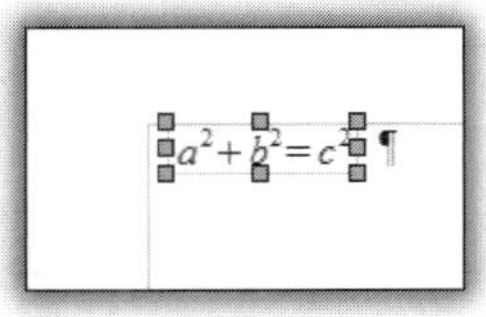

Figure 9.5 :
La formule est sélectionnée dans Writer

ATTENTION

Dimension

Il est impossible de redimensionner la formule ainsi insérée dans le texte. Seul le déplacement à la souris ou à l'aide des flèches du pavé directionnel est possible.

9.4. Les bases de l'écriture de formules sous OpenOffice.org Math

Les fondements de la rédaction de formules sous OpenOffice.org Math peuvent paraître déroutants de prime abord, mais les règles sont assez peu nombreuses et facilement compréhensibles.

Tableau 9.3 : *Les règles syntaxiques de base sous OOo Math*

Opération	**Syntaxe**
Exposant	^
Indice	_ (tiret de soulignement)
Multiplication implicite	Espace
Point multiplicatif	`cdot`
Racine carrée	`Sqrt`
Autres racines	`nroot`
Fractions	`Over`
Unités	`nitalic`
Unités alternatives	`'' ''`

ATTENTION

Gare à la syntaxe

Dans l'écriture d'une formule, les éléments qui la composent doivent être séparés par un ou plusieurs espaces. Par exemple, on écrira `5 over 10` pour que Math comprenne bien que `5`, `over` et `10` sont trois éléments différents.

Ce manuel n'a pas vocation à détailler tous les rudiments de la rédaction d'une formule avec Math. Cependant, nous vous invitons à consulter le centre de documentation du projet OpenOffice.org et à télécharger le fichier PDF *Comment écrire des formules avec OpenOffice.org Math*. Il constitue une base indispensable à cet apprentissage. Clair et détaillé, il est accessible même à ceux (c'est le cas de votre serviteur) qui sont profondément allergiques à toutes les formules mathématiques.

9.5. Les principales fonctions de calcul de Calc

Les fonctions et formules de Calc sont des outils très commodes pour exploiter les données qui sont dans vos tableaux. Nous avons pu voir, dans ce manuel, comment utiliser ces formules dans le chapitre consacré à OpenOffice.org Calc. Cependant, vous trouverez dans ce chapitre, une sélection des fonctions les plus pertinentes ou les plus employées par les utilisateurs de tableau. Cette liste n'est pas exhaustive car Calc est en mesure d'exploiter plusieurs centaines de fonctions, mais cette sélection devrait constituer un excellent aide-mémoire à conserver à proximité de votre clavier.

Les fonctions de base de données

Au total, OpenOffice.org Calc met à votre disposition une douzaine de fonctions de calcul liées à la gestion du tableau comme une base de données. Il serait long et fastidieux de les décrire toutes dans ce manuel. Voici cependant des explications sur les fonctions les plus couramment utilisées.

BDECARTYPE

La fonction `BDECARTYPE` calcule, à partir d'un échantillon, l'écart type d'une population donnée.

Syntaxe :
`BDECARTYPE(Base_de_données;Champ;Critères_rech).`

BDECARTYPEP

`BDECARTYPEP` calcule l'écart type d'une population donnée à partir de toutes les cellules comprises dans une plage de données correspondant aux critères de recherche.

Syntaxe :
`BDECARTYPEP(Base_de_données;Champ;Critères_rech).`

BDMAX

Cette fonction renvoie le contenu maximal d'une cellule (`champ`) dans une base de données (tous les enregistrements) correspondant aux conditions de recherche spécifiées.

Syntaxe : `BDMAX(base_de_données; champ; critères_rech)`.

BDMIN

Cette fonction très utilisée ; elle renvoie le contenu minimal d'une cellule (`champ`) dans une base de données correspondant aux critères de recherche spécifiés.

Syntaxe : `BDMIN(base_de_données; champ; critères_rech)`.

BDMOYENNE

Cette formule renvoie la moyenne des valeurs de toutes les cellules (champs) pour toutes les lignes (enregistrements de la base de données) correspondant aux critères de recherche spécifiés.

Syntaxe : `BDMOYENNE(base_de_données; champ; critères_rech)`.

BDNB

Cette formule vous permet de compter le nombre de lignes (enregistrements) dans une base de données correspondant aux critères de recherche spécifiés. Elle comporte des valeurs numériques.

Syntaxe : `BDNB(base_de_données; champ; critères_rech)`.

BDPRODUIT

Une formule bien utile dont la mission est de multiplier toutes les cellules d'une plage de données dont le contenu correspond aux critères de recherche.

Syntaxe : `BDPRODUIT(base_de_données; champ; critères_rech)`.

BDSOMME

Renvoie le total de toutes les cellules d'un champ de base de données dans toutes les lignes (enregistrements) remplissant les critères de recherche.

Syntaxe : `BDSOMME(base_de_données; champ; critères_rech)`.

Les fonctions liées à la date et à l'heure

Calculer des heures supplémentaires ou des périodes de congés est devenu, aussi bien pour les particuliers que pour les professionnels, une absolue nécessité. Les fonctions Calc permettant d'assurer ce type de calcul sont nombreuses puisqu'on en dénombre une trentaine. Inutile de préciser que nous ne les évoquerons pas toutes ici. Voici malgré tout leur principe général de fonctionnement. OpenOffice.org traite les valeurs de date ou d'heure en tant que valeurs numériques. Si vous assignez le format numérique *Nombre* à une valeur de date ou d'heure, celle-ci est convertie en un nombre. Pour modifier le format numérique en Date ou Heure, sélectionnez la cellule contenant la valeur, du clic droit ouvrez le menu contextuel et sélectionnez **Formater les cellules**. L'onglet **Nombres** contient les fonctions de définition du format numérique. Sous **Outils/Options/OpenOffice.org/Général**, le compteur de la zone *Année à deux chiffres* sert à paramétrer la période pour laquelle les années doivent être indiquées avec deux chiffres.

ANNEES

Calcule la différence en années entre deux dates.

Syntaxe : `ANNEES(Date initiale, Date de fin, Type)`.

AUJOURDHUI

Renvoie la date système actuelle de l'ordinateur. La valeur est mise à jour lorsque vous ouvrez à nouveau le document ou lorsque vous en modifiez les valeurs.

Syntaxe : `AUJOURDHUI()`.

DATE

Cette fonction convertit une date saisie sous la forme *Année*, *Mois*, *Jour* en un numéro de série interne affiché selon le formatage de la cellule.

Syntaxe : `DATE(année, mois, jour).`

DIMANCHEDEPAQUES

Calcule la date du dimanche de Pâques pour l'année saisie. *Année* est un nombre entier compris entre `1583` et `9956` ou entre `0` et `99`. Vous pouvez également calculer les congés et fêtes par une simple addition à cette date. Calculez la date du lundi de Pâques en saisissant `DIMANDEDEPÂQUES() + 1` ou du lundi de Pentecôte en tapant `DIMANCHEDEPAQUES() + 50.`

ESTBISSEXTILE

Détermine si une année est bissextile. Dans l'affirmative, la fonction renvoie la valeur `1` (`VRAI`). Dans le cas contraire, elle renvoie la valeur `0` (`FAUX`).

Syntaxe : `ESTBISSEXTILE(Date).`

HEURE

Renvoie l'heure à partir d'une valeur horaire donnée. L'heure est renvoyée comme un nombre entier compris entre `0` et `23`.

Syntaxe : `HEURE(numéro_série).`

JOURS

Calcule la différence entre deux valeurs de dates. Le résultat est le nombre de jours séparant ces deux dates.

Syntaxe : `JOURS(date_2;date_1).`

JOURS360

Cette fonction est utile si vous souhaitez calculer les intérêts d'un emprunt ou d'un placement financier notamment. Elle renvoie la différence entre deux dates sur la base d'une année à 360 jours.

Syntaxe : `JOURS360(date_1;date_2;mode)`.

JOURSDANSANNEE

Calcule le nombre de jours de l'année jusqu'à une date donnée.

Syntaxe : `JOURSDANSANNEE(Date)`.

JOURSEM

Renvoie le jour de la semaine pour la valeur de date donnée. Le jour est renvoyé comme un nombre entier compris entre `1` (dimanche) et `7` (samedi) si aucun type n'a été spécifié ou si `type = 1` a été spécifié. Si `type = 2`, la numérotation commence à lundi = `1`. Si `type = 3`, la numérotation commence à lundi = `0`.

Syntaxe : `JOURSEM(numéro_série;type)`.

MAINTENANT

Renvoie la date et l'heure système. La valeur est mise à jour lorsque vous recalculez le document ou chaque fois qu'une valeur de cellule est modifiée.

Syntaxe : `MAINTENANT()`.

NB.JOURS.OUVRES

Renvoie le nombre de jours ouvrables entre la `Date initiale` et la `Date de fin`. Les congés et fêtes peuvent être déduits.

Syntaxe : `NB.JOURS.OUVRES(Date initiale;Date de fin;Congés et fêtes)`.

SEMAINES

Calcule la différence en semaines entre deux dates. Le type de calcul (`0` ou `1`) permet respectivement d'obtenir l'intervalle ou le nombre de semaines.

Syntaxe : `SEMAINES(Date initiale, Date de fin, Type)`.

SEMAINESDANSANNEE

Calcule le nombre de semaines d'une année jusqu'à une certaine date. Le nombre de semaines est défini comme suit : si une semaine chevauche deux années, elle est comptabilisée dans l'année contenant la majorité des jours de cette semaine.

Syntaxe : `SEMAINESDANSANNEE(Date)`.

Les fonctions liées aux opérations et calculs financiers

Les fonctions financières de Calc sont très nombreuses. La plupart répondent à des besoins spécifiques qu'il est difficile de détailler dans un tel manuel. Voici cependant les fonctions les plus utiles, même pour un particulier. Les professionnels se référeront à l'excellente documentation *Guide des fonctions Calc* disponible dans le centre de documentation d'OpenOffice.org (**http://fr.openoffice.org/Documentation/Index.html**).

AMORLIN

Calcule l'amortissement linéaire d'un bien pour une période donnée. Le montant de l'amortissement est constant pendant la période d'amortissement.

Syntaxe : `AMORLIN(coût;valeur_rés;durée)`.

CUMUL.INTER

Calcule les intérêts cumulés, c'est-à-dire la somme des intérêts d'un investissement réalisé sur la base d'un taux d'intérêt stable. La variable `NPM` représente la durée de l'investissement.

Syntaxe :
`CUMUL.INTER(taux;NPM;VA;période_début;période_fin;type).`

DB

Renvoie l'amortissement d'un bien durant une période spécifiée suivant la méthode de l'amortissement dégressif à taux double.

Syntaxe : `DB(coût;valeur_rés;durée;p;mois).`

DUREE

Calcule le nombre de périodes requises par un investissement pour atteindre la valeur souhaitée. La variable `VA` représente la valeur actuelle et la variable `VC`, la valeur convoitée.

Syntaxe : `DUREE(taux;VA;VC).`

DUREE_ADD

Calcule la durée d'un titre à revenu fixe en années.

Syntaxe : `DUREE_ADD(Liquidation;Échéance;Intérêt nominal; Rendement;Fréquence;Base).`

ASTUCE

À savoir

Les fonctions dont les noms se terminent par `_ADD` renvoient les mêmes résultats que les fonctions correspondantes sous Microsoft Excel. Pour obtenir des résultats conformes aux normes internationales, utilisez des fonctions sans `_ADD`.

INTPER

Calcule l'amortissement périodique d'un investissement caractérisé par des paiements réguliers et un taux d'intérêt stable.

Syntaxe : `INTPER(taux;p;NPM;VA;VC;type).`

PRINCPER

Renvoie, pour une période donnée, le paiement sur le capital pour un investissement caractérisé par des paiements réguliers et constants, et un taux d'intérêt stable.

Syntaxe : `PRINCPER(Taux;P;NPM;VA;VC;Type)`.

RENTINVEST

Calcule le taux d'intérêt provenant du profit (rentabilité) d'un investissement. Dans la syntaxe, `P` représente le nombre de périodes à considérer dans le calcul.

Syntaxe : `RENTINVEST(P;VA;VC)`.

SYD

Calcule le montant de l'amortissement d'un objet pour une période donnée sur la durée totale de l'amortissement.

Syntaxe : `SYD(coût;valeur_rés;durée;période)`.

TAUX

Calcule le taux d'intérêt stable par période d'un investissement donné. Dans la syntaxe, `NPM` représente le nombre de périodes considérées et `VPM`, le montant du versement périodique.

Syntaxe : `TAUX(NPM;VPM;VA;VC;type;estimation)`.

TAUX.EFFECTIF

Renvoie le taux d'intérêt annuel net pour un taux d'intérêt nominal.

Syntaxe : `TAUX.EFFECTIF(taux_nominal;p)`.

Les fonctions d'information d'OpenOffice.org Calc

Exploiter les données figurant dans votre tableau, c'est aussi utiliser des fonctions de tri et de mise en exergue des données à partir de leurs caractéristiques propres. C'est la mission que remplissent les fonctions d'information dont voici une sélection.

CELLULE

Renvoie des informations sur l'adresse, le formatage ou le contenu d'une cellule. Dans la syntaxe, la variable `Type_info` est la chaîne de caractères déterminant le type de l'information : `CCL` pour colonne, `Row` pour ligne, `Sheet` pour feuille, etc.

Syntaxe : `CELLULE(Type_info;Référence)`.

EST.IMPAIR_ADD

Renvoie `VRAI` si le résultat n'est pas un nombre entier, une fois le nombre divisé par `2`.

Syntaxe : `EST.IMPAIR_ADD(Nombre)`.

EST.PAIR_ADD

Recherche les nombres pairs. Renvoie `VRAI` si, après une division par `2`, le résultat est un nombre entier.

Syntaxe : `ESTPAIR_ADD(Nombre)`.

ESTERR

Renvoie `VRAI` si la valeur d'erreur est autre que `#NA`. Vous pouvez utiliser cette fonction afin de contrôler les valeurs d'erreur dans certaines cellules.

Syntaxe : `ESTERR(valeur)`.

ESTERREUR

La fonction `ESTERREUR` détermine si les cellules contiennent des valeurs d'erreur générales. `ESTERREUR` reconnaît la valeur d'erreur `#N/A`.

Syntaxe : `ESTERREUR(valeur)`.

ESTFORMULE

Renvoie `VRAI` si la cellule est une cellule de formule.

Syntaxe : `ESTFORMULE(référence)`.

ESTLOGIQUE

Renvoie `VRAI` si la cellule contient un format numérique logique. Cette fonction vérifie la présence des valeurs `VRAI` et `FAUX` dans certaines cellules.

Syntaxe : `ESTLOGIQUE(valeur)`.

ESTNONTEXTE

Vérifie si la cellule contient du texte ou des nombres et renvoie `FAUX` s'il s'agit de texte.

Syntaxe : `ESTNONTEXTE(valeur)`.

ESTNUM

Renvoie `VRAI` si la valeur fait référence à un nombre. En cas d'erreur, la fonction renvoie une valeur logique ou numérique.

Syntaxe : `ESTNUM(valeur)`.

ESTVIDE

Renvoie `VRAI` si la référence à une cellule est vide. Cette fonction permet de déterminer si le contenu d'une cellule est vide. Une cellule contenant une formule n'est pas vide.

Syntaxe : `ESTVIDE(valeur)`.

Les fonctions logiques de Calc

Une instruction programmée peut demander la comparaison de deux données et modifier l'une de ces données ou une troisième en fonction du résultat de la comparaison. Les fonctions logiques de Calc vous permettent de vous acquitter de ce genre de tâches.

ET

Renvoie `VRAI` si tous les arguments sont `FAUX`. Si l'un des éléments est `FAUX`, cette fonction renvoie la valeur `FAUX`.

Syntaxe : `ET(Valeur logique 1;Valeur logique 2… Valeur logique 30)`.

FAUX

Renvoie la valeur logique `FAUX`. La fonction `FAUX()` ne requiert aucun argument et renvoie toujours la valeur logique `FAUX`.

Syntaxe : `FAUX()`.

OU

Renvoie `VRAI` si au moins un argument est `VRAI`. Cette fonction renvoie la valeur `FAUX` si tous les arguments possèdent la valeur logique `FAUX`.

Syntaxe : `OU(Valeur logique 1;Valeur logique 2… Valeur logique 30)`.

SI

Indique le test logique à effectuer.

Syntaxe : `SI(Test;Valeur_si_vrai;Valeur_si_faux)`.

VRAI

La valeur logique est définie sur `VRAI`. La fonction `VRAI()` ne requiert aucun argument et renvoie toujours la valeur logique `VRAI`.

Syntaxe : `VRAI()`.

Les fonctions mathématiques d'OpenOffice.org Calc

Réaliser des calculs plus ou moins complexes sur la base de formules mathématiques, c'est possible avec Calc. Si vous connaissez les fonctions mathématiques du tableur, vous pouvez les saisir directement dans les cellules. Cependant, si vous n'en maîtrisez pas toutes les subtilités, mieux vaut vous en remettre à l'Assistant Fonctions dont vous activez l'ouverture automatiquement en cliquant sur le menu déroulant **Insertion/Fonction**.

ABS

Renvoie la valeur absolue d'un nombre.

Syntaxe : `ABS(nombre)`.

ACOS

Renvoie l'arc cosinus d'un nombre.

Syntaxe : `ACOS(nombre)`.

ARRONDI

Renvoie un nombre arrondi à un nombre de décimales spécifique en fonction de critères mathématiques corrects.

Syntaxe : `ARRONDI(nombre;nombre)`.

ARRONDI.INF

Arrondit un nombre en tendant vers zéro.

Syntaxe : `ARRONDI.INF(nombre; nombre)`.

ARRONDI.SUP

Arrondit un nombre à la valeur immédiatement supérieure en fonction de la décimale spécifiée.

Syntaxe : `ARRONDI.SUP(nombre; nombre)`.

COMBIN

Renvoie le nombre de combinaisons pour un nombre donné d'objets.

Syntaxe : `COMBIN(nombre_1;nombre_2)`.

CONVERTIR

Cette fonction permet de convertir toute monnaie de l'Union européenne en euros. Les variables `TEXTE` dans la syntaxe représentent la monnaie d'origine et la monnaie de conversion.

Syntaxe : `CONVERTIR(valeur;"texte";"texte")`.

ENT

Arrondit un nombre à l'entier immédiatement inférieur.

Syntaxe : `ENT(nombre)`.

EST.IMPAIR

Renvoie `VRAI` si la valeur est impaire ou `FAUX` si le nombre est pair.

Syntaxe : `EST.IMPAIR(valeur)`.

EST.PAIR

Renvoie `VRAI` si la valeur est impaire ou `FAUX` si le nombre est impair.

Syntaxe : `EST.PAIR(valeur)`.

NB.SI

Renvoie le nombre d'éléments répondant à certains critères dans une plage de cellules.

Syntaxe : `NB.SI(plage;critères)`.

NB.VIDE

Renvoie le nombre de cellules vides. Saisissez les références des cellules, en les séparant par un signe deux points (:), dans le champ de texte *plage*.

Syntaxe : `NB.VIDE(plage)`.

PGCD

Renvoie le plus grand diviseur commun de plusieurs nombres entiers.

Syntaxe : `PGCD(nombre entier de 1 à 30)`.

PPCM

Renvoie le plus petit multiple commun d'un ou de plusieurs nombres entiers.

Syntaxe : `PPCM(nombre entier de 1 à 30)`.

PRODUIT

Donne le produit de la multiplication de tous les nombres donnés comme arguments.

Syntaxe : `PRODUIT(nombre 1;nombre 2;...)`.

RACINE

Renvoie la racine carrée positive d'un nombre. La valeur du nombre doit être positive.

Syntaxe : `RACINE(nombre).`

SOMME

Additionne tous les nombres d'une plage de cellules.

Syntaxe : `SOMME(nombre 1;nombre 2;...).`

SOMME.SI

Ajoute les cellules spécifiées par un critère donné. Vous pouvez utiliser cette fonction pour rechercher une valeur donnée dans une plage.

Syntaxe : `SOMME.SI(plage;critères;plage_somme).`

Les fonctions matricielles d'OpenOffice.org Calc

Une formule matricielle permet d'évaluer les différentes valeurs d'une plage de cellules. Une formule de matrice se différencie des autres formules par le fait que, contrairement à celles-ci, elle est capable de traiter plusieurs valeurs à la fois. Elle peut en outre fournir plusieurs résultats car le résultat donné par une formule de matrice est une autre formule de matrice. Une matrice qui porte sur trois lignes et trois colonnes (soit neuf cellules) peut par exemple multiplier par dix chacune des données, sans qu'il soit nécessaire d'appliquer une formule simple sur chaque cellule.

L'insertion d'une formule de matrice est simple car elle est accompagnée de l'Assistant Insertion de fonction. Lorsque vous créez une formule de matrice par son intermédiaire, cochez la case *Matrice* à chaque fois pour que les résultats soient renvoyés dans une matrice.

Si vous saisissez la formule de matrice directement dans la cellule, utilisez la combinaison de touches [Ctrl]+[Maj]+[↵] et non uniquement la touche [↵]. La formule devient une formule de matrice. Par ailleurs, si vous étiez utilisateur Microsoft Excel, vous devez être habitué à cette méthode qui est semblable. Sous OpenOffice.org Calc, les formules de matrice sont facilement identifiables car elles s'affichent entre accolades.

Pour éditer une formule matricielle, sélectionnez la plage de cellules ou la matrice contenant la formule. Pour sélectionner la matrice complète, positionnez le curseur de cellule à l'intérieur de la plage de matrice puis appuyez sur Ctrl+/ (présente dans le pavé numérique). Appuyez sur F2 ou placez le curseur sur la ligne de saisie afin de modifier manuellement la saisie. Après avoir effectué les modifications, appuyez sur Ctrl+Maj+↵.

Vous pouvez également copier des formules de matrice en provenance d'autres plages de données, d'autres feuilles de calcul ou d'autres tableaux. Pour cela, sélectionnez la plage de cellules ou la matrice contenant la formule. Appuyez sur F2 ou placez le curseur sur la ligne de saisie. Utilisez le raccourci Ctrl+C pour copier la formule. Sélectionnez ensuite la plage de cellules dans laquelle vous souhaitez insérer la formule puis appuyez à nouveau sur F2. Collez la formule en appuyant sur Ctrl+V dans l'espace sélectionné puis confirmez l'opération en validant par Ctrl+Maj+↵.

CROISSANCE

Calcule les points d'une tendance exponentielle dans une matrice.

Syntaxe : `Croissance(Données_Y;Données_X; Nouv_données_X; Type_de_fonction)`.

DETERMAT

Renvoie le déterminant d'une matrice. Cette fonction renvoie une valeur dans la cellule active ; il n'est pas nécessaire de définir une plage pour les résultats.

Syntaxe : `DETERMAT(Matrice)`.

FREQUENCE

Indique la distribution fréquentielle dans une matrice à une seule colonne.

Syntaxe : `FREQUENCE(Données; Classes)`.

INVERSEMAT

Renvoie la matrice inverse.

Syntaxe : `INVERSEMAT(Matrice).`

LOGREG

Cette fonction calcule l'ajustement des données saisies sous forme de courbe de régression exponentielle.

Syntaxe : `LOGREG(Données_Y; Données_X; Type_de_fonction; Paramètres).`

MUNIT

Renvoie la matrice carrée unitaire d'une certaine taille. Une matrice unitaire est une matrice carrée dans laquelle les principaux éléments en diagonale sont égaux à `1` et tous les autres éléments à `0`.

Syntaxe : `MUNIT(Dimensions)`.

PRODUITMAT

Calcule le produit de deux matrices. Le nombre de colonnes de la matrice `1` doit correspondre au nombre de lignes de la matrice `2`.

Syntaxe : `PRODUITMAT(Matrice; Matrice).`

SOMMEPROD

Multiplie les éléments correspondants dans les matrices données et renvoie la somme de ces produits.

Syntaxe : `SOMMEPROD(Matrice 1; Matrice 2… Matrice 30).`

Les fonctions statistiques d'OpenOffice.org Calc

Calc est très à l'aise avec l'ensemble des calculs statistiques que vous pouvez être amené à effectuer. Il propose plus de 70 fonctions spécifiques utilisables à votre avantage. Ces dernières sont souvent assez simples à mettre en œuvre. Une fois encore, ne manquez pas de consulter le Centre de documentation d'OpenOffice.org évoqué précédemment dans ce manuel et, plus particulièrement le document PDF *Guide des Fonctions Calc*. Ce document précieux, dont une partie de ce chapitre est issue, doit impérativement être imprimé et demeurer à portée de main si vous comptez exploiter les fonctions les plus complexes de Calc. Dans le domaine des statistiques, nous n'évoquerons qu'une poignée des dizaines de fonctions disponibles, celles qui à nos yeux sont les plus accessibles pour des besoins courants.

COEFFICIENT.CORRELATION

Renvoie le coefficient de corrélation entre deux séries de données.

Syntaxe : `COEFFICIENT.CORRELATION (donnés 1 ; données 2).`

ECART.MOYEN

Renvoie la moyenne des écarts absolus des observations par rapport à leur moyenne arithmétique.

Syntaxe : `ECART.MOYEN (nombre 1 ; nombre 2 ; …nombre 30).`

ECARTYPE

Estime l'écart type à partir d'un échantillon.

Syntaxe : `ECARTYPE(Nombre 1;Nombre 2;…Nombre 30).`

MAX

Renvoie la valeur maximale dans une liste d'arguments.

Syntaxe : `MAX (nombre 1 ; nombre 2 ; ...nombre 30).`

MEDIANE

Renvoie la médiane d'une série de nombres. Dans une série contenant des valeurs impaires, la médiane correspond au nombre du milieu de la série. Dans une série contenant des valeurs paires, elle correspond à la moyenne des deux valeurs situées au milieu de la série.

Syntaxe : `MEDIANE (nombre 1 ; nombre 2 ; ...nombre 30).`

MIN

Renvoie la valeur minimale dans une liste d'arguments.

Syntaxe : `MIN (nombre 1 ; nombre 2 ; ...nombre 30).`

MODE

Renvoie la valeur qui apparaît le plus souvent dans une série de données. S'il existe plusieurs valeurs avec la même fréquence, la plus petite est renvoyée.

Syntaxe : `MODE (nombre 1 ; nombre 2 ; ...nombre 30).`

MOYENNE

Calcule la moyenne de la plage de données désignée.

Syntaxe : `MOYENNE (A1: A30).`

NOMBRE

Compte les nombres présents dans une liste d'arguments. Cette fonction détecte les valeurs textuelles et les ignore.

Syntaxe : `NOMBRE (valeur 1 ; valeur 2 ; ...valeur 30).`

PROBABILITE

Renvoie la probabilité pour les valeurs d'une plage d'être comprises entre deux limites.

Syntaxe : `PROBABILITE(A1:A30; B1:B30; 10; 20).`

Les fonctions de classeur d'OpenOffice.org Calc

Lorsque vous créez au sein d'un même classeur, plusieurs feuilles de calcul, ces dernières peuvent interagir grâce aux fonctions de classeur de Calc. Vous pouvez dans une feuille de calcul "de synthèse", acquérir des données en provenance de toutes les autres feuilles du classeur. Ces fonctions sont variées et très utiles.

ADRESSE

Affiche à partir d'une adresse de cellule (nom de ligne, de colonne et feuille d'origine) en tant que texte, en fonction des numéros de ligne et de colonne spécifiés, le contenu de la cellule.

Syntaxe : `ADRESSE(Ligne;Colonne;ABS;Feuille)`.

COLONNE

Renvoie le numéro de colonne d'une référence à une cellule.

Syntaxe : `COLONNE(Référence)`.

FEUILLE

Renvoie le nombre de feuilles d'une référence ou d'une chaîne représentant le nom d'une feuille.

Syntaxe : `FEUILLE(Référence)`.

FEUILLES

Détermine le nombre de feuilles dans une référence.

Syntaxe : `FEUILLES(Référence)`.

LIGNE

Renvoie le numéro de ligne d'une référence à une cellule.

Syntaxe : `LIGNE(Référence)`.

RECHERCHE

Renvoie le contenu d'une cellule à partir d'une plage à ligne ou à colonne unique, ou à partir d'une matrice.

Syntaxe : `RECHERCHE(Critère_rech;plage recherche;Plage_résultat)`.

STYLE

Applique un style à la cellule contenant la formule.

Syntaxe : `STYLE(Style)`.

Les fonctions Texte d'OpenOffice.org Calc

Gérer des chiffres, cela paraît assez naturel avec un tableur, mais il est possible de traiter des données textuelles avec Calc et de les exploiter de manière aussi pertinente que si vous traitiez des données chiffrées. Pour vous acquitter de cette tâche, utilisez les fonctions texte. Une fois encore, elles sont nombreuses et la liste que nous vous proposons de consulter maintenant n'a pas vocation à l'exhaustivité. Ne manquez pas, pour aller plus loin, de consulter l'aide d'OpenOffice.org Calc, qui recèle des trésors d'information.

ARABE

Calcule la valeur d'un chiffre romain. Attention, au-delà de 3 999, la fonction ne renvoie plus rien.

Syntaxe : `ARABE(Chiffre romain)`.

CAR

Convertit un nombre en caractères en fonction du tableau de code actif.

Syntaxe : `CAR(Chiffre)`.

CHERCHE

Renvoie l'emplacement d'un segment de texte dans une chaîne de caractères.

Syntaxe : `CHERCHE(Texte_cherché;Texte;Position)`.

CNUM

Convertit une chaîne de texte en nombre.

Syntaxe : `CNUM(Texte)`.

CODE

Renvoie le numéro de code du premier caractère du texte.

Syntaxe : `CODE(texte)`.

CONCATENER

Combine plusieurs chaînes de texte pour n'en former qu'une.

Syntaxe : `CONCATENER(Texte 1;...;Texte 30)`.

DECIMAL

Convertit un texte comprenant des caractères en nombre entier positif dans la racine base spécifiée, à partir d'un système de numérotation.

Syntaxe : `DECIMAL(Texte;Base)`.

EPURAGE

Tous les caractères non imprimables sont supprimés de la chaîne de caractères.

Syntaxe : `EPURAGE(texte)`.

EXACT

Compare deux chaînes de texte et renvoie la valeur `VRAI` si elles sont identiques. Cette fonction respecte la casse ; elle reconnaît les caractères en minuscules ou en majuscules.

Syntaxe : `EXACT(Texte_1;Texte_2).`

MAJUSCULE

Permet de convertir en majuscules la chaîne indiquée dans le champ texte.

Syntaxe : `MAJUSCULE(texte).`

MINUSCULE

Convertit toutes les majuscules d'une chaîne de caractères en minuscules.

Syntaxe : `MINUSCULE(texte).`

NBCAR

Renvoie la longueur d'une chaîne en incluant les espaces.

Syntaxe : `NBCAR(TEXTE).`

REMPLACER

Remplace une partie de la chaîne de texte par une chaîne de texte différente.

Syntaxe :
`REMPLACER(Texte;Position;Longueur;Nouveau_texte).`

REPT

Répète une chaîne de caractères selon le nombre de fois spécifié.

Syntaxe : `REPT(Texte;Nombre).`

ROMAIN

Convertit un nombre en chiffres romains. Attention, il est impossible de dépasser `3999`.

Syntaxe : `ROMAIN(Nombre).`

SUBSTITUE

Remplace l'ancien texte par le nouveau texte dans une chaîne de caractères. Une fonction très intéressante lorsque votre tableau prend de l'envergure.

Syntaxe :
`SUBSTITUE(Texte;Texte_cherché;Nouveau_texte;Occurrence).`

9.6. Les commandes clés des macros sous OpenOffice.org Basic

Nous avons eu l'occasion d'évoquer le langage utilisé pour programmer des macros sous OpenOffice.org, à savoir OpenOffice.org Basic. Ce manuel n'étant pas un guide d'aide à la programmation, nous n'avons pas détaillé pour autant les diverses fonctions, commandes et opérations disponibles avec ce langage qui n'a pourtant rien à envier à VBA, le langage de Microsoft Office.

Dans ce chapitre d'annexes, nous avons estimé qu'il serait judicieux, comme nous venons de le faire pour les très nombreuses fonctions de Calc, de compiler un pense-bête utile lorsque vous souhaitez développer une macro, sans erreur de syntaxe. Pour tout connaître de la programmation des macros, vous trouverez dans le Centre de documentation d'OpenOffice.org un document PDF de premier choix. Véritablement exhaustif, même s'il peut sembler aride aux débutants, ce manuel intitulé *Éléments de programmation des macros dans OpenOffice.org* de Andrew Pitonyak peut être téléchargé sur **http://fr.openoffice.org/Documentation/Index.html**.

Dans ce guide, vous trouverez une description des quelque 120 commandes, opérations et instructions disponibles dans le langage OpenOffice.org Basic. Pour chacune d'elles, une description, un guide de syntaxe et des exemples de mise en œuvre. Nous vous proposons ici une sélection des commandes les plus courantes, afin que vous puissiez vous y référer chaque fois que cela vous est nécessaire :

- Opérateur `*` multiplie deux valeurs numériques :

```
Result = Expression1 * Expression2
```

- Opérateur `+` additionne deux valeurs numériques :

```
Result = Expression1 + Expression2
```

- Opérateur `^` élève le nombre à une puissance :

```
Result = Expression ^ Exponent
```

- Opérateur `/` divise deux valeurs numériques :

```
Result = Expression1 / Expression2
```

- Opérateur `AND` applique un `AND` logique sur des valeurs booléennes et un `AND` bit à bit sur des valeurs numériques :

```
Result = Expression1 AND Expression2
```

- `ABS` (Fonction) retourne la valeur absolue d'une expression numérique. Si le paramètre est une chaîne de caractères, il est préalablement converti en nombre, probablement en utilisant la fonction `Val()` :

```
Abs (Number)
```

- `Array` (Fonction) crée un tableau de `Variant` à partir d'une liste de paramètres :

```
Array (Liste des valeurs séparées par des virgules)
```

- `Beep` génère un son système :

```
Beep
```

- `Blue` (Fonction). Les couleurs sont représentées par un entier de type Long. Cette fonction retourne la valeur de la composante bleue de la couleur passée en argument :

```
Blue (Entier Long représentant une couleur entre 0 et 255)
```

- `Call` (Instruction) appelle l'exécution d'une procédure, fonction ou procédure d'une DLL. `Call` est optionnel (sauf pour les DLL qui doivent être définies au préalable). Les arguments peuvent être écrits entre parenthèses et doivent l'être dans le cas d'un appel à une fonction :

```
[Call] Nom de la procédure [(Paramètres en fonction
de la routine appelée)]
```

- `Cbool` (Fonction) : conversion du paramètre en booléen. Si l'argument est de type numérique, `0` correspond à Faux (False), toute autre valeur à Vrai (True). Si l'argument est une chaîne de caractères, `"true"` et `"false"` (indépendamment de la casse) correspondent respectivement à `True` et `False` :

```
CBool (Expression)
```

- `CDate` (Fonction) convertit vers le type *Date*. Une expression numérique peut être interprétée comme une date, la partie entière étant le nombre de jours depuis le 31/12/1899, la partie décimale, l'heure. Les chaînes de caractères doivent être formatées comme spécifié par la convention des fonctions `DateValue` et `TimeValue` :

```
CDate (chaîne de caractère ou chiffres)
```

- `CDateFromIso` (Fonction) retourne la représentation numérique d'une chaîne de caractères contenant une date au format ISO :

```
CDateFromIso(chaîne de caractères)
```

- `ChDir` (Fonction) change le répertoire courant. Si vous voulez changer le lecteur courant, saisissez sa lettre suivie d'un deux-points (*D:* par exemple) :

```
ChDir (chemin d'enregistrement)
```

- `ChDrive` (Fonction) change le lecteur courant. Attention, pour que cette fonction soit effective, il est indispensable que la lettre du lecteur soit saisie en majuscules :

```
ChDrive (lettre de lecteur)
```

- `Choose` (Instruction) retourne une valeur se situant à un endroit précis d'une liste. Si l'index excède le nombre d'éléments, la valeur `Null` est retournée :

```
Choose (Index, Selection_1[, Selection_2, ...
[,Selection_n]])
```

- `Close` (Instruction) ferme les fichiers ouverts auparavant avec l'instruction `Open`. Plusieurs fichiers peuvent être fermés simultanément :

```
Close # Entier spécifiant un fichier ouvert
auparavant
[, # Entier spécifiant un fichier ouvert auparavant
[,...]]
```

- `ConvertFromURL` (Fonction). Conversion du nom d'un fichier au format URL en un nom de fichier dépendant du système :

```
ConvertFromURL(nom_du_fichier)
```

- `ConvertToURL` (Fonction). Conversion d'un nom de fichier au format système vers un nom en notation URL :

```
ConvertToURL(filename)
```

- `CurDir` (Fonction) retourne le chemin courant du lecteur spécifié. Si l'argument est omis, le chemin du lecteur courant est retourné :

```
CurDir [(chaîne de caractères)]
```

- `Date` (Fonction) retourne ou change la date système. Le format de la date dépend de la configuration locale :

```
Date
Date = chaîne de caractères
```

- `DateValue` (Fonction) convertit une chaîne contenant une date en un nombre utilisable pour déterminer le nombre de jours entre deux dates :

```
DateValue [(date)]
```

- `Day` (Fonction) retourne le jour du mois sur la base d'une date numérique générée par `DateSerial` ou `DateValue` :

```
Day (Number)
```

- `Declare` (Instruction) : utilisé pour déclarer une procédure DLL (*Dynamic Link Library*) qui doit être exécutée à partir de OpenOffice.org Basic ; on utilisera le mot-clé `ByVal` si les paramètres doivent être passés par valeur et non par référence :

```
Declare {Sub | Function} Name Lib "Nom système de la
DLL "[Alias " Nom de la procédure "] [Liste des
paramètres] [As Typ]
```

- `DimArray` (Fonction) : création d'un tableau de variantes. Fonctionne comme l'instruction `Dim`. S'il n'y a pas d'arguments, un tableau vide est créé. Si des paramètres sont donnés, une dimension est créée pour chacun d'eux :

```
DimArray (Liste d'arguments)
```

- `Dir` (Fonction) retourne le nom d'un fichier, d'un répertoire ou de tous les fichiers et répertoires d'un disque qui correspondent au critère de recherche. Il est notamment possible de vérifier l'existence d'un fichier ou répertoire spécifique ou de lister les fichiers et sous-répertoires d'un répertoire donné. Si aucun fichier ou répertoire ne correspond au critère, une chaîne vide est retournée :

```
Dir [(chaîne désignant le répertoire à sonder[, liste
✂ des attributs])]
```

REMARQUE

Liste des attributs disponibles pour Dir

- `0` : normal.
- `2` : fichier caché.
- `4` : fichier système.
- `8` : nom du volume (exclusivement).
- `16` : répertoires (exclusivement).

- `Do... Loop` (Instruction) permet la mise en place d'une instruction répétitive :

```
Do [{While | Until} condition = True]
Bloc d'instructions
[Exit Do]
Bloc d'instructions
Loop
End (Instruction)
```

Marque la fin d'une procédure ou d'un bloc d'instructions.

REMARQUE

Les différents éléments concernés

- `End` : fin d'exécution du programme ; peut être appelé à tout moment, optionnel.
- `End Function` : fin d'une fonction.
- `End If` : fin d'un bloc conditionnel `If... Then... Else`.
- `End Select` : fin d'un bloc conditionnel `Select Case`.
- `End Sub` : fin d'une procédure.

- `EOF` (Fonction) signale la fin d'un fichier. Permet de lire un fichier sans en dépasser la fin. Quand la fin du fichier est atteinte, `EOF` retourne la valeur `True` :

```
EOF (Valeur numérique représentant le numéro du fichier)
```

- `EQV` (opérateur) calcule l'équivalence logique de deux expressions. Dans une comparaison bit à bit, l'opérateur met à jour le bit dans le résultat si le bit correspondant existe dans les deux expressions ou n'existe pas dans les deux expressions :

```
Result = Expression1 EQV Expression2
```

- `Erl` (Fonction) retourne le numéro de ligne à laquelle est apparue une erreur durant l'exécution. Idéal pour diagnostiquer un problème dans l'exécution d'une routine :

```
Erl
```

- `Error` (Fonction) retourne le message d'erreur correspondant à un code donné. Entrez l'expression de votre choix pour correspondre à vos besoins :

```
Error (Expression)
```

- `Exit` (Instruction) : utilisé pour quitter les instructions de boucles, fonctions et procédures. En d'autres termes, on sort immédiatement de telles instructions. L'équivalent de cette instruction est `End`. La syntaxe est variée :
  - `Exit Do` sort de la boucle `Do… Loop` courante.
  - `Exit For` sort de la boucle `For… Next` courante.
  - `Exit Function` sort de la fonction et poursuit l'exécution de l'appelant.
  - `Exit Sub` sort de la procédure et poursuit l'exécution de l'appelant.
- `FileCopy` (Instruction) permet de lancer la copie d'un fichier :

```
FileCopy TextFrom As String, TextTo As String
```

ATTENTION

Une restriction d'importance

L'instruction `FileCopy` ne peut assurer la copie du fichier désigné qu'à la condition que ce dernier ne soit pas ouvert.

- `FileDateTime` (Fonction) retourne une chaîne de caractères avec la date de création ou de dernière modification. Le format de cette information dépend de la configuration locale, `"DD/MM/YYYY HH:MM:SS"` sur un ordinateur configuré en français :

```
FileDateTime(chaîne de caractère)
```

- `FileExists` (Fonction) détermine si un fichier ou un répertoire existe :

```
FileExists(Nom du fichier | Nom du répertoire)
```

- `FileLen` (Fonction) retourne la taille d'un fichier. Si le fichier est ouvert, la taille enregistrée avant son ouverture est retournée. On utilise la fonction `LOF` pour déterminer la taille courante d'un fichier ouvert :

```
FileLen(Nom du fichier)
```

- `For… Next` (Instruction) : instruction répétitive avec un indice auto incrémenté :

```
For counter=start To end [Step step]
Bloc d'instructions
[Exit For]
Bloc d'instructions
Next [counter]
```

- `Format` (Fonction) convertit un nombre en chaîne de caractères en appliquant une mise en forme. Plusieurs mises en forme, séparées par des virgules, peuvent être spécifiées. Vous trouverez ci-après, un tableau des formatages possibles :

```
Format (Nombre à mettre en forme [, code de
✂ formatage])
```

Tableau 9.4 : *Les mises en forme disponibles*

Code	Formatage
`0`	Si un nombre à un chiffre occupe la position du `0`, il est affiché. Les zéros non significatifs sont affichés. Les décimales supplémentaires sont arrondies.
`#`	Idem mais les `0` non significatifs sont masqués.
`.`	L'emplacement du point détermine le nombre de chiffres à placer avant et après le séparateur décimal.
`%`	Multiplie le nombre par `100` et affiche le signe `%`.
`E, E+, e, e+`	Si le format contient au moins un caractère de formatage (`0` ou `#`) à droite du symbole, le nombre est affiché en notation scientifique. La lettre `E` (ou `e`) est insérée entre le nombre et son exposant. Si l'exposant est négatif, le signe moins est affiché juste avant la valeur de l'exposant.
`,`	La virgule est le caractère représentant le séparateur de milliers.
`–, +, $, ( ), espace`	Plus (+), moins (–), dollar ($), espaces, ou parenthèses rentrés dans la chaîne de formatage ne sont pas interprétés et sont donc affichés tels quels.
`\`	Caractère d'échappement. Il permet de ne pas interpréter le caractère suivant comme un caractère de formatage.

Tableau 9.4 : *Les mises en forme disponibles*	
Code	**Formatage**
`General Number`	Affiche les nombres tels quels.
`Currency`	Le nombre est affiché au format monétaire selon la configuration de la machine.
`Fixed`	Au moins un chiffre est affiché devant le séparateur décimal.
`Standard`	Le nombre est affiché au format décimal selon la configuration de la machine.
`Scientific`	Le nombre est affiché au format scientifique.

- `GlobalScope` (Objet). Les boîtes de dialogue et macros sont organisées en bibliothèques (Library). Une bibliothèque peut contenir plusieurs macros et/ou boîtes de dialogue. En Basic, le conteneur des bibliothèques est appelé "*BasicLibraries*" et celui des boîtes de dialogue "*DialogLibraries*". Ces bibliothèques existent à la fois au niveau global de l'application et au niveau du document. Pour appeler les conteneurs de bibliothèque globaux, utilisez l'objet GlobalScope :

```
GlobalScope
```

- `GoTo` (Instruction) transfère l'exécution vers une portion de code délimitée par un label dans la même procédure ou fonction. Le fil d'exécution principal est perdu :

```
Sub/Function
REM Instructions
GoTo Label
REM Instructions Jamais exécutées
Exit Sub/Function
Label :
Bloc d'instructions
```

- `If… Then… Else (Instruction)` permet d'exécuter un bloc d'instructions suivant qu'une condition est évaluée à `True` ou `False`. Bien que l'on puisse utiliser les instructions `GoTo` ou `GoSub` pour sortir d'un `If`, on ne peut les utiliser pour rentrer dans un bloc d'instructions contenu dans un `If` :

```
If condition=True Then
Bloc d'instructions
[ElseIf condition=True Then]
```

```
Bloc d'instructions
[Else]
Bloc d'instructions
End If
```

- `Int` (Fonction) retourne le premier entier inférieur à l'argument. La valeur absolue de cet entier est donc plus petite pour les nombres positifs et plus grande pour les négatifs :

```
Int (Nombre)
```

- `IsDate` (Fonction) teste si un nombre ou texte peut être converti en date :

```
IsDate(Expression)
```

- `IsMissing` (Fonction) teste si une procédure ou une fonction ont été appelées avec ou sans un paramètre optionnel. Le paramètre doit être déclaré avec le mot-clé `Optional` pour que cela fonctionne.

```
IsMissing(var)
```

- `Kill` (Fonction) efface un fichier du disque. Toute notation de fichier peut être utilisée mais les caractères génériques ne sont pas acceptés.

```
Kill(Nom_de_fichier)
```

- `Lof` (Fonction) retourne la taille d'un fichier en octets. Pour obtenir la longueur d'un fichier non ouvert, utiliser la fonction `FileLen` :

```
Lof(nom_de_fichier)
```

- `Loop` (Instruction). L'instruction `Loop` est utilisée pour répéter des instructions tant qu'une condition est `True` (vraie) ou jusqu'à ce qu'une instruction soit vraie :

```
Do [{While | Until} condition = True]
bloc d'instructions
[Exit Do]
bloc d'instructions
Loop
```

- `Red` (Fonction). Les couleurs sont représentées par un entier de type Long. Cette fonction retourne la valeur de la composante rouge de la couleur passée en argument. Les fonctions `RGB`, `Blue` et `Green` sont utilisées de la même façon :

```
Red (code couleur)
```

- `Shell Function` lance une application externe. Le style de fenêtre de l'application peut optionnellement être paramétré avec différentes valeurs dont les effets varient. Vous les trouverez dans la liste ci-après :
  - `0` : focus sur une fenêtre cachée du programme.
  - `1` : focus sur la fenêtre d'application au format standard.
  - `2` : focus sur la fenêtre d'application minimisée.
  - `3` : focus sur une fenêtre d'application maximisée.
  - `4` : taille de fenêtre standard d'application, sans le focus.
  - `6` : taille de fenêtre d'application minimisée, mais le focus reste sur la fenêtre active.
  - `10` : affichage plein écran.

Le programme est censé démarrer et continuer à fonctionner en arrière-plan sauf si le dernier paramètre `(bsync)` est positionné à `True`. Cela signifie que le contrôle est renvoyé immédiatement depuis la commande `shell` :

```
Shell("file:///C|/votrenom/My%20Documents/oo/tmp/h.bat",2)
```

Voici les quelques fonctions, instructions et opérations qu'il nous a paru judicieux de rassembler au sein de ce livre. Pour obtenir davantage d'informations, nous vous invitons à consulter la documentation de Andrew Pitonyak. En outre, sachez que vous pouvez exploiter l'excellent fichier d'aide fourni avec la suite OpenOffice.org. Lancez n'importe quelle application de la suite puis appuyez sur la touche F1 de votre clavier. Dans la fenêtre qui s'affiche, sélectionnez dans la liste déroulante *OpenOffice.org Basic*. Vous pourrez retrouver une description détaillée de toutes les commandes utilisables pour programmer une macro. Au-delà du seul descriptif de la commande, vous trouverez également des exemples d'exploitation et de syntaxe.

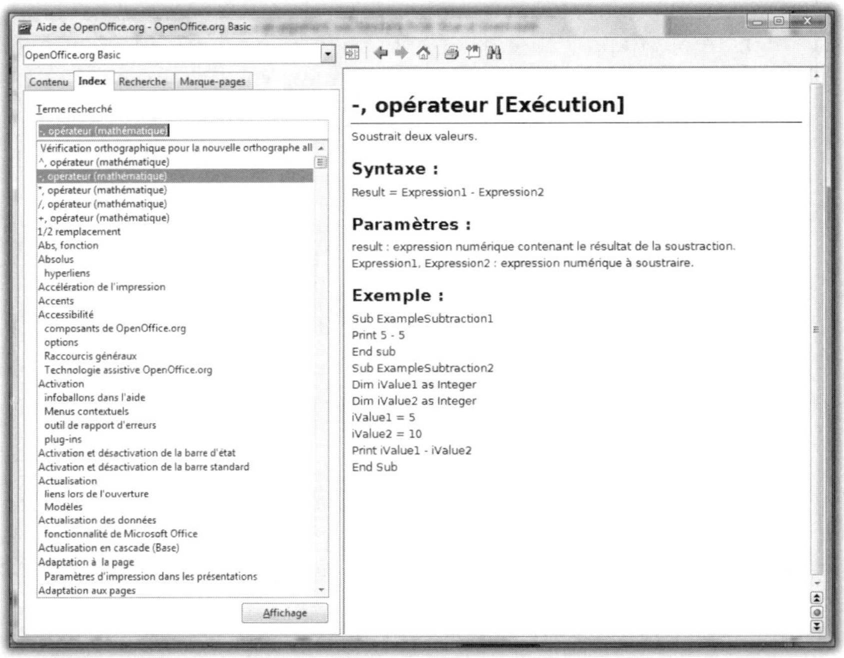

Figure 9.6 : *Utilisez l'aide pour apprendre à programmer des macros*

Chapitre 10

Annexe : Glossaire

OpenOffice.org est une suite qui possède son propre univers, ses propres mots-clés. Vous trouverez dans les pages qui suivent les définitions de termes régulièrement employés dans les divers modules que sont Writer, Calc, Impress, etc. Certaines des définitions que nous vous proposons ici sont accompagnées de captures d'écran afin d'illustrer avec plus de précision, la meilleure méthode pour découvrir, activer, accéder ou personnaliser le terme défini.

Accessibilité

Ce terme englobe tous les modules qui constituent la suite OpenOffice.org. Les fonctionnalités d'accessibilité sont nombreuses et concourent toutes à un seul objectif : simplifier l'accès à la plupart des fonctionnalités de chaque module. Parmi elles, on compte notamment le support de périphériques et d'applications externes, mais aussi l'accès à toutes les fonctions par le biais du clavier.

RENVOI

*Nous avons largement évoqué la question des raccourcis clavier au chapitre **Se familiariser avec OpenOffice.org**.*

Les touches qui remplacent les actions de la souris sont également répertoriées dans l'Aide d'OpenOffice.org et sont parfaitement personnalisables, tant qu'elles ne génèrent pas de conflit avec les raccourcis clavier associés directement au système d'exploitation. Dans la notion d'accessibilité rentre également la lisibilité améliorée du contenu de l'écran, le zoom sur l'interface utilisateur pour les menus, les icônes et les documents.

Ancrer

Les barres d'outils présentes au sein de la suite peuvent être soit flottantes, soit ancrées. Ancrer une barre d'outils signifie que vous la disposez dans la zone réservée aux barres d'outils (en haut de l'interface, sur un côté ou dans sa partie inférieure).

1. Pour ancrer une barre d'outils, cliquez sur sa barre de titre et, sans relâcher la pression sur le bouton de la souris, déplacez-la vers une zone d'ancrage vierge.
2. Pour rendre la barre flottante, cliquez sur les pointillés qui figurent sur la gauche d'une barre ancrée et placez-la sur n'importe quelle zone de l'espace de travail.

AutoCorrection

Cette fonctionnalité est très utile si vous effectuez régulièrement les mêmes fautes de frappe lorsque vous saisissez du texte (quel que soit le module actif de la suite).

1 La fonction AutoCorrection est disponible à partir du menu **Outils**. En cliquant dessus, vous ouvrez une boîte de dialogue dans laquelle vous saisissez le mot que vous écorchez de manière quasi systématique.

2 Dans le champ *Terme*, saisissez le mot mal dactylographié. Dans le champ *Remplacer par*, entrez l'orthographe exacte. Désormais, les logiciels de la suite effectueront automatiquement la rectification.

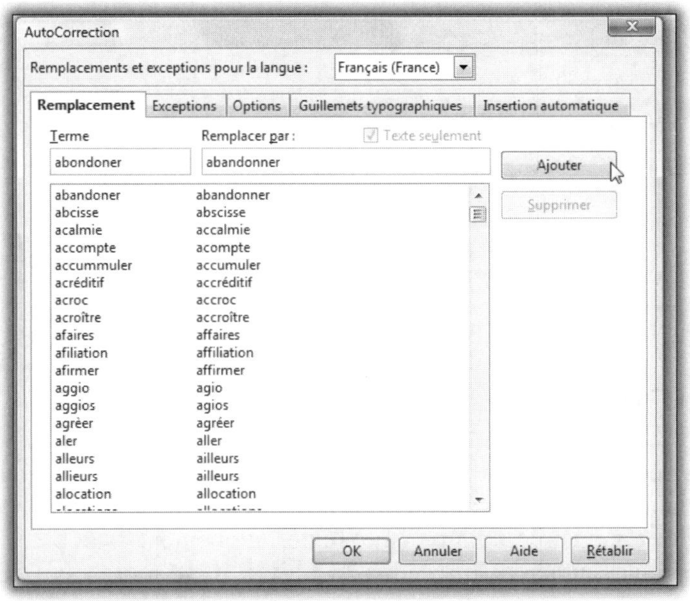

Figure 10.1 : *Configurez l'AutoCorrection*

AutoFormat

Cette fonction permet de formater automatiquement le document. Elle fonctionne selon trois modes qui peuvent être définis librement par l'utilisateur.

- Le premier mode, A la frappe, formate automatiquement le document à mesure que vous saisissez des données. Pour définir les options de formatage, déroulez le menu **Outils/AutoCorrection** et cliquez sur l'onglet **Options**.
- Le deuxième mode, Appliquer, vous permet d'appliquer les options de corrections définies via le menu **Outils/AutoCorrection**.
- Enfin le mode Appliquer et éditer les modifications effectue les changements d'attributs au texte en affichant, au préalable, un message vous demandant d'accepter ou de rejeter les modifications. Pour ouvrir la boîte de dialogue **AutoFormat de tableaux**, cliquez sur une cellule du tableau et choisissez **Tableau-AutoFormat**.

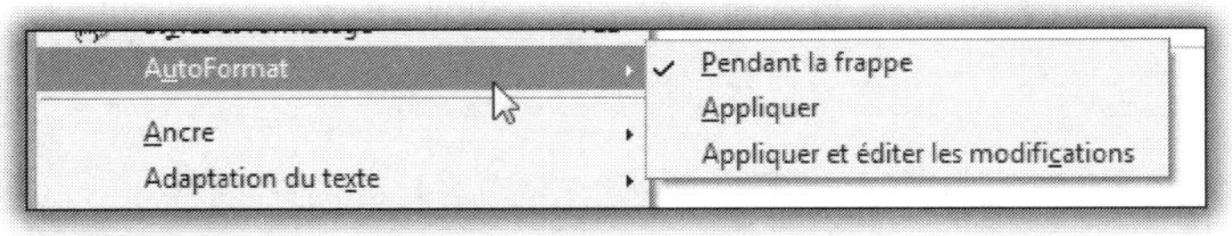

Figure 10.2 : *Configurez l'Autoformat*

AutoTexte

Dans OpenOffice.org Writer, vous pouvez stocker du texte (ainsi que des images, des tableaux et des champs) sous forme d'AutoTexte, afin de l'insérer rapidement dans un document. Vous pouvez aussi enregistrer du texte formaté.

1. Sélectionnez le texte, le texte avec images, le tableau ou le champ à enregistrer comme entrée AutoTexte. Une image peut être enregistrée comme AutoTexte uniquement si elle est ancrée comme caractère, précédée et suivie d'au moins un caractère texte.
2. Déroulez ensuite le menu **Edition/AutoTexte**. Sélectionnez la catégorie dans laquelle vous voulez enregistrer l'AutoTexte. Saisissez un nom composé de cinq caractères au minimum. Cela vous permet d'utiliser l'option d'AutoTexte accessible en cochant la case *Pendant la frappe, afficher le nom complet sous forme d'infobulle*.
3. Vous avez la possibilité de modifier le raccourci proposé. Cliquez sur le bouton **AutoTexte**, puis choisissez **Nouveau**. Cliquez sur le

bouton **Fermer**. Pour charger dans le document un AutoTexte, cliquez dans le document à l'endroit où vous voulez insérer l'entrée. Sélectionnez la commande **Édition/AutoTexte**. Sélectionnez l'entrée AutoTexte à insérer, puis cliquez sur **Insérer**.

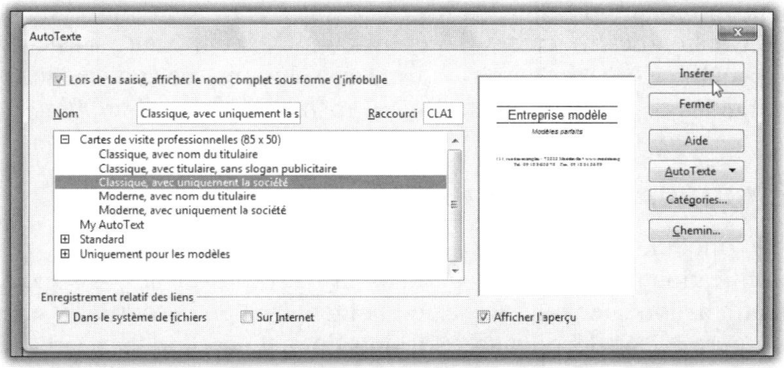

Figure 10.3 : *Utilisez l'AutoTexte*

Boucle

En anglais, traduisez par *loop*. Dans un programme ou une macro, c'est une suite d'instructions exécutées autant de fois que précisé ou jusqu'à l'apparition d'un signal d'arrêt ou de sortie. Sous OpenOffice.org Basic, la définition est strictement la même. Les boucles sont utilisées notamment pour les opérations redondantes. Certaines boucles peuvent être sans fin. Dans ce cas, l'utilisateur y met lui-même un terme, en appuyant sur une touche par exemple.

Casse

À l'origine, ce terme est relié aux activités typographiques. Autrefois, la casse était une grande boîte sans couvercle, divisée en 114 compartiments inégaux contenant tous les caractères disponibles d'une série dans un corps donné. Les majuscules étaient placées en haut, les lettres minuscules en bas. Le terme "bas de casse" fait référence à ce passé de la typographie. La notion de casse répond au même principe sous OpenOffce.org. La casse définit si un caractère est saisi en majuscule ou en minuscule.

Compatibilité

La principale préoccupation des utilisateurs qui renoncent à leur suite bureautique classique au profit d'OpenOffice.org est bien sûr la compatibilité de leurs documents originels avec leur nouvelle suite bureautique. Dans ce livre, nous avons largement évoqué l'Assistant Convertisseur de documents ainsi que les contraintes liées à la conversion des Macros VBA en macros OpenOffice.org Basic. La suite OpenOffice.org propose toutes les solutions de conversion et les garanties de compatibilité avec Microsoft Office ou StarOffice.

Démarrage rapide

Le module **Démarrage rapide** prend place dans la zone de notification près de l'horloge dans la barre des tâches. Ce module qui s'affiche lorsque vous cliquez du bouton droit de la souris dessus permet d'ouvrir des documents existants ou d'accéder aux modèles de documents. En cliquant sur **Quitter le Démarrage rapide**, vous le faites disparaître, et vous devrez impérativement passer par le menu **Démarrer** pour lancer OpenOffice.org. Afin de désactiver le chargement du module **Démarrage rapide** d'openOffice.org à l'ouverture de Windows XP ou de Windows Vista, ouvrez le menu contextuel et cliquez sur **Charger OpenOffice.org au démarrage du système**.

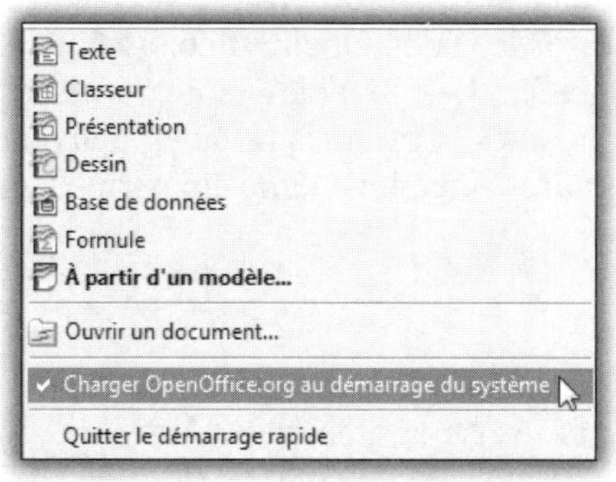

Figure 10.4 :
Le module Démarrage rapide

Diagramme

C'est le nom des graphiques qui peuvent être générés par le tableur OpenOffice.org Calc. Ces derniers sont de plusieurs types que vous pouvez définir sur la première page de l'Assistant Diagramme. Un diagramme de cours illustre la tendance du marché en fonction du cours d'ouverture, du cours plancher, du cours plafond et du cours de clôture. Un diagramme combiné affiche les informations des lignes et des colonnes empilées, tandis que pour un diagramme en 3D, vous pouvez dérouler le menu **Format/Affichage 3D** afin de paramétrer la perspective, l'apparence et l'éclairage.

Diapos

Les diapos sont les éléments constitutifs des diaporamas ou présentations créés avec OpenOffice.org Impress. Les diapos peuvent être créées de toutes pièces ou importées depuis d'autres diaporamas existants. Elles peuvent contenir du texte, des sons, des animations, des vidéos, des objets ou des images.

1. Pour les afficher toutes, déroulez le menu **Affichage/Trieuse de diapos**.
2. Vous pouvez choisir d'afficher ou de masquer certaines diapos. Pour cela, déroulez le menu **Diaporama** et sélectionnez **Afficher/masquer la diapo**. Pour autant, la diapo n'est pas supprimée du document.

Extensions

Il existe deux catégories d'extensions. Les extensions ajoutées dans *Extensions OpenOffice.org* sont des extensions partagées. Elles sont par conséquent accessibles à tous les utilisateurs. Il est indispensable de disposer de droits d'administrateur pour le dossier d'installation afin de modifier des extensions partagées. Les extensions ajoutées dans *Mes extensions* sont des extensions utilisateurs et sont disponibles uniquement pour l'utilisateur qui les installe. Par le mot "extension", on décrit des modules complémentaires venant se greffer sur la suite, par exemple des composants UNO (modules logiciels compilés), des données de configuration pour les commandes de menu, des bibliothèques OpenOffice.org Basic, des bibliothèques de boîtes de dialogue d'OpenOffice.org, etc. Une extension est disponible sous forme de fichier dont le nom est du type **.oxt*. Vous trouverez une grande quantité d'extensions sur Internet à l'adresse **http://extensions.services.openoffice.org/**.

Fonctions

Elles permettent des interactions avancées avec les données qui figurent dans un tableau. Les fonctions peuvent être créées par l'intermédiaire d'un Assistant qui permet de configurer des fonctions de manière interactive. Pour le lancer, utilisez le raccourci clavier Ctrl+F2. Un gestionnaire est également en mesure d'afficher la liste des fonctions disponibles. Pour y accéder, déroulez le menu **Insertion** et cliquez sur **Liste des fonctions**.

Fontwork

Fontwork est une fonctionnalité intégrée à la suite OpenOffice.org qui permet d'insérer des textes graphiques dans un document Writer, Calc, Impress et Draw. Elle est très utilisée pour afficher un titre stylisé. Les Fontwork sont accessibles à partir de la Fontwork Gallery. Pour ouvrir cette galerie, déroulez le menu **Affichage/Barres d'outils/Fontwork** et cliquez sur le premier bouton. Chaque FontWork est ensuite personnalisable à volonté tant au plan du style que des polices, des angles, inclinations couleurs, etc. Ces éléments graphiques enrichissent le style de vos documents.

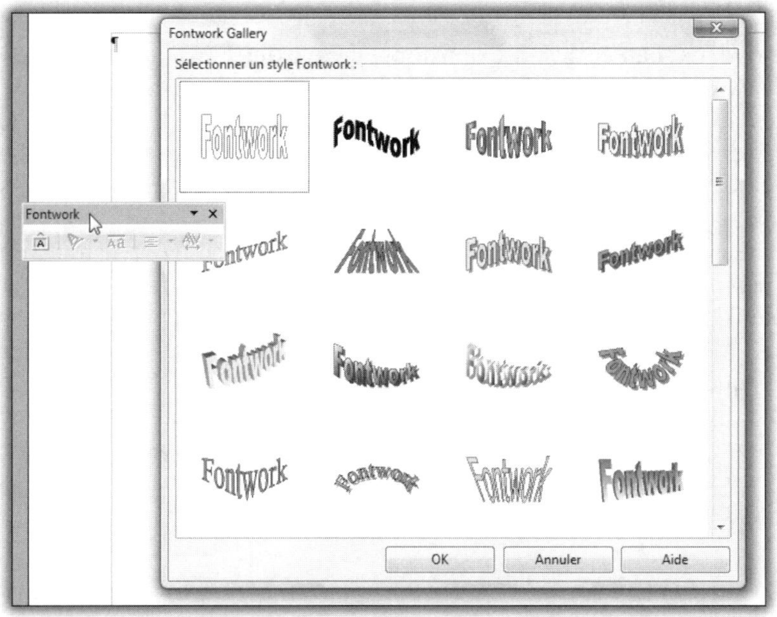

Figure 10.5 : *La Fontwork Gallery*

Formule

Les formules peuvent être générées par le module OpenOffice.org Math. Cet utilitaire fournit les outils de syntaxe et de mise en forme nécessaires à la création de formules mathématiques conformes aux conventions internationales. Les formules ainsi éditées peuvent ensuite être exportées vers n'importe quel autre document. Les formules n'ont pas vocation à réaliser des calculs, mais uniquement à en assurer la mise en scène. Pour accéder à cette fonction, déroulez le menu **Insertion/Objet/Formule**. Ne reste plus, dès lors, qu'à assurer la syntaxe de la formule.

RENVOI

*Le fonctionnement d'OpenOffice.org Math est décrit au chapitre **Se familiariser avec OpenOffice.org**.*

Gallery

Gallery est la bibliothèque au sein de laquelle vous pouvez sélectionner les images et les sons à insérer dans le document. Vous pouvez afficher le contenu de la galerie sous forme d'icônes seules ou d'icônes accompagnées de titres et du chemin d'accès.

1 Pour agrandir ou réduire le zoom sur un seul objet de la galerie, double-cliquez sur l'objet ou sélectionnez-le et appuyez sur la barre d'espace.

2 Pour ajouter un fichier à la galerie, cliquez du bouton droit de la souris sur un thème, choisissez **Propriétés**. Cliquez sur l'onglet **Fichiers**, puis sur **Ajouter**. Vous pouvez aussi cliquer sur un objet du document actif, maintenir le bouton de la souris enfoncé et glisser l'objet vers la fenêtre de la galerie.

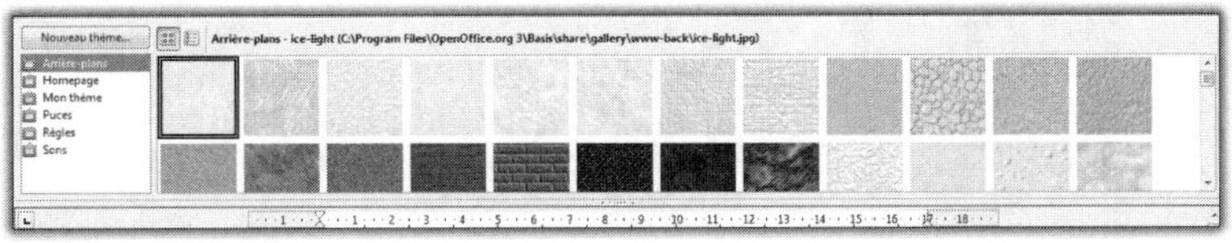

Figure 10.6 : *La Gallery d'OpenOffice.org*

Infoballon

Proches cousines des infobulles (voir définition ci-après), les infoballons affichent des informations détaillées au passage de la souris sur n'importe quel élément, fonction, menu ou boîte de dialogue de la suite OpenOffice.org. Les infoballons sont particulièrement utiles lorsque vous effectuez vos premiers pas avec OpenOffice.org. Vous pouvez ainsi plus facilement connaître les possibilités offertes par chaque élément.

1 Pour en commander l'affichage, ouvrez l'une des applications de la suite, puis déroulez le menu **Outils/Options**.

2 Dans le volet de gauche, cliquez sur **Général**. Dans la partie de droite, décochez la case *Infobulles*, puis la case *Infoballons*.

Infobulle

En informatique, une infobulle est un message qui apparaît lors du passage du pointeur de la souris sur certains éléments. Elle tire son nom de sa ressemblance avec les bulles des bandes dessinées. Les infobulles affichaient au départ du texte statique, mais les versions les plus récentes des logiciels permettent l'affichage de texte animé et d'images. Si vous le souhaitez, vous pouvez désactiver l'affichage des infobulles sous OpenOffice.org.

1 Ouvrez l'une des applications de la suite, puis déroulez le menu **Outils/Options**.

2 Dans le volet de gauche, cliquez sur **Général**. Dans la partie droite, décochez la case *Infobulles*.

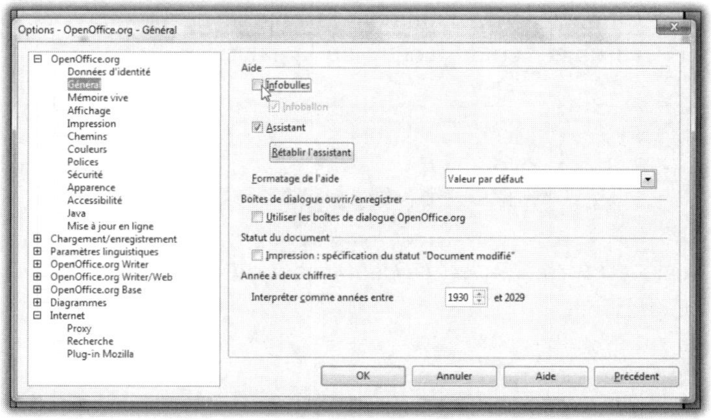

Figure 10.7 : *Désactivez les infobulles*

Instruction

Le terme anglais correspondant est *statement*. Un programme (une macro par exemple) est constitué d'une suite logique d'opérations à effectuer. Pour qu'elles soient exécutées, il est nécessaire de communiquer à l'ordinateur des ordres ou des instructions. Votre macro est alors composée d'une série d'instructions pouvant être des instructions de traitement (addition, soustraction, comparaison, etc.), des instructions de connexion ou d'entrées-sorties.

Ligne de capture

Les lignes de capture sont utilisées sous OpenOffice.org Impress et Présentation pour aligner les objets les uns avec les autres.

1. Pour insérer une ligne de capture, cliquez du bouton droit de la souris. Dans le menu contextuel, cliquez sur **Ligne de capture**.
2. Pour supprimer une ligne de capture, il vous suffit de vous en saisir à l'aide de votre souris et de la glisser hors du document.

Mailing

Le publipostage désigne l'envoi massif d'informations et de prospectus publicitaires par voie postale ou électronique. Les logiciels de publipostage permettent d'envoyer en grand nombre des courriels. Le terme anglais *mailing* ou *emailing* est encore parfois utilisé bien que l'expression française soit désormais passée dans l'usage courant. OpenOffice.org Writer dispose de différents Assistants pour gérer mailing et publipostages. Notamment, vous trouverez l'Assistant Email de mailing qui spécifie les informations utilisateurs et les paramètres du serveur à utiliser lors de l'envoi de lettres types par e-mail. Saisissez les informations utilisateur servant à envoyer des e-mails, saisissez l'adresse e-mail à utiliser pour les réponses, spécifiez les paramètres du serveur pour les e-mails sortants, puis insérez le message à envoyer.

Masque de Diapo

Dans une présentation, chaque diapo est associée à un seul masque de diapo, qu'on appelle également "page maîtresse". Un masque de diapo définit le style de formatage du texte pour le titre, le contour et l'arrière-plan de toutes les diapos associées à ce masque.

Mémoire vive

Sous OpenOffice.org, il est possible de gérer l'affectation de la mémoire vive disponible sur le système afin d'optimiser la rapidité de traitement des informations par la suite. En agissant sur la gestion de la mémoire vive, vous stabilisez la suite et la fiabilisez tout en permettant une meilleure cohabitation avec les autres applications installées sur la machine.

1 Pour accéder à cette fonction, déroulez le menu **Outils/ Options/OpenOffice.org/Mémoire vive**. Dans la section *Annuler*, définissez le nombre d'opérations enregistrées par la suite afin qu'elles puissent être annulées.

2 Par défaut, la valeur *100* monopolise beaucoup de ressources. Réduisez cette valeur à *50*. Dans la section *Cache graphique*, choisissez la part de mémoire vive de l'ordinateur réservée aux images contenues dans un document. Ainsi, les attributs d'une image stockée dans le cache n'ont pas à être recalculés si vous revenez à la page contenant l'image après avoir fait défiler le document.

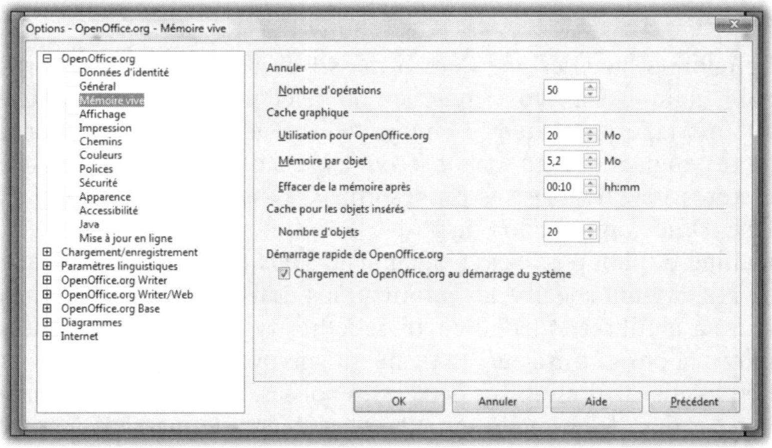

Figure 10.8 : *Gérez la mémoire vive*

Modèles et documents

La boîte de dialogue **Modèles et documents** vous permet de gérer les modèles et exemples de document.

1 Pour ouvrir la boîte de dialogue **Modèles et documents**, cliquez sur **Fichier/Nouveau/Modèles et documents**. Les catégories s'affichent dans la zone située à gauche de la boîte de dialogue **Modèles et documents**.

2 Cliquez sur une catégorie pour afficher les fichiers associés dans la zone *Titre*. Les modèles sont classés par catégories et peuvent vous faire gagner un temps précieux lorsque vous cherchez à créer rapidement un document soigné. Les modèles peuvent être le fruit de vos propres créations. Créez par exemple un modèle de papier à en-tête que vous pourrez ouvrir et utiliser afin de l'adapter à vos besoins.

3 Pour ouvrir la boîte de dialogue **Gestion des modèles**, dans laquelle vous pouvez organiser les modèles et définir les modèles par défaut, suivez le chemin **Fichier/Modèle de document/Gérer**. Les catégories de modèles sont représentées par des icônes en forme de dossier. Pour afficher les fichiers de modèles d'une catégorie, double-cliquez sur un dossier.

Navigateur

Le Navigateur proposé par la suite OpenOffice.org est un outil dont la vocation est triple : il permet la navigation comme son nom le suggère, mais il est également un gestionnaire des documents et aussi un outil de copie d'objets. Il est présent dans tous les modules de la suite (sauf Base). Signalons néanmoins que les modules Writer (traitement de texte) et Calc (tableur) disposent des Navigateurs les plus riches, ceux d'Impress (présentation) et Draw (dessin) étant moins bien dotés en fonctionnalités. Le Navigateur peut être affiché par une simple pression sur la touche [F5] ou via la commande **Édition/Navigateur**. Vous pouvez également utiliser l'un des boutons de la barre d'outils *Normal*. Le Navigateur offre trois parties : une barre d'outils qui permet l'accès à toutes les fonctions du Navigateur ; une zone de description des catégories d'objets du document qui montre la structure du document en cours d'édition ainsi que les objets qu'il contient, regroupés par catégories ; une liste déroulante qui permet de naviguer ou recopier entre documents lorsque plusieurs sont ouverts simultanément.

Figure 10.9 :
Le navigateur de documents

Opérateur

C'est un symbole qui représente une opération à effectuer. Dès que l'on apprend à calculer, on est obligé d'utiliser des opérateurs, par exemple le signe +. En informatique, on peut classer les opérateurs en quatre catégories : les opérateurs mathématiques (+, –, *, /, etc.), les opérateurs logiques appelés également "opérateurs booléens" (`AND`, `OR`, et `NOT`), les opérateurs de comparaison ou symboles relationnels (=, >, <, etc.) et les opérateurs de fonction qui indiquent à l'ordinateur la fonction à effectuer. Ils sont spécifiques à chaque langage informatique utilisé.

Pipette

Elle est disponible sous OpenOffice.org Draw et Impress. Pour y accéder, déroulez le menu **Outils/Pipette**. Sa mission consiste à afficher la couleur de l'image sélectionnée située juste sous le pointeur de la souris. Cette fonction est active uniquement si l'outil **Pipette** est sélectionné. Elle est également utilisée pour substituer plus facilement les couleurs d'origine sélectionnées pour l'image active par celles spécifiées dans les zones *Remplacer par*. Pour gagner un maximum de temps, il faut définir un niveau de tolérance de remplacement d'une couleur source dans l'image source. Pour remplacer des couleurs analogues à celle que vous avez sélectionnée, saisissez une valeur faible.

Pour remplacer une gamme plus étendue de couleurs, saisissez une valeur plus élevée.

Plug-in

En informatique, un plug-in est un programme qui interagit avec un logiciel principal, appelé "programme hôte", pour lui apporter de nouvelles fonctionnalités. Le terme "plug-in" désigne une extension prévue des fonctionnalités, en comparaison des ajouts non prévus initialement apportés à l'aide de patchs. La plupart du temps, ces programmes ne peuvent fonctionner seuls car ils sont uniquement destinés à apporter une fonctionnalité à un ou plusieurs logiciels et sont mis au point par des personnes n'ayant pas nécessairement de relation avec les auteurs du logiciel principal. Tous les logiciels ne sont pas capables de fonctionner à l'aide de plug-in. Le logiciel en question doit avoir été conçu pour pouvoir communiquer avec des programmes extérieurs selon certaines règles que ces derniers doivent respecter pour qu'ils puissent échanger des informations. L'objectif des auteurs choisissant de concevoir ce genre de logiciel est de pouvoir ajouter des fonctionnalités sans tout reprogrammer et de permettre aux utilisateurs d'ajouter leurs propres fonctionnalités de manière indépendante. Sous OpenOffice.org, vous pouvez éditer les plug-in de votre fichier.

1 Déroulez le menu **Edition/Plug-in** pour activer ou désactiver cette fonction. Lorsque cette option est activée, une coche apparaît à côté de cette commande et des commandes permettant d'éditer le plug-in s'affichent dans le menu contextuel. Lorsque cette option est désactivée, des commandes permettant de contrôler le plug-in s'affichent dans le menu contextuel.

2 Pour insérer un plug-in dans un document, cliquez sur **Insertion/Objet/Plug-in**. Ouvrez la barre d'outils *Insertion* et cliquez sur le bouton **Plug-in**. Saisissez l'URL correspondant au plug-in ou cliquez sur **Rechercher** afin de localiser le plug-in à insérer.

Plug-in Mozilla

Lorsque vous cliquez sur un lien hypertexte pointant vers un document OpenOffice.org dans le navigateur Mozilla ou Netscape, le navigateur vous demande si vous souhaitez enregistrer le document sur le disque ou si vous voulez utiliser une application pour ouvrir le document. Cette boîte de dialogue apparaît par défaut lorsque vous cliquez pour la première fois sur un lien de ce genre et que le plug-in Mozilla n'a pas été activé. Le navigateur Internet télécharge alors le document dans un dossier temporaire, puis demande au système d'exécuter OpenOffice.org et d'ouvrir le document dans OpenOffice.org. Pour gagner du temps et ouvrir directement le fichier vers lequel pointe ce lien dans le navigateur Mozilla Firefox, activez le plug-in Mozilla.

Points de collage

On entend par point de collage, un point d'insertion d'un objet dans un document quel qu'il soit. Pour définir un point de collage, il suffit de positionner le pointeur de la souris à l'emplacement désiré dans le document. Déroulez le menu **Edition/Coller** ou **Edition/Coller dedans**, selon les cas.

Présentation chronométrée

C'est la possibilité de mesurer le temps d'affichage de chaque diapo d'une présentation réalisée sous OpenOffice.org Impress, ainsi que la mesure des intervalles et animations entre chaque diapo. OpenOffice.org vous aide à définir la présentation chronométrée adéquate pour les changements automatiques de diapos. Préparez les diapos, démarrez la présentation en utilisant une icône spéciale, expliquez à votre auditoire imaginaire le contenu de la première diapo, puis passez à la diapo suivante, etc. OpenOffice.org enregistre la durée d'affichage pour chaque diapo et l'appliquera lors de la prochaine présentation avec changement automatique de diapos. Pour en bénéficier, il est indispensable de se placer en mode Trieuse de diapos.

Prospectus

Le prospectus est une option rattachée à la création de présentations via le logiciel OpenOffice.org Impress. Le mode Prospectus permet d'imprimer, sur une ou plusieurs pages, l'ensemble des diapos d'une présentation afin que l'auditoire puisse en conserver une copie pour mémoire. En créant des marques de diapos, il est possible d'imprimer un certain nombre de commentaires pouvant être relatifs à la présentation elle-même (comme des pense-bêtes pour le conférencier), comme des guides utiles pour l'auditoire.

Rapports

Un rapport est un document texte Writer qui peut afficher vos données de manière organisée et formatée. Dans OpenOffice.org Base, vous avez le choix de créer un rapport soit manuellement en utilisant le glisser-déposer dans la fenêtre **Ébauche de rapport**, soit de façon semi-automatique en suivant une série de boîtes de dialogue dans l'Assistant Rapport. Ouvrez le fichier de base de données pour lequel vous voulez créer un nouveau rapport. Dans le panneau de gauche de la fenêtre base de données, cliquez sur l'icône *Rapports*. Cliquez sur **Créer un rapport en mode ébauche**.

Repère de texte

Les repères de texte sont des balises que vous pouvez insérer, par exemple dans un document long, afin de naviguer dans son contenu plus aisément.

1. Pour créer un repère de texte, déroulez le menu **Insertion/Repère de texte**. Utilisez la barre d'outils *Insertion* et cliquez sur **Repère de texte**. Saisissez le nom du repère de texte à créer. La liste inférieure répertorie tous les repères de texte définis dans le document actif.
2. Pour supprimer un repère de texte, sélectionnez-le sur la liste, puis cliquez sur **Supprimer**. Vous ne pouvez pas utiliser les caractères suivants dans un nom de repère de texte : `/ \ @ : * ? " ; , . #`.
3. Pour accéder à un repère de texte dans le document, cliquez du bouton droit de la souris sur le champ *Page* dans la *barre d'état*. Sélectionnez le repère de texte en question.

Requête

En informatique, une requête (en anglais, *request*) est une demande de traitement. Le terme est notamment employé dans le contexte des bases de données. Une requête correspond à l'interrogation d'une base pour récupérer une certaine partie des données. Vous pouvez créer des requêtes sous OpenOffice.org Base soit en utilisant l'Assistant Ébauche de requête, soit en en créant une de toutes pièces.

Styliste (Styles et formatage)

La fenêtre **Styles et formatage** permet d'appliquer, de créer, d'éditer, d'ajouter et de supprimer des styles de formatage.

1. Double-cliquez sur une entrée pour appliquer le style.
2. Pour ouvrir cette fenêtre **Styles et formatage**, cliquez sur le menu déroulant **Format/Styles et formatage**. Pour gagner du temps, vous pouvez également utiliser la touche F11 de votre clavier.

Il existe différentes catégories de styles. Les styles de paragraphe affichent les styles de formatage applicables aux paragraphes (police, numérotation et mise en page, par exemple) d'un document. On trouve aussi les styles de caractères, les styles de cadres, les styles de page (qui permettent de définir les styles de page permettant de définir les mises en page, en incluant les en-têtes et les pieds de page) et les styles de liste (indispensables pour hiérarchiser l'information au sein de votre document).

Chapitre 11

Index

!

A

B

C

D

E

F

G

H

I

J

K

L

M

N

O

P

Q

R

S

T

V

W

Z

Composé en France par Jouve
11, bd de Sébastopol - 75001 Paris

Achevé d'imprimer en ALLEMAGNE
Par l'imprimerie CPI – Clausen & Bosse
25917 Leck, Novembre 2008